James Bentley
Martin Niemöller

JAMES BENTLEY

Martin Niemöller

Eine Biographie

VERLAG C.H.BECK MÜNCHEN

Aus dem Englischen übertragen von Karl Heinz Siber
Titel der Originalausgabe: ‚Martin Niemöller'
Oxford University Press, Walton Street, Oxford

Mit 9 Abbildungen

CIP-Kurztitelaufnahme der Deutschen Bibliothek

Bentley, James:
Martin Niemöller : e. Biographie / James Bentley.
[Aus d. Engl. übertr. von Karl Heinz Siber]. –
München : Beck, 1985.
Einheitssacht.: Martin Niemöller (dt.)
ISBN 3 406 30547 4

ISBN 3 406 30547 4

Umschlagentwurf von Bruno Schachtner, Dachau
unter Verwendung eines Photos von Martin Niemöller (Südd. Verlag)
Alle in diesen Band aufgenommenen Fotos: Süddeutscher Verlag, München
Für die deutsche Ausgabe:

Gesamtherstellung: Georg Appl, Wemding
Printed in Germany

Inhaltsverzeichnis

Vorbemerkung

Dieses Buch stützt sich vor allem auf die – manchmal viele Stunden währenden – Gespräche, die ich zwischen 1979 und 1983 mit Pastor Niemöller führte. Ich bin ihm für seine Bereitschaft, mir so viel Zeit zu widmen, zu tiefem Dank verpflichtet. Auch Frau Niemöller möchte ich an dieser Stelle für ihre liebenswürdige Gastfreundschaft danken. Wichtige Textstellen, die sich vor allem auf diese Gespräche beziehen, habe ich mit dem Kürzel MN/jb gekennzeichnet.

Zum zweiten beruht dieses Buch auf Quellenstudium im Zentralarchiv der Evangelischen Kirche in Hessen und Nassau (Material aus dieser Quelle ist im Text mit dem Kürzel ZEKHN gekennzeichnet). Den Mitarbeitern des Zentralarchivs, namentlich dem Direktor, Herrn Ekkehard Kätsch, und der Archivarin Frau Eyke Schmidt-Rohde bin ich für viele Gefälligkeiten und Dienste, die sie mir erwiesen haben, zu Dank verpflichtet.

Weiteres Material fand ich in der Dokumentensammlung von Bischof George Bell in der Lambeth Palace Library; das zugehörige Kürzel im Text ist Bp. Mein Dank gilt der Bibliothekarin und dem übrigen Bibliothekspersonal für ihre Hilfe. Ebenso dem Vorstand und dem Lehrpersonal des Eton College dafür, daß ich die Machnaghten-Bibliothek benutzen durfte. Die Gepflogenheit Hugh Machnaghtens, Autoren von Werken über den Zweiten Weltkrieg nicht nur um das Signieren ihrer Bücher zu bitten, sondern auch um ein philosophisches Resümee, machen diese Bibliothek zu einer faszinierenden Fundgrube für den, der sich dafür interessiert, was in der Nachkriegszeit in deutschen Köpfen vorging; wo ich im Text aus dieser Quelle schöpfe, habe ich dies mit dem Kürzel ECMN kenntlich gemacht.

Ansonsten habe ich auf Anmerkungen und Literaturhinweise verzichtet. Die Literatur zu dem Geschehen, über das ich in diesem Buch berichte, ist umfangreich. Allein über den Kampf der Kirchen gegen Hitler gibt es Abertausende von Büchern, Artikeln, Doktorarbeiten und Monographien. Die Literaturliste, die sich am Ende dieses Buches befindet, dient nicht in erster Linie dazu, den Leser mit meinen Quellen bekannt zu machen; sie wurde hauptsächlich deshalb angefügt, weil es äußerst unhöflich wäre, keinen Hinweis darauf zu geben, daß ich diese Literatur benutzt habe. In Großbritannien habe ich in der British Library, der Bodleian und der Wiener Library gearbeitet. Besonderen Dank schulde ich den Mitarbeitern der Wiener Library für ihre Hilfe.

Das Social Science Research Council machte mir ein kleines Forschungsstipendium aus der Bundesrepublik Deutschland zugänglich, mit dem ich einen Teil der Kosten, die bei den Recherchen entstanden, bestreiten konnte. Ich danke Herrn Desmond Heath von der Coventry-Lanchester Polytechnic für die Vermittlung dieses Stipendiums. Professor Jürgen Moltmann von der Universität Tübingen war mir eine sehr große Hilfe. Allen voran jedoch muß ich meiner Frau Dank abstatten, die in Bibliotheken und Archiven an meiner Seite gearbeitet und mich mit einer Ausnahme bei allen meinen Reisen zu den Niemöllers begleitet hat.

Noch ein letzter Hinweis: Dieses Buch ist eine Biographie und keine historische Abhandlung; es konzentriert sich bewußt auf den religiösen und weltlichen Patriotismus Martin Niemöllers und widmet sich nicht eigens den Greueln des Nazi-Regimes – dieses Thema ist schon häufig anderswo behandelt worden.

James Bentley

1. Der Pfarrerssohn

Am 5. Juli 1939 schrieb Martin Niemöller seinen Eltern einen Glückwunschbrief zur Goldenen Hochzeit. Er hatte sie zuletzt im April jenes Jahres gesehen und hoffte, im Oktober wieder bei ihnen zu sein. Als einziges Mitglied der Familie konnte Martin der Jubiläumsfeier der Eltern nicht beiwohnen: Er saß, als persönlicher Gefangener Adolf Hitlers, im Konzentrationslager Sachsenhausen in Einzelhaft. „Im Geiste bin ich bei euch“, schrieb er, „nicht als ‚trauriger Gast‘, sondern als ‚Teilhaber an eurer Freude‘.“

Daß er ihnen überhaupt schreiben konnte, verdankte er nur dem Verzicht seiner Frau Else auf einen der kostbaren Briefe, die er ihr im Abstand von vier Wochen schreiben durfte. „Grüßt die ganze Gesellschaft“, bat er die Eltern, „besonders meine Else, die dieses Mal um euretwillen einen Brief ausgelassen hat.“ Dann sprach er von allem, was er ihnen zu verdanken hatte, und erinnerte sie an die Bemerkung eines seiner Brüder, der vor Jahren einmal gesagt hatte: „Meine Mutter sagt, wir sind reich, aber nicht an Gütern, sondern durch unsere Kinder.“ (Martin hatte zwei Brüder und drei Schwestern.) Jetzt charakterisierte er „den Glauben, den ihr euren Kindern vererbt habt ... das geheiligte Vermächtnis eures irdischen Lebens an uns“ zusammenfassend als „[das Gebot], unter allen Umständen die Kinder Gottes zu sein“ und nie zu vergessen, daß „der Herr unsere Gerechtigkeit ist“. (Bp 10, S. 238 f.)

Martin Niemöllers Vater war selbst ein bemerkenswerter Mann, der mit einer ebenso bemerkenswerten Frau verheiratet war. 1859 in dem Dorf Wersen bei Osnabrück geboren, war Heinrich Niemöller, mit den Worten seines jüngsten Sohnes Wilhelm, ein Mann von „westfälischer Kraft und Zähigkeit“. Seine Vorfahren hatten generationen- und jahrhundertelang als Kleinbauern im Westfälischen gelebt. Sein Vater, der schon im Alter von 54 Jahren gestorben war, hatte mit dieser Familientradition gebrochen und war Schulmeister und Kirchenorganist in Wersen geworden. Nach seinem Tod übernahm es die Mutter Christine, Heinrich großzuziehen, der sich damit am Leben erhielt, daß er selbstgezogenes Gemüse am Stadtrand verkaufte. Christine Niemöller bestärkte ihren

Sohn in seinem früh geäußerten Wunsch, evangelischer Pfarrer zu werden. Er erhielt seine Ordination im Alter von 27 Jahren, und mit 30 wurde er als Pfarrer nach Lippstadt berufen.

Die gesicherte Stellung erlaubte Heinrich Niemöller die Eheschließung. Er heiratete die eben einundzwanzigjährige Paula Müller, deren Vater in Westerkappeln einen Gemischtwarenladen führte. Obwohl ebenfalls westfälischer Herkunft, vergaß Paula Niemöller nie ihre Abstammung von französischen Hugenotten. Verbanden sich bei Martins jüngerem Bruder Wilhelm Aussehen und Zähigkeit des Vaters miteinander, so erbte Martin wohl dieselbe Zähigkeit, glich aber äußerlich der Mutter. Aus ihren Erzählungen erfuhr der Junge von ihren protestantischen Vorfahren, die wegen ihres Glaubens verfolgt worden waren.

So wuchs Martin Niemöller in einer glaubensfesten protestantischen Welt auf, die auch deutliche antikatholische Züge hatte. In Lippstadt war die sichtbarste Trennlinie die zwischen Katholiken und Protestanten. „Die Protestanten", so erinnerte Martin Niemöller sich später, „trugen am Karfreitag Sonntagskleidung, die Katholiken nie." („Jemand, der weder Protestant noch Katholik war", fügte er hinzu, „gehörte nicht der menschlichen Gemeinschaft an!") (MN/jb) In Westfalen war gut die Hälfte der Bevölkerung katholisch, im Rheinland waren es drei Fünftel. Die Folge war, daß sich die Protestanten durchaus in Opposition fühlten, ja sogar eine gewisse Belagertenmentalität entwickelten. Die historischen Verhältnisse bestärkten sie in diesem Gefühl, war doch dieser Teil Westfalens dem Herrschaftsbereich der bei der Reformation katholisch gebliebenen Erzbischöfe von Köln zugefallen. Da diese Erzbischöfe auch als weltliche Herrscher amtierten, die nur selten einen Protestanten mit einem einflußreichen Amt (und sei es nur auf lokaler oder regionaler Ebene) betrauten, wurde Martin Niemöller in eine Tradition hineingeboren, die im Protestantismus in gewissem Sinn einen Teil der weltlichen Opposition gegen das herrschende Regime sah.

Dies widersprach der bei Lutheranern üblichen Haltung, die weltlichen Machthaber nachdrücklich zu unterstützen. Aber die Niemöllers waren auch keine typisch evangelische Familie. Martins Vater, der als lutherischer Pfarrer predigte, war calvinistisch getauft worden (oder, wie man in Deutschland sagte, als „Reformierter"). „Alle meine Vorfahren waren Reformierte", erinnerte sich Niemöller; „allerdings war, da Johannes Calvin französisch gesprochen und geschrieben hatte, der schweizerdeutsch sprechende Zwingli der Reformator, den wir kannten." (Mn/jb) Und Zwingli war Kaplan gewesen und auf dem Schlachtfeld gefallen.

Christen, die in der Tradition der Reformierten Kirche standen, waren in der Regel weniger fügsame Untertanen als solche, die dem reinen lutherischen Protestantismus angehörten. Aber diese feinen Unterschiede sollten Martin Niemöllers Denken erst viel später beschäftigen. Er wuchs in dem Bewußtsein auf, ein Kind der Reformation zu sein. Wie er seiner Berliner Gemeinde 1933 sagte: „Unsere Nation wäre nichts ohne die Reformation – die konfessionelle Spaltung, die wir oft vielleicht als Belastung empfinden." Seine Einstellung gegenüber der Reformation war ein bedeutender Teil seines Nationalgefühls. Namentlich lernte er von seinem Vater, die Gestalt zu verehren, in der Deutschland sich verkörperte: den Kaiser. Heinrich Niemöller sah Wilhelm II. in Person erstmals 1892 bei der feierlichen Wiedereinweihung der Luther-Kirche zu Wittenberg. Der junge Pfarrer war so überwältigt, daß er seinen Hut mitten unter die Kaiserliche Ehrengarde warf. Seine zweite Begegnung mit Wilhelm II. fand in Jerusalem statt, und er vergaß nie, daß der Kaiser bei jenem Anlaß seinen Zuhörern erklärt hatte: die Protestantische Kirche werde niemals von den Pforten der Hölle verschlungen, solange sie unbeirrt an den Lehren des Evangeliums festhalte. Protestantischer Glaube und deutscher Nationalismus, beides ging im Hause von Heinrich und Paula Niemöller weitgehend Hand in Hand.

Ihr erster Sohn, Gerhard Heinrich, wurde 1890 geboren. Martin folgte am 14. Januar 1892, dann Magdalene (Oktober 1894), Pauline (Dezember 1896), Wilhelm (April 1898) und endlich Maria (November 1901). An Martins zweitem Geburtstag starb Gerhard Heinrich im Alter von vier Jahren. Noch 86 Jahre später konnte Martin sich, wenn auch nur undeutlich, an seinen älteren Bruder erinnern, vor allem aber daran, daß er sein ein und alles gewesen war. Am Abend des Todestages entdeckte Paula Niemöller Martin auf dem Dach des Pfarrhauses in Lippstadt. Als sie ihn fragte, was er dort tue, antwortete Martin: „Ich will in den Himmel, Heinrich herunterholen." (MN/jb)

Die geistlichen Dinge besaßen für den kleinen Martin weitestgehend reale Qualität. Seine Eltern hatten eine Bilderbibel, fast einen Meter hoch und einen Meter breit, mit vielen Stahlstichen – Bilder vom Paradies, vom Garten Eden, von Adam und Eva usw. Die

Arche Noah beeindruckte den Knaben nicht, aber den in der Bibel abgebildeten Jesus stellte er sich als seinen Freund vor – er identifizierte ihn mehr oder weniger mit dem verlorenen älteren Bruder. Zum Familienleben im Pfarrhaus von Lippstadt gehörte es, daß man Jesus als einen vertrauten Freund, einen Angehörigen, Lehrer und Beschützer der Familie betrachtete und mit ihm Zwiesprache hielt. (MN/jb) In Jesus verkörperte sich Martins Vorstellung von Gott. Im hohen Alter kehrte er zu dieser Einstellung zurück, unter Hinweis auf den Ausspruch Jesu, nur diejenigen würden in das Reich Gottes eingehen, die den Kindern glichen.

Frömmigkeit war somit für Martin Niemöller etwas Natürliches. Sie nährte sich aus seiner kindlichen Verehrung für Jesus. Diese in vieler Hinsicht schlichte Frömmigkeit hat er sich in allen Fährnissen seines Lebens bewahrt. „Theologen und sogenannte Wissenschaftler", sagte er einmal, „sind nur dazu da, unverständlich zu machen, was jedes Kind begreift." Und mit einer Gebärde in Richtung der Bücherregale in seinem Arbeitszimmer fügte er hinzu: „Ich gebe keinen Heller für all diese Schinken."

Ein anderes Mal erklärte er mir: „Ich habe für Theologen nie viel übrig gehabt. Nehmen Sie Karl Barth, meinen liebsten Freund. Alle seine Bücher stehen hier. Ich habe nicht ein einziges davon gelesen. Ich habe nie eine Vorlesung von ihm gehört. Meine erste Frau hat einiges aus seiner *Kirchlichen Dogmatik* gelesen; ich aber habe nie an die Kirche geglaubt und tue es noch immer nicht." Auch das war ein Ausfluß dessen, was er als Kind gelernt hatte. Im Hause Heinrich Niemöllers meinte der Ausdruck „Kirche" einfach die christliche Lebensführung der Familie. Martin verband mit diesem Wort nie die Vorstellung irgendwelcher institutionellen Strukturen. (MN/jb)

Es wäre ein Fehlschluß, in der antiintellektuellen Haltung Martin Niemöllers ein Zeichen mangelnder Intelligenz zu sehen. In der Schule in Lippstadt erwies er sich als lernbegieriger Schüler, und später auf dem Gymnasium in Elberfeld tat er alles, um einem bewunderten und äußerst fähigen Lehrer Freude zu machen. Wie sein Bruder Wilhelm sich erinnerte, war Martin in allem der Beste: in den naturwissenschaftlichen und fremdsprachlichen Fächern, in Geschichte, Musik und Sport. In Niemöllers eigener Erinnerung hörte sich die Sache ein bißchen anders an. Seiner Aussage nach hätte er auf dem Elberfelder Gymnasium zwar mit wenig Mühe der Klassenbeste sein können, doch einer seiner engsten Freunde,

Ernst Königs, sei fleißiger gewesen als er, wenn auch nicht so intelligent. So war Martin es zufrieden, der Zweitbeste zu sein. (MN/jb) Wie Niemöller, wurde auch Königs später evangelischer Pfarrer. Und beide sollten ihre Schwierigkeiten mit Adolf Hitler bekommen.

Der Sohn des Lippstädter Pfarrers nahm sich ein Beispiel an dem zunehmenden Interesse seines Vaters an der „sozialen Frage", wie man damals sagte. Während der 80er Jahre des 19. Jahrhunderts begannen sich in Deutschland viele evangelische Geistliche für Politik zu interessieren; sie hielten den Kampf zwischen den Besitzenden und den Besitzlosen für einer christlichen Nation unwürdig. Im Revolutionsjahr 1848 hatte der Hamburger Pastor Johann Hinrich Wichern die „Innere Mission" begründet, die für die geistliche Erneuerung der Nation und für die Anwendung christlicher Grundsätze in allen Bereichen des gesellschaftlichen und wirtschaftlichen Lebens wirken sollte. Er richtete Herbergen für obdachlose Jugendliche ein und baute bis 1865 dreißig Institutionen in Deutschland auf – Jugendherbergen, Waisenhäuser, Asyle –, und das geschah auf der Grundlage einer evangelischen Sozialethik, die in der Lage sein sollte, alle von der industriellen Revolution in Deutschland herbeigeführten sozialen Probleme in den Griff zu bekommen.

Heinrich Niemöller entwickelte ein lebhaftes Interesse an der Arbeit Wicherns und seiner Gefolgsleute. Und im Gegensatz zu Wichern, der in einer Veränderung der politischen Machtverhältnisse keine Lösung für die „soziale Frage" sah, suchte Heinrich Niemöller von jenen protestantischen Pfarrern zu lernen, die in dieser Beziehung anders dachten.

Einer von ihnen war Adolf Stöcker, der zeitweilige Hofprediger Kaiser Wilhelms II., ein leidenschaftlicher Antisemit, aber auch ein Mann, der sich, zumindest vorübergehend, ausdrücklich zu einem christlichen Sozialismus bekannte. Heinrich Niemöller war von dem Engagement, mit dem Stöcker sich für eine Lösung der Probleme des Klassenkampfs und für die Interessen der deutschen Arbeiter einsetzte, beeindruckt. Und für den kleinen Martin war es ein überwältigendes Erlebnis, als Stöcker nach Lippstadt kam und die Pfarrei seines Vaters besuchte. (MN/jb)

Zweifellos war es dieses Interesse an der „sozialen Frage", das Heinrich Niemöller nach sechzehn unbeschwerten Jahren als Pfarrer von Lippstadt mit seinen 1300 Gemeindemitgliedern im Jahr

1900 veranlaßte, eine Pfarrerstelle in Elberfeld zu übernehmen, einer Industriestadt am Rande des Ruhrgebiets, wo er nun 6000 Menschen in einem Arbeiterviertel zu betreuen hatte. Dem achtjährigen Martin paßte der Umzug überhaupt nicht. Sein Vater fand ihn einmal im Garten des neuen Pfarrhauses stehend (in dem er sich nicht zuhause fühlte) und etwas vor sich hinmurmelnd. „Was sagst du da, Junge?" fragte er ihn. „Vater", antwortete Martin, „wie dumm du gewesen bist, hierherzukommen!" Heinrich Niemöller wies seinen Sohn für diese Äußerung nicht zurecht. „So konnte man mit ihm reden, mit diesem Mann, der eine große natürliche Autorität ausstrahlte", erinnerte Martin Niemöller sich später. „Er pochte niemals auf diese Autorität." (MN/jb)

Da Martin an der neuen Wirkungsstätte seines Vaters keine Freunde hatte, nahm dieser ihn kurzerhand zu seinen Antrittsbesuchen bei seinen neuen Gemeindegliedern mit. (Paula Niemöller war in Lippstadt zurückgeblieben, um Möbel und Hausrat und den Rest der Familie auf den Weg nach Elberfeld zu bringen). Bei ihren Besuchen lernten Vater und Sohn Niemöller Männer kennen, die unter schwer erträglichen Bedingungen arbeiten mußten. Martin erinnerte sich später an einen 60jährigen Mann, einen Heimarbeiter, der in einem Raum, den er mit zwei oder drei Ziegen teilte, an einem Webstuhl arbeitete. Von diesem Raum ging es ein paar Stufen in ein kleines Küchengelaß hinab, in dem ein Bett stand. Ein Erlebnis setzte sich im Gedächtnis des Jungen besonders nachdrücklich fest. Es war ungefähr zehn Monate nach der Ankunft in Elberfeld. Heinrich Niemöller wollte einen alten Mann besuchen, der im Endstadium einer Tuberkulose darniederlag, und mit ihm beten. Gemeinsam betraten er und Martin das Haus am Stadtrand, an dessen Tür es weder Riegel noch Glocke gab. Der Pfarrer ging nach oben, um mit dem Sterbenden zu beten. Martin blieb in dem weißgekalkten ebenerdigen Zimmer. An der Wand, links vom Webstuhl des todkranken Mannes, entdeckte er eine Art Bild, verglast und gerahmt. Er hatte so etwas noch nie gesehen. Unter dem Glas befand sich ein Stück Stoff, wahrscheinlich Samt, mit daraufgestickten Glasperlen, die einen Satz bildeten. Der Junge entzifferte die Worte mit Mühe. Sie lauteten: „Was würde Jesus dazu sagen?" (MN/jb)

Nachdem der weit über 80 Jahre alte Martin Niemöller mir diese Geschichte erzählt hatte, meinte er: „Ich bin in punkto christliche Ethik heute nicht schlauer als damals mit acht Jahren." Als er

1980 eine Auswahl seiner Reden, Predigten und Schriften veröffentlichte, wählte er als Titel jene Frage, die er in der Kate des todkranken Webers gesehen hatte: *Was würde Jesus dazu sagen?*

Inzwischen identifizierte der junge Niemöller die Gestalt Jesu weit stärker mit seinem Vater als mit dem in der Erinnerung verblassenden Bruder. Heinrich Niemöller blieb bis zu seinem Tod im Jahr 1941 eine Kraftquelle für seinen Sohn. Vierzig Jahre nach dem Tod des Vaters sagte Martin Niemöller, dieser Mann sei sein Vorbild gewesen. „Noch heute", gestand er, „stelle ich mir die Frage: ‚Was würde mein Vater sagen, was würde Jesus sagen?'" (MN/jb)

Martin Niemöller ließ in der Erinnerung keinen Zweifel daran, daß Heinrich Niemöller „das Oberhaupt der Familie war und mit Sicherheit der Beste von uns". Eine Anekdote illustriert auf humorvolle Weise die innige Beziehung zwischen dem Pfarrer und dem Jungen, der nach dem Tod Gerhard Heinrichs sein ältester Sohn war. Im Elberfelder Pfarrhaus pflegte Martin auf dem Dachboden zu spielen und zu arbeiten, von dort aus konnte er das Zifferblatt der Kirchturmuhr sehen. Auf dem niedrigen Dachboden standen ein Gasofen, ein Tisch und, in einer Ecke, ein Bett. Eines späten Abends saß der damals dreizehnjährige Martin über seinen Hausaufgaben, als sich – ganz ungewohnt zu dieser Stunde – die Tür öffnete und der Vater vor ihm stand, eine lange Pfeife rauchend. Martin hatte eine brennende Zigarre in der Hand. „Junge, du rauchst?" fragte Heinrich Niemöller. „Ja, Vater", erwiderte Martin. „Wenn das so ist", versetzte Heinrich, „bestellen wir von jetzt an unsere Zigarren zusammen." (MN/jb)

„Das war seine Art, uns zu erziehen", meinte Martin Niemöller rückblickend. Freilich, in die beruflichen Fußstapfen seines Vaters wollte der Junge anfänglich nicht treten. Noch in Lippstadt hatte er sich ein anderes Ziel vorgesetzt. Durch den großen Garten des dortigen Pfarrhauses floß die Lippe. Martin und seine Freunde bastelten gerne kleine Kähne und ruderten damit auf dem Fluß. Zu dieser Zeit nahm sich der Junge vor, nach Abschluß der Schule zur See zu fahren. Der Umzug nach Elberfeld erschütterte diesen Vorsatz nicht, obgleich er dort keinen Fluß vor der Tür hatte und sich damit begnügen mußte, ausgeschnittene Pappdeckelschiffchen an die Wände seines Refugiums unter dem Dach zu kleben.

1908 machte er seine erste Seereise, nach England; seine Eltern hatten einen sechswöchigen London-Aufenthalt für ihn arrangiert.

Er las fleißig Shakespeare, um sein Englisch zu verbessern. Er lernte Billard spielen. Mit großem Enthusiasmus streifte er durch London, um die Museen und berühmten Bauten der Stadt kennenzulernen. Er fuhr nach Hampton Court und nach Windsor. Von Schloß Windsor aus blickte er auf das Eton-College hinunter, und dabei gewann er gewisse Einsichten in die gesellschaftlichen Strukturen Englands und der übrigen westlichen Welt. Als er die Söhne der britischen Oberschicht in ihren steifen Eton-Krägen sah, fragte er sich, wie sie es ertrugen, in dieser Schuluniform herumzulaufen. „Dann sah ich später in London, noch während des gleichen Aufenthalts", erinnerte er sich, „junge Männer mit Stehkragen und begriff, was das für sie hieß: ‚Das zeigt, daß ich in der Welt etwas gelte.'" (MN/jb)

Die ganze Zeit beschäftigte ihn sein Vorsatz, Seemann zu werden. In London stand er oft an der Tower-Brücke und blickte den Schiffen nach, die die Themse hinabfuhren. Große Bewunderung hegte er für den späteren König Georg V., der als Heizer auf einem Dampfschiff zur See gefahren war. „In jenen Tagen war es das Ideal eines jeden Seemanns, so zu sein wie ein britischer Offizier", kommentierte er rückblickend. (MN/jb)

Zwei Jahre später unternahm er erste Schritte, um seinen Vorsatz zu verwirklichen, und es begann der zweite Abschnitt seines Lebens.

2. Bei der kaiserlichen Marine

1975 weilten Martin Niemöller und der bekannte Theologe Jürgen Moltmann zusammen beim Kongreß des Weltkirchenrats in Nairobi. Beim Frühstück, so erzählte Moltmann, habe Niemöller viele, viele Anekdoten zum besten gegeben. Am liebsten habe er, so Moltmann, nicht von seinem Kampf gegen Adolf Hitler erzählt, sondern von seinen Abenteuern als Marineoffizier im Ersten Weltkrieg.

1910 schloß der achtzehnjährige Martin Niemöller sein Abitur als „Primus Omnium", d.h. als Bester von allen ab. Unmittelbar darauf, im März des gleichen Jahres, trat er als Kadett in die deutsche Marine ein. Längst hatte er, unter dem Einfluß der Eltern, „die beiden Dogmen [verinnerlicht], die in jener Zeit in der christlichen Kirche – und besonders in den evangelischen Kirchen in Deutschland ganz allgmein waren, nämlich: Ein guter Christ ist auch ein guter Staatsbürger, und ein guter Christ ist auch ein guter Soldat." Er war entschlossen, sein Bestes zu geben, und da der Krieg herannahte, ging es mit seiner Laufbahn zügig voran.

Nach ihrer Grundausbildung an der Marineschule in Flensburg-Mürwik legten Niemöller und seine Mit-Kadetten am 7. Mai 1910 in der Kieler Garnisonskirche den Treueid auf den Kaiser ab. Niemöller wurde auf das Schulschiff *Hertha* abkommandiert. Seine nächste Station war das Schlachtschiff *Thüringen*, das zur Nordseeflotte gehörte. Schon hatte man die Fähigkeiten des jungen Niemöller höheren Orts wahrgenommen. Nach wenigen Wochen auf der *Thüringen* wurde er zu einer Sonderausbildung als Torpedooffizier abgestellt; Anfang 1913 kehrte er im Range eines Oberleutnants zur See auf das Schlachtschiff zurück. Nach Kriegsausbruch im August 1914 wurde die *Thüringen* zur Enttäuschung ihrer Besatzung sehr bald vom aktiven Dienst in der Nordsee zurückbeordert, um in Wilhelmshaven vor Anker zu gehen. Niemöller als Zweiter Torpedooffizier langweilte sich ebenso wie seine Kameraden. Er war daher froh, als er vom Kommandanten der *Thüringen* im Oktober 1915 erfuhr, man habe ihn zu einem weiteren Ausbildungslehrgang ausersehen, um ihn eventuell als

U-Boot-Offizier einsetzen zu können. In seiner Beurteilung hielt Kapitän Michaelis fest, daß Niemöller unter den zweihundert Mann Besatzung der respektloseste sei; er sei aber auch, so fügte er hinzu, der Beste.

Nach dem Lehrgang wurde Niemöller auf ein U-Boot abkommandiert, das so schwer beschädigt und so unzulänglich instandgesetzt war, daß es allgemein als „schwimmender Sarg“ bezeichnet wurde. U 73 hatte die Aufgabe, Minen zu legen; wenn beide Maschinen volle Kraft liefern (was selten der Fall war), erreichte das Boot mit knapper Not eine Geschwindigkeit von 9½ Knoten. Gleichwohl erfüllte es seine Aufgabe und brachte es hin und wieder sogar fertig, ein feindliches Schiff zu versenken. Martin Niemöller sammelte als Navigationsoffizier an Bord von U 73 wertvolle Erfahrungen, und als er kurz vor Jahresende 1916 erfuhr, daß der Kapitän von U 39 einen Offizier mit seinen Qualifikationen suchte, ergriff er die Gelegenheit und ließ sich versetzen. An die abenteuerlichen Monate auf U 39 schloß sich ein kurzzeitiger Innendienst beim Stab der Seekriegsleitung in Berlin an, gefolgt von einem neuen Einsatz als Offizier auf dem frisch in Dienst gestellten U 151. Mit Niemöller an Bord stellte U 151 den Rekord für die längste Reise eines deutschen U-Boots auf See im Ersten Weltkrieg auf – 114 Tage. Am Heiligabend 1917 lief U 151 in seinem Heimathafen ein.

Ende Juni 1918 hielt man den Zeitpunkt für gekommen, Martin Niemöller mit einem eigenen U-Boot-Kommando zu betrauen. Acht Tage lang legte UC 67 Minen, wich feindlichen Marineflugzeugen und Schiffen aus und versenkte eines von letzteren. Die Schäden, die UC 67 in diesen acht Tagen erlitt, machten Reparaturen notwendig, die acht Wochen dauerten. Im August und September 1918 legte UC 67, wieder unter dem Kommando Niemöllers, mit Erfolg Minen vor Marseille; dabei versenkte es drei feindliche Schiffe mit insgesamt 17 000 BRT. Auf seiner letzten Patrouillenfahrt als Kommandant von UC 67 erfuhr Martin Niemöller, daß Deutschland kapituliert hatte.

Wie viele andere deutsche Offiziere, veröffentlichte auch Martin Niemöller später seine Erinnerungen aus dem Ersten Weltkrieg, teilweise in dem Bemühen, die traumatische Niederlage Deutschlands zu verarbeiten. Er schrieb sein Buch *Vom U-Boot zur Kanzel* fünfzehn Jahre nach Kriegsende, aber da er stets ein genaues Kriegstagebuch geführt hatte, besitzt seine Schilderung eine Unmittelbarkeit, wie sie nur von wenigen Erlebnisberichten dieser Art erreicht wird. Eine englische Ausgabe des Buches erschien 1936. Um dieselbe Zeit erinnerte Niemöller sich an seinen ersten Besuch auf einem britischen Kriegsschiff – der HMS *Cumberland* – im Herbst 1910. Damals sei ihm, so schrieb er, „die Vorstellung eines bis aufs Messer geführten Krieges zwischen unseren Nationen wie eine Wahnvorstellung vor Augen gestanden". 1936 jedoch hatte er eingesehen, daß „unsere Generation eine schwere Verantwortung gegenüber der Nachwelt trägt . . . eine Lösung [für die Probleme dieser Zeit] zu suchen und zu finden, die nicht zum Ausbruch eines neuen Chaos' führt". Ungeachtet dessen veranlaßte die ungeschminkte Offenheit, mit der Niemöller in *Vom U-Boot zur Kanzel* seine Freude am Krieg beschrieb, den Rezensenten der Literaturbeilage der *Times* zu der Bemerkung, das Buch entspreche wohl kaum dem, was ein britischer Leser von einem Mann erwarte, der sich inzwischen für den Pfarrerberuf entschieden habe.

Vom *U-Boot zur Kanzel* zeichnet die „Erfolge" der deutschen Seekriegführung nach und schildert getreulich auch die Momente der Hochstimmung an Bord. „Wir haben noch eine Freude besonderer Art", heißt es an einer Stelle. „Das Schlachtschiff *Russell*, das die Flagge des Konteradmirals Freemantle führte, ist im Mittelmeer auf eine Mine gelaufen: 124 Mann vermißt, 676 gerettet." Noch 1934 jagten Alarmsirenen, die wie diejenigen auf U73 klangen, ihm Angst und Schrecken ein, denn jedes Mal, wenn diese Sirenen durch das Boot geschrillt waren, konnte das die letzte Stunde für die Besatzung bedeuten. Am 9. August 1917 entdeckte der Ausguck in einer Entfernung von kaum einer halben Seemeile einen feindlichen Zerstörer. Die Alarmsirenen schrillten, und U73 ging rasch auf 20 Meter Tiefe. Der Zerstörer dampfte über das Boot hinweg. Am Abend darauf kreuzte ein kleiner italienischer Schoner, die *Lorenzo Donato*, den Kurs von U73. „Rache ist süß!" schrieb Niemöller. „Er kam noch langsamer vom Fleck als unser lahmes Boot und so ereilte ihn sein Geschick." Am 21. Dezember versenkte U73 einen großen Tanker, und die Besatzung spielte begeistert das Deutschlandlied auf dem Bordgrammophon – „Deutschland, Deutschland über alles". Da U-Boot-Kommandanten die Angewohnheit hatten, ihre getroffenen und sinkenden Gegner zu fotografieren – manchmal durch das Seerohr –, konnte Niemöller seinen Erlebnisbericht mit Bildern der versenkten Feindschiffe illustrieren. Soviel zur Schau getragene Genugtuung war kaum geeignet, *Vom U-Boot zur Kanzel* zu einer gewinnenden Lektüre für britische Leser zu machen.

Niemöller schilderte auch die Schattenseiten und Gefahren des Kriegsalltags. „Das einzige, woran man sich nicht gewöhnte", schrieb er über seine Zeit auf U 73, „war der Zustand, daß die halbe Mannschaft seekrank war und die Gesunden den ganzen Tag für Sauberkeit sorgen mußten." Was die Gefahr betraf, so bemerkte er lakonisch: „Glück muß der Menschen haben, besonders im Kriege." Einmal ging auf U 73 ein Matrose über Bord. Die anderen sahen ihn mit kräftigen Zügen auf das Boot zuschwimmen, doch dann verlor er plötzlich das Bewußtsein und trieb, nur zehn Meter querab, bewußtlos im Wasser. Einer seiner Kameraden sprang ins Meer und schaffte es, den Bewußtlosen an Bord zurückzubringen. Über eine halbe Stunde lang versuchte der Bootsmaat, den Mann wieder ins Leben zurückzuholen. Der Kommandant gab die Hoffnung auf, und U 73 setzte mit halber Kraft seinen Weg fort. Dann, nach fünfzig Minuten, während derer der Bootsmaat nicht nachgelassen hatte, den leblosen Körper zu beatmen und das in die Lunge eingedrungene Wasser herauszupumpen, geschah es: Der Totgeglaubte „atmet, schlägt die Augen auf, seufzt und – lebt! Noch etwas arg matt, noch etwas Wasserleiche; aber am Abend wieder munter und fröhlich, und der Bann weicht, und durch das ganze Boot geht ein tiefes Aufatmen – wiedergeschenktes Leben!"

Doch nicht alle hatten so viel Glück. Ein anderer Matrose ging über Bord und tauchte nicht wieder auf. Auf U 151 wurde Niemöller an die Nähe des Todes erinnert, als er durch einen plötzlichen Stoß aus dem Schlaf gerissen und aus seiner Koje geschleudert wurde – ein feindliches Schiff hatte das U-Boot gerammt und ihm ein vier Meter breites Leck gerissen.

Der Krieg zwang den Sohn des Pfarrers, wie viele andere, sich Klarheit über seine innersten Überzeugungen zu verschaffen. Wie er in *Vom U-Boot zur Kanzel* berichtet, sprachen in jener Zeit viele Theologen von einer „Suspendierung der christlichen Botschaft". Der hochangesehene Friedrich Naumann ging so weit, zu erklären: „Man kann nicht die ganze Menschheitsentwicklung auf Mitleid und Brudergeist aufbauen wollen. Es gibt Dinge, die sich der christlichen Religion entziehen. Welt bleibt Welt, und vor dem Mitleid steht die Macht." Während, wie er einräumte, jeder Christ individuell verpflichtet sei, seine Feinde zu lieben, habe „der Kampf ums Dasein die Völker gelehrt, Panzierte zu sein".

Abb. 1: Martin Niemöller als Kommandant von UC 67 während des Ersten Weltkriegs

Diese amoralische Sichtweise wurde von vielen Soldaten aus Niemöllers Generation geteilt. Paul Köppen beispielsweise, der Autor des Standarwerks *Die Überwasserstreitkräfte und ihre Technik,* schrieb nach dem Krieg: „Der Flottenbau Deutschlands war die naturnotwendige Maßnahme eines auf seine Selbsterhaltung bedachten Volkes – und wird es auch wieder werden *müssen*! Denn: das Leben ist für jeden Menschen, jedes Volk, jeden Staat, jedes Tier, jede Pflanze ein fortgesetzter Kampf ums Leben." (ECMN)

Solche Gefühle entsprangen natürlich nicht einer durchdachten moraltheologischen Denkhaltung. „Wir jungen Offiziere", gab Niemöller zu bedenken, „ahnten nichts davon, interessierten uns auch wenig für theologische Formulierungen. Aber das sahen wir, daß es Lagen gibt, wo jede gesetzliche Moral bankrott macht, wo keine Möglichkeit bleibt, sich ein unverletztes Gewissen zu bewahren." Ein Vorfall brachte dieses Dilemma besonders klar zum Vorschein.

Am 25. Januar 1918 versenkte U 39 einen französischen Zerstörer. Ein anderer feindlicher Zerstörer begann die Überlebenden aufzunehmen. U 39 brachte dieses Schiff bewußt und mit Erfolg in Bedrängnis, so daß es nicht sehr viele Leben retten konnte. „Was tun?" fragte Niemöller. „Es liegt uns nicht, den Zerstörer bei seinem Rettungswerk zu stören ... Aber Krieg ist Krieg, und die Leute, die aus dem Wasser gezogen werden, sind Soldaten, die wieder auf unsere deutschen Brüder schießen werden."

Später kam es dann im Wachraum von U 39 zu einer längeren Debatte über das Problem der Moral. Niemöller gelangte zu dem Schluß: „Die Frage, ob wir in Verzweiflung oder Trotz scheitern oder aber mit lebendigem Gewissen durch die Anfechtung hindurchgehen, hängt daran und allein daran, ob wir an eine Vergebung glauben." Er fügte hinzu: „Dieser 25. Januar ward der Wendepunkt in meinem Leben, weil er mir die Augen für die schiere Unmöglichkeit eines moralischen Universums geöffnet hat."

Zweifellos half die Angst um das nackte Überleben zuweilen mit, Niemöllers christliches Gewissen zu besänftigen. Der Zerstörer, der U 151 rammte und dem Boot ein großes Leck schlug, flog unmittelbar nach der Kollision in die Luft; Niemöller dazu: „Hier heißt es ‚Gilt es mir oder gilt es dir?'." Sein ganzes Leben wurde nicht nur durch seinen Mut, sondern auch von einem nachhaltigen Überlebenswillen bestimmt. „An Bord eines Schiffes", pflegte er zu sagen, „geht jeder in Deckung, wenn eine Granate angeflogen kommt." (MN/jb) Aber das Weiterleben allein konnte nicht der ganze Zweck des Lebens sein. Niemöller versuchte beständig, den Sinn des Kriegserlebnisses zu ergründen. Während UC 67 sich vorsichtig durch die Straße von Otranto stahl, fragte Niemöller sich: „Gibt es das denn, wird es das denn je wieder geben? Oder werden wir fahren wie der Fliegende Holländer, jahraus, jahrein, ohne Ruh', ohne Rast?" Wie immer, so notierte er sich bei dieser Gelegenheit, „sind wir alle bei den letzten Fragen: Leben, Welt, Gott?!"

Für einen Menschen mit seinem Lebenshintergrund war Weihnachten in Kriegszeiten immer ein besonders ergreifendes Erlebnis, das auch zur Selbsterforschung Anlaß gab. Als er am Heiligabend 1915 zu später Stunde auf seiner Koje saß und in der Bibel, die ihm sein Vater am Tag seiner Konfirmation geschenkt hatte, die Weihnachtsgeschichte las, trat der Bootsmaat ein, stellte einen Miniatur-Christbaum auf Niemöllers Kartentisch und sagte: „Es ist Weihnachten, Herr Kapitänleutnant."

Genau zwei Jahre später machte U 151 nach seiner 11 400-Seemeilen-Reise im Hafen längsseits der *Hannover* fest. Die Besatzung feierte „ein deutsches Weihnachtsfest mit einem Christbaum und vielen Kerzen". Die Nachricht vom Waffenstillstand mit Sowjetrußland wurde mit Jubel begrüßt. Niemöller registrierte die Ironie, die darin steckte, daß ein katholischer Kaplan für seine Weihnachtspredigt ausgerechnet den Bibelspruch gewählt hatte: „Ehre sei Gott in der Höhe; und Friede auf Erden und den Menschen ein Wohlgefallen." Niemöller selbst würde eines Tages über diese Bibelstelle predigen – am Heiligabend 1944 im Konzentrationslager.

Seeleute, die auf einem U-Boot stationiert sind, neigen eher als andere Soldaten dazu, an die Vorsehung zu glauben. Britische U-Boot-Offiziere prägten im Ersten Weltkrieg zur Charakterisierung ihrer Navigationskunst den Ausdruck „By guess and by God" – „Über'n Daumen und mit Gott". William Guy Carr gab seinem Bericht über die Aktivitäten der britischen U-Boot-Flotte im Krieg den Titel *By Guess and By God;* dies sei, so erklärte er, angesichts des Fehlens aller künstlichen Navigationshilfen und angesichts oft tagelanger Blindfahrten, während derer man vom Feind bedrängt wurde und der Kompaß immer wieder einmal verrückt spielte, die einzig praktikable Navigationsmethode gewesen. „Blind wie Fledermäuse", schrieb er, „bestimmten wir unsere Position und Richtung durch Raten und beteten innerlich, daß wir richtig rieten; das übrige lag in den Händen der Vorsehung." Ernst Haushagen, ein deutscher U-Boot-Kommandant, faßte die Quintessenz seines Buches *U-Boote Westwärts* in dem alten Seemannssprichwort zusammen: „Gott hilft dem Seemann in seiner Not, aber steuern muß er selber!" (ECMN)

Diese besonderen Daseinsbedingungen der U-Boot-Besatzungen machen Niemöllers Nachgrübeln über religiöse Fragen in jenen Jahren vielleicht verständlicher. Keineswegs steckte in der Uniform des U-Boot-Offiziers schon der Pastor Niemöller. Andererseits waren seine Gefühle auch nicht bloß abergläubischer Natur. Wenn er bei Nacht mit gespannter Konzentration und klopfendem Herzen am Steuerruder von UC 67 stand, dachte er an das von Ernst Haushagen so gern zitierte Sprichwort. Wer, so fragte er sich, führte ihm in diesem Augenblick die Hand? „Und von jenem Augenblick an", schrieb er später, „ist mir die instinktive Gewißheit geblieben, daß noch irgendeine Aufgabe auf mich wartete. Oder weshalb sollte sich Gott sonst selbst hier ans Ruder gestellt haben?"

Er erinnerte sich daran, wie er mit einem Offizierskameraden namens Karli Topp nach der Rückkehr von der ersten Ausfahrt auf UC 67 auf der Kommandobrücke gestanden hatte. Unvermittelt hatte er seinem Freund gesagt, er habe sich entschlossen, Pfarrer zu werden. Es war, so bemerkte er dazu, nicht mehr als ein spontaner Einfall. „Ich hatte doch seit meinem fünften Lebensjahr", erklärte er, „niemals etwas anderes als Seefahrt gewollt und hing an meinem Beruf mit ganzem Herzen."

Um diese Zeit trug Niemöller sich bereits mit Heiratsgedanken. Sein bester Freund war damals Hermann Bremer, ein ehemaliger Schulkamerad, der ebenfalls Marineoffizier geworden war. Während seines kurzen Dienstes bei der Seekriegsleitung hatte er zufällig Hermanns Schwester Else kennengelernt, die in Berlin Philologie studierte. Im sonnigwarmen Frühling des Jahres 1917 verbrachten sie idyllische sonntägliche Segelnachmittage auf dem Wannsee oder auf der Havel, was damals nicht weniger romantisch war als heute. Im Jahr darauf verlobten sie sich.

Else Bremer stand freilich nicht das Leben einer Offiziersgattin bevor, denn Martin Niemöllers Marinelaufbahn sollte bald auf ebenso unerwartete wie bemerkenswerte Art zu Ende gehen. Am 29. November 1918 brachte er, nachdem er auf hoher See die Nachricht vom Waffenstillstand erhalten hatte, UC 67 in den Kieler Hafen zurück. Dort hatten vier Wochen zuvor etliche Schiffsbesatzungen – zumeist solche von Schlachtschiffen, darunter auch von Niemöllers altem Schiff, der *Thüringen* – gemeutert, um zu verhindern, daß die deutsche Schlachtflotte von ihren Kommandeuren in eine aussichtslose und selbstmörderische letzte Verzweiflungsschlacht geschickt wurde. Seit dem 4. November wehte über den deutschen Kriegshäfen die rote Fahne. Allgemein wurde angenommen (beispielsweise war dies die Überzeugung von Admiral Reinhard Scheer), daß „die Manschaften der Torpedoboote und der U-Boote durch und durch loyal geblieben waren". Dies war durchaus nicht so, wie Niemöller aus eigener Anschauung wußte (wenn er sich auch dafür entschied, in *Vom U-Boot zur Kanzel* nicht alle Fakten mitzuteilen).

Die Nachricht vom Matrosenaufstand traf auf UC 67 ein, als das Boot Gibraltar passierte. Der Navigationsoffizier hatte es vorgezogen, mit dem Zug nach Hause zu fahren; somit war Niemöller der einzige Mann an Bord, der in der Lage war, das Boot zu navigieren. Er rief die Besatzung zusammen und erklärte den Männern, sie seien nicht länger verpflichtet, unter seinem Kommando zu dienen. Er sei bereit, sie in einem spanischen Hafen, etwa in San Sebastian, abzusetzen, wo sie dann möglicherweise interniert würden. „Andernfalls", sagte er, „fahren wir um Großbritannien herum nach Norwegen, wo ihr eure Füße an Land setzen könnt." Die Mannschaft sprach sich einhellig für eine reguläre Rückkehr nach Kiel aus. „Herr Kapitänleutnant, bringen Sie uns nach Hause, wenn Sie können", sagte ihr Sprecher. (MN/Jb) Niemöller machte zur Bedingung, daß über seinem U-Boot nicht die rote Fahne wehen dürfe; so blieb es bei den kaiserlichen Farben schwarz-weiß-rot, bis das Boot im Kieler Hafen vertäut war.

Nachdem UC 67 in Kiel festgemacht hatte, befahl der Kommandant, Flagge und Wimpel einzuholen. „Nun hat das Fahren ein Ende; UC 67 wird nie wieder die deutsche Kriegsflagge setzen", resümierte Niemöller in *Vom U-Boot zur Kanzel.* Er packte Flagge und Wimpel in seinen Koffer, um sie als Souvenir mitzunehmen. Doch noch war Revolution. Jedes Boot war aufgefordert, gewählte Vertreter in den Soldatenrat zu entsenden. Niemöller gewann den Eindruck, daß vorwiegend die vorlautesten und unzuverlässigsten Männer gewählt wurden. Eines Morgens erfuhr Niemöller, daß der Soldatenrat Leutnant Karli Topp mit der Begründung, er genieße nicht mehr das Vertrauen der Mannschaft, abgesetzt hatte. Niemöller erwiderte: „Nun gut: So sagt eurem Soldatenrat, ich mache ohne meinen Wachoffizier nicht mehr mit." Karli Topp wurde wieder eingesetzt.

Bald darauf jedoch entschloß Niemöller sich selbst zu einem Akt eklatanten Ungehorsams – wenn auch in seinen Augen nicht gegenüber seinem Kaiser oder seinem Land. Nach einem kurzen Urlaub, den er hauptsächlich zu einem Besuch bei der Familie seiner zukünftigen Frau benutzte, kehrte er am 26. Januar 1919 nach Kiel zurück. Ein Verbleiben in der deutschen Marine erschien ihm schon zu diesem Zeitpunkt „fremd und irgendwie unmöglich", obwohl er nicht genau erklären konnte, weshalb.

Am letzten Januartag erhielt er in einem versiegelten Umschlag einen Befehl vom Generalinspekteur der U-Boote. Die Anordnung lautete, zwei U-Boote ins Schlepptau zu nehmen und sie in England abzuliefern, entsprechend den ausgehandelten Waffenstillstandsbedingungen. Dieser Befehl brachte sein Innerstes in Aufruhr. So etwas zu tun, erschien ihm als vollkommen unvereinbar mit der Tradition seiner Waffengattung. Ein anderer U-Boot-Offizier, Ludwig Freiwald, verlieh dem soldatischen Ehrenkodex, der bei der Marine galt, in seinem Erinnerungsbuch *U-Boots-Maschinist Fritz Kasten* mit diesen Versen Ausdruck:

Du kannst in Not geraten
Vor vielfacher Übermacht stehn
In diesem Kampf unterliegen
Und ihn auch in Ehren besteh'n.

Denn nicht ein Sieg entscheidet
Ob Du als Mann Dich bewährt
Sondern wie – trotz Niederlage
Du bis zum End' Dich gewehrt.

Von diesem Geist beseelt, kam Niemöller zu dem Entschluß, daß er, nachdem er „bis zum End'" sich „gewehrt" hatte, nun den Befehl seines vorgesetzten Offiziers verweigern mußte. In aufgereizter Stimmung verlangte und bekam er einen sofortigen Gesprächstermin beim Generalinspekteur. Von diesem gefragt, warum er sich weigere, dem Befehl zu folgen, antwortete er: „Ich bin drei Jahre auf U-Booten gegen England zur See gefahren, Herr Kommodore. Ich habe diesen Waffenstillstand nicht gewollt und nicht geschlossen. Meinetwegen können die Leute unsere U-Boote nach England bringen, die das versprochen haben. Ich tue es nicht."

Nach einem Augenblick des Schweigens entgegnete der Generalinspekteur: „Gut, dann werde ich den Befehl einem anderen Offizier geben." Aber Niemöller war sich jetzt völlig darüber im klaren, daß er jeden Augenblick einen neuen Befehl erhalten konnte, der ihn wieder in Konflikt mit seinen Idealen und seinem Ehrgefühl bringen würde. Am 1. Februar teilte er seiner Familie in einem Brief seine Absicht mit, den Dienst bei der deutschen Kriegsmarine zu quittieren.

Die Befehlsverweigerung, die Martin Niemöller im Januar 1919 beging, war nicht nur typisch für seine Persönlichkeit – für jenen ‚respektlosen' Zug, den schon früher Kapitän Michaelis an ihm wahrgenommen hatte. Sie war auch typisch für die Haltung praktisch des ganzen deutschen Offizierskorps' zu jener Zeit. Der Generalinspekteur vertraute Niemöller später in einem persönlichen Gespräch an, wie sehr es ihn innerlich gefreut habe, daß er, Niemöller, den Befehl zur Auslieferung der beiden U-Boote an England bedingungslos zurückgewiesen hatte. In den Schriften von Niemöllers Offizierskollegen von der Marine findet man dieselben Einstellungen. Leutnant Johannes Spieß, der sechs Jahre auf U-Booten verbrachte, schrieb: „[Unser] vierjähriger Kampf gegen eine ganze Welt von Feinden hätte einen ehrenvolleren Abschluß verdient." Für diese Männer waren die von den Politikern ausgehandelten Waffenstillstandsbedingungen eine tiefe Demütigung. In den Augen Niemöllers und seiner Kameraden kam dies einer völligen Entwertung ihres vierjährigen mit großer Tapferkeit geführten Kampfes gleich. Paul Schultz schrieb sein Buch *Im U-Boot durch die Weltmeere* in der Überzeugung, daß „einfache Tatsachenberichte mehr als alles andere die Größe von Deutschlands Leistungen im Krieg [zeigen]". (ECMN) Peter Cornelissen vertrat in seinem Erlebnisbericht *Die Hochseeflotte ist ausgelaufen!* die Überzeugung: „Es war die Tragik der Hochseeflotte, daß eine weltfremde Regierung sie zum Frieden ‚aufbewahren' wollte." Und er fügte hinzu: „Das eine Zusammentreffen mit dem damaligen Feind hat gezeigt, daß sie in der Führung, in ihren Mannschaften und im Material ihrem Gegner weit überlegen war." (ECMN)

In Wirklichkeit war die deutsche Hochseeflotte sehr viel schlechter für den Krieg gerüstet als die britische, wie gut die deutschen Seeleute auch immer sein mochten. Bei den Feierlichkeiten zum diamantenen Thron-Jubiläum der Königin Victoria im Jahr 1897 präsentierte die Royal Navy vor Portsmouth eine Schiffsparade: In vier Linien auf Parallelkurs dampften, einen Konvoi von sieben Seemeilen Länge bildend, insgesamt 170 Schiffe, darunter 50 Schlachtschiffe, vorbei. Weitere 160 britische Kriegsschiffe kreuzten auf den Weltmeeren. Zu Beginn des Ersten Weltkriegs besaß die Royal Navy insgesamt 1350 Schiffe, darunter 42 Schlachtschiffe und Kreuzer.

Das änderte nichts daran, daß viele mit Niemöller „Enttäuschung und Hoffnungslosigkeit" empfanden angesichts der, so schien es, feigen Kapitulation der deutschen Regierung nach der Abdankung des Kaisers. Als Konteradmiral Hugo Meurer mit dem britischen Oberbefehlshaber Admiral Beatty über das Schicksal der deutschen Flotte verhandelte, hatte sein Gesicht, wie ein britischer Offizier registrierte, „die lebloseste, aschfahle Farbe, die ich je gesehen habe", und es schien, als werde er jeden Augenblick tot umfallen.

Zunächst hatte man vorgeschlagen, die gesamte deutsche Hochseeflotte mitten im Atlantik zu versenken, aber der amerikanische Präsident Wilson erhob dagegen Einspruch. Einem zweiten Vorschlag zufolge sollte die deutsche Flotte dem neutralen Spanien übergeben werden. Schließlich mußten sich die Deutschen bereitfinden, nach einer demütigenden Kapitulationszeremonie vor 250 alliierten Schiffen ihre völlig entwaffnete Flotte in die Scapa-Flow-Bucht im hohen Norden Großbritanniens zu bringen. Dort nahm die deutsche Flotte, ganz im Geist von Niemöllers Befehlsverweigerung, ihre kalte, grandiose Rache an den Engländern. Auf ein vorher verabredetes heimliches Signal von Admiral Ludwig von Reuter hin versenkte die Flotte sich selbst, bis zum letzten Schiff. Um 5 Uhr nachmittags am 18. Juni 1919 lagen 400000 Tonnen Schiffsraum im Wert von 70 Millionen Pfund auf dem Grund der Bucht.

Viele deutsche Seeoffiziere, darunter auch Martin Niemöller, glaubten, daß Scapa Flow ein Stück von der Schande getilgt hatte, die hinterhältige Politiker über sie gebracht hatten, indem sie sie an einem tapferen Kampf hinderten. Admiral Brüninghaus ließ sich in den Reichstag wählen und schrieb *Die Politische Zersetzung und die Tragödie der Deutschen Flotte;* darin vertrat er die Überzeugung: „Zur See unbesiegt, fand die deutsche Flotte ihr selbstgewähltes ehrenvolles Grab, nachdem die unselige, parteipolitische Zersetzung die Weiterführung des uns aufgezwungenen Existenzkampfes unmöglich gemacht hatte." (ECMN) Heinrich Neu schob in seiner Darstellung der revolutionären Bewegung in der deutschen Flotte in den Jahren 1917 und 1918 die Hauptschuld an der Demütigung Deutschlands den Kommunisten zu. „Der tragische Augenblick in der Geschichte der deutschen Flotte lag in jenen Tagen, da auf deutschen Schiffen, die vier Jahre lang am Schutze der Heimat mitgewirkt hatten, die Reichskriegsflagge sank und die rote Fahne, das Banner einer Partei, gehißt wurde. Und doch aber", so fuhr er fort, „fand die einst so stolze Flotte kein unrühmliches Ende. Auch diese Schiffe erhielten ihre Ehre wieder; die Fluten der Reede von Scapa Flow wuschen die Schande ab, die seit jenen Novembertagen an ihnen haftete." (ECMN)

Niemöller, der diese Auffassung aus vollem Herzen teilte, konnte nicht länger Offizier bleiben. Er war für seinen Dienst auf U 39 mit dem Eisernen Kreuz Erster Klasse ausgezeichnet worden. Als er jetzt, am 27. März 1919, sein formelles Abschiedsgesuch einreichte, beschuldigten ihn Kapitän Werth, Befehlshaber des Flottenkommandos Ostsee, und andere Offiziere der Fahnenflucht. Aber Martin Niemöller war sich klar darüber, welche Aufgabe auf ihn wartete.

Sein Abschied von Kiel, von seinen Freunden und dem Beruf, von dem er seit seinem fünften Lebensjahr geträumt hatte, war, so schrieb er selbst, „schmerzhaft". Die Trennung von seinen alten Kameraden von der Marineschule feierte er am 4. April 1919. Da er im Begriff stand, zu heiraten, trugen die Freunde ihn spätabends, als das Fest zu Ende ging, in ein Tischtuch eingewickelt rund um die ganze Offiziersmesse – „das Begräbnis eines Junggesellen".

Mit der Uniform des kaiserlichen Seeoffiziers streifte Niemöller keineswegs die dazugehörige Gesinnung ab. Im Kieler Hafen stand eine Skulptur, die einen Adler mit ausgebreiteten Schwingen darstellte; es war ein Denkmal für die deutsche U-Boot-Flotte, ein Zeugnis, wie ein U-Boot-Offizier schrieb, „für den fortdauernden Ruhm der zahllosen toten Helden des U-Boot-Krieges, ein Monument gehaltener und weiterhin zu haltender Treue". Niemöller wollte den gefallenen Kameraden die Treue halten. In den vier Weltkriegsjahren hatten die Deutschen 811 U-Boote auf Kiel gelegt, von denen jedoch nicht einmal 400 in Dienst gestellt worden waren. Von diesen 400 waren wiederum nur knapp über 300 aktiv zum Einsatz gekommen. Und davon waren nicht weniger als 199 verlorengegangen. Unter den Todesopfern war der Bruder von Niemöllers Braut, Hermann Bremer; er war mit UB 104 untergegangen. Niemöller sah die bitteren Tränen, die Else Bremers Mutter über den Tod ihres Sohnes vergoß. Hermann Bremer war einer seiner beiden besten Freunde gewesen. Der andere, Jochen Emsmann, fiel Anfang November 1918 bei dem Versuch, UB 116, dessen Kommandant er war, in die Scapa-Flow-Bucht zu steuern. „Es war das letzte U-Boot, das verloren ging", schrieb Niemöller bissig über ein Jahrzehnt später, „das U-Boot, dessen Mannschaft noch mitten im Zusammenbruch das Unmögliche wagte und glaubte."

„Wenn es in den ganzen Kriegsjahren außer in der begeisterten Todesverachtung der ersten Kriegswochen wirklich Heldentum gegeben hat, dann ist es in den allerletzten Kämpfen gewesen, als es nicht mehr um Erfolg und nicht mehr um Ehre ging, sondern nur noch um das eiserne Gebot der soldatischen Pflicht." Nach seinem Abschied von der Marine baute Niemöller seine Hoffnungen für die Zukunft Deutschlands darauf, daß es dieses Pflichtgefühl „nach vier zermürbenden Kriegsjahren noch gab".

Der Krieg hatte Martin Niemöller verändert. Claus Bergen, Herausgeber und Verleger vieler heroisierender Darstellungen des U-Boot-Kriegs, schrieb: „Der U-Boot-Krieg war wohl die härteste Schule für die allerbesten Seeleute der Nationen, aber auch die beste Schule der Kameradschaft und des eisernen Willens, in stets ritterlichem Kampfe dem Vaterland zu dienen." (ECMN) Bergen war von 1915 bis 1918 künstlerischer Chronist der deutschen Hochseeflotte gewesen. Der Ex-Kommandant von UC 67 teilte seinen leidenschaftlichen Patriotismus. In den Augen von Bergen und Niemöller war das etwas, das sie ihren toten Kameraden schuldeten. Karl Neureuther, enger Mitarbeiter Bergens bei der Sammlung und Zusammenstellung der U-Boot-Geschichten, hatte im Krieg das U-Boot UC 55 kommandiert. Neureuther schrieb: „Wohl selten hat es eine so verschworene Gruppe von Männern gegeben wie diese kleine Gemeinschaft, die in der Enge eines U-Boots ihrem Schicksal entgegensahen. Jeder einzelne war auf seine Kameraden angewiesen, und in welcher Gefahr sie schwebten, zeigte sich nur zu deutlich in der großen Zahl der U-Boote, die vom Feind zerstört wurden. Kein Wunder, daß die Verbundenheit zwischen diesen Männern die Nachkriegsjahre überdauerte." Martin Niemöller schätzte und pflegte diese Verbundenheit.

Noch viele Jahre nach dem Ersten Weltkrieg schöpfte Martin Niemöller trotz seiner Resignation im Jahr 1919 Kraft aus seinen Erfahrungen als Seeoffizier. Selbst seine zwei Monate Bürodienst bei der Seekriegsleitung in Berlin hatten ihm etwas gebracht. „Ich lernte – was zu lernen ich noch heute nötig habe und immer nötig haben werde –, strategisch zu denken anstatt nur taktisch", schrieb er. „In einer späteren Phase meines Lebens kam diese Erfahrung mir in bezug auf mein eigenes Schicksal gut zustatten."

Zu der Zeit, als Niemöller diese Worte schrieb, hatte er allen Grund, sich um sein Leben Sorgen zu machen. Auch später stellte er manchmal in Augenblicken akuter persönlicher Gefahr fest, daß ihm die Erfahrungen, die er als Offizier in der kaiserlichen Marine gesammelt hatte, zugute kamen.

3. Vom U-Boot zur Kanzel

Die Wunden von 1919 schmerzten Martin Niemöller lange. „Wir hatten eine große Schlachtflotte und machten keinen Gebrauch davon", schrieb er verbittert. Die amtliche Bestätigung seiner Versetzung in den Ruhestand kam Ende November. Obwohl er selbst darum ersucht hatte, traf die Benachrichtigung ihn so tief, daß er einen ganzen Tag lang niedergeschlagen war, und in der Folgezeit vermied er es viele Jahre lang, einen Hafen oder die Küste zu besuchen.

Allein, er hatte nun andere Sorgen: Er wollte heiraten und mußte sich nach einem neuen Beruf umsehen. Martin Niemöller und Else Bremer wurden am Ostersonntag des Jahres 1919 in Heinrich Niemöllers Kirche in Elberfeld getraut, nachdem sie die zivile Ehe schon einen Tag vorher auf dem Standesamt geschlossen hatten. Der frischgebackene Ehemann hatte sein Offiziersgehalt bzw., anschließend, seine Offizierspension – nicht genug, um davon zu leben, aber doch besser als nichts. Im Gefolge der Revolutionsereignisse von 1918 und seiner Erlebnisse nach der Rückkehr nach Kiel mit UC 67 fühlte er sich, wie er schrieb, „im eigenen Vaterland wie ein Fremder". Er beschloß, auszuwandern – ein Gedanke, der in den Reihen der desillusionierten Seeoffiziere beunruhigend oft geäußert wurde. („Es bedarf neuer Mühe und Arbeit, um die Ehre der deutschen Flotte wieder herzustellen", erklärte Admiral Scheer 1919. „Bei dieser Aufgabe wird das Vaterland den Mangel an fähigen Männern spüren, die in den uns aufgezwungenen beengten Verhältnissen nicht leben können und sich anderswohin wenden werden.") Niemöller glaubte, seine Pension werde für den Kauf einer Hazienda in Argentinien ausreichen, und er versuchte Else (die eigentlich Lehrerin werden wollte) davon zu überzeugen, daß ihre Zukunft in Südamerika lag. Zusammen lernten sie spanisch. Er bemühte sich vergeblich um eine Stelle bei einem Leipziger Verlag und lehnte einen ihm angebotenen Posten in der Berliner Admiralität ab; statt dessen besuchte er mehrmals die deutsch-argentinische Gesellschaft in der Hauptstadt und das Ibero-Amerikanische Institut in Hamburg. Einige seiner Ex-Kameraden waren bereits nach Argentinien ausgewandert. Von ihnen erfuhr er die Namen von Schafzüchtern und anderen ehemaligen oder jetzigen argentinischen Bürgern, die in Deutschland lebten oder es besuchen kamen, und ließ keine Gelegenheit aus, sie aufzusuchen.

Doch aus den Plänen wurde nichts. Kurz vor seiner Hochzeit schrieb sein Onkel mütterlicherseits ihm aus Westerkappeln (wo Else sich aufhielt), man könne in Deutschland ebenso gut Schafzüchter sein wie in Argentinien. Er bot Niemöller an, ihm eine Lehrstelle bei einem Bauern in Tecklenburg zu verschaffen; danach könne er sich seine Offizierspension auszahlen lassen, um sich einen eigenen Hof zu kaufen.

„Mir fielen, als ich diesen Brief bekam", erinnerte sich Niemöller, „förmlich die Scheuklappen von den Augen: Waren nicht meine Urgroßväter westfälische Bauern gewesen? Und mußte die deutsche Wiedergeburt nicht, wenn sie überhaupt kommen sollte, von einem gesunden, freien und frommen Bauerntum ausgehen?" Er schrieb sofort nach Westerkappeln zurück, er sei bereit, am 1. Mai auf dem Bauernhof anzufangen.

In Wirklichkeit trat er seinen Dienst auf einem 36-Hektar-Hof im Dorf Sennlich bei Tecklenburg vier Tage später an. Seine erste Aufgabe bestand darin, Jauche aufs Feld zu fahren und zu versprengen.

Seltsamerweise war für seine Frau auf dem Hof kein Platz, so daß sie bei seinen Verwandten in Westerkappeln bleiben mußte. Ebenso loyal, wie sie sich seinen enthusiastischen Argentinienplänen angeschlossen hatte, begann sie sich jetzt auf die Rolle der Bauersfrau vorzubereiten. Mitte Juli fand sie Arbeit auf einem Hof in Wersen, wo sie Milchwirtschaft und Schnapsbrennen sowie den Umgang mit Jungvieh und Geflügel lernen sollte. Die frisch verheirateten Eheleute wohnten jetzt sieben Kilometer voneinander entfernt. Sie konnten nur am Wochenende zusammensein. Dem U-Boot-Kommandanten i. R. erschien dieser Zustand völlig normal. „Ich hatte das Eheleben eines Seeoffiziers", bemerkte er dazu. „Die Woche über im Dienst, Freitag bis Montag zuhause." Sie verbrachten die Wochenenden im Hause eines Onkels, das sich halbwegs zwischen den beiden Höfen befand. „Ich mußte vier Kilometer weit laufen", erinnerte Niemöller sich, „meine Frau drei." (MN/jb)

Die Idylle (wenn es eine war) war nicht von Dauer. Im September begann Martin Niemöller, der dazu in den hektischen Tagen der Ernte und Aussaat kaum Zeit gefunden hatte, einen Blick in die Zeitung zu werfen und Erkundigungen über die gängigen Marktpreise für Bauernhöfe einzuziehen – mit niederschmetterndem Ergebnis. Dank der bereits beunruhigend hohen Inflationsrate kostete ein Hektar Land um die 8000 Mark. Für Else und Martin Niemöller mit ihren geringen Ersparnissen führte absolut kein Weg zu einem eigenen Bauernhof.

Die Inflation trug zweifellos dazu bei, Niemöller auf den Weg zum Pfarrerberuf zu bringen. Doch natürlich war sie nicht die einzige Ursache für seinen Entschluß, schließlich in die Fußstapfen seines Vaters zu treten. Die ganze Zeit über hatten er und seine Frau nicht versäumt, an den Sonntagen, die sie zusammen verbrachten, den Gottesdienst zu besuchen; sie hatten entweder die Kirche in Westerkappeln besucht, wo Martins Mutter getauft, konfirmiert und getraut worden war, oder die Kirche in dem eine Wegstunde entfernten Geburtsort seines Vaters, wo sein Großvater als Schulmeister und Organist gewirkt hatte. Beide waren, kurz gesagt, nach wie vor fromme, gottesfürchtige Protestanten; das bedeutete jedoch keineswegs, daß Martin Niemöller eine Berufung zum Pfarrerberuf in sich gespürt hätte.

Als er über seine zerstobenen Träume nachdachte, fragte er sich eine Zeitlang, ob er nicht versuchen sollte, Lehrer zu werden (wenn dies auch in gewisser Weise bedeutet hätte, sich mit dem neuen deutschen Staat zu arrangieren). So ratlos und verzagt war er, daß er es bis zum 17. September 1919 noch immer nicht über sich gebracht hatte, Else zu eröffnen, daß ihr Vorsatz, einen Bauernhof zu kaufen, ausssichtslos geworden war. Am Abend dieses Tages ging er nach Westerkappeln, um seinen Onkel um Rat zu fragen. Unterwegs traf er einen der beiden Pfarrer der Stadt, und plötzlich fiel ihm das Gespräch über die Zukunft ein, das er auf der Brücke von U 67 mit Leutnant Karli Topp geführt hatte. Er fragte sich, ob die Ereignisse des verflossenen Jahres ihn nicht seiner Umgebung und seiner geistigen und geistlichen Herkunft entfremdet hatten. An diesem Abend setzte er Else über die Lage ins Bild. Und vor dem Schlafengehen schrieb er in sein Tagebuch: „Ich gehe zur Kirche."

Die emotionalen wie die finanziellen Probleme waren damit natürlich nicht ausgestanden. Dazu gesellten sich neue Ängste: Der Gedanke, vor einer großen Gemeinde predigen zu müssen, erfüllte ihn mit Schrecken. „Ich war gewöhnt, zu 50 Männern oder so auf einem Schiff zu sprechen. Das war die richtige Zahl für mich", sagte er. Als er seinem Vater diese Ängste eingestand, meinte Heinrich Niemöller nur: „Ach, das lernst du schon." Und dann sagte sein Vater ihm noch etwas: „Mein Junge, der freieste Beruf auf der ganzen Welt ist heute der eines evangelischen Pfarrers." Nach seinen jüngsten unerfreulichen Erfahrungen mit der Obrigkeit war dies für Martin Niemöller ein entscheidender Satz. (MN/jb)

Als das Jahr 1919 zu Ende ging, hatte Martin Niemöller nicht nur im Einbringen der Kartoffeln auf „seinem" Bauernhof bei Tecklenburg geholfen; er hatte sich auch als Student an der evangelisch-theologischen Fakultät der Universität Münster eingeschrieben. In nur acht Wochen lernte er die Grundbegriffe des Hebräischen. Anfang Januar 1920 zogen Else und er nach Münster und eröffneten ihren ersten gemeinsamen Hausstand – in einer Dreizimmerwohnung im Obergeschoß des Hauses der Pastorenfamilie Kähler. An Hausrat brachten sie mit: zwei Betten, einen Schrank, einen Tisch mit Stühlen sowie eine große Menge Kartoffeln von Martins ehemaligem Arbeitgeber.

Die Theologie lieben zu lernen, bemühte sich der 27 Jahre alte Student vergeblich. Die Philosophie hielt er für absolut nutzlos. „Es gibt keinen Gedanken, der nicht schon von irgend jemandem gedacht worden ist", meinte er. (MN/jb) Tatsächlich durchliefen die theologischen Fakultäten Deutschlands nach dem Krieg einen Gärungsprozeß. Niemöller hörte von Karl Barths neuer, revolutionärer Interpretation des Paulusschen Römerbriefs und las möglicherweise sogar selbst ein Stück der betreffenden Schrift. Aber Barths komplexe Denkweise lag ihm überhaupt nicht.

Wie auch immer, um die Ordination zu bekommen, mußte er studieren und seine Prüfungen bestehen. Münster verfügte über eine Reihe fähiger Theologieprofessoren – darunter einige, die eine gewisse (manchmal wankelmütige) Rolle in den sozialen, politischen und kulturellen Turbulenzen, die Deutschland in den folgenden Jahren erschüttern sollten, spielen würden. Niemöller hatte das Glück, Dogmatische Theologie bei Karl Heim zu hören. Heim war der beste systematische Theologe seiner Zeit in Deutschland; er wechselte allerdings bald von Münster nach Tübingen. Für Niemöller erwies sich der Weggang Heims indirekt als Glücksfall, denn Heims Nachfolger in Münster, Georg Wehrung, ließ sich in unmittelbarer Nachbarschaft der Niemöllerschen Wohnung nieder; so ergab es sich oft, daß er und Martin nach einer Vorlesung oder einem Seminar zusammen nach Hause gingen und auf dem Weg über theologische und politische Fragen debattierten. Bald standen die beiden Familien auf ausgezeichnetem Fuß miteinander. In Wehrungs Haus fand 1925 die erste Begegnung zwischen Niemöller und dem großen Karl Barth statt. Barth zeigte sich nach diesem ersten Treffen von der ihm viel zu „preußischen" Persönlichkeit seines späteren Freundes und Verbündeten überhaupt nicht angetan. (Als Barth selbst einen Lehrstuhl an der Universität Münster übernahm, entwickelte Georg Wehrung bemerkenswerterweise eine so starke Abneigung gegen ihn, daß er sich eine andere Universität suchte. Barth übernahm dann Wehrungs Lehrstuhl!)

Die anderen akademischen Lehrer Niemöllers waren nicht ganz so namhaft. Reformationsgeschichte hörte er bei Georg Grützmacher, der kaum einmal die Pfeife aus dem Mund nahm. Bei Otto Schmitz hörte er Neues, bei Rothstein Altes Testament. Da das Theologiestudium auch wichtige praktische Kenntnisse und Fertigkeiten für künftige Pfarrer vermitteln sollte, fand Niemöller Aufnahme im akademischen Kirchenchor, den Professor J. Schmend leitete, und besuchte auch die von Schmend angebotenen Seminare über die Kunst des Predigens. Seine erste Predigt – vor Schmend und einem Dutzend kritischer Theologiestudenten – hielt er am 15. Dezember 1921; dabei hätte er beinahe den Faden verloren. Um sich auf diesem Gebiet zu verbessern, fragte er seinen Vater, ob nicht die Elberfelder Gemeinde, wo ihm die Leute wenigstens freundlich gesonnen waren, bereit sei, sich den Übungspredigten eines Neulings auszusetzen. Schon am Sonntag darauf erschien Martin Niemöller auf der Kanzel seines Vaters – und stellte fest, daß er seine Angst vor dem Predigen besiegt hatte.

Viel faszinierender jedoch – und übrigens auch gefährlicher – war für den Ex-Seeoffizier, wie für sehr viele Studenten im Deutschland jener Jahre, die politische Mobilisierung, die sich allenthalben vollzog. Obwohl der deutsche Kaiser abgedankt hatte, fühlte Niemöller sich noch an den Treueeid gebunden, den er auf die Monarchie abgelegt hatte. Erst nach dem Tode Wilhelms II. im Jahr 1941 empfand er sich dieser heiligen Verpflichtung ledig. Gewiß, Wilhelm hatte alle Deutschen vom Treueeid entbunden. Doch, so fragte Niemöller, „wie konnte er das? Der Eid war ein feierliches Gelübde, das nicht zwei, sondern drei einander gegeben haben, denn er wurde in Gegenwart Gottes abgelegt. Wilhelm II.

Abb. 2: Martin und Else Niemöller (die am 8. August 1961 bei einem Autounfall ums Leben kam) gegen Ende der fünfziger Jahre

konnte nicht für Gott sprechen." (MN/jb) Dementsprechend fühlte Niemöller sich der fanatischen monarchistischen Rechten verbunden, deren Symbol die schwarz-weiß-rote Fahne der deutschen Kaiser war, die er sich von UC 67 mitgenommen hatte.

Man brauchte im Deutschland jener Zeit nicht lange zu suchen, um Männer zu finden, die im Weltkrieg auf See gedient hatten und nun Trost und Wiedergutmachung in jenem äußersten Nationalismus suchten, der die einzige Rechtfertigung dafür schien, daß man so viel geopfert hatte. Die Quintessenz aus der Schilderung der letzten Einsatzfahrt des kleinen Kreuzers *Dresden*, veröffentlicht 1926 von Bootsmann Heinrich Schneider, lautete:

Allzeit bereit mit unserm Blut
Für deutsche Ehre, für deutsches Gut. (ECMN)

Fregattenkapitän Georg von Hase stellte seinem Bericht über die Schlacht am Skagerrak (die mit einem Teilsieg der Deutschen endete) die Worte des Dichters Bogislaw von Selchow voran:

Ich bin geboren deutsch zu fühlen,
Bin ganz auf deutsches Denken eingestellt.
Erst kommt mein Volk, dann all' die andern vielen,
Erst meine Heimat, dann die Welt.

Kapitänleutnant Julius Lauterbach, 1914 Navigations- und Prisenoffizier auf der *Emden*, 1916 und 1917 U-Boot-Kommandant und 1918 Kommandant des Hilfskreuzers *Möwe*, ging nach Kriegsende auf eine „vaterländische Weltreise", um allerorten sein Motto zu verkünden: „Wer sein Vaterland liebt, muß sein eigenes Ich vergessen und nur voll und ganz seine Pflicht für sein Vaterland tun. Menschlich und ehrenhaft kämpfen, um die Achtung der Feinde und Mitmenschen zu erwerben." (ECMN)

So sehr Männer wie Lauterbach sich bemühen mochten, ihre Offizierskameraden dazu zu bewegen, ihre egoistischen Motive beiseite zu legen – der Nationalismus dieser Männer war zu einem nicht geringen Teil die Reaktion eines verletzten Selbstwertgefühls auf die deutsche Niederlage, und dies erklärt auch die Leidenschaft der politischen Aktivität Niemöllers und der ihm Gleichgesinnten. Niemöller haßte die Weimarer Republik. „Wenn der Kaiser nicht von Hindenburg und Ludendorff gezwungen worden wäre, nach Holland zu gehen", meinte er, „hätte es keine Revolution gegeben." Niemöller blieb Monarchist; er hoffte auf die Rückkehr des Kaisers und trennte sich nur schweren Herzens von der Vorstellung, der Kronprinz könne an die Stelle des abgedankten Kaisers treten. Er hatte sich noch während seiner Dienstzeit zur See, gegen Kriegsende, ernsthaft mit Politik zu beschäftigen begonnen, bei den Wahlen von 1919 jedoch das Gefühl gehabt, keiner der kandidierenden Parteien seine Stimme geben zu können. „Die einzige Wahl für einen Marineoffizier war, nicht zur

Wahl zu gehen." Keinem aktiven Marineoffizier war die Teilnahme an der Wahl gestattet gewesen. Niemöller, für den dieses Verbot nicht mehr galt, blieb der Urne aus freien Stücken fern. (MN/jb)

Infolgedessen nahm seine politische Betätigung gefährlich außerparlamentarische Züge an. Schon zu Anfang seines ersten Semesters in Münster hatten zwei Ex-Offiziere damit begonnen, nationalistisch gesonnene Studenten organisatorisch zusammenzufassen; Niemöller trat der Vereinigung, die sich Deutschnationale Studentenbewegung nannte, bei und widmete ihr jede freie Minute.

Am 13. März 1920 traf die Nachricht vom Kapp-Putsch ein, dem Versuch der Rechten, das republikanische Regime zu stürzen. Niemöller und einige seiner Gesinnungsgenossen verließen daraufhin ein Seminar von Professor Rothert über westfälische Kirchengeschichte, um die Aufstellung eines „akademischen Schutzkorps'" zur Unterstützung der Putschisten zu organisieren. Allein, Kapp scheiterte am Widerstand der republikanischen Institutionen. Ein wenig widerwillig schlug sich das akademische Schutzkorps auf die Seite der Regierung, vor allem deswegen, weil die Kommunisten aus der entstandenen Verwirrung Kapital zu schlagen versuchten. Innerhalb einer Woche rekrutierte das akademische Schutzkorps allein in Münster 750 Mann; es wurden 3 Bataillone gebildet, eines davon unter dem Kommando von Martin Niemöller. Sein Bruder Wilhelm, der sich ebenfalls, und zwar in Bethel, auf den Pfarrersberuf vorbereitete, kam, so schnell er konnte, nach Münster und schloß sich der Truppe seines Bruders an.

Kommunistische Arbeitertruppen stießen mittlerweile vom Rheinland aus vor, und in der Osterwoche setzten Niemöllers Mannen sich zusammen mit den beiden anderen Bataillonen des akademischen Schutzkorps in Bewegung, um sie zu stellen. „Rechts von uns", erinnerte er sich, „stand das Freikorps Loewenfeld, dem viele meiner alten Kameraden und ein guter Teil meiner Besatzung von UC 67 angehörten". Am Karfreitag wurden über der Lippe „rote" Flugzeuge gesichtet und beschossen. Am ganzen Flußlauf der Lippe entlang gab es an diesem Tag schwere Kämpfe, und einer von Niemöllers Freunden aus dem 1. Bataillon fand bei Werne den Tod.

Else Niemöller erwartete um diese Zeit ihr erstes Kind. Am Karfreitag erhielt Martin im Bataillonshauptquartier einen Anruf von seiner Mutter: „Gottes Segen, lieber Junge; ihr habt ein Töchterchen bekommen; es ist blond und blauäugig. Else geht es gut." Niemöller war sehr froh (wenn er sich auch heimlich einen Sohn gewünscht hatte), wollte sich aber nicht vom Schlachtfeld entfernen. Er versprach, seine Frau und das Neugeborene am ersten Sonntag nach Ostern zu besuchen. Am Ostersonntag überschritten er und seine Männer die Lippe und besetzten das Städtchen Waltrop. Am Ostermontag marschierten sie in das Zechendorf Achenbach ein.

„Überall, wohin wir jetzt kamen, wurden wir als Befreier von der Hölle des Bolschewismus begrüßt", schrieb Niemöller später. Zu diesem Zeitpunkt zeichnete sich allerdings bereits das Ende der militärischen Aktionen ab. Der Regierung lag daran, die einander befehdenden Gruppen im Lande zu versöhnen. Im Reichstag gab es viele, die begreiflicherweise große Zweifel an der Loyalität der erst vor so kurzer Zeit ins Regierungslager übergewechselten Freikorps hegten. Die drei Münsteraner Bataillone mußten sich damit begnügen, straßenzugweise die Häuser nach versteckten Waffen zu durchsuchen. Am 9. April nahm Niemöller sich die Zeit für einen kurzen Besuch zuhause, um seine Tochter Brigitte zu sehen. Von Else erfuhr er, daß sein Bruder Friedrich Wilhelm im Ruhrgebiet gegen die Kommunisten kämpfe. Er verlor keine Zeit und kehrte zu seinem Bataillon zurück. Die Freikorps manövrierten und marschierten noch etwas mehr als eine Woche lang weiter, ohne nennenswerte Resultate. Am 19. April trafen die Münsteraner Bataillone in Dortmund ein, um von hier aus mit dem Zug nach Hause zu fahren. Am 23. April nahm General von Watter die letzte Parade ab, und dann wurde das akademische Schutzkorps aufgelöst.

Diese Ereignisse lieferten Martin Niemöller einigen Stoff zum Nachdenken, besonders als er erfuhr, daß noch ein weiterer Freund aus den Kriegstagen im Mittelmeer, der in den Reihen des Freikorps Loewenfeld gekämpft hatte, gefallen war. Er fragte sich, warum Deutsche einander auf ihrem eigenen Boden bekämpften, und erkannte rückblickend: „Es fehlte an Führung, es fehlte an einem großen Ziel, es fehlte vor allem an der innern und sittlichen Voraussetzung für ein echtes völkisches Wollen und Handeln." Konnte es vielleicht sein, daß Patriotismus allein nicht genügte?

Mit größerer Entschlossenheit widmete Niemöller sich wieder

seinem Studium. Er hatte jetzt größere familiäre Pflichten. Während der langen Semesterferien zogen die drei Niemöllers ins Haus der Großmutter in Wersen, wo Martin an den Vormittagen studierte und nachmittags seinem Vetter beim Heumachen half. Die Inflation fraß immer bedrohlicher an seiner kleinen Offizierspension, und so war die Versuchung groß, Gelegenheitsarbeiten anzunehmen, die ihn freilich vom direkten Weg zum angestrebten Ziel abgelenkt hätten.

Bis zum Jahresende schaffte es die Familie recht und schlecht, durchzukommen, doch im Februar 1922 war die Situation so schlimm geworden, daß Niemöller versuchte (allerdings erfolglos), eines ihrer wertvollsten Erbstücke zu verkaufen – eine 1545 in Wittenberg gedruckte Lutherbibel. Dazu kam, daß Else wieder schwanger war.

Die Lage der Familie Niemöller wäre verzweifelt gewesen, hätte es nicht Elses Bruder gegeben, der mittlerweile eine Stellung an der Universität innehatte und zum stellvertretenden medizinischen Leiter der Neurologischen Klinik in Göttingen ernannt worden war. Er unterstützte Else und Martin mit erheblichen Zuwendungen. Am 16. Juli 1922 wurde ihr erster Sohn geboren. Sie tauften ihn auf den Namen Hans Jochen, zum Gedenken an Niemöllers alten Bootskameraden Emsmann. Hans Jochen Niemöller sollte im Zweiten Weltkrieg fallen.

Ohne die von seinem Vater ererbte Zähigkeit hätte Martin Niemöller es wohl nicht fertiggebracht, sein Theologiestudium zu beenden. In Deutschland war es üblich, daß man an mehr als einer Universität studierte, doch die Niemöllers waren viel zu arm, um aus Münster wegziehen zu können. In Martins Vaterhaus in Elberfeld war von Geld niemals die Rede. „Ein Ehrenmann spricht nicht vom Geld", pflegte Heinrich Niemöller kategorisch zu sagen. „Wenn er zuwenig hat, geht er zur Bank und läßt sich Kredit geben. Und bei Tisch spricht er nicht davon." In der Vorkriegszeit hatten dem Niemöllerschen Haushalt im Arbeiterviertel eine Hausmagd, ein Kindermädchen und ein Au-pair-Mädchen angehört. (MN/jb) Jetzt fragte Martin sich mit zunehmender Ratlosigkeit – die deutsche Regierung brachte die Inflation offenbar einfach nicht unter Kontrolle –, wie er und seine Familie überleben sollten. „Ich fing an zu ahnen", schrieb er, „daß es die härtesten Jahre meines Lebens werden würden." Er mußte eine Verdienstmöglichkeit finden, ohne aber deswegen sein Studium aufzugeben.

Am 29. Juli 1922 fing der zukünftige Pastor Niemöller als Schienenleger bei der Deutschen Reichsbahn an.

Er lernte den Beruf in sechs Wochen. Es war eine schmutzigere und schwerere Arbeit als seinerzeit das Bekohlen des Kriegsschiffes *Thüringen*. Und seine jetzigen Arbeitskollegen waren derbere Burschen als seine Schiffskameraden damals. Sie akzeptierten ihn erst, nachdem er sich mit einem jungen Lümmel geprügelt hatte, der ihm seine Spitzhacke hatte wegnehmen wollen.

Die Arbeit als Schienenleger verschaffte ihm Gelegenheit, so eng wie nie zuvor mit Arbeitern in Berührung zu kommen. Nachdem sie ihn einmal akzeptiert hatten, gaben ihm diese erfahrenen Schienenleger, die mit einer Ausnahme Katholiken waren, Tips, wie man sich die mühsame Arbeit leichter machen konnte. Und in der Mittagspause fragten sie ihn neugierig über sein bisheriges Leben und über die Motive für seinen jetzigen Beruf aus. Niemöller lernte seinerseits etwas von ihrem politischen Denken kennen. Sie mißtrauten, so erkannte er, dem Bürgertum, aber unter ihrer linksradikalen „Kruste" verbarg sich alles andere als marxistischer Internationalismus. (Um diese Zeit hegte Niemöller eine intensive Abneigung gegen die Linken, unter anderem deshalb, weil sie ausgerechnet an dem Tag, als Martin und Else zur Schließung der bürgerlichen Ehe auf das Elbersfelder Standesamt bestellt waren, vor dem dortigen Rathaus eine Hungerdemonstration veranstaltet hatten, und das Paar gezwungen gewesen war, durch die Hintertür hineinzugehen!)

Niemöller schloß mit einigen der Schienenleger dauerhafte Freundschaft, doch ungeachtet dessen wurde er bald versetzt, zunächst in die Werkstatt und dann in das Büro des Bahnhofsbuchhalters. Die sich stetig beschleunigende nicht enden wollende Geldentwertung machte die tägliche Berechnung von Löhnen, Rentenbeiträgen usw. zu einem Alptraum. Niemöller mußte von acht bis zwölf und dann wieder von drei bis sieben Uhr arbeiten, so daß ihm kaum einmal eine Stunde für sein Studium blieb.

Mit eiserner Entschlossenheit schaffte er es dennoch. Anfang Oktober 1922 ließ er sich einen Urlaub geben, in dem er an einer „theologischen Woche" in Bethel teilnahm. Es war ein faszinierendes Erlebnis. Er hörte Vorträge, unter anderem von Adolf Schlatter, der später zum fanatischen Nationalsozialisten und Antisemiten wurde, und Paul Althaus, der, wenn er auch nie Nazi wurde, doch zumindest eine Theologie entwickelte, die sich mit vielen von

Hitlers Anschauungen vertrug. 1922 war Niemöller jedoch von Althaus' Vortrag über das Kreuz Christi höchst beeindruckt.

Mitte Januar 1923 hatte Niemöller die Voraussetzungen für die Zulassung zu seiner wichtigen ersten Prüfung vor dem Münsteraner Konsistorium erfüllt. Der Schienenleger und Reichsbahn-Hilfsbuchhalter hatte zwei ordentliche Seminararbeiten verfaßt: ‚War Paulus ein echter Zeuge Jesu Christi?' und ‚Die Mystik des Meister Eckart und des Bernhard von Clairvaux'. Doch das genügte noch nicht. Für den folgenden April war seine Prüfung in Philosophiegeschichte angesetzt.

Die Besetzung des Ruhrgebiets durch französische Truppen hatte zur Folge, daß die Reichsbahn in den angrenzenden Gebieten aus einer großen Anzahl von Arbeitslosen auswählen konnte. Niemöller verlor seinen Posten. Das hatte wenigstens den einen Vorteil, daß er den ganzen Februar und März 1923 hindurch mit seinem Bruder bei langen Wanderungen Philosophie repetieren konnte. Sie taten dies mit Hilfe eines Handbuchs, das – glücklicher Zufall! – ausgerechnet der Professor verfaßt hatte, der beide prüfen sollte. Trotz der Probleme blieb diese Zeit beiden Brüdern als besonders glücklich im Gedächtnis. „Wir haben nicht viel getrunken", erinnerte Wilhelm sich später, „woher sollten wir das auch noch bezahlen?" Statt dessen sangen sie, besonders gern die Schlager von Gustav Falker:

> Wir sind zwei Kirschen an einem Stengel,
> Ein Zwiegesang,
> Ein Kanon, wie er von Bach bis Klengel
> noch keinem gelang.

„Es war ein glückliche Zeit", sagte auch Martin 1980. „Am Abend büffeln für die Prüfungen, tagsüber für Frau und Kinder bei der Bahn arbeiten. Als junger Bursche hält man das aus." (MN/jb)

Ungeachtet seines durch die bestandenen Prüfungen ausgewiesenen Studienerfolgs betonte Niemöller stets, daß er in jenen Jahren das meiste von den evangelischen Geistlichen in Münster, von persönlichen Freunden und Bekannten unter den Christen seiner Heimat Westfalen, von seinem Hauswirt Pastor Kähler und vom Bischof von Westfalen, Dr. Zöllner, gelernt habe. Die beiden Letztgenannten verschafften ihm seine ersten Pfarrerstellen.

Nachdem Niemöller im April 1923 die mündliche Prüfung hinter sich gebracht hatte, bot Pastor Kähler ihm das Amt eines Vikars in seinem Münsteraner Gemeindebezirk an. Das war genau das, was Niemöller zur Vorbereitung auf die Übernahme einer selbständigen Pfarrerstelle brauchte und wollte. Als Vikar durfte er predigen und Konfirmandenunterricht erteilen, aber keine Beerdigungen, Trauungen und Taufen (außer in Notfällen) und auch nicht das Heilige Abendmahl zelebrieren. Niemöller predigte nicht nur in Pastor Kählers Kirche, sondern auch in einem auf dem Gelände der alten Pferderennbahn südlich von Münster errichteten Lager für Flüchtlinge aus Posen und Westpreußen. Und schließlich predigte er auch – nicht unpassend für einen ehemaligen Schienenleger – vor einer winzigen Gemeinde, die sich ein- oder zweimal im Monat im Haus des Bahnhofsvorstehers von Telgte traf, einer unmittelbar vor den Toren von Münster gelegenen Kleinstadt. Was Wunder, daß Niemöller sich hier in seinen bisherigen Vorbehalten gegenüber dem Katholizismus und den Katholiken bestätigt sah, bildeten doch die evangelischen Christen Münsters nur eine winzige Minderheit in einer ansonsten fast ausschließlich von Katholiken bewohnten Stadt, die im übrigen auch einen berühmten katholischen Schrein beherbergte. Neben allem anderen setzte Niemöller sein Studium fort.

Das Leben wurde für ihn und seine Familie jedoch sehr schnell ungemütlicher. Zunächst wurde sein Freund und Mentor, Pastor Kähler, zum Bischof von Stettin ernannt und verließ Münster im August, die gesamte Gemeindearbeit den Niemöllers hinterlassend. Zum zweiten beschleunigte sich die Inflation erneut. Die Niemöllers erwirkten, daß sie weiterhin im alten Kählerschen Hause wohnen bleiben konnten. Zu seinem großen Kummer mußte sich der junge Familienvater, um sich und die Seinen ernähren zu können, von einigen der ihm teuersten Besitztümer aus seinen U-Boot-Jahren trennen. Else trennte von allen seinen sorgfältig aufbewahrten Uniformen die goldenen Litzen ab, und Martin verkaufte sie einem Juwelier. Als nächstes machte er einen Chronometer zu Geld, den er während seiner Zeit auf U 151 als Prise von einem italienischen Schiff geholt hatte.

Von dem Geld, das der Chronometer einbrachte, lebte die Familie zwei Wochen. Ohne Erfolg versuchte Niemöller, Arbeit bei der Westfälischen Bank zu finden. Der Chef des Münsteraner Reichsbahn-Buchhaltungsamts verschaffte ihm für wenige Wochen Arbeit, aber da es sehr viele arbeitslose Gewerkschaftsmitglieder gab, drängten die Gewerkschaften auf einen Einstellungsstop für Arbeitssuchende wie Niemöller. Für die Dauer von vierzehn Tagen rettete ihn die Westfälische Bank, die ihm schließlich doch eine vorübergehende Tätigkeit anbot, die ihm jedoch keine Zeit mehr für sein Studium ließ. Dann war das Reichsbahn-Buchhaltungsamt so mutig, ihm wieder Arbeit zu geben, wenigstens bis zum 13. November 1923; an diesem Tag erhielt er seine zweite und endgültige Kündigung.

Wie er es unter diesen Umständen fertig brachte, eine Doktorarbeit über die religionspsychologische Methode fertigzustellen, war und blieb Niemöller selbst zeitlebens ein Rätsel. Das Erlebnis der Armut und Existenzangst jener Jahre hatte jedoch in seinen Augen einen wesentlichen Teil an der Vorbereitung auf den seelsorgerischen Beruf. „Ich wußte und weiß, wie es den Menschen ohne Existenz, ohne feste Anstellung und ohne nährende Arbeit zumute ist", schrieb er.

Diese äußeren Lebensumstände taten auch ein Gutteil dazu, daß er seinen zu jener Zeit intensivsten Wunsch, eine eigene Pfarrei zu übernehmen, vorübergehend aus den Augen verlor. Am Tag seiner endgültigen Kündigung durch das Reichsbahn-Buchhaltungsamt kehrte er in tiefer Besorgnis über die Zukunft seiner Familie nach Hause zurück. Die letzte Monatsrate seiner Offizierspension hatte gerade für den Kauf eines halben Laibes Brot ausgereicht. Als er sich anschickte, Else die prekäre Lage zu erklären, unterbrach sie ihn mit den Worten: „Übrigens hat der Generalsuperintendent vorhin geschickt, du möchtest nach Tisch mal zu ihm kommen." Dr. Zöllner hatte mit Niemöller bereits früher über die Möglichkeit gesprochen, daß er nach Beendigung seines ersten Vikaramts eine Stellung bei der westfälischen Inneren Mission antreten könnte, jener bemerkenswerten, von Pastor Johann Hinrich Wichern begründeten Institution, die schon Niemöllers Vater so beeindruckt hatte. Der Vorschlag hatte jedoch damals Martin, der sehr mit dem ländlichen Leben eines Dorfpfarrers liebäugelte, nicht behagt.

Jetzt erneuerte Dr. Zöllner das Angebot – nicht zuletzt weil Heinrich Niemöller ihn darum gebeten hatte –, allerdings unter leicht veränderten Vorzeichen: Martin sollte seinen Posten bei der Inneren Mission nicht erst nach Ablauf seiner regulären Vikarszeit antreten, sondern schon am 1. Dezember. Niemöller blieb keine Wahl. Bei der Reichsbahn war er zum 30. November gekündigt. Seine Doktorprüfung würde nicht vor dem 24. April des nächsten

Jahres stattfinden. Was der Generalsuperintendent ihm anbot, war nichts anderes als eine sichere Stellung schon *vor* seiner Ordination und ohne zu wissen, wie er bei der Doktorprüfung abschneiden würde.

Zu allem Überfluß war Else erneut schwanger. (Heinz Hermann kam am 6. Januar 1924 auf die Welt.) Das Einkommen, von dem die Familie leben mußte, war beängstigend gering. Niemöller fand für seine Entscheidung ein Exempel aus der Bibel: „Jakob diente sieben Jahre für seine Rahel. Ich werde diese Arbeit sieben Jahre lang machen, keinen Tag länger."

Am Tag darauf bot der Vorstand der westfälischen Inneren Mission ihm den Posten eines Geschäftsführers an. Niemöller bedang sich aus, daß sein neuer Arbeitgeber ihm nur den Differenzbetrag zwischen seiner Offizierspension und dem für ihn vorgesehenen Gehalt auszahlte. „Ich wollte Menschen dienen", sagte er später, „nicht einer Organisation."

Den allermeisten jungen Menschen wäre eine solche Stellung sicherlich als ein großer Schritt nach vorn erschienen. Für die Niemöllers war es auf jeden Fall ein Schritt in eine finanziell gesicherte Zukunft. Noch 1924 ließ die westfälische Innere Mission ein Haus bauen, das die Amtsräume des neuen Geschäftsführers beherbergte und ihm und seiner Familie gleichzeitig als Wohnhaus diente. 1925 zogen die Niemöllers in die geräumige Erdgeschoßwohnung ein; hier wurden ihre nächsten drei Kinder geboren. Jan Heinrich kam am 11. Dezember 1925 zur Welt, eine zweite Tochter, die Niemöller in Erinnerung an sein altes Schiff Herta taufte, am 8. Juli 1927; Jutta schließlich wurde am 15. November 1928 geboren.

Niemöller entfaltete auf seinem neuen Posten eine äußerst erfolgreiche Tätigkeit. Daran gewöhnt, mehrere Berufe gleichzeitig auszuüben, beendete er nebenbei sein Studium und absolvierte seine Doktorprüfung Anfang Mai 1924 ohne Schwierigkeiten. „In Wahrheit war es lediglich ein Intermezzo", schrieb er, „das den regelmäßigen Gang des Dienstes nur drei Tage unterbrach."

Am 29. Juni 1924 erhielt Martin Niemöller zusammen mit zwei weiteren Pfarrern in der Erlöserkirche zu Münster von Bischof Dr. Simon (dem Heinrich Niemöller sekundierte) seine Ordination. Als Ältester unter den drei Geweihten mußte Martin Niemöller eine Predigt halten. Er wählte das Thema Demut und dazu ein Paulus-Zitat: „Nicht, daß ichs schon ergriffen habe oder schon vollkommen sei: ich jage ihm aber nach, ob ich's auch ergreifen möchte, nachdem ich von Christo Jesu ergriffen bin!"

Am gleichen Nachmittag vollzog Martin Niemöller im Dachgeschoß des alten Kählerschen Hauses sein erstes Sakrament: die Taufe seines Sohnes Heinz Hermann. Das improvisierte Taufbekken stand auf seinem Schreibtisch, eingerahmt von einem Kruzifix, einigen Kerzen und – dem schwarz-weiß-roten Wimpel von UC 67. „Heinz" erinnerte an den Großvater des Täuflings, Heinrich Niemöller, „Hermann" an Elses Bruder, der im Krieg auf UB 104 den Soldatentod gefunden hatte.

4. Auf der Suche nach einem Führer

So widerwillig Niemöller die Arbeit im Dienst der Inneren Mission angetreten hatte, sie entpuppte sich als eine Erfahrung von unschätzbarem Wert für ihn. Er übte sich in organisatorischen Fähigkeiten, die sich später, unter Hitler, als höchst segensreich für die Kirche erwiesen. Er entwickelte auch ein wesentlich ausgeprägteres Gespür für das „soziale Evangelium".

1948, hundert Jahre nachdem Pastor Hinrich Wichern die Innere Mission in Deutschland begründet und zugleich damit den ersten Evangelischen Kirchentag als Begegnungsforum für geweihte und ungeweihte Vertreter des deutschen evangelischen Christentums veranstaltet hatte, charakterisierte Martin Niemöller ihn als einen Mann, der an soziale Probleme sowohl im Geiste der alttestamentarischen Propheten als auch wie ein Jünger Christi herangegangen sei. „Wichern sah die Aufgabe der Kirche sozial und politisch, wie wir heute sagen würden", erklärte Niemöller. Ihre Aufgabe beschränke sich nicht auf die Betreuung der Kranken und Verwundeten, sondern sie müsse auch als das Salz der Erde und als das Licht der Welt dienen. Dies sei die Vision Wicherns gewesen.

Bischof Wilhelm Zöllner, der Niemöller zur westfälischen Inneren Mission geholt hatte, teilte Wicherns Vision und übertrug sie auf seinen Protegé. Zöllner stellte sich die Innere Mission als eine Reformbewegung innerhalb der evangelischen Kirche vor und sah in ihr zugleich eine Einlösung der sozialen Verheißungen des Evangeliums und der sozialen Aufgabe der Kirche. Er bemühte sich nach Kräften, unter den Fittichen der Inneren Mission in jedem Gemeindebezirk seines Bistums Jugend- und Wohlfahrtsorganisationen aufzubauen. Als Niemöller 1924 für die Innere Mission zu arbeiten begann, existierten in Westfalen 49 Organisationen dieser Art. Ihre Arbeit zu koordinieren, gehörte zu seinen Aufgaben. Die Erfüllung dieser Aufgaben brachte es mit sich, daß er durchschnittlich die Hälfte des Jahres auf Reisen war.

„In jenen Tagen", erinnerte Niemöller sich, „waren die Kirchen sich ihrer Verantwortung für die *Menschen* einigermaßen bewußt, aber weit weniger ihrer Haltung gegenüber dem *Nächsten.* Sie kümmerten sich um einzelne Gemeindemitglieder, um Kinder, Konfirmanden und so weiter – aber das war nicht wirklich das, was wir heute als den Sinn des Gebotes erkennen und empfinden: ‚Liebe deinen Nächsten wie dich selbst.'" Die Innere Mission schien sowohl einen Weg zur Verwirklichung dieses Gebots zu eröffnen als auch ein Vehikel zu sein, mit dem man die deutschen Kirchen wirksam an ihre vernachlässigten Pflichten erinnern konnte. Wichern war sich sehr wohl dessen bewußt gewesen, daß große Teile der Bevölkerung praktisch außerhalb der evangelischen Kirchen Deutschlands standen und von ihrer Botschaft weitgehend unberührt blieben. Sein Wunsch war, mit ihnen Verbindung aufzunehmen und sie zu Christus zu führen. Sein Gesellschaftsbild war keineswegs das eines Revolutionärs. Niemöller wies 1948 auf die Ironie hin, die darin steckte, daß die Innere Mission im gleichen Jahr gegründet wurde, in dem das *Kommunistische Manifest* erschien. Die Anhänger Wicherns und die Anhänger von Karl Marx betrachteten ihre Lehren und Ziele in vieler Hinsicht als in diametralem Widerspruch zueinander stehend. Bei einer Versammlung in den 80er Jahren kam es einmal zu einer denkwürdigen Szene, als Mitglieder der sich auf Wichern berufenden christlich-sozialen Bewegung das Luther-Lied *Ein' feste Burg* sangen und rivalisierende Marxisten sie mit der Marseillaise zu übertönen versuchten. Bei allen Gegensätzen war es jedoch das leidenschaftliche Anliegen beider Gruppen, das Los der im Zeichen eines rapiden Industrialisierungsprozesses immer zahlreicher werdenden Lohnarbeiter und ihrer Familien zu verbessern.

Es fiel Niemöller infolgedessen nicht schwer, im Vermächtnis Wicherns ein „Programm" zu entdecken, wie er es im Rückblick auf seine siebenjährige Tätigkeit bei der westfälischen Inneren Mission formulierte. Da es Wichern nicht nur um diejenigen gegangen war, die innerhalb, sondern auch und gerade um diejenigen, die außerhalb der Kirche standen, gehörte zu diesem Programm *auch* der Versuch, den deutschen Protestantismus davon zu überzeugen, daß er wieder zu einer wirklichen Volkskirche zurückfinden müßte.

Diese Aufgabe erschien doppelt schwierig wegen des prekären Verhältnisses zwischen Kirche und Staat in der Weimarer Republik. Im Grunde genommen hatten die Kirchen (wie Dr. J.R.C. Wright in seiner ausführlichen Studie über die deutsche evangelische Kirchenführung zwischen 1918 und 1933 gezeigt hat) allen

Grund zur Zufriedenheit mit den Abkommen, die sie mit den weltlichen Mächten geschlossen hatte. Das Recht der Kirchen, eigene Steuern einzuziehen, blieb praktisch unangetastet. Doch die Pastoren Reinhard Möller und Hermann Kapler (die nacheinander Präsidenten des Berliner Oberkirchenrats waren) kämpften zwischen 1919 und 1932 unablässig und manchmal mit Zähnen und Klauen für die Erhaltung der Unabhängigkeit der Kirchen, während sie sich gleichzeitig um einen partnerschaftlichen *modus vivendi* mit der Republik bemühten. Im Rahmen dieser politischen Vorgaben konnten neue Männer wie Zöllner und Niemöller sinnvolle Aufgaben erfüllen.

In Westfalen blickte die Innere Mission auf eine besonders ausgeprägte Tradition selbständigen sozialen Wirkens zurück. Ende des 19. Jahrhunderts hatte Friedrich von Bodelschwingh d. Ä. in Bielefeld das soziale Betreuungszentrum Bethel, hauptsächlich zur Pflege und Behandlung von Epileptikern, gegründet, das nunmehr von seinem Sohn Friedrich geleitet wurde. Zwischen Niemöller und Friedrich von Bodelschwingh entwickelte sich eine freundschaftliche Beziehung, die sich, als es zu den ersten Konflikten zwischen der evangelischen Kirche und Adolf Hitler kam, als besonders wichtig erweisen sollte. In den späten 20er Jahren waren die Krankenanstalten von Bethel für Niemöller besonders als Vorbild dafür wichtig, wie die Innere Mission ihre sozialen Dienste wieder auf eine solide finanzielle Grundlage stellen und gleichzeitig sichergehen konnte, daß sie nicht von den staatlichen Wohlfahrtseinrichtungen aufgesogen und in der Folge womöglich ihres individualistischen christlichen Impetus beraubt wurden. Niemöller löste diese Aufgabe mit Erfolg.

Glücklicherweise war die Inflation inzwischen gebändigt, doch die Jahre des finanziellen Chaos hatten ihre Spuren an den mobilen und immobilen Besitztümern der Inneren Mission hinterlassen, von denen viele sich in beklagenswertem Zustand befanden. Niemöller gründete eine evangelische Sparkasse, die bis 1931 ein Kapital von 15 Millionen Mark ansammelte. 1927 gegründet, überstand sie die Katastrophe des „Schwarzen Freitags" von 1929 – sie war das einzige Institut dieser Art, das nicht gezwungen war, seine Pforten zu schließen. Niemöller vermied es sorgfältig, die Finanzen seiner Sparkasse mit irgendwelchen staatlichen Hilfsgeldern zu vermischen. Er ließ nicht zu, daß sie Geld an Privatpersonen auslieh, auch wenn dies dem Gesetz nach möglich gewesen wäre.

Alle Einkünfte wurden dazu verwendet, neue Kranken- und Pflegestätten zu errichten und die alten instand zu setzen.

Das Problem war, daß die Weimarer Behörden nicht bereit waren, die Einrichtungen der Inneren Mission als qualifiziert für die Betreuung von Waisen und Behinderten anzuerkennen – was es Niemöller und seinen Mitstreitern immerhin leichter machte, die Unabhängigkeit dieser Einrichtungen von staatlichen Zuschüssen und den damit verbundenen Einmischungen zu bewahren. In der Tat war nicht zu leugnen, daß ein erheblicher Teil der Schwestern, die für die Innere Mission arbeiteten, schlecht oder gar nicht ausgebildet war. Zum Glück näherten sich viele von ihnen dem Rentenalter. Niemöller baute eine Schule auf, an der neugewonnene Mitarbeiter(innen) die grundlegenden Kenntnisse und Fertigkeiten erwerben konnten, die sie in der Wohlfahrtspflege benötigten; er selbst erteilte dort ein- oder zweimal in der Woche Unterricht.

In diese Jahre fiel auch seine erste politische Betätigung. Den Anlaß dazu lieferten zum Teil persönliche, familiäre Gründe. 1927 kam seine älteste Tochter Brigitte in die Schule, und Niemöller schloß Bekanntschaft mit den Mängeln der evangelischen Bildungseinrichtungen im katholischen Münster. Ende November 1929 wurde er in den Stadtrat gewählt, an der Spitze einer siebenköpfigen Fraktion, deren wichtigstes Anliegen das Wohlergehen der evangelischen Bürger der Stadt war und die im übrigen keiner politischen Partei verbunden war. Niemöller war klug genug, gute Beziehungen zu den katholischen Stadträten zu pflegen, die ängstlich darauf bedacht waren, zu verhindern, daß der Staat einen Fuß in die Tür der kirchlich verwalteten Schulen bekam.

Allein, keine dieser Aufgaben machte ihn wirklich glücklich. Er und Else hatten stets gehofft und hofften noch immer, „nach den Jahren der fortgesetzten Unruhe und Sorge, des Hin und Her und Vielerlei würde einmal eine Zeit kommen, in der wir uns einer stillen und ganz auf das Wesentliche gerichteten Gemeindearbeit würden widmen können. Jetzt kam das gerade Gegenteil“, schrieb er weiter, „Besprechungen und Sitzungen, Reisen und Vorträge, Umgang mit Pfarrern und Behörden, Organisation und Finanzfragen.“ Er räumte ein, daß er bei dieser Art von Arbeit sehr viel lernte. Durch den Weggang Kählers nach Stettin war ein Sitz im Vorstand der westfälischen Inneren Mission freigeworden; er war an Niemöller gefallen. Das neue Vorstandsmitglied profilierte sich rasch und lernte die Kunst der Gremiumsarbeit und des taktischen

Kompromisses; doch oft, so schrieb er, „fragte ich mich, weshalb ich nicht lieber Nationalökonomie und Rechtswissenschaft studiert habe."

Er hielt es die versprochenen sieben Jahre aus. In dieser Zeit vermehrte sich, hauptsächlich durch sein eigenes Zutun, die mit seinem Amt verbundene Arbeit erheblich. Als er seinen Posten angetreten hatte, war ein Zimmer im Diakonissen-Institut in Münster sein Büro gewesen, und sein Mitarbeiterstab hatte aus einer pensionierungsreifen 60jährigen Dame und aus Fräulein Kuntze bestanden, deren Deutsch eher schlecht als recht war und die ihre Einstellung der Tatsache verdankte, daß ihr Vater im Bistum eine hohe Position bekleidete. Als Niemöller 1931 aus dem Amt schied, hinterließ er eine florierende Dienststelle, die zehn Mitarbeiter zählte und in neuerrichteten Büroräumen residierte.

Im Januar dieses Jahres hatte er, die Proteste seines Vaters in den Wind schlagend, bei der Inneren Mission zum 1. Juli 1931 gekündigt und danach begonnen, sich nach einer Pfarrei umzusehen. Ein Angebot, als Pfarrer in Essen zu arbeiten, schlug er aus. Ein entsprechendes Angebot aus Bielefeld hätte er angenommen, doch stellte er noch rechtzeitig fest, daß der andere Pfarrer der betreffenden Pfarrei ihn nicht mochte. Schließlich kam (zum Teil dank der rührigen Hintergrundarbeit seines Vaters, der sich mit Martins Entschluß, der Inneren Mission den Rücken zu kehren, abgefunden hatte) aus Berlin das Angebot, dritter Pfarrer im Gemeindebezirk Dahlem zu werden, einem der vornehmsten Villenvororte der Hauptstadt. Niemöller fuhr nach Berlin, stellte fest, daß er die beiden anderen Dahlemer Pfarrer mochte, und vereinbarte, seine neue Stelle am 1. Juli 1931 anzutreten. Dann fuhr er mit Else, die Kinder in der Obhut der Großeltern zurücklassend, in Urlaub.

In Dahlem (der Name bedeutete ursprünglich „Siedlung am Berg") gab es nachweislich seit dem 13. Jahrhundert eine christliche Kirche. Sie war der Heiligen Anna geweiht und im späten Mittelalter ein Wallfahrtsort gewesen; in den Jahren und Jahrzehnten nach 1420 war sie renoviert und erweitert worden. Von der Reformationszeit an hatte die Familie von Wilmersdorf in der Dahlemer Gemeinde eine dominierende Rolle gespielt. Angehörige dieser Familie wirkten in Dahlem als Pfarrer, bis die Linie 1770 ausstarb.

Zu Beginn des 20. Jahrhunderts begann die Gemeinde, nicht zuletzt im Gefolge des Baus der Berliner U-Bahn, zu expandieren. Vom zunehmenden Wohlstand Dahlems profitierte auch die Pfarrei St. Anna. 1926 fielen in Dahlem bei einer 9500 Seelen zählenden evangelischen Gemeinde Kirchensteuern in Höhe von 403 628 Mark an. Die alte Granitsteinkirche platze aus allen Nähten, so daß die Gemeinde 1930 den Grundstein für eine zweite Kirche in ihrem Bezirk legte, die Jesus-Christus-Kirche. Drei Jahre zuvor hatten die Gläubigen den Bau eines Gemeindehauses mit einem 400 Personen fassenden großen und einem 100 Personen fassenden kleineren Saal finanziert. Bis 1931 stieg die Einwohnerzahl Dahlems auf 12 000.

In der letzten Juniwoche des Jahres 1931 zogen Martin und Else Niemöller mit ihren sechs Kindern in eines der Dahlemer Pfarrhäuser ein (Podbielski-Allee 20). Schon 1924 hatte die Gemeinde sich für mitgliederstark genug befunden, um eine eigene Gemeindezeitschrift herauszugeben. Sie kam nun mit einem Willkommensgruß an Niemöller, seine Frau und seine Kinder heraus. Verfaßt hatte den Begrüßungstext, in dem dem Ankömmling Gottes Segen, Freundschaft und Kraft für seine neue Aufgabe gewünscht wurden, sein künftiger Kollege, Pastor Eberhard Röhricht. Am 28. Juni lernte die Gemeinde in Anwesenheit des Superintendenten von Berlin, Diestel, ihren neuen Pfarrer kennen. Um 11.45 Uhr stellte er sich den Kindern vor. Um ein Uhr speiste die ganze Gemeinde mit ihm im Gemeindesaal zu Mittag. Es war, wie Niemöller sich später erinnerte, ein erhebendes Ereignis. Keiner der Anwesenden, und gewiß auch nicht Niemöller selbst, konnte ahnen, in wie naher Zukunft Versammlungen in diesem Gemeindesaal ein politisch äußerst gefährliches Unterfangen sein würden. Am Nachmittag des folgenden Tages, ebenfalls in heimeliger Atmosphäre, stellte Niemöllers anderer Kollege, Pastor Gerhard, ihn bei einer Tasse Tee den Gemeindemitgliedern vor. Nachdem sein Herzenswunsch sich nunmehr erfüllt hatte, machte Martin Niemöller sich an die Arbeit. Dahlem war seine erste Pfarrei und sollte seine einzige bleiben. (ZEKHN 62, Bd. 1064) Dahlem hatte, so erinnerte er sich, „sehr reiche und kultivierte Gemeindemitglieder, zugleich aber auch Arbeiter der untersten Stufe aus den herrschaftlichen Häusern". (MN/jb) Es war dies das Hauspersonal der Reichen und Vornehmen, Männer und Frauen, die in den Kellergeschossen der Dahlemer Villen wohnten und Gartenarbeiten verrichteten, Heizkessel warteten usw. Niemöller nahm sich vor, jedes einzelne seiner Gemeindemitglieder zu besuchen, ob reich oder arm. Zehnmal in der Woche erteilte er im neuen Gemeindehaus Konfirmandenunterricht, und nach kurzer Zeit begann er mit vierzehntägigen Bibelstunden, mit denen er diejenigen erwachsenen Gemeindemitglieder, die sich dazu einfinden mochten, in ihrem Glauben zu bestärken hoffte. Formell war Niemöller seinen beiden Mitpfarrern untergeordnet, doch in der Praxis wechselten die drei sich bei allen verantwortlichen Aufgaben turnusmäßig ab. Und als nach einem halben Jahr Pastor Gerhard starb, wuchs Martin Niemöller rasch in eine noch verantwortungsvollere Rolle hinein. 1932 stieß Pastor Fritz Müller, Sohn eines Berliner Schulrektors und drei Jahre älter als Niemöller, als dritter Mann zu dem Dahlemer Team. Obwohl erst seit so kurzer Zeit da, war Niemöller anerkanntermaßen der führende Kopf der Troika, und noch 1932 zog er mit seiner Familie in das große Pfarrhaus Cäcilienallee 61 ein, das in unmittelbarer Nachbarschaft der St. Annen-Kirche stand.

Es dauerte nicht lange, und er nahm Verbindung mit Berliner Pfarrern von außerhalb seines Gemeindebezirks auf. Einer davon war Gerhard Jacobi, ein Christ jüdischer Abstammung, der ein Jahr älter war als Niemöller und als Pfarrer an der Kaiser-Wilhelm-Gedächtniskirche am Kurfürstendamm amtierte. Ein anderer war Hermann Ehlers, den Niemöller durch seine Arbeit für den Berliner Bibelstudienkreis kennenlernte. Diese bemerkenswerte Einrichtung war im Winter 1883, gleichzeitig mit einer gleichnamigen Vereinigung in Elberfeld, gegründet worden. Daher hatte Niemöller sehr weit zurückreichende Verbindungen zu diesem Kreis, aus dem sich sehr bald eine auch auf andere deutsche Städte übergreifende Bewegung entwickelte. Schon in Münster hatte Niemöller sich Zeit für die Mitarbeit im dortigen Bibelstudienkreis genommen. Jetzt wurde er zu einem der maßgeblichen Männer der Berliner Gruppe, die mit ihren Seminaren zu Anfang der 30er Jahre um die 1300 Studenten ansprach. Niemöller lernte einflußreiche evangelische Kollegen kennen und schloß mit ihnen Freundschaft, und er machte sich auch selbst einen Namen, als gefragter Prediger und bald auch als erfahrener Rundfunksprecher.

Zwei Seelen wohnten zu jener Zeit in Martin Niemöllers Brust. An der Aufrichtigkeit seines Wunsches, ein einfacher Pfarrer zu sein, war gewiß kein Zweifel; andererseits aber hatte er sich bereits daran gewöhnt, andere, weit über den kleinen Wirkungskreis eines Gemeindepfarrers hinausgehende Rollen zu spielen. In der Zeit, als ihm das Angebot einer Pfarrerstelle in Bielefeld vorlag (das er ausschlug), hatte er mit dem Gedanken geliebäugelt, diese Tätigkeit mit einer Fortführung seiner Arbeit bei der Inneren Mission zu verbinden.

Und trotz seines Bekenntnisses zu der „unpolitischen" Aufgabe, für die Seelen seiner Schäfchen zu sorgen, war Martin Niemöller ein von tiefen politischen Leidenschaften bewegter Mann. Fünfzehn Jahre nach Kriegsende empfand der Ex-Seeoffizier immer noch große Erbitterung über die Demütigung Deutschlands durch die Siegermächte. Er verachtete sowohl diejenigen, die im Vertrag von Versailles die bedingungslose Kapitulation Deutschlands beglaubigt hatten, als auch die „sozialistischen Agitatoren", die Versprechungen machten, die sie unmöglich einlösen konnten. Daß er und seine Familie jahrelang unter Existenzangst gelitten und gehungert hatten, war zumindest teilweise eine Folge der unmöglichen Reparationsverpflichtungen gewesen, die die Siegermächte Deutschland auferlegt hatten. 1923, genau an dem Tag, an dem er seine beiden theologischen Seminararbeiten eingereicht hatte, waren französische Truppen in Teile des Ruhrgebiets einmarschiert. Er hatte damals die „Welle der Erbitterung" und den „wachsenden Widerstandswillen" registriert, mit dem die deutsche Bevölkerung auf diesen Akt reagierte. „Wir, die wir nahe der Grenze zu diesem jetzt ‚besetzten Gebiet' lebten", schrieb er, „kriegten es aus erster Hand mit." Und Martin Niemöller war keiner, der seine Gefühle für sich behielt. Als bei der „theologischen Woche" in Bethel Professor Samuel Jäger in einer Predigt andeutete, daß Deutschland möglicherweise eine gewisse Schuld am Ausbruch des Ersten Weltkriegs anzulasten sei, verließen Martin und Wilhelm Niemöller den Saal. In Martins Augen führte die Demokratie zur Zersplitterung eines Volkes und förderte einen exzessiven Individualismus. Sein Ideal war die soldatische Kameradschaft, wie er sie im Krieg kennengelernt hatte, und seine Trauer um den Verlust der Monarchie war zum Teil Ausdruck einer Sehnsucht nach einem dahingegangenen Symbol der nationalen Einheit. In Münster hatte er Studenten Vorträge über Ehre und Vaterland gehalten.

Die Männer, die in den Seeschlachten des Ersten Weltkriegs so tapfer für Deutschland gekämpft hatten, betrachteten die Niederlage von 1918 nicht als das letzte Wort. In ihrer Entschlossenheit, die Würde und Macht Deutschlands wiederherzustellen, wurden sie durch die Krisen, die ihr Land in den 20er Jahren durchmachte, eher noch bestärkt. „Uns Deutschen ist ein grausames Schicksal beschieden", schrieb Fregattenkapitän Georg von Hase 1928.

„Unsere deutsche Jugend wird in einem versklavten Deutschland aufwachsen, in dem fremde Mächte uns zwingen, für sie zu arbeiten. Wir werden mit ansehen müssen, wie die Angelsachsen verächtlich auf uns herabsehen. Sogar Franzosen, Italiener und Angehörige anderer Rassen, die uns geistig, moralisch und körperlich unterlegen sind, werden sich ermutigt fühlen, uns Deutsche als rohe Barbaren zu betrachten, die für ihre Verbrechen zu Recht bestraft worden sind." Gleichwohl, so erklärte Hase, sei er „fest davon überzeugt, daß unsere deutsche Jugend sich von all dem nicht die Augen für die Wahrheit verschließen lassen wird". Seiner Ansicht nach war es „die Pflicht von uns Älteren, dem jungen Deutschland in dem herannahenden Kampf mit Rat und Tat zur Seite zu stehen". Von dieser Absicht beseelt, schrieb er seine Erinnerungen an die Kriegszeit, und vor demselben Denkhintergrund sind die Vorträge und Predigten Niemöllers und ist sein Buch *Vom U-Boot zur Kanzel* zu sehen. Als eine 10000 Mann starke, mit afrikanischen Söldnern durchsetzte französische Truppe das Ausmaß der Erniedrigung Deutschlands auf brutale Weise deutlich machte, indem sie über ein Jahr lang das Ruhrgebiet besetzte (was nebenbei Niemöller den Arbeitsplatz kostete), und die Deutschen zunächst mit passivem Widerstand und Sabotageakten reagierten, wurde in Düsseldorf ein deutscher Widerständler namens Albert Leo Schlageter von den Franzosen erschossen. An dem großen Gedenkgottesdienst für Schlageter in Elberfeld nahm die Familie Niemöller geschlossen teil, und Martin und Wilhelm waren unter den Männern, die den Sarg unter Ehrengeleit zum Bahnhof trugen, von wo aus er die Reise in Schlageters Heimatort antrat.

Georg von Hase hatte zunächst als Geschützoffizier auf dem Schlachtkreuzer *Derfflinger* gedient, der in Scapa Flow sank. Auf ein Exemplar seines Buches *Scapa Flow – Das Grab der deutschen Flotte,* das sich heute in der Machnaghten-Bibliothek des Eton College befindet, schrieb Admiral von Reuter, der Verantwortliche für jenes große Protestopfer, die bedeutsamen Worte: „Auf Karfreitag folgt Ostern." (ECMN) Niemöller war einer von denen, die unbedingt und mit gleichsam religiöser Intensität an die Auferstehung der deutschen Flotte glaubten. Einer der, anders als Niemöller, an der Auslieferung eines U-Boots in England teilgenommen hatte, der Hauptgefreite O. Wehner, kommentierte das Erlebnis mit dem Satz: „Nie wieder sollten wir eine so schändliche Reise unternehmen müssen." Auch Wehner wertete die Selbstaufopferung der deutschen Hochseeflotte als eine Tat, die die Ehre Deutschlands gerettet habe. Am 2. November 1918 hatte die gesamte Flotte – Schlachtschiffe, Kreuzer und Zerstörer – in den frühen Morgenstunden Wehners U-Boot passiert und war mit fünfzehn Knoten in die Scapa-Flow-Bucht eingelaufen. „Wir konnten den Blick nicht von diesen stolzen, unbesiegten Veteranen des Meeres abwenden“, erinnerte er sich. „Als sie allmählich nordwärts außer Sicht liefen, traten Tränen in unsere Augen, denn wir waren sicher, daß wir sie nie wiedersehen würden.“ Andererseits war der Hauptgefreite Wehner ebenso davon überzeugt, daß ein neues Deutschland erstehen würde. „Unser Glaube an den Geist der deutschen Nation, der sie aus der Tiefe der Erniedrigung emporführen wird“, schrieb er, „läßt uns ruhig in die Zukunft blicken.“

Für Männer diesen Zuschnitts war es eine ausgemachte Sache, daß die Errettung Deutschlands nicht von dem demokratischen Weimarer Regime zu erwarten war, von jenen „dreihundert pazifistischen Abgeordneten im Reichstag“, wie Ludwig Freiwald es in seinen Erinnerungen an die letzten Tage der deutschen Hochseeflotte formulierte. Admiral Hopman gab im Vorwort zu seinem 1925 veröffentlichten Kriegstagebuch seiner Vorfreude auf den Tag Ausdruck, an dem Deutschland nicht mehr von „durchschnittlichen Männern“ geführt werde.

1923 erschien ein möglicher Retter auf der Bildfläche. Im Januar dieses Jahres hielt Adolf Hitlers Nationalsozialistische Deutsche Arbeiterpartei ihren ersten Reichsparteitag ab. Im November unternahmen Hitler und seine Mannen in München einen Putschversuch, der mit einem scheinbar vollständigen Fehlschlag endete. Vierzehn Nazis und vier Polizisten kamen ums Leben; Hitler und einige seiner Mitstreiter wurden zu Haftstrafen verurteilt. Die NSDAP wurde in Bayern verboten.

Doch Hitler hatte auf sich aufmerksam gemacht. Während andere Rechtsparteien zögerlich zuwarteten, hatte er gehandelt. Hitler war jetzt über München und Bayern hinaus in ganz Deutschland eine bekannte Größe geworden. In den Augen der ehemaligen und der noch aktiven Soldaten schien er beste Referenzen zu besitzen. „1923“, erinnerte sich Niemöller, „sahen wir in Hitler einen Bündnispartner Ludendorffs. Wir wußten damals nicht, daß Ludendorff mit Hindenburg gebrochen hatte, und Hindenburg war in unseren Augen ein aufrichtiger Gefolgsmann des Kaisers.“ Aus geschichtlicher Distanz zurückblickend, fügte er hinzu: „Das alles war Unsinn." Aber die meisten Soldaten dachten eben so. „Politisch engagierte Marineoffiziere", erläuterte Niemöller, „empfanden sich als Gegenkraft zur Staatsmacht, d.h. zu den Revolutionären, und ihre Loyalität galt ihren Vorgesetzten", d.h. denen, die im Namen der Monarchie die Macht an sich zu reißen versuchten. (MN/jb)

Bei der preußischen Landtagswahl von 1924 stimmte Niemöller für die Nationalsozialisten. 1931 las er fasziniert Hitlers *Mein Kampf.* Er wählte die Nationalsozialisten auch im März 1933, bei der letzten freien Wahl in Hitlerdeutschland. Wie Korvettenkapitän Karl Neureuther im Juni des darauffolgenden Jahres schrieb, konnte es scheinen, als ob „die Erfolge unserer U-Boote den Erfolg des Nationalsozialismus vorgezeichnet hätten, denn sie hatten bereits die entschiedene Einheit der Arbeiter und Soldaten an der Front bewirkt". Und Ludwig Freiwalds heroisierende Biographie des U-Boot-Ingenieurs Fritz Kasten endete mit dem Bild einer durch das Brandenburger Tor marschierenden Hitlerjugend-Formation, die trutzig ein nationalsozialistisches Kampflied sang:

Ein Hoch der deutschen Arbeit, voran die Fahne rot,
Und Hakenkreuz muß siegen, vom Freiheitslicht umloht.
Es kämpfen deutsche Männer für eine bessere Zeit,
Wir wollen nicht ruh'n noch rasten, bis Deutschland ist befreit.

In diesem berauschenden geschichtlichen Augenblick bekannte sich Martin Niemöller, der sich stets bemüht hatte, die Wohlfahrtsarbeit der Inneren Mission von jeglicher staatlichen Einflußnahme freizuhalten, auf einmal zu dem Gedanken eines neuen Bündnisses zwischen Kirche und Staat, wie es Männern wie Wichern und Wilhelm Zöllner immer vorgeschwebt hatte. Bischof Zöllner hatte häufig genug seinem Wunsch nach „einer evangelischen Kirche der deutschen Nation" Ausdruck verliehen. Jetzt, 1933, verkündete Niemöller seinen Berliner Gläubigen, daß dieser Traum im Begriff sei, sich zu erfüllen. „In vielen Teilen unseres Volkes hat sich die Hoffnung breitgemacht, daß es jetzt zu einer neuen Begegnung zwischen unserer Nation und der christlichen Kirche kommen wird, zwischen unserer Nation und Gott. Und wir hoffen aus ganzem Herzen, daß mit Hilfe der Bewegung, die sich gegenwärtig in unserer Kirche entwickelt, die Hindernisse weggefegt werden und der Weg geebnet wird." Seine Hoffnungen sollten auf tragische Weise enttäuscht werden.

5. Christentum in Gefahr

Im Herbst 1931 hielt Martin Niemöller eine Rundfunkansprache, die er „Ruf nach dem Führer“ betitelte. „Wo ist der Führer?“ fragte er. „Wann wird er kommen? Unser Suchen und Wollen, unser Rufen und Streben bringen ihn uns nicht. Wenn er kommt, wird er als ein Geschenk, eine Offenbarung Gottes kommen. Unser Ruf nach einem Führer ist ein Schrei um Mitleid.“

Der religiöse Tenor war dem Thema durchaus angemessen. Wie Albert Speer, Hitlers Leibarchitekt und späterer Rüstungsminister, im nachhinein erkannte: „Ein wichtiges Geheimnis diktatorischer Herrscher, von Stalin bis Hitler, ist ihre Fähigkeit, ihre Gewaltherrschaft mit einem moralischen Mäntelchen zu verkleiden und sie so zu einem befriedigenden Erlebnis zu erhöhen.“ 1937 veröffentlichte der marxistische Philosoph Ernst Bloch einen satirischen Artikel über Hitlers „Frömmigkeit“; darin wies er darauf hin, daß Hitler häufig den Ausdruck „Vorsehung“ im Mund führte. In der Tat brachte Hitler es fertig, seinem Militarismus und dem deutschen Drang nach „Lebensraum“ religiöse Motive zu unterlegen. „Wenn ein Mann nicht bereit ist, um sein Leben zu kämpfen“, erklärte er, „hat die gerechte Vorsehung bereits über sein Schicksal entschieden.“

Artikel 24 des nationalsozialistischen Parteiprogramms (das Hitler 1926 für unveränderlich erklärte) enthielt nicht nur ein Bekenntnis zur Freiheit der Religionsausübung für alle Bekenntnisse („vorausgesetzt, daß sie nicht den Bestand der deutschen Rasse gefährden oder ihren Anstand und ihr Moralgefühl verletzen“); es hieß darin auch, die NSDAP stehe für ein „positives Christentum“. In seiner Reichstagsrede vom 23. März 1933 beruhigte Hitler die Zweifler, indem er erklärte, die neue Regierung betrachte sowohl Katholiken als auch Protestanten als „wichtige Faktoren in der Erhaltung unseres Deutschtums“; die Kirchen hätten, so fügte er hinzu, ihren Beitrag zu leisten bei der „Aufgabe, die die Regierung sich gestellt hat, nämlich die moralische und sittliche Erneuerung des deutschen Volkes“. Was Wunder, daß viele sich täuschen ließen – und nicht nur in Deutschland. In Großbritannien brachte der

Erzbischof von Canterbury höchstpersönlich seine „grenzenlose Bewunderung für die moralische und sittliche Seite des nationalsozialistischen Programms mit seinem klaren Bekenntnis zu Religion und Christentum“ zum Ausdruck.

Helmut Thielicke, ein Christ, der später zum Widerstand gegen Hitler fand, hat beschrieben, wie Hitler mit seiner scheinbaren Frömmigkeit in jenen Jahren vielen Sand in die Augen streute. „Er warf freigiebig mit christlichem Vokabular um sich“, schrieb Thielicke, „redete über den Segen des Allmächtigen und über die christlichen Konfessionen, die zu Säulen des neuen Staates werden würden; er ließ Glocken läuten und zog alle Register. Er trug den Ernst eines Mannes zur Schau, auf dessen Schultern eine schwere geschichtliche Verantwortung lastet. Er lancierte fromme Geschichten in die Presse, namentlich in die kirchlichen Zeitungen. Beispielsweise wurde berichtet, er habe irgendwelchen Diakonissen seine zerfledderte Bibel gezeigt und erklärt, er schöpfe die Kraft für sein großes Werk aus dem Wort Gottes. Er hatte die Fähigkeit, seiner Stimme ein pietistisches Timbre zu verleihen, das viele religiös eingestellte Menschen dazu bewog, ihn als einen gottgesandten Menschen zu bejubeln.“ Aufgrund all dessen habe man, so schloß Thielicke, „sehr genau hinsehen und sein schreckliches Buch *Mein Kampf* sehr sorgfältig lesen müssen, um den Pferdefuß unter der glitzernden Engelsrobe zu erkennen“.

Viele wähnten eine neue religiöse Ära angebrochen. Paul Althaus beispielsweise erklärte die Machtergreifung Hitlers zur „Stunde der Kirche“. Nach so vielen Jahren der Angst und Ungewißheit war es, wie Martin Niemöller sich erinnerte, „so etwas wie eine Befreiung, als Hitler kam“. (MN/jb) Hitler selbst verkündete: „Heute stehen Christen und nicht internationale Atheisten an der Spitze Deutschlands.“

Die Predigten, die Niemöller in der ersten Jahreshälfte 1933 hielt, lassen keinen Zweifel daran, daß er nicht nur große Hoffnungen in das neue Regime setzte, sondern daß auch einige der von den Nazis verkündeten Lehren es ihm angetan hatten. Am 1. Fastensonntag verkündete er in bewußtem Anklang an Artikel 24 des NS-Parteiprogramms, die deutsche Nation sei aufgebaut auf „das positive Christentum der Lutheraner und der Calvinisten und der Katholiken“. In dieser Predigt übte Niemöller sich in demselben mystischen Nationalismus, den Hitler so glänzend auszubeuten verstand. „Als unsere deutsche Nation zur Nation wurde“, sagte er, „gab Gott ihr den christlichen Glauben als ihre Seele; ... und dieses Christentum der deutschen Volksseele hat all jene Kräfte hervorgebracht, durch welche unsere Nation wächst und sich entwickelt.“

Als Niemöller im Herbst 1933 seinen Erntedankgottesdienst hielt, hatten sich in seinem Inneren bereits ernsthafte Bedenken hinsichtlich der Richtung, in die das neue Reich sich entwickelte, angesammelt. Gleichwohl stieg er nach wie vor auf die Hitlerschen Vorstellungen von „Rasse“ und „Nation“ ein, die, so erklärte er, „Forderungen an uns stellen, denen wir uns nicht entziehen können“.

Bei Hitler hatte die Verherrlichung des Deutschtums freilich eine häßliche Kehrseite – die Herabsetzung anderer Völker, insbesondere der Juden. In *Mein Kampf* stellte er die abstruse Behauptung auf, der Judaismus sei überhaupt keine Religion. „Der Ausdruck ‚Religionsgemeinschaft‘ ist von anderen, nichtjüdischen, religiös ausgerichteten Gemeinschaften gestohlen und wird vom Juden aus taktischen Gründen benutzt“, schrieb Hitler. „Er dient dem Zweck, seine sorgfältig ausgearbeiteten und zielstrebig verfolgten Weltherrschaftspläne zu verschleiern.“ Die Juden waren in den Augen Hitlers ein Volk mit spezifischen und unveränderlichen rassischen Merkmalen. Überzeugt, daß die germanische Rasse und das nordische „Blut“ zu Werkzeugen einer göttlichen Mission auserkoren waren, hielt er die Deutschen dazu an, auf keinen Fall ihr Blut mit jüdischem (oder mit dem irgendeiner anderen in seinen Augen minderwertigen Rasse) zu vermischen. Hier, wie auch anderswo in *Mein Kampf*, legte Hitler ein ebenso bizarres wie bemerkenswertes Geschick an den Tag, religiöse Phraseologie, sozialdarwinistische Vorstellungen vom „Überleben des Stärkeren“ und eine zuweilen außerordentliche Vulgarität zu einem publikumswirksamen Gemisch anzurühren. „Es gibt ein geheiligtes Menschenrecht“, verkündete er, „und dieses Recht ist auch eine geheiligte Pflicht, nämlich dafür zu sorgen, daß das Blut rein bleibt, so daß die Erhaltung des Besten im Menschen der Art die Möglichkeit gibt, eine edlere Stufe der Entwicklung zu erreichen. Ein völkischer Staat wird daher seine erste Aufgabe darin sehen, die Ehe aus ihrer heutigen Erniedrigung, in der sie ein ständiger Quell der rassischen Verunreinigung ist, emporzuheben und sie zu einer Einrichtung zu weihen, die Ebenbilder Gottes erzeugt und nicht Mißgeburten, die halb Mensch und halb Affe sind.“

Ein solcher fanatischer Rassismus war nicht Niemöllers Sache. Allerdings bemerkte er später rückblickend, daß im ersten Jahrzehnt dieses Jahrhunderts, in dem er vom Kind zum Erwachsenen wurde, in der Welt, in der er lebte, ein mit Antisemitismus geschwängertes Klima herrschte (woran die Tatsache, daß der Kaiser viele jüdische Freunde hatte, nur wenig änderte). (MN/jb)

Viele Christen verurteilten die Juden gleichsam aus Prinzip, weil sie Jesus Christus gekreuzigt hatten. Manche machten ihnen viel weitergehende Vorwürfe. 1928 erklärte Niemöllers Amtskollege, der Pfarrer Otto Dibelius, der später seine eigene, tapfere Rolle im Kampf der Kirche gegen Hitler spielen sollte: „Es läßt sich nicht leugnen, daß bei allen Erscheinungsformen des Verfalls in der modernen Zivilisation das Judentum stets eine führende Rolle gespielt hat." Martin Niemöller hätte mit so extremen Auffassungen nicht übereingestimmt. Aber man war sich in weiten Teilen der christlichen Welt in der Überzeugung einig, die Juden hätten in der Frühzeit des Christentums einen außerordentlich schädlichen Part gespielt. Die Dahlemer Gemeindezeitung berichtete 1929 über die Aufführung eines Stückes von Franz Werfel mit dem Titel ‚Paulus unter den Juden' im Deutschen Theater; der „eigentlich tragische und ergreifende Konflikt" liege, so hieß es in dem Bericht, „bei den Juden, die mit den Römern um ihre äußere, mit den Christen um ihre innere Existenz verzweifelt ringen".

So provokativ und verletzend dies zweifellos für die Juden sein mußte, von den Ausfällen Hitlers, der in *Mein Kampf* die Juden als Blutegel und Teufel, als Wurzel und Symbol allen Übels verunglimpft hatte, war es doch weit entfernt. Hitlers Judenhaß war die düstere Kehrseite jenes nationalistischen Stolzes, der Männer wie Niemöller nach der deutschen Niederlage aufrecht gehalten hatte – und der allerdings auch mit einem mehr oder weniger ausgeprägten, mehr oder weniger harmlosen rassistischen Einschlag behaftet sein konnte. Freiherr Spiegel von und zu Peckelsheim, Ex-Kommandant von U202, schrieb nach Kriegsende: „Briten und Deutsche sind Vettern und sollten Freunde sein." Kapitän Georg von Hase schrieb 1928: „Die Deutschen und die Angelsachsen sollten in Zukunft nie vergessen, daß sie vom selben Stamm und im Grunde Angehörige einer und derselben edlen Rasse sind." Und Paul Kagelmann gab am Schluß seines Erlebnisberichts über U-Boot-Minenleger im Ersten Weltkrieg der Hoffnung Ausdruck: „Möge das Schicksal es künftig verhüten, daß Menschen der gesunden, starken, ritterlichen und auf hoher Kulturstufe stehenden germanischen Rasse gegeneinander im mörderischen Kampf stehen." Kagelmann schrieb dies 1935, und er fügte einen Satz hinzu, der den unheilvollen Einfluß der Hitlerschen Lehre von der nordischen Herrenrasse verrät: „Allen germanischen Völkern wünsche ich die Erkenntnis, daß nur bei Reinerhaltung ihrer Rasse ... ein friedliches Zusammenleben sein kann."

Angestachelt von seinem ausgeprägten Nationalismus, ließ Niemöller sich auf diesem Weg immerhin so weit treiben, daß er einmal öffentlich erklärte, es gebe in Deutschland mehr Juden in hohen akademischen Stellungen, als es nach ihrem Anteil an der Gesamtbevölkerung gerechtfertigt wäre. Das war eine demagogische Äußerung, die er später noch sehr bedauern sollte. So stolz er nach wie vor sowohl auf seine Herkunft und seine Erziehung als auch auf seine soldatische Karriere war, so räumte Niemöller doch später ein, daß sowohl seine Jugendzeit in Elberfeld (wo jüdische Geldverleiher zugleich gebraucht und verachtet wurden) und das Milieu, in dem er als deutscher Seeoffizier verkehrte, ihm einen gleichsam selbstverständlichen Antisemitismus eingeimpft hatten. Diese Einstellung machte ihn anfangs blind für den von Hitler geschürten Judenhaß.

Das änderte sich aber bald. Schon wenige Monate nach Hitlers Machtergreifung gehörte Martin Niemöller zu den maßgeblichen Widersachern derjenigen evangelischen Kirchenmänner, die sich als die fanatischsten Gefolgsleute des Führers gebärdeten. Niemöllers Sympathie für die Ideologien Hitlers erschienen gering im Vergleich zu dem Eifer, mit dem andere christliche Amtsträger diese Ideologien nachbeteten und anpriesen. Schon 1927 hatte der Gauleiter von Thüringen, Artur Dinter, die Vorstellung einer besonderen „arischen Religion" ins Spiel gebracht, einer Mischung aus Christentum und deutschem Nationalismus, von der er hoffte, Hitler werde sie zur offiziellen Partei- bzw. Staatsreligion machen. Da Hitler keine Konfessionalisierung seiner Partei wünschte – er wollte sich mit allen relevanten Bevölkerungsgruppen gutstellen, auch mit den Katholiken (nicht zuletzt um die bayerischen Behörden zur Aufhebung des nach dem Putschversuch von München verhängten Verbots der NSDAP zu bewegen) – schloß er Dinter aus der Partei aus.

Etliche Christen strebten, sei es aus Gründen des Ehrgeizes und Eigennutzes, sei es aus aufrichtiger Überzeugung, weiterhin eine

Synthese aus deutschem Nationalismus (oder gar nordischem Rassismus) und Christentum an. In dem Maße, wie die politischen Aktien der Nazipartei stiegen, nahm die Unterstützung zu, die Hitler und seine Mannen dieser Gruppe gewährten. Im Januar 1932 startete Wilhelm Kube, Fraktionschef der Nationalsozialisten im preußischen Landtag, eine Kampagne mit dem Ziel, bei den im Herbst 1932 in der evangelischen Kirche in Preußen anstehenden Synodalwahlen nazifreundlichen Kandidaten zum Sieg zu verhelfen. Sein wichtigster Verbündeter bei diesem Unterfangen war Joachim Hossenfelder, Pastor an der Berliner Christuskirche und seit 1929 NSDAP-Mitglied. Hossenfelder machte sich daran, die verschiedenen nationalistischen und rechtskonservativen Gruppierungen innerhalb der evangelischen Kirche zu einer einheitlichen Kraft zusammenzuführen, die er „Deutsche Christen" nannte. Am 23. Mai 1932 wurde Hossenfelder von Gregor Strasser namens der NSDAP offiziell beauftragt, in allen evangelischen Landeskirchen Wahlkampagnen zugunsten nationalsozialistisch gesinnter Kandidaten zu organisieren.

Drei Tage später veröffentlichten die „Deutschen Christen" ihr erstes Manifest. Sie bekannten sich darin zu einem „positiven Christentum ... wie es deutschem Luther-Geist und heldischer Frömmigkeit entspricht". Rasse, Nation und deutsches Kulturerbe wurden als gottgegebene Daseinsvoraussetzungen proklamiert, als ein geheiligtes Erbgut, das unbedingt vor jeder rassischen Verunreinigung geschützt werden müsse. Das Manifest verurteilte ausdrücklich die Arbeit der Inneren Mission mit und unter jüdischen Mitbürgern als eine „ernste Gefahr für unsere Kultur". Jeder Versuch, in Deutschland lebende Juden zu missionieren, sei, so hieß es, abzulehnen, „solange die Juden das Staatsbürgertum in Deutschland besitzen und deshalb die Gefahr der Rassenverschleierung gegeben sei". Die „Deutschen Christen" forderten ein Verbot der Eheschließung zwischen Deutschen und Juden. Sie wandten sich gegen „den Geist eines christlichen Weltbürgertums", das den „Glauben an die gottgewollte Sendung unseres Volkes" untergraben könnte. Sie strebten die Vereinigung der verschiedenen evangelischen Landeskirchen zu einer protestantischen Reichskirche an. „Wir wollen", hieß es in dem Manifest, „eine lebendige Volkskirche, die Ausdruck aller Glaubenskräfte unseres Volkes ist."

Die „Deutschen Christen" konnten sich auf die Unterstützung einer Anzahl evangelischer Theologen berufen, unter denen einige wissenschaftliche Leichtgewichte waren (wie Karl Fezer von der Universität Tübingen), aber auch einige weit gewichtigere und bedeutendere Gelehrte wie Emmanuel Hirsch aus Göttingen und Gerhard Kittel aus Tübingen. Kittel hatte sich internationales Ansehen erworben durch die Herausgabe des *Theologischen Wörterbuchs zum Neuen Testament,* eines Werkes von überragender wissenschaftlicher Bedeutung, das die theologischen Einsichten und Forschungsergebnisse der voraufgegangenen fünfzig Jahre in sich vereinte. Kittels Schriften zeichneten sich vor denjenigen der meisten anderen neutestamentarischen Theologen durch ihre ausgeprägte Bezugnahme auf Arbeiten jüdischer Rabbiner aus, und er war sogar soweit gegangen, zu erklären, daß es für jeden Aspekt der authentischen christlichen Morallehre eine Entsprechung in der jüdischen Literatur gebe.

1933 freilich schien er vollständig von Hitler eingenommen. Er begrüßte den Nationalsozialismus als eine „auf dem moralischen Boden des Christentums stehende Erneuerungsbewegung“, als ein wirksames Gegengift gegen die Dekadenz und Unmoral, die er der Weimarer Republik attestierte. In einem öffentlichen Vortrag über die jüdische Frage verteidigte Kittel den Antisemitismus Hitlers, der sich mittlerweile bereits in diskriminierenden Gesetzen gegen die deutschen Juden niedergeschlagen hatte. Er argumentierte folgendermaßen: Die Heilige Schrift erzähle eine Geschichte der Verstoßung und der anschließenden Vergebung. Die Juden hätten, indem sie Jesus Christus verstießen, sich selbst dazu verurteilt, Verstoßene zu sein. Damit nicht genug, behauptete Kittel auch noch, das Alte Testament selbst lehre, daß die Mischung der Rassen zwangsläufig zur Dekadenz führe. Aus den verhältnismäßig rassereinen Israeliten des Alten Testaments habe sich ein rassisch buntgemischtes Weltjudentum entwickelt, das ebenso wie es zur Zeit Jesu Christi die damalige Zivilisation bedroht habe, nunmehr Deutschland bedrohe. Heute wie damals sei der eigentliche Feind der assimilierte Jude, und mit ihm alle diejenigen, die für ihn eintraten.

In *Mein Kampf* hatte Hitler sich über die Oberflächlichkeit und Unwissenschaftlichkeit eines großen Teils der verfügbaren antisemitischen Literatur beklagt, und er wiederholte diese Klage beim Nürnberger Parteitag von 1933. Kittel pflichtete ihm bei: Zur jüdischen Frage sollten sich nur Leute äußern, die kompetent dafür waren. Dadurch half er mit, den Antisemitismus in der Kirche und an der Universität salonfähig zu machen.

Der Kampf zwischen denjenigen Christen, die, aus welchen Gründen auch immer, Hitler zu unterstützen bereit waren, und denen, die, wie Niemöller, letztlich davor aus Gewissensgründen zurückschreckten, entzündete sich nicht an der Frage des Antisemitismus. Und auch in späteren Stadien dieses Kampfes erkannten nur sehr wenige, daß Rassismus an und für sich ein Anschlag auf die Menschlichkeit war, eine Sünde wider das Prinzip der Solidarität aller Menschen untereinander. 1933 sah kaum jemand in der jüdischen Frage ein zentrales Kriterium für die Beurteilung des Hitler-Regimes.

Was Niemöller und seine Gesinnungsfreunde 1933 sahen, war zunächst einmal der Versuch einer Gruppe von Personen, die den christlichen Glauben vergewaltigten, innerhalb der evangelischen Kirche Deutschlands die Macht zu übernehmen. Die „Deutschen Christen" mochten noch so hochkarätige professorale Unterstützung erhalten – ihr Versuch, mit Hilfe Adolf Hitlers die altpreußische Kirche unter ihre Kontrolle zu bringen, mußte entschlossenen Widerstand hervorrufen. Die Kirchenführung machte unmißverständlich klar, daß die bevorstehenden Wahlen unpolitisch sein würden und daß dies auch gut so sei. Obwohl alle NSDAP-Mitglieder (auch die Nicht-Kirchgänger) aufgefordert wurden, für Kandidaten aus den Reihen der „Deutschen Christen" zu stimmen, errangen die Gefolgsleute Hossenfelders nur ein Drittel der Sitze in den kirchlichen Gremien.

Aber niemand konnte sie daran hindern, andere Früchte der ‚Machtergreifung' Hitlers zu ernten. Der „Führer" ernannte Bernhard Rust zum preußischen Erziehungsminister, und Rust ernannte Hossenfelder zu seinem Berater in kirchlichen Fragen. Die erste Reichsversammlung der „Deutschen Christen" fand Anfang April statt; Hossenfelder erklärte bei dieser Gelegenheit, seine Bewegung stelle „die Sturmtruppen Jesu Christi".

Hitler selbst hegte allerdings Vorbehalte gegen Rusts quirligen Berater. Am 25. April ernannte er zu seinem eigenen Sonderberater für Kirchenfragen einen anderen, etwas gemäßigter auftretenden „Deutschen Christen": Ludwig Müller. „Er ist", verkündete Hitler, „in besonderer Weise dafür verantwortlich, eine einheitliche Linie im Ringen um die Neugestaltung der deutschen evangelischen Kirche sicherzustellen."

Hitler hatte sich seine Verbündeten in der evangelischen Kirche gesucht. Nicht lange, und Niemöller sollte sie als seine Gegner erkennen. Woraus resultierte diese Gegnerschaft? Eigentümlicherweise war die Biographie dieser beiden Führer der „Deutschen Christen“, Joachim Hossenfelder und Ludwig Müller, derjenigen des Mannes, der bald zu ihrem maßgeblichen innerkirchlichen Gegenspieler avancieren sollte, verblüffend ähnlich. Hossenfelder, der sieben Jahre jünger war als Martin Niemöller, war 1917 Soldat geworden. Von 1919 bis 1921 hatte er, wie Niemöller, in einem Freikorps gegen wirkliche oder vermeintliche Kommunisten gekämpft. 1925 hatte er seine Ordination erhalten und war Pfarrer geworden. Müller, der zu dem Zeitpunkt, als Hitler ihn zu seinem Berater ernannte, Wehrkreispfarrer in Königsberg war, hatte den ganzen Weltkrieg über als Schiffskaplan gedient. Allen drei Männern war gemeinsam, daß sie sich zu Adolf Hitler schon vor dessen größten Wahlerfolgen hingezogen gefühlt hatten. Müller hatte Hitler schon 1927 versprochen, daß er alles in seiner Macht Stehende tun werde, um in Deutschland eine vereinte evangelische Reichskirche entstehen zu lassen.

Müller und Niemöller waren westfälische Landsleute. Im Krieg hatte Niemöller den Schiffskaplan Müller erlebt und gelernt, ihn als einen Opportunisten mit wenigen religiösen Grundsätzen zu verachten. „Er war sehr ehrgeizig“, erzählte Niemöller rückblikkend, „und in der Marine außerordentlich beliebt, weil er aus der Garnisonskirche in Wilhelmshaven ein Weltkriegs-Flottenmuseum gemacht hat. Viele“, fügte er sarkastisch hinzu, „gönnten sich das Vergnügen, die Kirche zu besuchen – nicht für einen Gottesdienst, sondern um sich Weltkriegs-Reliquien anzuschauen.“ (MN/jb)

Wenn sich auch Niemöller über den mangelnden geistlichen Tiefgang Ludwig Müllers mokierte, so war er doch aus einem zu ähnlichen Holz wie dieser geschnitzt, um seine Einwände gegen die „Deutschen Christen“ ohne weiteres formulieren zu können. Das stärkste religiöse Argument, das die „Deutschen Christen“ für sich ins Feld führen konnten, besagte etwa folgendes: Gott offenbart sich der Menschheit in seiner wunderbaren Schöpfung; in dieser Schöpfung, d.h. in der Natur und in den Menschen selbst, sehen wir seine mächtige und göttliche Weisheit; die gewöhnlichen Menschen erkennen nur einen Zipfel von dieser Offenbarung, während sie sich in ihrer vollen Großartigkeit nur wenigen Hellsichtigen erschließt. Niemöller hatte diese theologische Theorie in Münster bei seinem Freund Georg Wehrung gelernt. Was Theologen, die den „Deutschen Christen“ verbunden waren, wie Emmanuel Hirsch, dem lediglich noch hinzuzufügen brauchten, war, daß die großartigsten Elemente der göttlichen Schöpfung in solchen von Hitler gepachteten Begriffen wie „Rasse", „Nation" und „Ehre" sichtbar wurden.

So heilig Niemöller Begriffe wie Nation und Ehre waren, so wenig erlaubte ihm seine Religiosität, sich mit solchen Deutungen zu identifizieren. Im November 1933 wurde der 450. Geburtstag Martin Luthers gefeiert. Luther hatte darauf hingewiesen, daß das Wort Gottes sich einzig und allein in der Heiligen Schrift authentisch offenbare. Die „Deutschen Christen" bestritten diese Auffassung. Niemöller geriet, teilweise angeregt durch den bevorstehenden Jahrestag, unter den Einfluß der Lutherschen Ideen. Er empfand es als seine Pflicht, auf die Einzigartigkeit der Heiligen Schrift als Zeugnis für das Wort Gottes hinzuweisen. Zugleich war es ihm ein Herzenswunsch, an der geistigen und geistlichen Erneuerung Deutschlands mitzuwirken. Ließen sich diese beiden Ziele unter den Bedingungen der Naziherrschaft miteinander vereinbaren?

In dieser Situation der Ratlosigkeit wurde ihm Hilfe von seiten einer Gruppe von Christen zuteil, die 1932 angefangen hatte, sich im Hause seines Freundes Gerhard Jacobi zu treffen. Im Mai 1933 gab die Gruppe sich den Namen „Jungreformatorische Bewegung". Wenn auch Karl Barth das Programm dieser Bewegung geringschätzig als einen bequemen Kompromiß abtat, der auf der einen Seite Unabhängigkeit von der Kirche verspreche und auf der anderen ein „freudiges Ja zum neuen deutschen Staat" ermögliche, so ist doch festzuhalten, daß die Männer, die Niemöller in diesen kritischen Monaten im Hause Jacobis in Berlin traf, ihm den Rückhalt und die Sicherheit gaben, die er brauchte, um Klarheit und Ordnung in sein Denken zu bringen. Es waren darunter Männer, mit denen er in den schwierigen Jahren, die nun folgten, eng zusammenarbeiten sollte: Hanns Lilje (damals Sekretär der christlichen Studentenbewegung und Herausgeber der Zeitschrift der Jungreformatorischen Bewegung, *Junge Kirche*), Walter Künneth (der Leiter des Apologetischen Zentrums der evangelischen Kirche in Spandau) und der spätere Märtyrer Dietrich Bonhoeffer.

Paradoxerweise war es Jacobi, unter dessen Einfluß Niemöller Karl Barth hochzuschätzen lernte. Dieser kraftvolle, glänzende, unabhängige theologische Denker war als Schweizer gegen das Fieber des deutschen Nationalismus immun. Als Calvinist leitete

Barth seine Theologie, so versicherte er, ausschließlich aus dem Wort Gottes ab und nicht aus den Worten irgendeines Menschen. Er stellte Hitler in eine Reihe mit Nero, Diokletian und Ludwig XIV. und warf ihm vor, wie sie durch die Begründung einer neuen Staatsreligion eine „gottlose" Bewegung zu initiieren. Nach seiner Überzeugung begingen die „Deutschen Christen" eine schwere Sünde, indem sie „die deutsche Nation, ihre Geschichte und ihre gegenwärtige politische Situation als eine zweite Quelle göttlicher Offenbarung anerkennen und damit verraten, daß sie an einen ‚anderen Gott' glauben". Als Gerhard Kittel, an Barth gerichtet, erklärte, er sehe den souveränen Willen Gottes sich nicht nur in der heiligen Geschichte Israels entfalten, sondern auch in den Spatzen auf dem Dach, in der Lilie auf dem Feld, in der Geschichte der Griechen und der palästinensischen Zeloten, im Römischen Reich und in Mussolini und Hitler, antwortete Barth dem rechtskonservativen Theologen, wenn dem so sei, dann müsse sich wohl auch in der bolschewistischen Revolution der Wille Gottes offenbart haben! Als Karl Fezer Barth um die Zustimmung zu einer Denkschrift bat, in der die Lehren der „Deutschen Christen" gerechtfertigt wurden, antwortete Barth öffentlich: „Wir haben einen anderen Glauben, wir haben einen anderen Geist, wir haben einen anderen Gott." Viele Deutschen entrüsteten sich über diesen Kommentar.

Zwischen Barth und Niemöller entwickelte sich bald eine enge und beständige Freundschaft. Viel später, zu Niemöllers 70. Geburtstag, nannte Barth den Freund, auf einen seemännischen Vergleich zurückgreifend, „eine in aller Beweglichkeit immer wieder unfehlbar nach oben und nach vorwärts zeigende Magnetnadel". 1933 in Berlin machte Barth freilich deutlich, daß er zu seinem neuen Freund noch „sehr wenig Vertrauen" hatte. Niemöllers Theologie kam in Barths Augen jenen Ideen bedenklich nahe, gegen die er so leidenschaftlich Front machte. Im Gespräch mit Helmut Gollwitzer meinte Barth einmal, erneut einen seemännischen Vergleich bemühend, Niemöller solle seine Theologie in einem Boot verstauen, aufs Meer hinausfahren und sie dort versenken.

In der Tat beobachtete Niemöller die Entwicklung der „Deutschen Christen" mittlerweile mit ebenso großer Besorgnis wie Barth. Anfang April 1933 schrieb er in sein Tagebuch: „Die ‚Deutschen Christen' werden auffällig! Wenig erfreuliche Prognose." Die Jungreformatorische Bewegung war es schließlich, und nicht der streitbare Schweizer Theologe, die einen praktischen Weg zur Bekämpfung der „Deutschen Christen" eröffnete.

Hermann Kapler, der als Präsident des Berliner Oberkirchenrats unter der Weimarer Republik viele aufreibende Stunden für die Aushandlung eines vernünftigen Verhältnisses zwischen Kirche und Staat aufgewendet hatte, sah sich nunmehr einem neuen Regime gegenüber. Zusammen mit dem evangelischen Bischof von Hannover, August Marahrens, und dem Elberfelder Pastor Hermann Albert Hesse von der Reformierten Kirche machte Kapler sich an die Ausarbeitung einer neuen evangelischen Kirchenverfassung, die sowohl für das Hitler-Regime als auch für die verschiedenen evangelischen Landeskirchen akzeptabel sein sollte. Die Aufgabe erwies sich als letzten Endes unlösbar.

Die Hauptschwierigkeit erwuchs aus der Frage, wer an der Spitze der einheitlichen deutschen Reichskirche, die Hitler sich bekanntlich wünschte, stehen sollte. Diese Person würde über eine Macht verfügen, wie sie im deutschen Protestantismus bis dahin ohne Beispiel war. Gleichwohl waren Hitlers Verbündete in der evangelischen Kirche, die „Deutschen Christen", nicht die einzigen, die sich für die Berufung eines „Reichsbischofs" aussprachen. Auch Niemöllers alter Förderer, Wilhelm Zöllner, wollte an der Spitze der Kirche einen Bischof sehen anstelle eines Kirchenparlaments (in welch letzterem er eine „falsche Angleichung an das demokratische Prinzip des Staates von Weimar" sah). Kapler, Marahrens und Hesse rangen sich mithin zu der Empfehlung durch, einen evangelischen Reichsbischof zu ernennen; er müsse sich freilich, so schränkten sie ein, bei der Leitung der Kirche mit einem geistlichen Ausschuß abstimmen.

Nun stellte sich die Frage, wer für ein solches Amt vorgeschlagen werden sollte. Hitlers persönlicher Berater in religiösen Fragen, Ludwig Müller, ließ durchblicken, daß er und der Führer ihn selbst, Müller, als den geeigneten Mann betrachteten. Die Jungreformatorische Bewegung und erst recht Martin Niemöller sahen das anders. Gewiß, in den Ruf nach einer geeinten Volkskirche (an deren Spitze dann sicherlich ein Reichsbischof würde stehen müssen) stimmten die Jungreformatoren, die weder an die Weimarer Demokratie glaubten noch eine dem Staat dienstbar gemachte Kirche wollten, begeistert ein, und die Berliner Anführer der Bewegung (deren Existenz erst vor kurzem öffentlich bekanntgegeben worden war) verlangten auch die sofortige Berufung eines solchen

Bischofs. Doch in einem zweiten Manifest forderten sie, die Besetzung dieses Amtes dürfe „weder durch eine demokratische Volkswahl noch durch eine Ernennung seitens der Regierung“ erfolgen, „sondern sollte einzig und allein von der Kirche selbst vorgenommen werden“. Ferner solle der zu ernennende Reichsbischof „ein Pastor sein, der das Vertrauen tätiger, gläubiger Gemeinden genießt“. Der richtige Mann für ein so hohes Amt sei, so fügten sie unverblümt hinzu, jemand von der Statur Friedrich von Bodelschwinghs, des Direktors der Bethel-Anstalten und früheren Kollegen Niemöllers aus dessen Zeit bei der westfälischen Inneren Mission.

Am 22. Mai trat die mit der Ausarbeitung der neuen Kirchenverfassung beauftragte Dreierkommission wieder in Berlin zusammen. Pastor Hesse machte den Vorschlag, mit dem Amt des Reichsbischofs entweder den bayerischen Bischof Hans Meiser oder aber Bischof Marahrens zu betrauen. Marahrens selbst und Hermann Kapler sprachen sich dagegen für den Kandidaten der Jungreformatoren, Bodelschwingh, aus. Kaum hatten sie sich öffentlich für Bodelschwingh erklärt, nominierten zu ihrer großen Bestürzung die „Deutschen Christen“ ihren Favoriten Ludwig Müller als zweiten Kandidaten.

Bodelschwingh hatte Martin Niemöller und den westfälischen Pfarrer Gerhard Stratenwerth gebeten, sich ihm als „Adjutanten“ zur Verfügung zu stellen, falls er zum Reichsbischof nominiert oder gewählt würde. Am 26. Mai 1933 fanden sich Delegierte aller evangelischen Landeskirchen in Eisenach ein und mußten sich nun zwischen Bodelschwingh und Ludwig Müller entscheiden. Niemöller nutzte die wenigen Tage bis zur Wahl für intensive Überzeugungsarbeit zugunsten Bodelschwinghs. Am ersten Tag des Eisenacher Kirchentages schlug Heinrich Rendtorff, Landesbischof von Mecklenburg (und seit 1930 Mitglied der NSDAP), Ludwig Müller als Kandidaten für das Amt des Reichsbischofs vor. Es wurde eine knappe Abstimmung: 11 Delegierte stimmten für Müller, 13 gegen ihn. Eine zweite Wahl entschied Bodelschwingh mit 11 gegen 8 Stimmen für sich.

Müller hatte verloren. Niemöller mußte nun zu seinem Versprechen stehen, Bodelschwingh im Falle seiner Wahl zum Reichsbischof als „Adjutant“ zu dienen. „Ich sagte“, erinnerte er sich, „ich würde ihm zur Verfügung stehen, es müßte aber ein Dienst sein, der mich nicht davon abhalten würde, weiterhin in meiner Dahlemer Gemeinde als Pfarrer tätig zu sein, da ich darin meine Hauptaufgabe und meinen eigentlichen Beruf sah." Niemöller hatte einen viel stärkeren Anteil an Bodelschwinghs Kandidatur und Wahl, als es aus diesen – zweifellos aufrichtigen – rückblickenden Äußerungen hervorgeht. Bodelschwingh hätte sich, wäre Niemöller nicht gewesen, in Eisenach vermutlich nicht zur Wahl gestellt. Er hielt nichts vom Führerprinzip, und Ämter und Titel waren ihm gleichgültig. „Wenn es nach mir ginge", sagte er, „würde ich mich lieber Reichsdekan nennen als Reichsbischof." Als er von der Uneinigkeit in der Dreierkommission hörte, wollte er seine Kandidatur zurückziehen und hätte es auch getan, hätte ihn nicht Niemöller eindringlich beschworen, bei der Stange zu bleiben.

Niemöllers phänomenale Energie erlaubte es ihm jedenfalls, zu gleicher Zeit seine Pfarrerspflichten in Dahlem und sein Adjutantenamt für Bodelschwingh zu versehen. Schon hatte er, nach nur eineinhalb Jahren, alle Mitglieder seiner Pfarrgemeinde besucht. (MN/jb) Er stand früh auf, gab mehrmals in der Woche um acht Uhr Konfirmandenunterricht, saß um neun Uhr am Schreibtisch und diktierte seiner Sekretärin Briefe; der restliche Vormittag gehörte Gesprächsterminen, der Nachmittag war mit Besuchen ausgefüllt. Wie Vater Niemöller einmal der Familie berichtete, hatte er Martin mit zwei Telefonhörern in der Hand am Schreibtisch des Dahlemer Pfarrhauses sitzen sehen; in den einen Hörer hatte er „Ja", in den anderen „Nein" hineingerufen.

Mit seinem Ja zu Bodelschwingh bekannte Martin Niemöller im Hinblick auf die Kirchenpolitik des Dritten Reiches zum ersten Mal Farbe. Die Wogen der Leidenschaft schlugen hoch: Im Vorraum des Kirchengemeindesaals in Eisenach kam es zu einem lautstarken Zusammenstoß zwischen Niemöller und Bischof Hans Meiser aus Bayern, der für Müller gestimmt hatte. Müller selbst erwies sich als schlechter Verlierer. In einer Rundfunksendung am Abend nach der Wahl erklärte er, die Delegierten hätten das Gebot der Stunde nicht begriffen. „Die Lösung, die sie uns im Hinblick auf das Amt des Reichsbischofs vorgeschlagen haben", fuhr er fort, „hat nichts mit dem Glauben und der Hoffnung und der Liebe zu tun, die die bisher so apathischen Millionen heute bewegen." Müller kündigte seine Entschlossenheit an, das Wahlergebnis zu korrigieren. Hermann Kapler beschloß, so bald wie möglich zurückzutreten.

Doch vorher machte er noch deutlich, daß die Dinge einen in

Hitlers Augen entschieden unerfreulichen Verlauf genommen hatten – eine Mitteilung, für deren Richtigkeit die Tatsache sprach, daß Hitler sich rundheraus weigerte, Bodelschwingh zu empfangen. Als nächstes beschaffte Kapler ein juristisches Gutachten, demzufolge die Eisenacher Wahl unkorrekt durchgeführt worden war. Erneut gingen Niemöller und seine Mannen daran, Unterstützung für Bodelschwingh zusammenzutrommeln; dabei mußten sie gegen die Propagandamaschinerie der Nazis, die nach Gutdünken Zwietracht schüren konnte, und gegen eine Verordnung ankämpfen, die die öffentliche Erörterung evangelischer Kirchenangelegenheiten untersagte. Nur Müller durfte sich über den Rundfunk verbreiten. Die Jungreformatorische Bewegung versuchte, mit vervielfältigten Flugblättern und mit Gemeindeversammlungen zu kontern. Niemöllers Kollegen Eberhard Röhricht und Fritz Müller legten sich Seite an Seite mit ihm ins Zeug.

Die nächste Konferenz der Führungsgremien der evangelischen Landeskirchen Deutschlands war für den 23. Juni in Eisenach angesetzt. Am 21. Juni suchte Niemöller von Bodelschwingh auf und bat ihn inständig, standhaft zu bleiben. Seiner Überzeugung nach stand jetzt die Frage zur Entscheidung, wer den in der Reformation geborenen Glauben verteidigte und wer für ein anderes Glaubensbekenntnis Partei ergriff. Sollte die Kirchenführung sich jetzt gegen Bodelschwingh entscheiden, so war es, wie Niemöller glaubte, dessen Pflicht, sich jenen wahren Christen als Führer zur Verfügung zu stellen, die in diesem Fall gezwungen sein würden, sich von den vom rechten Glauben Abgekommenen zu trennen. Was immer auch passieren mochte, Niemöller war sicher, daß ein Kampf unvermeidbar war: „Das letzte Wort wird dann nicht in Eisenach gesprochen."

Bodelschwingh blieb nicht standhaft, und ebensowenig die anderen evangelischen Kirchenführer. Kapler trat am 22. Juni zurück. Bernhard Rust, Hitlers Parteigänger an der Spitze des preußischen Erziehungsministeriums, ergriff die Gelegenheit beim Schopf und proklamierte einen Notstand. Am 24. Juni ernannte er den Wiesbadener Stadtverordneten August Jäger zum Staatskommissar für die evangelischen Kirchen in Preußen, um „dem Religionsstreit ein Ende zu setzen". Jäger, selbst ein Deutscher Christ, besetzte fast alle wichtigen Ämter in den Landeskirchen Preußens mit Gesinnungsgenossen. An die Spitze der altpreußischen Landeskirche und des Reichskirchenamtes wurde Ludwig Müller berufen; er hatte nichts Eiligeres zu tun, als alle seine innerkirchlichen Gegner aus den hohen Ämtern, die sie noch innehatten, zu entfernen.

Am Tag der Ernennung Jägers stellte Bodelschwingh sein Amt als Reichsbischof zur Verfügung. „Durch die Ernennung eines Staatskommissars für die evangelischen Kirchen in Preußen", erklärte er, „ist mir die Möglichkeit genommen, die mir anvertraute Aufgabe zu erfüllen." Seine Situation war von Anfang an schwierig gewesen. Kapler hatte seinerzeit in Eisenach auf eine große Mehrheit für Bodelschwingh gehofft, aber selbst nachdem er gewählt war, hatten sich Heinrich Rendtorff und die Landesbischöfe Theophil Wurm (Württemberg) und Simon Schöffel (Hamburg) geweigert, sich öffentlich für ihn zu erklären.

Bei Rendtorff, der Nazi war, schien dieses Verhalten erklärlich. Bischof Schöffel war erst seit kurzer Zeit im Amt und verdankte seine Wahl der Woge der Begeisterung, die die Machtergreifung Hitlers ausgelöst hatte. Wurm indes war ein Mann von anderem Kaliber, ein Mann, der später im Widerstand gegen Hitler noch großen Mut an den Tag legte. „Er war ein Held", sagte Martin Niemöller. (MN/jb) Aber Wurm hielt sehr wenig von der, wie er sich ausdrückte, „falschen Abschottung der Theologie vom Leben", die die Jungreformatorische Bewegung seiner Ansicht nach propagierte. Wichtiger noch als dies war sein Urteil über Bodelschwingh. Der Direktor der Bethel-Anstalten verfügte seiner Überzeugung nach nicht über Führungsqualitäten. (Wurm ging soweit, zu erklären, Bodelschwinghs Wahl zum Reichsbischof würde „den Tod unserer Kirche" bedeuten.) Er hatte recht. Bodelschwingh war der Aufgabe nicht gewachsen, ja, mit seinem auf Vorsicht und Ausgleich bedachten Wesen beeinträchtigte er später die Bemühungen Martin Niemöllers, Hitler zu bestimmten politischen Kursänderungen zu zwingen. Wie sich im weiteren Verlauf der Ereignisse bald erwies, hätte er 1933 keineswegs so schnell (nur vier Wochen nach seiner Wahl) vom Amt des Reichsbischofs zurücktreten müssen.

Sein Adjutant Niemöller konnte sich nun wieder der Gemeindearbeit zuwenden. Doch für Niemöller war der Kampf noch längst nicht zu Ende. Und auch einige der anderen von August Jäger abgesetzten Kirchenmänner waren zum Widerstand bereit, unter ihnen Otto Dibelius, der Generalsuperintendent der Kurmark. Auf Anordnung Hossenfelders, Müllers und der anderen neuen Kirchenoberen sollte der auf ihre Machtergreifung folgende Sonntag ein Tag der Jubelfeiern sein. Alle Pfarrer wurden angewiesen, von der Kanzel eine Erklärung zu verlesen, in der dem Staat Dank ausgesprochen wurde dafür, daß er, „zusätzlich zu all seinen ungeheuren Aufgaben die große Bürde auf sich genommen hat, die Kirche zu erneuern".

Otto Dibelius und seine abgesetzten Kollegen empfahlen dagegen, zum Zeichen der Erniedrigung, die der Kirche widerfahren war, einen Sühne- und Gebetsgottesdienst abzuhalten. Die Jungreformatorische Bewegung sorgte dafür, daß diese Botschaft alle Berliner Kirchengemeinden erreichte. Der Steglitzer Pastor Grossmann wurde von SA-Männern verhaftet, weil er die Aufforderung von Dibelius befolgte. (Dies war die erste Verhaftung im deutschen Kirchenkampf.) In der Christuskirche in Dahlem wurde an diesem Sonntag im Dienste der Verteidigung eines unverfälschten christlichen Evangeliums und der Freiheit der Kirche eine neue Form des Protests und des symbolischen Widerstands geboren. Niemöller verlas die Verlautbarung der neuen Kirchenführung und daran anschließend die von Otto Dibelius und seinen ausgemusterten Kollegen herausgegebene Empfehlung. Danach trugen er, Eberhard Röhricht und Fritz Müller ausgewählte Texte von Luther zum wahrhaften Verhältnis zwischen weltlicher Macht und Kirche vor. Als die drei Pastoren sodann die einleitenden Worte des christlichen Glaubensbekenntnisses sprachen, stimmte spontan die gesamte versammelte Gemeinde in die Rezitation ein – ein kollektives Bekenntnis zum hergebrachten christlichen Glauben. Auch das Vaterunser wurde gemeinsam gebetet. Der Kampf um die Freiheit der christlichen Religionsausübung war noch keineswegs zu Ende. Und Martin Niemöller wußte jetzt, daß seine Gemeinde hinter ihm stand.

August Jäger hingegen hatte, so scheint es, auf die meisten Menschen, mit denen er in Berührung kam, eine eher abstoßende Wirkung, selbst auf „Deutsche Christen". Offenbar hatte er eine brutale und arrogante Art, mit Leuten umzugehen. Als er Kaplers ehemaliges Amt, die Präsidentschaft des Berliner Oberkirchenrats, dem Ex-Vizepräsidenten dieses Gremiums antrug, dem Antwalt und Nationalsozialisten Ernst Hundt, schlug sogar dieser die Offerte aus, weil die Berufung eines weiteren Juristen und Nicht-Geistlichen in eines der höchsten Kirchenämter in seinen Augen eine ebenso unnötige wie absurde Provokation gewesen wäre. Jäger machte später noch von sich reden, als „Kirchengründer" im sogenannten Warthegau, einem Teil des besetzten Polen, in dem eine deutschsprachige Minderheit ansässig war. Seine Politik bestand darin, die Kirchen als Institutionen abzuschaffen und sie nur noch in Form privater religiöser Vereinigungen fortbestehen zu lassen. Jäger wurde 1948 von einem polnischen Gericht wegen Kriegsverbrechen zum Tode verurteilt.

1933 gebärdeten er und seine Konsorten sich viel zu aggressiv, um von den Kirchen angenommen zu werden. In den Büros der Kirchenverwaltungen und in den Pfarrhäusern erschienen Braunhemden. Jäger setzte seine Vertrauensleute als Kommissare in die Geschäftsstellen der Inneren Mission. Er ernannte Joachim Hossenfelder zum Nachfolger von Dibelius, ohne diesen hiervon zu informieren.

Karl Barth reagierte auf all dies mit charakteristischer Heftigkeit. Einen Tag nach der Berufung Jägers schrieb er sein Pamphlet *Christliche Existenz heute,* in dem er rundweg erklärte: „Dieses Führerprinzip ist Irrlehre." Er übersandte ein Exemplar an Hitler und schrieb dazu: „Es handelt sich um ein Wort an die deutschen evangelischen Pfarrer, denen ich im Blick auf die kirchenpolitischen Ereignisse der letzten Zeit nahelegen möchte, sich auf ihren besonderen Ort und auf ihre eigentümliche Arbeit zu besinnen." Die Nachfrage nach der Schrift war so groß, daß am 8. Juli eine zweite Auflage herauskam. Zu dem Zeitpunkt, als *Christliche Existenz heute* verboten wurde (weniger als einen Monat nach der Eisenacher Konferenz), waren 37000 Exemplare im Umlauf.

Hitler mag einem Pamphlet aus der Feder eines Schweizer Theologieprofessors wenig Beachtung geschenkt haben. Aber der Gedanke, daß es zu großer Unruhe innerhalb der Kirche kommen könnte, war ihm sicherlich sehr unangenehm. Und er mußte auf den greisen Reichspräsidenten Hindenburg Rücksicht nehmen, in dessen Büro sich Protestschreiben evangelischer Kirchenmänner stapelten. Sogar Bodelschwingh ließ sich dazu überreden, Hindenburg einen Brief zu schreiben. Martin Niemöller forderte gleichgesinnte Pfarrer in einem Rundbrief auf, nicht nur an Hindenburg zu schreiben, sondern auch an Innenminister Frick und an den preußischen Erziehungsminister Rust. Er selbst schrieb an Hindenburg und wies eindringlich darauf hin, daß die Kirche infolge der jüngsten Ereignisse womöglich zerstört und der Staat schwer erschüttert werden könnte. Seinen Brief unterschrieb er mit: „Niemöller,

Pfarrer. Kapitänleutnant a.D. Im Kriege Kommandant auf UC67."

Am 29. Juni gab Hindenburg Hitler unmißverständlich zu verstehen, daß er den radikaleren unter seinen Gefolgsleuten Zügel anlegen müsse. Hitler gab vor, von den Aktivitäten der „Deutschen Christen" nichts zu wissen. Er erteilte Frick Weisung, das Problem zu bereinigen. Frick unternahm es daraufhin, führende Kirchenmänner zu finden, die bereit waren, in Zusammenarbeit mit Ludwig Müller eine neue Kirchenverfassung auszuarbeiten, in der zugleich das Verhältnis von Kirche und Staat geregelt werden sollte. Vier lutherische Bischöfe, vier „Deutsche Christen", ein Mitglied der Jungreformatorischen Bewegung und ein Vertreter der Landeskirche der Altpreußischen Union fanden sich bereit, diese Aufgabe im Zusammenwirken nicht nur mit Müller, sondern auch mit dem verhaßten Jäger in Angriff zu nehmen. Ihr Verfassungsentwurf sah am Ende eine größere Machtbefugnis für den Reichsbischof vor als einige Monate zuvor der Entwurf der Dreierkommission. Er sollte nunmehr berechtigt sein, ohne Abstimmung mit einem „geistlichen Ausschuß" verbindliche Anordnungen zu erlassen. Dies war sogar den Bischöfen Meiser und Schöffel zu viel des Führerprinzips. Die Kirchenoberen sahen aber das Ende der Jägerschen „Reformen" vor Augen, wenn sie sich zur Zustimmung zu einer neuen, vor Hitlers Augen Gnade findenden Kirchenverfassung durchringen konnten. So schluckten sie ihre Bedenken hinunter und verabschiedeten die Verfassung, die am 14. Juli in Kraft trat.

In ihrem Einleitungssatz verknüpfte die neue Reichskirchenverfassung die Herstellung einer geeinten evangelischen Kirche in Deutschland ausdrücklich mit Hitlers Machtergreifung. Er lautete: „In der Stunde, da Gott unser deutsches Volk eine große geschichtliche Wende erleben läßt, verbinden sich die deutschen evangelischen Kirchen in Fortführung und Vollendung der durch den Deutschen Evangelischen Kirchenbund eingeleiteten Einigung zu einer einigen Deutschen Evangelischen Kirche." Das Gesetz, in das die neue Verfassung eingebettet war, schrieb für den 26. Juli neue Synodalwahlen vor; Niemöller und die Seinen hatten also nur noch zwölf Tage Zeit, sich auf die Auseinandersetzung mit ihren deutsch-christlichen Widersachern vorzubereiten.

Im Austausch hierfür gewann die Kirchenführung, wenn auch nur vorübergehend, ein Stück Freiheit von staatlicher Einmischung zurück. Dies war es hauptsächlich, was Niemöller, Künneth und die anderen führenden Köpfe der Jungreformatorischen Bewegung wollten. Sie begehrten ansonsten in keiner Weise gegen die neuen Herren Deutschlands auf. Wie A. S. Duncan-Jones, der Dekan der Kathedrale von Chichester, der dabei war, sich zum Fachmann für die innerkirchliche Politik in Deutschland zu schulen, schrieb, war Niemöller zu diesem Zeitpunkt „noch ein überzeugter Anhänger des Nationalsozialismus, soweit es die politische Position Deutschlands betraf, aber er war zu einem entschiedenen Gegner jeder staatlichen Einmischung in Kirchenangelegenheit geworden." Dies war der Standpunkt, den die Jungreformatorische Bewegung in ihrem ersten Manifest vertreten hatte: „Die Kirche muß bleiben, was sie ist", den neuen deutschen Staat zwar freudig bejahend und „unwiderruflich" dem deutschen Volk verpflichtet, aber andererseits festgelegt auf die Erfüllung „des ihr von Gott gegebenen Auftrags in vollständiger Freiheit von aller politischen Einflußnahme".

Dies markierte bereits einen Fortschritt im Denken Niemöllers. Noch in seiner Predigt am ersten Fastensonntag des Jahres 1933 hatte er ausdrücklich hervorgehoben, „daß es für uns heute einfach unmöglich ist, die bequeme Formel zu akzeptieren, daß Politik in der Kirche nichts zu suchen hat". Naiverweise vertraute er darauf, daß Hitler (unter dem Einfluß Hindenburgs) die Unabhängigkeit der Kirche bewahren werde. In der Tat hatte Hitler in seiner Reichstagsrede vom 23. März versprochen, die Rechte der christlichen Glaubensgemeinschaften zu schützen. Wilhelm Zöllner, Niemöllers alter Mentor, glaubte, Hitler habe in dieser Rede zum erneuten Mal „die Magna Charta der Unabhängigkeit des kirchlichen Lebens geschrieben". So töricht war Niemöller allerdings nie, zu glauben, daß Adolf Hitler stellvertretend für Jesus Christus eine religiöse Erneuerung bringen würde. Wenige Monate später, am dritten Sonntag nach Ostern, kam er auf den Einzug haltenden Frühling zu sprechen und nutzte dies zu Betrachtungen über die Situation der Kirche. „Auch im Christentum", sagte er, „sind Zeichen für eine Rückkehr des Frühlings zu erkennen, und zwar nicht nur jahreszeitlich bedingte." Aber er gab zu bedenken: „Wenn ich das sage, so denke ich dabei nicht an das lebhafte und in gewissem Grade leidenschaftliche Interesse, mit dem die Verwandlung der evangelischen Kirche in eine Staatskirche heute betrieben und durchgeführt wird, sondern an das Verlangen, das wieder zu spüren ist, Jesus kennenzulernen, in Berührung mit ihm zu kommen und sich von ihm führen zu lassen."

Unmittelbar vor der Verabschiedung der neuen Verfassung durch den Reichstag bekräftigte Hitler in Wort und Tat die Wiederkehr der kirchlichen Freiheit. Am 12. Juli teilte er Hindenburg telegrafisch mit, die Verhandlungen über die Beilegung des preußischen Kirchenkonflikts seien zu einem sowohl für die Kirche als auch für den Staat befriedigenden Abschluß gebracht worden. „Die innere Freiheit der Kirche, die mir besonders am Herzen liegt", versicherte Hitler in dem Telegramm, „wird durch die Abberufung der Staatskommissare und ihrer Stellvertreter zweifellos sichergestellt." Zwei Tage später wurden die Kommissare tatsächlich abberufen. Dibelius und seine Kollegen erhielten ihre Ämter zurück. Bodelschwingh hatte, das war nun klar, zu früh aufgegeben. Allerdings konnte August Jäger seinen Posten im preußischen Erziehungsministerium halten.

Martin Niemöller erkannte bald, wie illusionär es war, zu glauben, daß Hitler ein aufrichtiger Hüter der Freiheit der Kirche sei. Aus einer Äußerung, die er am 28. Juni 1936 (im Gespräch mit einer Frau Buddenbrook aus Heiden) tat, wurde deutlich, daß es nach seiner Auffassung seit Beginn des destruktiven Wirkens von Müller und Jäger in Preußen keine legitime Kirchenführung mehr gab. (ZEKHN 62, Bd. 1002) Gleichwohl bereitete er im Juli 1933 mit aller Kraft die bevorstehenden Synodalwahlen vor. Die Jungreformatorische Bewegung stellte in Konkurrenz zur Liste der „Deutschen Christen" unter dem Titel „Evangelium und Kirche" eine eigene Kandidatenliste auf. Karl Barth wollte keine der beiden Listen unterstützen, da seiner Ansicht nach die Jungreformatoren den ideologischen Vorstellungen Hitlers schon viel zu weit entgegenkamen. „Um der Freiheit des Evangeliums willen kann man diesen beiden Listen seine Stimme nicht geben", meinte er. „Die Evangelisch-Kirchlichen sagen heimlich, gedämpft und zurückhaltend, was die ‚Deutschen Christen' offen, laut und ungebrochen sagen." Das war ein äußerst ungerechtes Urteil. Niemöller schlug sich für eine Kirche, die „auf das Wort Gottes gegründet und frei von staatlicher Kontrolle" sein sollte. Dagegen bauten die „Deutschen Christen" in ihrem Wahlkampf massiv auf die Unterstützung der Staatsmacht. Hossenfelder forderte alle NS-Gauleiter auf, den Kandidaten der „Deutschen Christen" Rückendeckung zu geben. Die NS-Parteizeitung *Völkischer Beobachter* forderte ihre Leser auf, diese Kandidaten zu wählen. August Jäger ging in seiner brutalen Manier sogar soweit, die Gestapo zur Durchsuchung der Büros von „Evangelium und Kirche" und zur Beschlagnahmung ihrer Wahlmaterialien zu veranlassen.

Schließlich bekannte auch Hitler selbst offen Farbe. Am Vorabend der Wahl machte er in einer Rundfunkrede Stimmung für die ‚Deutschen Christen'. Immer noch das Bekenntnis zur Freiheit der Kirchen vor sich hertragend, forderte er, die Kirchen müßten sich im Gegenzug für den Staat einsetzen, der ihnen diese Freiheit garantiere. Diejenigen, die die Größe der politischen Ereignisse dieser Zeit nicht begriffen, würden zu Salzsäulen erstarren und auf der Strecke bleiben. Die einzigen positiven christlichen Kräfte im Reich seien „in jenem Teil des Kirchenvolkes in erster Linie versammelt, die wie die Deutschen Christen bewußt auf den Boden des national-sozialistischen Staates getreten sind."

In einem kleinen Zimmer in der Wilhelmstraße in Berlin saßen an diesem Abend Niemöller und Bischof Marahrens von Hannover vor dem Radio und lauschten der Rede Hitlers. Was sie hörten, öffnete ihnen wenigstens halbwegs die Augen. Zum einen wußten sie, daß Hitler von Geburt und Erziehung her Katholik war. Niemöller war empört darüber, daß ein Angehöriger des katholischen Glaubens, wie gering seine Religiosität auch immer zu veranschlagen war, sich in eine innere Wahlentscheidung der evangelischen Kirche einmischte. Aber das war nicht das Entscheidende. „Ich war regelrecht angewidert", erinnerte er sich später, „daß ein Staatsoberhaupt sich so benahm. Von diesem Augenblick an glaubte ich nicht mehr, daß es von irgendeiner Seite Unterstützung für die Selbständigkeit der evangelischen Kirchen geben würde, solange Hitler am Ruder war". (MN/jb)

Die Wahlergebnisse bestätigten, was zu erwarten war. Hitler hatte bei evangelischen Wählern stets größeren Anklang gefunden als bei katholischen. Nachdem er deutlich gemacht hatte, wen er favorisierte, wurde in vielen Kirchenbezirken gar nicht erst gewählt, da niemand sich gegen die Kandidaten der Deutschen Christen zur Wahl stellte. Dort, wo es eine im vorhinein mit den Deutschen Christen ausgehandelte Einheitsliste gab, erhielten letztere rund 70 Prozent der Sitze. Dort, wo konkurrierende Listen zur Wahl standen, eroberten die Deutschen Christen sogar durchschnittlich 75 Prozent aller Mandate. Lediglich in Westfalen gab es eine knappe Mehrheit (55 Prozent) für die Liste „Evangelium und

Kirche". Wie stark die Einflußnahme Hitlers und der nationalsozialistischen Wahlhilfe für die Deutschen Christen sich auswirkte, zeigte sich in der Tatsache, daß dort, wo gewählt wurde, die Wahlbeteiligung doppelt bis viermal so hoch war wie gewöhnlich. Hitler war, so schien es, im Begriff, die evangelische Kirche hinter sich zu bringen.

Am 4. August wählte der Senat der altpreußischen evangelischen Kirche Ludwig Müller in der Nachfolge Hermann Kaplers zum Präsidenten des Oberkirchenrats und verlieh ihm den Bischofstitel. Die neue Synode dieser Landeskirche, die Anfang September erstmals zusammentrat, wurde wegen des großen Anteils von NS-Parteimitgliedern in braunen Hemden die „Braune Synode" genannt. Niemöller, der im grauen Anzug gekommen war, protestierte beim Eröffnungsgottesdienst (gemeinsam mit Pastor Karl Lücking, einem Freund seines Bruders Wilhelm) gegen das Eindringen weltlicher Symbole, Themen und Verfahrensweisen in eine kircheninterne Veranstaltung. Der Sprecher der Gruppe „Evangelium und Kirche" (die sich in der Minderheit befand), Kirchenpräsident Karl Koch, wurde niedergeschrien, als er im weiteren Verlauf der Tagung einen ähnlichen Protest einzulegen versuchte; daraufhin verließ die ganze Gruppe, Niemöller eingeschlossen, den Saal. Unbeirrt davon, beschloß die Synode die Abschaffung des Amtes des Generalsuperintendenten für die gesamte altpreußische Landeskirche und installierte statt dessen zehn einzelne Bistümer. Joachim Hossenfelder wurde zum Bischof von Brandenburg gewählt. Von diesem Vorgang rührte Martin Niemöllers lebenslängliche unüberwindliche Abneigung gegen den Gebrauch des Bischofstitels in der deutschen evangelischen Kirche her.

Er führte den Kampf um die Freiheit der Kirche weiter und nutzte dafür das Forum, das die Jungreformatorische Bewegung ihm bot: Im November brachte die Zeitschrift *Junge Kirche* seinen Artikel „Zur grundsätzlichen Beurteilung der Kirchlichen Lage." Während Hitler in seiner Wahlsendung für die „Deutschen Christen" erklärt hatte: „Der starke Staat muß die Gelegenheit willkommen heißen, denjenigen religiösen Gruppierungen seine Hilfe zu gewähren, die ihrerseits ihm nützlich sein können", hatte es im Wahlprogramm von „Evangelium und Kirche" geheißen: „Wir kämpfen für eine *freie Kirche.* Die Kirche muß unabhängig sein vom Staat und vom Druck aller politischen Mächte. Sie kann dem deutschen Volk nur dann angemessen dienen, wenn sie *das Wort*

Gottes in völliger Freiheit verkündet." In seinem Artikel erhärtete und erweiterte Niemöller die Aussagen dieses Programms. Nachdem er zunächst bekräftigt hatte, daß die Erneuerung Deutschlands nur auf religiöser Grundlage vor sich gehen könne, betonte er: „Wenn die evangelische Kirche ihre Aufgabe an Volk und Vaterland endlich recht verstehen und nicht, wie zur Zeit des Krieges vielfach geschehen, mißverstehen will, dann muß sie die Demut und den Mut aufbringen, sich auf die ihr gegebene Botschaft zu besinnen und zu beschränken und alle Irrlehren, welche die Grenzen zwischen Welt und Kirche zu verwischen oder zu leugnen unternehmen, entschlossen ablehnen." In diesem Artikel distanzierte Niemöller sich offen von einem Teil seiner eigenen Vergangenheit, von den Lehren der Deutschen Christen, von der gewollten Vermischung des Evangeliums mit Elementen der germanischen Mythologie und von den Anmaßungen des Staates. Was er nicht aufgab, war die Idee einer besonderen Mission, die die evangelische Kirche für das deutsche Volk zu erfüllen habe; allerdings sei, so betonte er, das Wort Gottes die „Voraussetzung" für jede Debatte über diese Mission.

Das war jedoch nicht das ganze Problem. Niemöllers zuweilen hektische Aktivität in den Kämpfen um die Freiheit der Kirche, um ihre neue Verfassung und um die Frage, wer sie führen sollte, verknüpfte sich alsbald mit einer Problematik von weit größerer menschlicher Bedeutung: mit der Behandlung der Juden im Dritten Reich.

6. Christen und Juden

Anfang April 1933 rief die NSDAP zu einem Boykottag gegen jüdische (oder „nichtarische") Geschäftsleute auf. Plakate und SA-Posten vor jüdischen Läden forderten die Kunden auf, in diesen Geschäften nichts zu kaufen. Auf der Straße wurden Juden von SA-Horden beschimpft, verhöhnt und mißhandelt. Am 7. April trat ein Gesetz in Kraft, das die Entfernung aller Beamten „nichtarischer" Abstammung aus dem Staatsdienst verfügte, sofern sie nicht schon vor August 1914 im Dienst gewesen waren oder im Weltkrieg an der Front gekämpft oder in diesem Krieg einen Vater oder einen Sohn verloren hatten. Dies war ganz im Sinne der „Deutschen Christen", und Männer wie Emmanuel Hirsch und Gerhard Kittel lieferten auch alsbald eine theologische Pseudo-Rechtfertigung für den wachsenden kirchlichen Antisemitismus. Bei einer Massenveranstaltung der „Deutschen Christen" in Berlin wurde offen gegen die Juden Stimmung gemacht, und Joachim Hossenfelder beeilte sich, einen offiziellen Bericht über das Ereignis herauszugeben, der die gefallenen Äußerungen referierte und bekräftigte. Ludwig Müller, der seinen Aufstieg und Einfluß einzig der Gunst Hitlers zu verdanken hatte, schätzte sich glücklich, das Seine zu der antisemitischen Hetze beitragen zu dürfen; als der Senat der altpreußischen Landeskirche ihn am 4. August zum Bischof ernannte, ließ er die Gemeinden seines Bistums sogleich wissen, daß sie das Wort Gottes von nun an nur noch aus dem Munde von Männern ihrer eigenen Rasse hören würden.

Nicht wenige Angehörige des akademischen Standes waren nur zu gern bereit, Müller und Hossenfelder Schützenhilfe zu leisten. Gerhard Kittel verkündete, die Juden, ob getauft oder nicht, könnten dem göttlichen Gericht weder dadurch entgehen, daß sie sich um Anpassung an und Eingliederung in die moderne weltliche Gesellschaft bemühten, noch dadurch, daß sie sich in einem eigenen Staat seßhaft machten. Sein Lösungsvorschlag war, den Assimilierungsprozeß zu stoppen, Mischheiraten für ungesetzlich zu erklären und für die zum Christentum übergetretenen Juden eine eigene jüdisch-christliche Kirche einzurichten. Er erklärte, er habe keine

Probleme mit einzelnen Juden, nur mit dem „Weltjudentum". Er räumte freilich ein, daß die Verwirklichung mancher seiner Vorschläge für eine Reihe von Juden leidvolle Konsequenzen nach sich ziehen, ja einige vielleicht sogar psychisch völlig aus der Bahn werfen würde. Aber schließlich lehrten, so meinte er, selbst jüdische Rabbiner, daß die Juden, weil sie Moses Gesetze nicht einzuhalten verstünden, dazu bestimmt seien, überall auf der Welt Fremde zu sein.

Martin Niemöller spielte selbst mit dem Gedanken, daß „nichtarische" Christen eigene Glaubensgemeinschaften gründen könnten. Zu seiner Bereitschaft, sich mit solchen Ideen zu beschäftigen, ist allerdings zweierlei zu sagen: Zum ersten dachte er keinen Augenblick daran, sich auf Kittels Seite zu stellen; bei einer Diskussion über dieses Thema am 29. April 1933 in seinem Dahlemer Gemeindesaal sprach er nicht von der Gründung einer eigenständigen Kirche für „nichtarische" Christen, sondern von der Möglichkeit, daß sich selbständige jüdisch-christliche Gemeinden bilden könnten. Diese würden, wenn überhaupt, nicht das Resultat irgendwelcher Beschlüsse und Verfügungen des Staates oder der Kirchenführung sein, sondern der freiwilligen Entscheidung der christianisierten Juden entspringen. Er war, wie er 1968 im Gespräch mit Jürgen Schmidt betonte, schon in jenen ersten Monaten nach Hitlers Machtergreifung davon überzeugt, daß weder die Kirchen noch der Staat das Recht hatten, den „Nichtariern" eine solche Kirche gegen ihren Willen aufzuzwingen.

Zum zweiten ist es wichtig, sich zu vergegenwärtigen, *daß* Martin Niemöller in der Tat bereit war, solche Vorschläge zu erwägen. Dies macht seine Entwicklung zum Fürsprecher der Juden umso bemerkenswerter – eine Entwicklung, die sich bis zum Ende des Zweiten Weltkriegs hinzog.

Niemöllers Zweifel und Bedenken im Jahr 1933 machen deutlich, daß all die Ansichten und Vorurteile über die Juden, die er bislang gehegt hatte, ohne viel darüber nachzudenken, durch den militanten Antisemitismus des Dritten Reichs nunmehr auf eine harte Probe gestellt wurden. Die Lektüre der Apostelgeschichte ließ ihn, wie zu dieser Zeit auch viele andere Christen, zu der Erkenntnis gelangen, daß, wie er sagte, „die Zwietracht zwischen Juden und Christen ursprünglich nicht aus der Verfolgung von Juden durch Christen resultierte, sondern aus der Verfolgung von Christen durch Juden". (MN/jb)

Seit Jahrhunderten widmeten die christlichen Kirchen den zehnten Sonntag nach Trinitatis dem Gedenken an die Zerstörung des jüdischen Tempels und an das Schicksal des jüdischen Volkes. Niemöller pflegte sich in seiner Predigt zu diesem Tag jedes Jahr mit diesem Thema zu beschäftigen, wobei er Motive wie das des „wandernden Juden" einbrachte, der keine Heimat kennt und keinen Frieden findet. Er nannte die Juden (1935) „ein hochbegabtes Volk, das zum Nutzen der Welt eine Idee nach der anderen hervorbringt, aber alles, was es anfaßt, verwandelt sich in Gift, und alles, was es erntet, ist Verachtung und Haß." Der Grund dafür sei, so meinte er, nicht schwer zu finden: Auf den Juden laste ein Fluch, weil sie Jesus gekreuzigt hätten, und seit dieser Tat trügen sie „als fürchterliche Bürde die nicht vergebene Blutschuld ihrer Väter" mit sich herum. Ein solches Denken lieferte nicht nur keine praktischen Orientierungshinweise für die Haltung gegenüber den Juden unter den Gegebenheiten des Dritten Reichs, sondern spielte Hitler geradezu in die Hände.

Die „braune Synode" ratifizierte im September 1933 das Gesetz vom 7. April und erklärte, daß es fortan auf alle kirchlichen Amtsträger Anwendung finden werde. Diese Verfügung, die in der Folge als „Arierparagraph" bekannt wurde, lautete: „Wer nicht arischer Abstammung oder mit einer Person nichtarischer Abstammung verheiratet ist, darf nicht als Geistlicher und Beamter der allgemeinen kirchlichen Verwaltung berufen werden. Geistliche und Beamte arischer Abstammung, die mit einer Person nichtarischer Abstammung die Ehe eingehen, sind zu entlassen. Wer als Person nichtarischer Abstammung zu gelten hat, bestimmt sich nach den Vorschriften der Reichsgesetze."

Einige der auf der Synode anwesenden Kirchenführer sprachen sich dafür aus, den Arierparagraphen nicht auf Personen anzuwenden, die bereits ein kirchliches Amt innehatten, sondern ihn nur bei künftigen Ernennungen zu berücksichtigen. Kirchenpräsident Koch machte im Namen der Gruppe „Evangelium und Kirche" den Versuch, gegen die Übernahme weltlicher Gesetze in das innerkirchliche Recht ohne jede theologische Diskussion zu protestieren, aber er wurde niedergeschrien. In der Folge verabschiedeten auch die anderen evangelischen Landeskirchen ähnliche Arierbestimmungen.

Als ehemaliger leitender Funktionär der Inneren Mission war Martin Niemöller sich der Tatsache wohl bewußt, daß in der Frage der Evangelisierung der Juden Stoff für einen Konflikt zwischen ihm und den Nationalsozialisten steckte. 1931 hatte die Innere Mission eine Schrift herausgegeben, die unter der evangelischen Pfarrerschaft weite Verbreitung gefunden hatte; die evangelischen Christen waren darin aufgefordert worden, den Protesten und Störversuchen der Nazis zum Trotz ihre Missionstätigkeit unter den deutschen Juden fortzusetzen. Die Freundschaft Niemöllers mit seinem Mitstreiter in der Jungreformatorischen Bewegung, Dietrich Bonhoeffer, trug ein übriges dazu bei, ihn in seinem Widerstand gegen die Einführung des Arierparagraphen in das Kirchenrecht zu bestärken. Nach der Niederlage der Jungreformatoren bei den Synodalwahlen vom Juli hatte Niemöller als die seiner Ansicht nach beste Form der Gegenwehr vorgeschlagen, ein an die Adresse der gesamten Kirche gerichtetes Glaubensbekenntnis zu veröffentlichen, in dem die Irrtümer der „Deutschen Christen" aufgezeigt werden sollten. Bonhoeffer und andere waren bei Bodelschwingh in Bethel in Klausur gegangen, um dieses Bekenntnis zu formulieren. Bonhoeffers Gegnerschaft gegen jede Rassendiskriminierung in der Kirche nährte sich zusätzlich aus seiner Bekanntschaft mit einigen jener ganz wenigen jüdischstämmigen Deutschen, die nicht nur zum Christentum übergetreten, sondern auch Pfarrer geworden waren. Auf evangelischer Seite gehörten dazu die Pastoren Franz Hildebrandt und Hans Ehrenberg.

Nach dem Willen Dietrich Bonhoeffers sollte das Bekenntnis von Bethel ein aufrüttelndes Dokument werden. „Es wird mir immer klarer", sagte er in jenen Tagen zu seiner Großmutter, „daß wir eine große völkische Nationalkirche bekommen werden, die das Christentum in seinem Wesen nicht mehr erträgt. ... Die Frage ist wirklich Germanismus oder Christentum?, und je eher der Konflikt offen zutage tritt, desto besser." Unglücklicherweise entschloß man sich dazu, Bonhoeffers Textentwurf zwanzig sogenannten Experten zuzusenden, die ihn so sehr entschärften – insbesondere in dem der Judenfrage gewidmeten Abschnitt –, daß Bonhoeffer sich am Ende weigerte, das Dokument zu unterschreiben. Einer seiner Freunde teilte Niemöller mit, Bonhoeffer habe sich „mit ganzer Entschiedenheit" gegen eine Veröffentlichung [des Bekenntnisses] „im vorliegenden Zustand" ausgesprochen. Bodelschwingh gab, wie nicht anders zu befürchten, resigniert den Versuch auf, die ursprüngliche Autorengruppe zusammenzuhalten. Schließlich überredeten Karl Lücking, Gerhard Stratenwerth und einige andere Niemöller dazu, das kastrierte Pamphlet unter seinem Namen (und ergänzt durch den Zusatz: „Zur Diskussion gestellt von einer Gruppe evangelischer Theologen") herauszubringen.

Die Zahl der vom Arierparagraphen betroffenen evangelischen Pfarrer war sehr klein. Es gab in ganz Deutschland nur 23, die jüdischer Abstammung waren, dazu noch eine Reihe von „nicht-arisch" verheirateten. Gleichwohl löste die Frage heftige theologische Diskussionen aus. Der Arierparagraph schloß de facto aus, daß aus einem Juden ein Christ wurde. Der Arbeit der Inneren Mission unter den deutschen Juden war hiermit schlagartig der Boden entzogen. Erstmals wurde das Recht, durch die Taufe Mitglied der christlichen Glaubensgemeinschaft zu werden, von der Zugehörigkeit zu einer bestimmten „Rasse" abhängig gemacht. Wie immer Niemöller persönlich zu den Juden stehen mochte, sein Glaube, wenn nichts anderes, mußte ihn dazu verpflichten, die Aufnahme des Arierparagraphen in das Kirchenrecht zu bekämpfen.

Dies führte zu einem seltsamen Zwiespalt: Die kirchliche Opposition gegen Hitler schien sich damit zu begnügen, die Betroffenen in ihren eigenen Reihen gegen antisemitische Gesetze zu verteidigen, während die Belange des Judentums als Ganzem sie scheinbar kalt ließen. Diesen Vorhalt könnte man sowohl Dietrich Bonhoeffer als auch Martin Niemöller machen. Zeitweise schien es so, als ob es ihnen mehr um die Unabhängigkeit der Kirche ging als um die Wahrung der Menschenrechte. „Die Kirche kann sich ihr Vorgehen gegenüber ihren Mitgliedern nicht vom Staat vorschreiben lassen", schrieb Bonhoeffer. „Der getaufte Jude ist ein Mitglied unserer Kirche. Daher stellt sich das jüdische Problem für die Kirche in anderer Weise als für den Staat." War damit stillschweigend vorausgesetzt, daß der Staat mit den *nichtgetaufen Juden* machen durfte, was er wollte?

Eine solche Kritik ist, wenn man sich in die Zeitumstände hineinversetzt, unbillig. In der sogenannten ‚Reichskristallnacht' vom 9. auf den 10. November 1938 wurden in Deutschland 119 Synagogen in Brand gesteckt und 76 zerstört. 20000 Juden wurden verhaftet. Niemöller saß zu dieser Zeit bereits im Konzentrationslager. „Erst da wurde klar", meinte er rückblickend, „daß die Juden nicht nur aus der Kirche, sondern aus der menschlichen Gesellschaft ausgestoßen werden sollten." In der ersten Zeit des

Kirchenkampfes konnte man den Eindruck haben, daß die Nationalsozialisten nur die Kirche, wie Niemöller, Bonhoeffer und andere sie verstanden, ausschalten wollten. „Wir handelten", sagte Niemöller, „so, als ob wir nur die Kirche zu schützen hätten. Später, aus der Erfahrung jener vergangenen Jahre, lernten wir, daß wir Verantwortung für das ganze Volk trugen." (MN/jb)

Am Abend des 6. September 1933 erhielt Niemöller in seinem Dahlemer Pfarrhaus Besuch von Bonhoeffer, Franz Hildebrandt und einigen Berliner Theologiestudenten; dieser Besuch zeugte davon, daß Niemöller immer mehr in eine Führungsrolle im Kampf gegen die „Deutschen Christen" und die Gleichschaltung der Kirche hineinwuchs. Die Besucher kamen mit dem Vorsatz, die Taktik für das weitere Vorgehen festzulegen. Die drei Pastoren formulierten eine kompromißlose Verlautbarung, die im Namen der beiden „Nichtarier" herausgegeben werden sollte. Niemöller hatte das Gefühl, daß der Arierparagraph die evangelische Kirche Preußens dem Rest der Christenheit zu entfremden drohte. In dem Appell hieß es: „Jeder, der einem solchen Glaubensbekenntnis [mit Arierparagraph] seine Zustimmung gibt, schließt sich damit selbst von der Zugehörigkeit zur Kirche aus. Wir fordern daher die sofortige Aufhebung dieser Bestimmung, die die evangelische Kirche in Preußen von der übrigen christlichen Gemeinschaft abspaltet." Niemöller und Bonhoeffer hatten gehofft, viele zu finden, die bereit wären, ihre Unterschrift unter das Dokument zu setzen. Zu ihrer Enttäuschung mußten sie feststellen, daß nicht einmal Bodelschwingh den Mut hatte, die Forderung zu unterstützen, die Befürworter des Arierparagraphen aus der Kirche auszuschließen.

Wenigstens hatten die leitenden Männer der evangelischen Kirche mittlerweile begriffen, daß eine neue Situation neue Antworten erforderte, und hatten bei den theologischen Fakultäten der Universitäten Marburg und Erlangen angefragt, ob der Arierparagraph für Christen annehmbar sei. Marburg antwortete mit einem klaren Nein. Erlangen druckste herum: Es könnten, so argumentierten die dortigen Professoren, Umstände eintreten, unter denen ein jüdisch-christlicher Pfarrer nicht mehr in der Lage sei, sein geistliches Amt angemessen zu versehen. Aber gleichwohl dürfe, so meinten die Erlanger, kein bereits im Amt bewährter Pastor aus diesem Grunde entlassen werden.

Niemöller konnte sich zu diesem Zeitpunkt weder mit der Haltung der Erlanger noch mit der der Marburger identifizieren. „Der

Jude, der Christus als seinen Herrn anerkennt, ist sicherlich mein Bruder", meinte er, „und ich kann ihm die Zugehörigkeit zur christlichen Gemeinde und zur christlichen Kirche nicht verwehren." Andererseits aber glaubte er, „nichtarische" Pastoren täten gut daran, nur in solchen Gemeinden zu arbeiten, in denen „sie keinen Anstoß erregen".

Zu den Akten gelegt hatte er immerhin den Gedanken, daß die getauften Juden eine eigene Kirche gründen sollten. Er glaubte jetzt, daß ebenso, wie eine rein deutsche Gemeinde mit einem deutschen Pfarrer am besten fuhr, die vom Judentum konvertierten christlichen Pfarrer dort tätig werden sollten, wo sie es mit ihren „eigenen Leuten" zu tun hatten, beispielsweise im Bereich der Mission. Er erkannte freilich bald, daß dies gerade für die konvertierten Juden im Kirchendienst keine Lösung war, denn sie hatten es in der Mission nicht mit ihren „eigenen Leuten" zu tun. „Der christianisierte Jude verwirkt die Zugehörigkeit zu seinem Volk im Augenblick des Übertritts zum Christentum", schrieb Niemöller.

Nachdem er heftig mit sich gerungen hatte, veröffentlichte er schließlich (in derselben Ausgabe der *Jungen Kirche*, die auch seinen Beitrag zur Lage der Kirche enthielt) seine „Vorschläge zur Arierfrage in der Kirche". Daß das deutsche Volk viel unter den Juden gelitten hatte, daran glaubte er noch immer. Sich für sie einzusetzen, erforderte daher „wirkliche Selbstverleugnung". Und doch tat er genau dies. Sein Nein zum Arierparagraphen war bedingungslos. Konvertierte Juden mußten Zugang zu jedem Amt in der christlichen Kirche haben. „So kommt es gegen unseren Willen", schrieb er, „daß hier eine grundsätzliche Stellungnahme von uns gefordert wird, ob uns das angenehm ist oder nicht."

Altgediente, von den Vorfahren und von der Familie übernommene Vorurteile abzuschütteln, ist schwer. Niemöller schaffte es aber immerhin, einige verbreitete antijüdische Argumente in Argumente gegen die Judenverfolgung umzuwandeln. 1935, am 10. Sonntag nach Trinitatis, predigte er wieder einmal über das Schicksal des jüdischen Volkes. Aber er benutzte diesmal die alte theologische Argumentation, um *gegen* jeden Akt von Verfolgung zu sprechen. Wenn Gott sich nun anschicke, über das jüdische Volk Gericht zu halten, dann sei das genug. Niemand habe das Recht, seinen persönlichen Haß dem göttlichen Urteil hinzuzufügen. „Nirgendwo steht geschrieben, daß wir ermächtigt seien, zu Gottes Fluch unseren Haß hinzuzufügen!"

„Sogar Kain empfing Gottes Zeichen, daß niemand das Recht habe, ihn zu töten", predigte Niemöller. Wenn Jesus gesagt habe: „Liebet eure Feinde", dann lasse dies „keinen Platz für Ausnahmen". Und an einer anderen Stelle dieser Predigt verkündete Niemöller seine Abneigung gegen all das, was sich in Deutschland vollzog, noch unverblümter. Wenn die Juden bei Gott in Ungnade gefallen waren, weil sie Jesus gekreuzigt hatten, so konnte dem deutschen Volk sehr leicht das gleiche Schicksal blühen. Man mache es sich viel zu einfach, wenn man „im Brustton menschlicher und moralischer Entrüstung" sage, die Juden hätten den Sohn Gottes ans Kreuz genagelt, „als ob so etwas einem anständigen Volk nicht passieren könne und dürfe". Niemöller, der sich einst von Hitlers Bekenntnis zu einem „positiven Christentum" hatte beeindrucken lassen, verkündete jetzt „ganz hart und scharf und geradeheraus, daß das jüdische Volk gerade *wegen* seines positiven Christentums in Elend und Ungnade fällt". In den Augen Niemöllers war ein positives Christentum förmlich die Antithese zu der von Jesus Christus gepredigten Religion. „Im Bereich der Religion", erklärte er, „betrachten wir alles als positiv, was uns hilft, unser großes Ziel einer geeinten, starken und stolzen Nation zu verwirklichen und zu stabilisieren. Alles, was diesem Ziel nicht dient, ist für uns nicht von Interesse; alles was ihm abträglich ist, muß ausgeschaltet werden." Welche Rolle spielte in einem so verstandenen Christentum Jesus Christus? Er hatte von Sünde und Vergebung, von Sühne und Gnade gepredigt. Den von der Kirche verehrten gekreuzigten Heiland trennte eine tiefe Kluft von dem „positiven" Jesus, der als moralische Leitfigur für die Durchsetzung nationaler Interessen in Dienst genommen wurde.

Was Niemöller damit sagen wollte, war klar: Das „positive Christentum" war ein Irrweg. Zwei Wochen später griff er dieses Thema nochmals auf. Der Ruf nach dem „positiven Christentum" sei, so erklärte er, ein Ruf nach „einem Christentum des Lebens und der Tat", das so zentrale Begriffe wie Sünde, Gnade, Glaube und Rechtfertigung über Bord werfe. Wenn die Kirche ein positives Christentum als „Kern einer völkischen Moral" predigte, dann würden, wie er erklärte, „die Worte ‚Staat und Kirche', die heute nicht gut zusammenpassen, vielleicht einen ähnlichen Klang bekommen wie die alte Zauberformel ‚Thron und Altar', für die in der Vergangenheit Könige wie Priester so viel übrighatten". Allein, so meinte Niemöller, eine solche Lehre komme nicht in Frage: Die

Kirche könne sich nicht nach Gutdünken selbst aussuchen, was sie zu verkünden habe, sondern müsse sich an den gekreuzigten Jesus und die aus seiner Botschaft und seinem Leben und Sterben zu ziehenden Lehren halten.

Mit dem gleichen Geschick, mit dem Niemöller aus der Judenfrage eine argumentative Waffe gegen das sogenannte positive Christentum der Nationalsozialisten schmiedete, benutzte er den Hinweis auf das Schicksal des jüdischen Volkes als Argument gegen den Rassismus im allgemeinen. Brüsteten sich die Juden nicht seit alters her: „Wir sind vom Stamme Abrahams und waren niemals einem Menschen untertan?", fragte Niemöller. Und war es nicht eben dieses stolze Selbstbewußtsein, das sie die Forderung Jesu, Buße zu tun und gläubig zu sein, in den Wind schlagen ließ? Sie sahen keinen Anlaß, Buße zu tun. Sie waren „freie, starke und stolze Menschen und gehörten einem reinblütigen, rassebewußten Volk an". Auch hier war Niemöllers Botschaft offenkundig: Der Stolz darauf, ein „reinblütiges, rassebewußtes" Volk zu sein, verführte die Deutschen dazu, sich von Jesus Christus loszusagen.

Angesichts der Ereignisse des Jahres 1933 sah Niemöller sich genötigt, entschieden nicht nur für die Juden im allgemeinen, sondern für 23 jüdisch-christliche Pfarrer einzutreten, die – ebenso wie eine Reihe „arischer" Geistlicher und Kirchenfunktionäre, die mit „Nichtarierinnen" verheiratet waren – vom Arierparagraphen bedroht waren. Nach dem Beschluß der preußischen Synode vom 5./6. September, daß alle zu diesem Personenkreis gehörenden Inhaber kirchlicher Ämter zu entlassen seien, forderten allerorten die Kirchenverwaltungen die Geistlichen auf, für sich und ihre Frauen den Nachweis arischer Abstammung zu erbringen. Die westfälische Synode, in der die Gruppe „Evangelium und Kirche" eine knappe Mehrheit behauptete, sprach sich für einen Boykott dieser Aktion aus und forderte ihre Pfarrer per Rundschreiben auf, den Ariernachweis zu verweigern. In Berlin erhielten Niemöller und Gerhard Jacobi Besuch von drei jungen Pfarrern aus der Mark, Eugen Weschke, Günther Jacob und Herbert Goltzen, die den Vorschlag machten, die evangelischen Pastoren sollten eine Notvereinigung bilden. Bei einer Zusammenkunft in Berlin erklärten sich 60 Pfarrer spontan bereit, einer solchen Vereinigung beizutreten.

Als weder Friedrich von Bodelschwingh noch Bischof August Marahrens der Aufforderung folgten, sich an die Spitze dieses

Notverbands zu stellen, beschloß Niemöller, diese Rolle selbst zu übernehmen. Am 21. September schickte er den 2000 Pfarrern in ganz Deutschland, deren Namen sich auf der Anschriftenliste der Jungreformatorischen Bewegung befanden, ein Rundschreiben mit der Bitte, sich einem zu bildenden „Pfarrernotbund" anzuschließen.

In dem Brief rief er nochmals einige Ereignisse der verflossenen Monate in Erinnerung, so beispielsweise die Durchsetzung der neuen Verfassung auf der letzten preußischen Synode und die Amtsenthebung des Generalsuperintendenten einen Tag später. Er geißelte die Aktivitäten der „Deutschen Christen", die ihnen nicht willfährigen Gemeinden die Benutzung der zentralen kirchlichen Einrichtungen verwehrten und einzelne Pfarrer schikanierten. Grimmig fügte er hinzu: „Die kirchlichen ‚Führer' und Behörden haben bezeichnenderweise vor diesen Übergriffen kapituliert." Leider sei, schrieb er, „bei vielen geistlichen Brüdern eine schändliche Kleinmütigkeit" festzustellen. Manche Pastoren seien, „obwohl besonnene Männer, sogar zu den ‚Deutschen Christen' übergelaufen, wider die eigene bessere Einsicht und in dem Wissen, daß dies ein Verstoß gegen ihr Ordinationsgelübde und eine Gewissensverletzung ist". „In dieser Bedrängnis", so fuhr Niemöller fort, „haben wir einen Pfarrer-Notbund ins Leben gerufen, der sich verpflichtet hat, sich für die Verkündigung nur an die Heilige Schrift und an die Bekenntnisse der Reformation zu binden ... und sich der Not derjenigen Brüder, die darunter leiden müssen, nach bestem Vermögen anzunehmen."

Das Ziel sei, erklärte Niemöller, im Bereich jeder Landeskirche eine solche Organisation aufzubauen und zugleich ein Netz von Verbindungen und Kommunikationskanälen zwischen den so entstehenden Gruppen zu knüpfen. „Andernfalls", schrieb er, „wird eine Landschaft nach der anderen ‚gesäubert'." Sehr wichtig sei es auch, die Laienschaft zu mobilisieren. Niemöller war sich, wie er einräumte, „wohl bewußt, daß dieser Bund weder die Kirche erlösen noch die Welt erschüttern wird". Aber er hatte erkannt, daß jeder „vorsichtige Rückzug in die Rolle eines bloßen Zuschauers" einem Verrat an denen gleichkam, die unter Druck standen und dringend ein Zeichen brüderlicher Solidarität brauchten. Niemöller konnte den Empfängern seines Rundschreibens die ermutigende Mitteilung machen, daß vorläufige Sondierungen bereits vom 1300 Pfarrern die Zusage einer Mitarbeit im Pfarrernotbund erbracht hätten – nicht gezählt die Vertreter der westfälischen Synode, die eine eigene Vereinigung gegründet hätten, und jene Mitglieder der Jungreformatorischen Bewegung, die bislang in dieser Sache noch nicht angesprochen worden seien.

Niemöller schloß seinen Rundbrief mit den Worten: „Laßt uns also etwas tun!", und fügte dann die vier Grundsätze hinzu, zu denen jedes Mitglied des Notbundes sich bekennen sollte:

1. Ich verpflichte mich, mein Amt als Diener des Wortes auszurichten allein in der Bindung an die Heilige Schrift und an die Bekenntnisse der Reformation als die rechte Auslegung der Hl. Schrift.
2. Ich verpflichte mich, gegen alle Verletzung solchen Bekenntnisstandes mit rückhaltlosem Einsatz zu protestieren.
3. Ich weiß mich nach bestem Vermögen mit verantwortlich für die, die um solchen Bekenntnisstandes willen verfolgt werden.
4. In solcher Verpflichtung bezeuge ich, daß eine Verletzung des Bekenntnisstandes mit der Anwendung des Arier-Paragraphen im Raum der Kirche Christi geschaffen ist.

Bis Ende September setzten 2300 Pastoren ihre Unterschrift unter diese Grundsätze. Bis zum Jahresende stieg die Mitgliederzahl des Pfarrernotbundes auf 6000, am 15. Januar 1934 stand sie bei 7036 (von insgesamt rund 18 000 evangelischen Pfarrern in Deutschland). Martin Niemöller hatte den Grundstein für die kirchliche Opposition gegen Hitler gelegt. Am 20. Oktober trafen sich die Initiatoren des Notbunds in Niemöllers Haus in Dahlem und wählten ein achtköpfiges Führungsgremium, den „Bruderrat". Für spezielle Probleme wurden kleinere Beratergruppen gebildet. Die Organisation erwies sich als lebensfähig und stark genug, um die Verhaftung und Internierung Niemöllers zu überstehen, und war in der Lage, bis Kriegsende Mitgliedsbeiträge einzuziehen und drangsalierte Pfarrer zu unterstützen.

Ihr erstes Verdienst war ihr kraft- und eindrucksvolles Auftreten auf der ersten landesweiten Synode der neuen Reichskirche, die am 27. September in Wittenberg eröffnet wurde. Niemöller hatte inzwischen gelernt, wie wichtig es war, die Initiative zu ergreifen und nicht einfach nur auf das zu reagieren, was seine Gegner unternahmen. Am 24. September entwarfen er, Else Niemöller und sein Amtskollege Fritz Müller eine Protesterklärung gegen den Arierparagraphen und die skrupellose Unterdrückung von Minderheitsmeinungen in den kirchlichen Gremien. Am Tag danach setzten sich Niemöller und Müller mit Jacobi, Dietrich Bonhoeffer und Franz Hildebrandt zusammen, um den endgültigen Wortlaut der Erklärung zu formulieren. Die erste Lieferung der fertiggestellten Exemplare kam am Vorabend der Synode aus der Druckerei; Müller und Niemöller transportierten sie im Auto nach Wittenberg, wo sie an Bäume angeschlagen und an die Teilnehmer der Veranstaltung verteilt wurden. Unterzeichnet von 22 Berliner Pastoren (im Namen der 2000, die sich zu diesem Zeitpunkt bereits dem Pfarrernotbund angeschlossen hatten), wandte sich das Dokument entschieden gegen diejenigen, die die Verkündung des Evangeliums beschneiden wollten, und kündigte an: „Wir werden nicht aufhören, getreu unserem Ordinationsgelübde für die Weiterentwicklung der evangelischen Kirche in Deutschland zu arbeiten."

Die Wittenberger Synode wählte Ludwig Müller zum Reichsbischof. Dem vorgeblich unabhängigen vierköpfigen „Geistlichen Ausschuß", der Müller beraten sollte, gehörten Joachim Hossenfelder und Bishof Simon Schöffel an. Wenn die Reichssynode sich auch in keiner Weise von jenen Landessynoden distanzierte, die einen Arierparagraphen in ihre Statuten aufgenommen hatten, so vermied sie es doch, den Ausschluß der „Nichtarier" ausdrücklich zu bekräftigen.

Diese formale Konzession war nicht allein ein Tribut an den rührigen Widerstand Niemöllers. Die Entwicklung in der evangelischen Kirche Deutschlands hatte mittlerweile auch im Ausland Besorgnis erregt. Der schwedische Erzbischof Erling Eidem hatte öffentlich erklärt, wenn die Reichssynode den Arierparagraphen beschlösse, würden er und seine Kirche sich von der evangelischen Kirche in Deutschland lossagen. Das Auswärtige Amt in Berlin sah sich zu dem ungewöhnlichen Schritt veranlaßt, in einem Brief an Ludwig Müller vom 22. September den Verzicht auf eine formelle Bekräftigung des Arierparagraphen auf der bevorstehenden Synode anzuempfehlen, da es andere, weniger öffentlichkeitswirksame Mittel gebe, das anvisierte Ziel zu erreichen.

Dieser Druck aus dem Ausland ließ auch nach Beendigung der Synode nicht nach. Am 23. Oktober schrieb George Bell, Bischof von Chichester, an Müller und trug ihm seine Bedenken dagegen vor, daß in der deutschen evangelischen Kirche das Vorhaben diskutiert wurde, „nichtarische" Geistliche aus dem Amt zu entfernen. Er forderte den Reichsbischof auf, eine solche diskriminierende Maßnahme für unvereinbar mit dem Kirchenrecht zu erklären. Am 31. Oktober empfing Hitler, auf Ersuchen der amerikanischen Botschaft, den Generalsekretär des Rates der christlichen Kirchen in Amerika, Reverend Charles S. Macfarland, zu einem persönlichen Gespräch. Macfarland bekräftigte, was Erzbischof Eidem über die Folgen einer Inkraftsetzung des Arierparagraphen gesagt hatte. Die Evangelische Kirche Deutschlands würde sich damit, so versicherte er, nicht nur von ihren Schwesterkirchen in den Vereinigten Staaten, sondern von der Gemeinschaft der protestantischen Kirchen in aller Welt lossagen.

Bischof Bell schrieb in seinem Brief an Müller: „Daß Menschen, deren Anschauungen nicht mit der politischen Linie der gegenwärtigen Machthaber übereinstimmen, unterdrückt und mundtot gemacht werden, ist für alle Christen, die an die Notwendigkeit einer freien, ungehinderten Verkündung der göttlichen Botschaft glauben, Anlaß zu großer Sorge." Die NS-Behörden hatten sich mittlerweile offenbar entschlossen, auch Niemöller selbst mundtot zu machen. „Seit ich im September 1933 den Pfarrernotbund gegründet hatte", erzählte er, „merkte ich, daß die Gestapo immer so etwas wie Spitzel in meinen Gottesdiensten sitzen hatte. Jeder Schritt, den ich außer Haus machte, und jedes Wort, das ich sprach, wurden registriert." Am Samstag, den 11. November, teilte die Leitung der preußischen Landeskirche ihm und zwei anderen Initiatoren des Notbunds (Kurt Scharf und Eitel-Friedrich von Rabenau) mit, daß sie ab sofort vom Dienst suspendiert seien. Diese Anordnung wurde am gleichen Tag wieder zurückgezogen, offenbar auf Weisung der Reichskanzlei; doch an ihrer Stelle erhielten die drei am darauffolgenden Dienstag ein förmliches Entlassungsschreiben.

An dem dazwischenliegenden Sonntag begingen die protestantischen Kirchen den 450. Geburtstag Martin Luthers, dessen „heroischen Geist" die „Deutschen Christen" jetzt für sich reklamierten. Martin Niemöller begrüßte dieses „Lutherbild von 1933, das ihn als einen Kämpfer darstellt"; es stehe, wie er erklärte, „in völligem Einklang mit der gegenwärtigen Lage", in der tatsächlich zum Kampf gerüstet werde, zum Kampf zwischen Christentum und „germanisch-teutonischer Frömmigkeit", zwischen Christus und „dem neuen Heidentum von heute".

Viele, so erklärte er seiner Dahlemer Gemeinde, sprächen und schrieben über das, was sie für den „Geist Luthers" hielten. Er glaube hinter all dem, was in dieser Beziehung geäußert wurde, eine große Hochachtung vor den eindrucksvollen menschlichen Qualitäten Luthers zu spüren, „vor seiner naiven Sorglosigkeit, seinem unerschrockenen Mut, seiner zähen Standhaftigkeit, seinem geradlinigen und unbeugsamen Willen und vor seiner tiefen Zärtlichkeit". Er verspürte hinter all dem auch eine unerfüllte Sehnsucht: „Wenn wir nur mehr von diesem Geist Luthers hätten", so sagten und dächten viele, „wären die Aussichten für unser Volk und unsere Kirche besser! Laßt uns diesen Lutherschen Geist heute pflegen, und es wird sich morgen zeigen, daß wir einen Schritt weiter sind!" Dies sei, so meinte Niemöller, ein fataler Irrtum.

Der Kampf zwischen dem Christentum und dem neuen Heidentum könne, so gab er zu bedenken, in und mit diesem Geist keinesfalls gewonnen werden, da er den menschlichen Helden Martin Luther an die Stelle der Botschaft setze, die Gott durch ihn habe übermitteln wollen. Es sei so, als ob der Teufel auf die 450. Wiederkehr des Geburtstags von Luther gewartet habe, in der Absicht, den deutschen Protestanten die abwegige Vorstellung einzuflößen, sie bräuchten nicht die Gnade und Vergebung Gottes, sondern den Mut Martin Luthers. Wenn sie diesem Trugschluß erlägen, würden sie, so warnte Niemöller, denselben Luther, der die Kerze des Evangeliums neu aufgesteckt hatte, zu dem Scheffel machen, den sie über das Licht stülpen und mit dem sie es schließlich zum Erlöschen bringen würden.

Luther hatte auch gepredigt, daß das Heil nicht in irgendwelchen guten Werken liege, die der Mensch auf Erden vollbringe, sondern einzig und allein in der Güte Gottes. Jetzt, 1933, war diese Botschaft, wie Niemöller meinte, wieder höchst aktuell, denn wieder einmal wurde dem deutschen Volk eingebleut, sein Heil in weltlichen Werken zu suchen. „Man kann sogar hören", stellte er fest, „daß unser ganzes Volk den Willen Gottes tun würde, wenn es nur Sorge trüge für die Reinheit seiner Art und seiner Rasse: gesetzliche Maßnahmen, aus denen man einen Anspruch auf die Gunst Gottes ableiten will!" Auch hierin zeige sich, so ermahnte Niemöller seine Gemeinde, das Wirken des Teufels, der das deutsche Volk in die Irre führen wolle. Und dagegen hätte der wirkliche Luther lautstark seine Stimme erhoben.

Dies war mit Sicherheit ein ganz anderer Luther, als die „Deutschen Christen" ihn vor sich hertrugen. Ein Jahr zuvor hatte die NSDAP in einem Parteirundbrief, den die Zeitschrift *Christliche*

Welt im April 1932 abdruckte, die Genehmigung zur Gründung einer Nationalsozialistischen Kirchenpartei auf der Grundlage eines „positiven Christentums im Geiste Martin Luthers" erteilt. Konkret bedeutete dies, so hieß es in dem Rundbrief, das Bekenntnis zu einem kriegerischen Geist und zu strengen Gesetzen im Dienste der Erhaltung der germanischen Rasse, sowie eine Absage an die „jüdischen" Lehren des Marxismus, des Humanismus, des Pazifismus und des christlichen Weltbürgertums.

„Die Kirche, die die Reformation feiert, läßt dem alten Luther seine Ruhe nicht", klagte Dietrich Bonhoeffer auf der Kanzel der Kaiser-Wilhelm-Gedächtniskirche in Berlin, „er muß herhalten zu allem Schlimmen, was heute in der Kirche vorgeht." Andere freilich (zum Beispiel Pfarrer Hesse von der Dreierkommission, die Anfang 1933 die neue Kirchenverfassung ausgearbeitet hatte) begeisterten sich an dem absurden Gedanken, daß Reichsbischof Müller als persönlicher geistlicher Ratgeber Hitlers den Führer vom römischen Katholizismus fort auf ein sorgfältiges Studium der Schriften Luthers lenken werde.

In seiner Predigt am Reformationstag wandte Niemöller sich bewußt gegen diese Benutzung Luthers als Zugpferd für Nationalismus und Rassismus. „Es geht absolut nicht an, daß wir in der evangelischen Kirche über Luther sprechen und Luthers Andenken feiern, wenn wir am Bild Luthers haltmachen und nicht dahinter den sehen, auf den Luther weist", betonte er. Der jedoch, daran erinnerte er seine Gemeinde, sei ein Jude gewesen. „Der Deutsche Luther ist uns anscheinend näher als der jüdische Rabbiner aus Nazareth", sagte er. „Luther mit all seinen Ecken und Kanten scheint uns weniger anstößig als dieser Jesus." Aber hatte nicht Reichspräsident Hindenburg zu Reichsbischof Müller gesagt: „Sorgen Sie dafür, daß Christus in Deutschland zu Wort kommt!"? Wenn viele sagten, daß derjenige, der „so nationalistisch fühlt, wie unser Führer es sich wünscht, ein Christ ist, ohne es zu wissen", so habe das mit dem Wort Gottes nichts zu tun. Ein extremer Nationalismus, gepaart mit Hitlers aggressivem Rassismus, aber werde von Teilen der „Deutschen Christen" gegenwärtig proklamiert.

Am 13. November versammelten sich über 20000 „Deutsche Christen", die meisten davon aus Brandenburg, im Berliner Sportpalast. Joachim Hossenfelder, in Nazi-Uniform erschienen, leitete die Veranstaltung. Nachdem die Flaggenparade abgehalten, die Eröffnungsfanfare verklungen und das Lied „Nun danket alle

Gott“ gesungen war, verkündete Hossenfelder, daß er Anweisung gegeben habe, in seinem Bistum den Arierparagraphen anzuwenden. Er gab ferner die Dienstenthebung von Niemöller, Scharf und Rabenau bekannt, deren Aktivitäten, wie er sagte, dem wahren deutschen Geist wesensfremd seien.

Der Hauptredner des Abends war Dr. Reinhold Krause, ein hoher NS-Funktionär. Krause war Führer der Berliner Sektion der „Deutschen Christen“ und Mitglied der Kirchensynode von Brandenburg. Er erklärte, die Versammlung sei einberufen worden, „um den Kampfgeist der Bewegung wieder anzufachen und die ursprünglichen Ziele der ‚Deutschen Christen‘ wieder in den Vordergrund zu stellen“. Das Endziel sei nichts Geringeres als die Aufhebung der Lutherschen Reformation durch die Schaffung einer einheitlichen deutschen „Volkskirche“. Dies könne, erklärte er, nur erreicht werden, wenn alles, was einen „fremden Geist“ atme, aus dem religiösen Leben und der religiösen Lehre entfernt werde, „so alt oder scheinbar ehrwürdig es auch immer sein mag“. Heilige Stätten beispielsweise solle man von jetzt an nicht mehr in Palästina suchen, sondern im Vaterland. Undeutsche Elemente sollten aus Liturgie und Predigt verbannt werden. Das bedeutete, so Krause, „Befreiung vom Alten Testament mit seiner jüdischen Lohnmoral, von diesen Viehhändler- und Zuhältergeschichten“. Aber auch das Neue Testament müsse von seinen jüdischen Elementen gesäubert werden, namentlich von dem unheroischen Gedankengut des Rabbiners Paulus mit seiner „Minderwertigkeitstheologie“. Selbst an der Kreuzigung schien Dr. Krause einiges auszusetzen zu haben. Und ebenso wie die Bibel, mußten in seinen Augen auch die deutschen Gotteshäuser von jüdischen Elementen gesäubert werden. „Wenn wir Nationalsozialisten uns schämen, beim Juden eine Krawatte zu kaufen“, dröhnte er, „sollten wir uns erst recht schämen, die tiefsten Elemente unserer Religion vom Juden zu entleihen.“

Krauses Rede wurde wieder und wieder von Beifallskundgebungen unterbrochen. Am Schluß der Veranstaltung wurden Resolutionen verabschiedet, die die von ihm erhobenen Forderungen aufnahmen und bekräftigten. Die Versammlung forderte die Anwendung des Arierparagraphen und die Errichtung einer eigenständigen jüdisch-christlichen Kirche sowie darüber hinaus die Entlassung aller Pfarrer, die nicht bereit waren, bei der Vollendung der Reformation durch den Aufbau einer neuen Kirche im Geist des Nationalsozialismus mitzuwirken.

Über die Veranstaltung wurde sowohl in der ausländischen als auch in der deutschen Presse ausführlich berichtet. Die Führung der „Deutschen Christen“ war sehr angetan. In Sachsen beispielsweise schrieb Bischof Friedrich Peter in seinem Hirtenbrief für die zweite Novemberhälfte, das deutsche Volk müsse nunmehr „den Born seiner Kraft in einem dem deutschen Volk gemäßen positiven Christentum finden, das die Grundlage der Nationalsozialistischen Partei war, ist und sein wird und auch die Grundlage des Dritten Reiches von Adolf Hitler sein muß“.

Die führenden Männer des Pfarrernotbunds reagierten unterschiedlich. Einen Tag nach der Veranstaltung im Sportpalast gingen Martin Niemöller, sein Bruder Wilhelm und Gerhard Jacobi zu Reichsbischof Müller, der nur einen kleinen Teil der Veranstaltung miterlebt hatte. Müller war kein guter Theologe. „Als ich ihn im Juli 1933 in Berlin traf“, schrieb der Dekan von Chichester, „machte er auf mich den Eindruck eines Mannes, der zwar zweifellos aufrichtig religiös, aber keinesfalls ein heller theologischer Kopf war.“ Immerhin war Müller hell genug, um zu erkennen, daß Krauses Bibelinterpretationen äußerst angreifbar waren. Krauses Rede und die im Sportpalast verabschiedeten Resolutionen würden zweifellos einen Aufschrei hervorrufen, sowohl in der deutschen Kirche als auch im Ausland. „Ludwig Müller war sehr bestürzt“, erinnerte Niemöller sich später. „Wir stellten ihm das Ultimatum: Sie müssen sofort als Präsident der ‚Deutschen Christen‘ zurücktreten, innerhalb von 24 Stunden.“ Außerdem bestanden die Besucher darauf, daß er die für die Versammlung im Sportpalast verantwortlichen Kirchenfunktionäre ebenso wie diejenigen, die keinen Protest gegen die Resolutionen eingelegt hatten, ihrer Ämter entheben müsse. (MN/jb)

Am Tag darauf gab der Reichsbischof bekannt, daß Krause aus allen seinen kirchlichen Ämtern entfernt war. Gleichzeitig trat er als Präsident der „Deutschen Christen“ zurück. Er veröffentlichte ferner eine Erklärung, in der er die Angriffe Krauses auf die Heilige Schrift verurteilte und bekräftigte, daß alle Gemeinden an die Bibel und an die Reformation gebunden seien. Den Arierparagraphen erklärte er für aufgehoben. Die bei der Versammlung im Sportpalast verabschiedeten Resolutionen nannte er „nichts anderes als einen unerträglichen Angriff auf die kirchlichen Glaubenslehren“.

„Das war praktisch das Ende der ‚Deutschen Christen‘“, meinte

Martin Niemöller rückblickend, „denn sie zerfielen in viele Bestandteile." (MN/jb) Auch in Sachsen änderte Bischof Friedrich Peter ihren Namen um in „Volksmissionsbewegung (Deutsche Christen)". Einige der ihnen nahestehenden prominenten Theologen, darunter Karl Fezer und Gerhard Kittel, gelangten zu der Einsicht, daß sie nicht länger öffentlich für eine Gruppe eintreten konnten, die einen so dreisten Anschlag auf die Heilige Schrift zugelassen hatte.

Nicht abgesetzt wurde Hossenfelder (der den Sportpalast, wie es hieß, vor der Rede Krauses verlassen hatte). Und damit nicht genug, gab Müller auch noch seinen Segen dazu, daß Hossenfelder die durch Krauses Abgang vakant gewordene Position wieder mit einem „Deutschen Christen" besetzte. Der Pfarrernotbund setzte denn auch seine Kampagne unvermindert fort. Am Samstag, den 18. November, forderten Kirchenvertreter auf einer überlaufenen Versammlung in Westfalen das Recht, das Evangelium zu predigen, wie es in der Heiligen Schrift und in der Reformationstheologie überliefert und interpretiert war. Am folgenden Morgen verlasen die 3000 Pfarrer, die zu diesem Zeitpunkt dem Pfarrernotbund angehörten, von der Kanzel eine Erklärung, in der das Evangelium gegen die „heidnischen" Zumutungen verteidigt wurde, mit denen es im Sportpalast konfrontiert worden war. „Wir werden uns unter keinen Umständen dem Vorwurf der Blindheit und Taubheit aussetzen", hieß es in der Proklamation. „Wir sind es unseren Gläubigen und der Kirche schuldig, uns der Verfälschung des Evangeliums zu widersetzen. Wir erkennen die Heilige Schrift des Alten und Neuen Testaments aus vollem Herzen als den einzigen Maßstab für unseren Glauben und unser Leben und die Schriften unserer Reformationslehrer als die Erklärung der Heiligen Schrift an."

Im Angesicht der durch die Sportpalast-Veranstaltung hervorgerufenen Turbulenzen begann die Regierung sich nunmehr in offiziellen Verlautbarungen des Innenministers und Wilhelm Kubes von ihrer bisherigen „geistlichen Abteilung" zu distanzieren. Bischof Schöffel zog sich aus dem „geistlichen Ausschuß" zurück, in dem er mit Hossenfelder zusammengearbeitet hatte. Hossenfelder wurde auch zur Zielscheibe der Kritik kirchlicher Amtsträger aus Bayern, Württemberg, Hannover, Thüringen, Oldenburg, Hamburg und Eutin. Müller versuchte das schwindende Ansehen des Bischofs noch zu stützen, indem er erklärte: „Hossenfelder und ich sind untrennbar", doch es nützte nichts. Hossenfelder legte die

Mitgliedschaft im „geistlichen Ausschuß“ und bald darauf, am 21. Dezember (nachdem der Pfarrernotbund eine erneute Breitseite auf ihn abgefeuert hatte), auch alle seine kirchlichen Ämter nieder, das Amt des Bischofs von Brandenburg eingeschlossen.

Während sich all dies vollzog, kämpfte Niemöller auch noch um die Rücknahme seiner Entlassung. Glücklicherweise konnte er auf die Unterstützung seiner Gemeinde zählen, in deren Kirchengemeinderat seiner Erinnerung nach nur zwei Nazis saßen. „Ich sagte ihnen, daß ich als Pfarrer offiziell abgesetzt sei, daß ich aber, wenn sie einverstanden wären, bereit sei, weiterzumachen“, sagte er. „Und sie waren einverstanden.“ (MN/jb) Am Tag der Sportpalast-Veranstaltung hatten die drei gekündigten Pfarrer sich im Hause Gerhard Jacobis getroffen und gemeinsam ein Telegramm an die Kirchenleitung geschickt, in dem sie ihre Entlassung für ungesetzlich erklärten. Am Tag darauf boten einige evangelische Bischöfe – und auch Friedrich von Bodelschwingh – ihnen ihre Hilfe an. Niemöller, Scharf und Rabenau liefen weiterhin Sturm gegen ihre Entlassung, unter anderem auch bei dem in Bedrängnis geratenen Ludwig Müller; am 16. November erhielt Bodelschwingh gar eine Audienz bei Reichspräsident Hindenburg – und der Ex-Feldmarschall äußerte sich anerkennend über Niemöllers „militärische Fähigkeiten und seine Tapferkeit“.

Eine solche Referenz war nach wie vor von Gewicht. Ende November veröffentlichte die *Kölnische Zeitung* einen langen offenen Brief von Pfarrer Heinrich Held aus Essen, der dem Pfarrernotbund angehörte; neben Angriffen auf den Landrat Dr. Krummacher wegen dessen Parteinahme für die „Deutschen Christen“ enthielt dieser Brief auch lobende Hinweise auf Martin Niemöller als den „Turm in der Schlacht“. Die *Kölnische Zeitung* vergaß nicht, in einem Extra-Absatz auf die soldatische Karriere und die Kriegsauszeichnungen Niemöllers hinzuweisen, desgleichen darauf, daß Pastor Gerhard Wilde aus Sozenhaagen – der am Sonntag zuvor vom Dienst suspendiert und dessen Haus von SA-Leuten heimgesucht worden war – als Offizier in Flandern gekämpft und drei Jahre in französischer Kriegsgefangenschaft verbracht hatte. Niemöller und Wilde seien, so resümierte die Zeitung, Männer aus der Kriegsgeneration, die jetzt ebenso tapfer für ihren Glauben einstünden wie damals für ihr Vaterland.

Niemöller wünschte sich ebenso leidenschaftlich wie die „Deutschen Christen“ ein von einem gemeinschaftlichen Geist beseeltes deutsches Volk. Er erkannte jedoch, daß ihre Lehren und Parolen das Volk keineswegs einten, sondern Zwietracht säten. „Wir sprechen heute gerne zuversichtlich von der neuen Volksgemeinschaft", sagte er schon am 5. Sonntag nach Ostern 1933, „aber es wird klarer und klarer, daß auch diese neue Gemeinschaft so beschaffen ist, daß sie zugleich Unfrieden stiftet." Er verwies bei dieser Gelegenheit auf das Paulinische Gebot, *alle* Menschen zu lieben. Es sei, so erklärte er, jetzt „wichtiger als je zuvor, daß wir für alle beten – daß ein zum Krüppel geschossener SA-Mann für seine Feinde betet. ... Und umgekehrt, daß ein wegen seiner Herkunft oder Abstammung entlassener Beamter für die Männer der nationalen Regierung betet."

Niemöller sah in den Lehren der Kirche niemals einfach eine Art moralischen Unterbau für die Ideale des neuen deutschen Reiches. Dementsprechend hörte er auch bald auf, „den Ruf nach der Kirche, der heute von allen Seiten ertönt, unbesehen als Zeichen für ein Wiedererstarken des Glaubens zu deuten". Seiner Ansicht nach mußte sich zu diesem Ruf noch eine Bereitschaft zum Zuhören gesellen, in der Hoffnung, Gottes Antwort zu hören. „Soviel aber ist klar", fügte er hinzu: „Gottes Antwort wird sich in jedem Fall als lästig erweisen; sie wird in jedem Fall unsere Leidenschaften nichtig stempeln; und dann – und nur dann – wird es möglich sein, zu entscheiden, ob diese ganze Bewegung eine Bewegung des Glaubens zu Gott hin ist oder ob sie sich in Zwietracht von ihm wendet." Die Deutschen Christen verkörperten seiner Überzeugung nach eine Bewegung, die sich von Gott abgewandt hatte.

Gleichwohl verzichtete er darauf, die neuen Kirchenführer vorschnell zu verdammen; solange es ging, wollte er ihnen zugute halten, daß er sich möglicherweise irrte. Diejenigen, sagte er, die auf eine Erneuerung der evangelischen Kirche auf breiter Front drängten, seien „von einem ehrlichen Willen und von einer Begeisterung beseelt, die ansteckend und unwiderstehlich ist". Er traf auch, wie soviele andere, eine Unterscheidung zwischen Adolf Hitler und gewissen unschönen Dingen, die andere in dessen Namen taten. Niemöller hatte sich zu lange nach einem Führer gesehnt, um jetzt Hitler allzu leicht und schnell abzuschreiben. So tröstete er sich, wie viele andere, mit dem Gedanken, daß der Führer für das, was Männer wie Ludwig Müller und August Jäger taten, nicht verantwortlich sei.

Dazu kam, daß Hitler es doch offenbar endlich fertigbrachte, die Ehre Deutschlands in den Augen der Welt wieder herzustellen. Beim Völkerbund forderte er eine gleichberechtigte Stellung für Deutschland, und als dies abgelehnt wurde, erklärte er den Austritt Deutschlands aus dieser Organisation. Zusammen mit mehreren anderen führenden Männern des Pfarrernotbundes schickte Niemöller dem Führer daraufhin ein überschwengliches Glückwunschtelegramm.

Damit zog er sich die Empörung sowohl Dietrich Bonhoeffers, der unterdessen in London als Pastor einer deutschen Gemeinde wirkte, als auch des unlängst ordinierten „nichtarischen" Pastors Franz Hildebrandt zu. Wegen dieses Telegramms schlug Hildebrandt einen ihm angetragenen Posten im Pfarrernotbund aus und entschloß sich, zu Bonhoeffer nach London zu gehen. In einem Brief an Niemöller schrieb er: „Mir ist völlig unverständlich, wie man im gleichen Augenblick den politischen Schritt in Genf mit Freude begrüßen kann, ohne dasselbe deutliche Nein zu der Kirche zu sagen, die uns Gleichberechtigung fort und fort verwehrt."

Hildebrandt und Niemöller blieben Freunde; im Jahr darauf kehrte Hildebrandt sogar nach Deutschland zurück, um bei Niemöller in Dahlem als Vikar zu arbeiten. Eine Zeitlang jedoch gab es Spannungen zwischen dem Ex-U-Boot-Kommandanten und Männern wie Hildebrandt, die einer jüngeren Generation angehörten. Niemöller hätte der Ansicht seines alten U-Boot-Kameraden, Korvettenkapitän Max Valentiner (der in Niemöllers Pfarrbezirk gezogen war und dessen Kinder Niemöller getauft hatte), beigepflichtet: „Ein Land, das nicht gewillt ist, die notwendigsten Vorsichtsmaßnahmen zu seiner eigenen Verteidigung zu ergreifen, wird niemals Macht in dieser Welt haben, weder moralische noch materielle Macht." (ECMN) Bei aller Gegnerschaft zu den „Deutschen Christen" hörte Niemöller niemals auf, sich als Deutscher zu fühlen. Ihr Fehler lag in seinen Augen darin, daß sie sagten: „Wir sind zuerst Deutsche und in zweiter Linie auch Christen", während es sich für einen evangelischen Deutschen seiner Überzeugung nach geziemte, umgekehrt zu sagen: „Wir sind Christen, und wir sind auch Deutsche." (MN/jb) Diese Einstellung konnte, was nicht weiter überrascht, zu Mißverständnissen Anlaß geben. Noch Ende April 1934 schrieb Dietrich Bonhoeffer irritiert: „Phantasten und Naive wie Niemöller glauben immer noch, die wahren Nationalsozialisten zu sein." Bonhoeffer saß zu dieser Zeit im sicheren London, und er war intelligent genug, hinzuzufügen, daß unter den in Hitlerdeutschland herrschenden Bedingungen eine solche Haltung vielleicht sogar von Nutzen sein konnte: „Und es ist vielleicht eine gütige Vorsehung, die sie in dieser Täuschung bewahrt, und es liegt vielleicht auch im Interesse des Kirchenkampfes."

Bonhoeffer und Hildebrandt bombardierten Niemöller von London aus mit Ratschlägen. Nach dem Ausscheiden Hossenfelders aus dem „geistlichen Ausschuß" nahmen einige deutsche Bischöfe neue Verhandlungen mit Müller auf. Niemöller lehnte es ab, sich hieran zu beteiligen. In dieser Situation erhielt er von den beiden Freunden in London, die fürchteten, er werde vielleicht den Kampf aufgeben, einen Brief: „Wir hätten am liebsten den Hörer gleich wieder aufgenommen, um unserseits Ihnen brüderlichst mit dem ganzen Gewicht unserer Jugend in die Arme zu fallen und Sie zu beschwören, daß Sie nicht jetzt im entscheidenden Augenblick die Leitung des Schiffes denen überlassen, die es bestimmt wieder ins Ungewisse lenken und das Steuer erst dann zurückgeben, wenn es zu spät ist." Vier Tage später erfuhren sie von Meinungsverschiedenheiten im Bruderrat, und diesmal schickten sie Niemöller ein Telegramm, in dem sie ihre Bestürzung über die Nachricht äußerten, daß Jacobi offenbar aus dem Rat ausgeschieden war, und in dem sie ihre Mitarbeit einzustellen drohten, falls er nicht wieder zurückberufen wurde.

Solchen Brandrufen zum Trotz hatte Niemöller am Ende des Jahres 1933 Anlaß zu einer gewissen Zufriedenheit mit dem Verlauf und Erfolg des Kampfes – obwohl seine Kündigung zu diesem Zeitpunkt noch nicht zurückgenommen war. Es war ein turbulentes Jahr gewesen. Auf die neuen Männer, die neuen Ämter, die neuen Gesetze und Bestimmungen zurückblickend, die es gebracht hatte, resümierte er: „In Wahrheit ist unsere Kirche so gründlich aus ihrer selbstzufriedenen und selbstversunkenen Ruhe aufgerüttelt worden wie noch nie seit den Tagen der Reformation."

Am 8. Dezember beantwortete Ludwig Müller endlich den Brief von Bischof George Bell; er teilte ihm mit, daß der Arierparagraph vom Tisch sei. Inzwischen allerdings hatte sich Ludwig Müller, wie der Dekan von Chichester registrierte, den Spitznamen Lügen-Müller erworben. Am 4. Januar 1934 verkündete er, der Arierparagraph sei wieder in Kraft.

7. Auge in Auge mit Hitler

„Die Fronten klären sich, und das ist es, was wir wollen", schrieb Dietrich Bonhoeffer Anfang 1934 aus England. „Müller muß verschwinden, und mit ihm seine Bischöfe, und was mir am Wichtigsten von allem erscheint – die neuen Hoftheologen." Nicht genug damit, daß Reichsbischof Müller den Arierparagraphen wieder für gültig erklärte, entschloß er sich jetzt auch, in der Kirche jede öffentliche Diskussion über seine umstrittene Politik abzuwürgen. Im Monat davor hatte er heimlich eine Übereinkunft mit dem Führer der Hitlerjugend, Baldur von Schirach, geschlossen, die praktisch die gesamte kirchliche Jugendarbeit unter die Aufsicht der Nazis stellte. Als dies öffentlich bekannt wurde, erhoben die Bischöfe Wurm und Meiser und Niemöllers Pfarrernotbund einhellig energischen Protest. Davon unbeeindruckt, ernannte Müller am 4. Januar den Aachener Pastor Zahn zum Jugendpfarrer für die gesamte evangelische Kirche Deutschlands. Zahn prangerte sogleich die Unruhe in der Kirche an und krönte seine Kritik mit der provokativen Feststellung: „Die Kirche weiß, daß die Zukunft beim nationalsozialistisch gesinnten Deutschen liegt."

Bei einem eintägigen Treffen mit den Häuptern der evangelischen Landeskirchen in Halle hatte Müller zugesagt, bald einen neuen „geistlichen Ausschuß" zu berufen. Wer darin ein Zugeständnis gesehen hatte, sah sich getäuscht. Am 4. Januar verkündete Müller den sogenannten Maulkorberlaß – „in verantwortlicher Ausübung meines Amtes als Führer der Kirche", wie er erklärte. Zur Begründung führte er an: „Die Auseinandersetzungen über die kirchliche Politik stören den Frieden und behindern die Vereinigung der Kirche."

Der Maulkorberlaß hatte folgenden Wortlaut [Auszug]:
§ 1: Der Gottesdienst dient ausschließlich der Verkündigung des lauteren Evangeliums. Der Mißbrauch des Gottesdienstes zum Zwecke kirchenpolitischer Auseinandersetzungen, gleichviel in welcher Form, hat zu unterbleiben. Freigabe sowie Benutzung der

Gotteshäuser und sonstigen kirchlichen Räume zu kirchenpolitischen Kundgebungen jeder Art wird untersagt.

§ 2: Kirchliche Amtsträger, die das Kirchenregiment oder dessen Maßnahmen öffentlich oder durch Verbreitung von Schriften, insbesondere durch Flugblätter oder Rundschreiben, angreifen, machen sich der Verletzung der ihnen obliegenden Amtspflicht schuldig. Die Eingabe von Vorstellungen auf dem hierzu vorgeschriebenen Wege bleibt unberührt.

§ 3: Gegen kirchliche Amtsträger, die den Vorschriften der §§ 1 und 2 zuwiderhandeln, ist unter sofortiger vorläufiger Enthebung vom Amte unverzüglich das förmliche Disziplinarverfahren mit dem Ziele der Entfernung aus dem Amte einzuleiten ...

Für Niemöller war klar, daß der Maulkorberlaß vom 4. Januar 1934 „die Fragen des Glaubens dem Diktat der Gewalt und des Terrorismus" zu unterwerfen drohte. Der Pfarrernotbund reagierte mit großer Schärfe. Am Sonntag, den 7. Januar, verlasen rund 3500 dem Bund angehörende Pfarrer in ihren Gottesdiensten eine von Niemöller und Fritz Müller formulierte Erklärung. Niemöller selbst predigte an diesem Tag in der Apostel-Paulus-Kirche in Berlin-Schöneberg. Nach beendeter Predigt (er hatte über die Finsternis gesprochen, die über der evangelischen Kirche Deutschlands hing), verließ er die Kanzel und verlas, von vier anderen Pfarrern sekundiert, die Erklärung von den Altarstufen aus. Hinter ihm hingen dabei die Banner der kirchlichen Jugendorganisation.

In der Erklärung wurde Müller beschuldigt, Zwietracht in die Kirche getragen zu haben. „Seitdem die Juli-Wahlen uns neue Kirchenführer beschert haben", hieß es, „herrschen in den Kirchen Zwietracht, Streit und Uneinigkeit. Die Gläubigen fühlen sich heimatlos und tragen sich mit dem Gedanken, die Kirche zu verlassen. Es gibt keinen rechtmäßig eingesetzten ‚geistlichen Ausschuß' mehr. Viele Kirchenführer haben inzwischen erklärt, daß die Reichssynode nicht das Vertrauen der Kirchgänger genießt."

Als nächstes folgte ein Angriff auf die „Deutschen Christen"; sie versuchten, so hieß es, die Kirche auf Irrlehren einzuschwören. Im Zeichen dieser Verwirrung der Geister würden wahrscheinlich sowohl die biblischen Grundlagen des Christentums als auch der Glaube der Väter der Reformation verloren gehen. „Obwohl viele Führer der außerpreußischen Landeskirchen sowie sehr viele Pfarrer und unzählige Gläubigen eine Reform der kirchlichen Lehren, des kirchlichen Lebens und der kirchlichen Führung gemäß den Schriften der Reformation gefordert haben", fuhr die Erklärung fort, „hat der Reichsbischof diese Forderungen nicht erfüllt." Indem Müller somit häretische Kirchenführer ungeschoren gelassen, wahre Christen dagegen in Gefahr gebracht habe, habe er der Kirche den Krieg erklärt. „Wir protestieren vor Gott und dieser Gemeinde dagegen, daß der Reichsbischof denjenigen Gewalt androht, die um ihres Gewissens und ihrer Gemeinden willen nicht dazu schweigen können, was die Kirche gegenwärtig durchmacht. Wir protestieren dagegen, daß er jene rechtswidrigen Bestimmungen wieder in Kraft gesetzt hat, die er selbst zurückgenommen hatte, um den innerkirchlichen Frieden zu erhalten."

Die Erklärung schloß, taktisch geschickt, mit einem Zitat aus dem Augsburgischen Bekenntnis, das 1530 von Luthers Berater Melanchthon formuliert und von Luther persönlich abgesegnet worden war, bevor die Protestanten es Kaiser Karl V. vorlegten. Das Zitat kam einer offenen Kampfansage an die Lehren der „Deutschen Christen" und einer Aufforderung zum Ungehorsam gegen jene Kirchenführer gleich, die diese Lehren guthießen: „Wo Bischöfe etwas lehren, behaupten oder verteidigen, das dem Evangelium widerspricht, haben wir Gottes Gebot, ihnen die Gefolgschaft zu verweigern. Niemand soll einem, noch so ordnungsgemäß gewählten, Bischof Folge leisten, wenn dieser in die Irre geht." Die einzig richtige Haltung gegenüber den Erlassen des Reichsbischofs bestehe darin, sich an das Gebot zu halten: „Du sollst Gott mehr gehorchen als den Menschen."

Die Wortführer des Pfarrernotbundes in Berlin machten weiter Druck, während Müller zurückzuschlagen versuchte. In Berlin hatten über hundert Pfarrer die Protesterklärung verlesen. Für die folgenden Tage waren mehrere abendliche Versammlungen und Großveranstaltungen anberaumt. Müller untersagte drei davon, so daß in drei Stadtteilen die herbeiströmenden Gläubigen vor verschlossenen und bewachten Kirchentüren standen. Anderswo hatten die Menschen jedoch Gelegenheit, mit ihrer Unterschrift unter vorformulierte Resolutionen ihre Treue zur Heiligen Schrift und zu den Reformationsbekenntnissen zu bekunden. Müller enthob im Gegenzug fünfzig Pfarrer ihres Amtes, weil sie die Erklärung des Pfarrernotbundes im Gottesdienst verlesen hatten. Bei Niemöller begannen Briefe einzutreffen, die ausführlich über die Schikanen, denen einige dieser Männer ausgesetzt waren, und – böses

Omen! – über die vorübergehende Inhaftierung einiger anderer berichteten. (ZEKHN 62, Bd. 1031)

Mit großem Unbehagen registrierte Niemöller auch, daß in Bayern und Württemberg Mitglieder des Pfarrernotbundes den Rat der Landesbischöfe Meiser und Wurm befolgt und die Erklärung gegen den Maulkorberlaß und gegen die Politik des Reichsbischofs nicht verlesen hatten. Meiser und Wurm setzten, wie so mancher andere Kirchenführer auch, auf Ausgleich: Sie hofften, durch einen persönlichen Appell an Hitler den innerkirchlichen Konflikt beilegen zu können.

Der Gedanke einer Unterredung mit Vertretern mehrerer kirchlicher Fraktionen war Hitler von dem amerikanischen Geistlichen Charles S. Macfarland bei ihrem Treffen am 31. Oktober 1933 nahegebracht worden. Hitler hatte seine Bereitschaft erkennen lassen, Kirchenvertreter zu empfangen, vorausgesetzt sie ersuchten um eine solche Zusammenkunft.

Außerdem waren einige der Gegenspieler Müllers zu der Überzeugung gelangt, daß Hindenburg die Politik des Reichsbischofs zunehmend mißfiel. Am 12. Januar empfing der Reichspräsident Friedrich von Bodelschwingh und den Grafen Schwerin von Krosigk (den Reichsfinanzminister), und was beide zu sagen hatten, erschien dem alten Herrn so bedenklich, daß er Müller und dessen Stellvertreter Heinrich Oberheid zu sich rief, um seiner Sorge über ihr Verhalten Ausdruck zu geben. Hindenburg beschwerte sich insbesondere darüber, daß sie es unterlassen hatten, einen neuen „geistlichen Ausschuß" zu bilden, und daß sie die kirchlichen Jugendorganisationen an den HJ-Führer von Schirach ausgeliefert hatten. Kurz darauf teilte Hindenburg Hitler mit, daß er das Vertrauen zu Müller verloren habe.

Daraufhin erklärte Hitler sich zu einem Treffen mit den Führern der verschiedenen Gruppierungen in der evangelischen Kirche bereit. Als Termin schlug er den 24. Januar vor. Dies stand in markantem Kontrast zu dem unwilligen Ausspruch, den er noch vor kurzem, anläßlich der Proteste gegen den Maulkorberlaß, getan hatte: daß er nichts mehr von der evangelischen Kirche hören und weder Müller noch irgendeinen anderen Kirchenführer sehen wolle. Müller stand nunmehr offensichtlich auf bedrängtem, wenn nicht verlorenem Posten. Hitler war bereit, mit Vertretern sowohl der Deutschen Christen als auch ihrer Gegner zusammenzutreffen, darunter mit den Bischöfen Wurm, Marahrens und Meiser.

Der Pfarrernotbund sollte vertreten werden durch den weit unversöhnlicheren Niemöller und durch Karl Loch, den Präsidenten der westfälischen Landessynode.

Da Hitler am 24. Januar an einer Beerdigung in München teilnehmen wollte, verschob er das Treffen um einen Tag. Dies gab Niemöller Gelegenheit, die Denkschrift, die die Gegner Müllers dem Reichspräsidenten Hindenburg zu übergeben gedachten, nochmals zu redigieren. (Wie verzagt die Müller-Gegner tatsächlich waren, zeigte sich, als Karl Barth zu ihnen stieß, um ihrer Opposition mehr Gewicht zu verleihen. Als Barth bei einer Unterredung im St. Michaels-Hospiz vehement gegen den Deutschen Christen Karl Fezer vom Leder zog, lamentierte Bischof Meiser, dies sei das Ende der Evangelischen Kirche in Deutschland!) Niemöller war dennoch zuversichtlich. Die Denkschrift würde Müller den Rest geben, besonders nachdem Hitler nunmehr wußte, daß der Reichsbischof bei Hindenburg in Ungnade gefallen war.

Am Morgen des 25. Januar erhielt Niemöller am Frühstückstisch einen Anruf von Walter Künneth vom Pfarrernotbund. „Wir haben unsere Minen gelegt", sagte Niemöller, einmal mehr in die Sprache des U-Boot-Offiziers zurückfallend. „Wir haben unsere Denkschrift zum Reichspräsidenten geschickt. Wir haben die Sache gut gedreht." Vor der Zusammenkunft der Kirchenführer mit Hitler werde dieser, so fügte Niemöller hinzu, vom Reichspräsidenten empfangen. Bei dieser Gelegenheit werde Hindenburg dem Führer ... – hier stockte Niemöller, und entweder seine Frau oder seine Sekretärin rief ihm zu: „... die letzte Ölung geben". Niemöller gab den Scherz durchs Telefon weiter.

Er fuhr dann im Taxi zu dem Hotel in der Wilhelmstraße, in dem seine Kollegen abgestiegen waren. Obwohl er im Foyer Männer bemerkte, die offensichtlich Gestapo-Agenten waren, fand er die Müller-Gegner bei guter Laune vor; sie waren davon überzeugt, daß Hitler den Reichsbischof absetzen werde. Zu Fuß machte die Gruppe sich zur nahegelegenen Reichskanzlei auf. Im Korridor, auf dem Weg zu Hitlers Arbeitszimmer, begegneten sie Göring. Bei der Begrüßung stand Müller hinter Hitler. Innenminister Wilhelm Frick stellte dem Reichskanzler die Besucher vor.

Die Unterredung wurde freilich weder von Hitler noch von einem der Kirchenführer eröffnet, sondern von Göring, der hinzukam und ein Telegramm vorlas, das er von der Gestapo erhalten hatte. Es enthielt eine redigierte, aber im wesentlichen zutreffende

Wiedergabe des Telefonats zwischen Niemöller und Walter Künneth vom selben Morgen.

Die Kirchenführer konnten nur vermuten, daß das Gespräch abgehört worden war. Da die von der Gestapo angefertigte Aufzeichnung niemals aufgetaucht ist, läßt sich nicht mehr genau rekonstruieren, welchen Text Göring den Kirchenmännern vorlas. Fest steht aber, daß er bei den Müller-Kontrahenten schwere Bestürzung hervorrief. Wie Göring selbst später erzählte, seien sie „so erschrocken, daß sie buchstäblich in sich zusammenfielen, so daß nichts mehr von ihnen zu hören und zu sehen war".

Bischof Wurms Darstellung zufolge referierte Göring die Äußerungen Niemöllers wie folgt: „Der Reichspräsident wird dem Reichskanzler die erforderlichen Weisungen für die Beilegung des Kirchenkonflikts geben. Das Innenministerium scheint uns günstig gesonnen. Hindenburg wird Hitler die letzte Ölung geben. Im allerschlimmsten Fall können wir den Sprung in eine Freikirche wagen."

Wie Niemöller sich später erinnerte, war auch er im ersten Augenblick „wie vom Schlag gerührt". Er war, wie er zu bedenken gab, der einzige einfache Gemeindepfarrer in einer ansonsten hochkarätigen kirchlichen Delegation. „Ich stand natürlich in der hintersten Reihe. Ich mußte mich durch all die vor mir stehenden Bischöfe drängen, weil ich wußte, daß Hitler auf dieses Telefongespräch zu sprechen kommen würde." (MN/jb)

Hitler war wütend. „Glauben Sie", fragte er, „daß Sie mit so unerhörter Hintertreppenpolitik einen Keil zwischen den Herrn Reichspräsidenten und mich treiben und damit die Grundlage des Reiches gefährden können?" (Aus der *Allgemeinen Evangelisch-Lutherischen Kirchenzeitung* vom 23. Februar 1934, zitiert nach: ZEKHN 62, Bd. 1002) Hitler kam auf die Erwartungen zu sprechen, die er an die Kirchen richtete. Von allen Seiten, so beschwerte er sich, werde ihm das Leben schwer gemacht, beispielsweise von Pfarrer Niemöller. „Ich war sehr verzagt", sagte Niemöller später rückblickend. „Ich dachte: Was soll ich auf alle diese Klagen und Anklagen antworten? Er redete und redete und redete. Ich dachte: Lieber Gott, laß ihn aufhören."

In diesem Augenblick hörte Hitler einen Wagen die Auffahrt zur Reichskanzlei heraufkommen. Wie Niemöller, der von der Autorität, die Hitler ausstrahlte, bis zu diesem Augenblick vollkommen überwältigt gewesen war, erzählte, sagte der Reichskanzler daraufhin: „Jedesmal, wenn ich die Kanzlei in meinem Wagen verlasse, bin ich mir bewußt, daß vielleicht jemand mit einem Revolver auf mich anlegt und schießt." Diese Worte hatten auf Niemöller, wie er sich erinnerte, eine bemerkenswerte Wirkung: „Ich fühlte mich absolut befreit. Das war meine Rettung. Ich wußte auf einmal, daß dieser Mann mehr Angst hatte als ich. Ich fühlte: ‚Du hast dich verraten. Wenn du größere Angst hast als ich, dann habe ich den Mut, es mit dir aufzunehmen.' Seine Autorität war voll und ganz dahin, als ich merkte, daß er mehr von Angst beherrscht war als ich." (MN/jb) Niemöller stand jetzt in der vordersten Reihe der Kirchenführer, als Vierter von rechts. Er versuchte, der Darstellung von Bischof Wurm zufolge, Hitler zu erklären, daß der Kampf des Pfarrernotbundes um den wahren kirchlichen Glauben sich nicht *gegen* das Dritte Reich richtete, sondern daß er auch *zum Wohle* des Reiches geführt werde. Hitler versetzte gereizt, die Geistlichkeit solle die Sorge um das Dritte Reich ihm überlassen, und – so die Erinnerung Niemöllers – die Pfarrer sollten in der Kirche nach dem Rechten sehen und sich darum kümmern, daß die Leute in den Himmel kämen.

Das war Hitlers letztes Wort an die Abordnung, aber Göring fügte noch eine Anschuldigung hinzu: daß der Pfarrernotbund Verbindungen ins Ausland unterhalte. Die Kirchenführer hatten mittlerweile ihre Fassung einigermaßen wiedergewonnen und versuchten nun nach Kräften, für einen versöhnlichen Ausklang zu sorgen. Wurms Gruppe erklärte, einzelne Äußerungen politischer Unzufriedenheit bedeuteten nicht, daß die Pfarrerschaft als Ganzes gegen das Dritte Reich eingestellt sei. Sie blieben dabei, daß Müller nicht die Voraussetzungen für das Amt eines Reichsbischofs mitbringe, und fügten hinzu, sein bisheriges Verhalten habe ihn unglaubwürdig und lächerlich gemacht. Ihnen gehe es einzig und allein darum, ein Einschmuggeln falscher Anschauungen in die kirchliche Lehre zu verhindern. Die „Deutschen Christen" bestritten, daß sie irgendwelche Irrlehren verbreiteten. Sie behaupteten, der ganze Konflikt habe nichts mit der christlichen Lehre zu tun, es gehe dabei nur um die Frage, wie die Kirche geführt werde. Und Müller selbst, der wieder festen Boden unter den Füßen fühlte, kündigte an, er werde die Vertreter der einzelnen Fraktionen zu weiteren Diskussionen über die Bildung eines neuen „geistlichen Ausschusses" einladen.

Als die Geistlichen sich zum Gehen anschickten, fragte Niemöller sich, ob Hitler, getreu seiner Gewohnheit, sich von Besuchern mit Handschlag zu verabschieden, auch ihm die Hand schütteln werde. Er hatte sich entschlossen, dem Führer, wenn möglich, abschließend noch ein kurzes Wort zu sagen, eine Erwiderung auf die Bemerkung Hitlers, die einzige Aufgabe der Kirche sei es, dafür zu sorgen, daß die Leute in den Himmel kämen; Niemöller wollte Hitler damit gleichzeitig zeigen, daß er sich ihm nicht unterlegen fühlte. Er war zu diesem Zeitpunkt, wie er sich erinnerte, innerlich „ganz ruhig".

Hitler reichte Martin Niemöller tatsächlich die Hand, und Niemöller sagte zu ihm: „Soeben sagten Sie, Herr Reichskanzler, Sie würden sich um das deutsche Volk kümmern. Aber als Christen und Männer der Kirche haben auch wir eine Verantwortung für das deutsche Volk, die uns von Gott auferlegt ist. Weder Sie noch irgend jemand anders kann uns aus ihr entlassen."

Niemöller schilderte Hitlers Reaktion im Rückblick so: „[Er] sagte darauf kein einziges Wort mehr. Er berührte nur meine Hand, zog seine Hand dann weg und ging weiter." (MN/jb)

Die Kirchenführer verließen die Reichskanzlei. Als Niemöller nach Hause zurückkehrte, wartete Else bereits ungeduldig an der Tür. „Ist er ein großer Mann?" fragte sie. „Er ist ein großer Feigling", erwiderte Niemöller. Und er fügte sogleich die Prophezeiung hinzu, daß Hitler in den folgenden Tagen sicherlich seine Rache nehmen werde. (MN/jb) Noch am gleichen Abend wurde ihr Haus von Gestapo-Beamten durchsucht; sie beschlagnahmten Papiere des Pfarrernotbundes und nahmen sie mit. Ein paar Tage später explodierte im Pfarrhaus eine Bombe und setzte Teile des Dachstuhls in Brand. Die Polizei traf, obwohl von niemandem alarmiert, rasch ein. Ein Schuldiger wurde nicht gefunden. Am 28. Januar wurde Niemöller zum erneuten Mal seines Amtes enthoben und ins Hauptquartier der Gestapo gebracht. Er kam noch am gleichen Tag wieder auf freien Fuß, mußte sich aber verpflichten, sich jeden Tag zu melden.

Göring hatte mit seinem Schachzug nicht nur Müller gerettet, sondern auch für schweren Zwist in den Reihen der innerkirchlichen Opposition gesorgt. Nach der Audienz bei Hitler machten alle außer Karl Koch Niemöller den Vorwurf, durch Leichtfertigkeit alles verdorben zu haben. Hitler hatte erklärt, es wäre absurd, Müller nach so kurzer Amtszeit schon wieder abzulösen. Nach Görings Bericht über das Telefonat zwischen Niemöller und Künneth war eine solche Lösung erst recht undenkbar. „Sie werden verstehen", hatte Hitler daraufhin gesagt, „daß ich, auch wenn ich mich vom Reichsbischof hätte trennen wollen, es jetzt nicht tun könnte."

Am Tag nach der Begegnung mit Hitler baten die Bischöfe Schöffel und Marahrens sowie der pfälzische Kirchenpräsident Jakob Kessler Müller um eine Unterredung. Sie fand am 27. Januar statt; gegen das Versprechen, den „geistlichen Ausschuß" wiederzubeleben und die Kirche von der Einflußnahme politischer Mächte freizuhalten, erhielt Müller von ihnen eine Loyalitätszusage. Das hieß, daß die Oberhäupter aller außerpreußischen evangelischen Landeskirchen vor dem Reichsbischof kapitulierten und ihm ihre „unbedingte Treue zum Reich und zum Führer" versicherten.

Niemöller weigerte sich, zu Kreuze zu kriechen. Am 16. Februar berichtete er den Mitgliedern des Pfarrernotbundes in einem Rundbrief über seine Begegnung mit Hitler. Aber die Kapitulation der anderen schwächte den Notbund erheblich. 1200 Mitglieder aus Meisers bayerischer und 350 aus Marahrens' Hannoveraner Landeskirche traten aus. In Württemberg hörte der Pfarrernotbund ganz zu bestehen auf. Hatte er im ganzen Reich Anfang 1934 über 7000 Mitglieder gehabt, so schrumpfte die Zahl nunmehr auf rund 5250.

Unterdessen war im Ausland das Interesse an dem Konflikt innerhalb der deutschen Kirchen weitergewachsen. Die *Times* begann mit einer gründlichen Darstellung der Entwicklung, beginnend bei der Sportpalast-Versammlung. Niemöller war sich über die Bedeutung der freien Presse des Auslands im klaren, und er besorgte sich den *Manchester Guardian Weekley*, studierte sorgfältig, was darin über die Vorgänge in Deutschland stand, und versah es mit Anmerkungen. (ZEKHN 62, Bd. 1002) Beunruhigt über die gefestigte Machtstellung Müllers, drängte Bischof Bell von Chichester jetzt den schwedischen Erzbischof Eiden zu einem persönlichen Besuch bei Hitler. Die Begegnung brachte nur die Erkenntnis, daß Hitler entschlossen war, an Müller festzuhalten – als Eiden nur den Namen des Reichsbischofs nannte, überschüttete Hitler ihn mit wütenden Vorwürfen. Am 23. Februar bildete Müller einen neuen „geistlichen Ausschuß", dessen Mitglieder nicht gewählt, sondern von ihm ernannt wurden. Dieser Ausschuß stand vollkommen in Müllers Schatten. Am 7. März richtete er ein Auswärtiges Amt der evangelischen Reichskirche ein und ernannte Bischof Theodor Heckel zu seinem Leiter. Alle Kontakte mit Kirchen des Auslands müßten, so verfügte er, von nun an über

Heckels Büro laufen. Wie Heckel zu Martin Niemöller stand, ließ sich daraus ersehen, daß er versuchte, Niemöller senior (der natürlich ein überzeugtes Mitglied des Pfarrernotbundes war) aus Altersgründen in Pension zu schicken. Heinrich Niemöller fragte Heckel, wie alt er denn sei, und als der Bischof ihm erklärte, er sei vierzig, versetzte er: „Dann sind Sie viel zu alt!"

Auch dieses Mal weigerte sich der Kirchengemeinderat von Dahlem, die Entlassung Niemöllers hinzunehmen, weil ein Pfarrer nicht ohne Zustimmung seiner Gemeinde entlassen werden könne. Niemöller amtierte also wie bisher weiter – mit dem Unterschied, daß er sich jetzt keinen Illusionen mehr über die Haltung Adolf Hitlers zur Kirche hingab. Am vierten Sonntag vor Ostern 1934 predigte er über das Gleichnis vom Weizen und der Spreu und bezog es auf eine Stelle aus dem Lukas-Evangelium, in der Petrus seinem Herrn Jesus Treue bis in den Tod verspricht. „Derjenige, der nicht bereit ist, zu leiden, derjenige, der sich nur deshalb einen Christen nennt, weil er dadurch etwas für seine Rasse und sein Volk zu gewinnen hofft, wird vom Wind dieser Zeit weggeblasen werden wie die Spreu", erklärte Niemöller. So sehr die „Deutschen Christen" sich durch die Sportpalast-Affäre selbst diskreditiert hätten, so mächtig seien sie doch nach wie vor; er warnte seine Gläubigen vor ihnen. „Wenn heute der Versuch unternommen würde, die Moral und die Sittlichkeit unseres Volkes auf etwas anderes als das Christentum zu gründen", predigte er am Palmsonntag, „so wäre dies angesichts unserer christlichen Vergangenheit zweifellos sehr schwierig; aber daß es möglich wäre, läßt sich nicht bestreiten." Auch in seinem seelsorgerischen Umgang mit den Gläubigen blieb er ein kompromißloser Nazi-Gegner. Einer der führenden nationalsozialistischen Parteimänner und Politiker, die im vornehmen Dahlem wohnten, war Joachim von Ribbentrop. Er war kein Kirchgänger, gehörte aber auch nicht den „Deutschen Christen" an. Er bat Niemöller, seine jüngste Tochter zu taufen, und der Pfarrer stattete daraufhin in Begleitung seiner Frau Else dem Hause Ribbentrop einen Besuch ab. Als Ribbentrop stolz auf einen Sessel wies, in dem Adolf Hitler gesessen hatte, reagierte Niemöller zugeknöpft. Als Frau Ribbentrop taktloserweise auf die „Deutschen Christen" zu sprechen kam, wurde er noch zurückhaltender. Aus der Taufe wurde nichts. Und als Ribbentrop später den Wunsch äußerte, Mitglied der Kirche zu werden – in einer Phase, in der er sich auf den Antritt seines Postens als Botschafter in London vorbereitete und meinte: „Die Engländer werden das von mir erwarten" –, gab Niemöller ihm zu verstehen, daß dies keineswegs ein Grund sei, der eine Konfirmation rechtfertige.

Er kämpfte auch um seine amtliche Wiederanerkennung als Gemeindepfarrer von Dahlem. Er bediente sich dabei einer raffinierten Taktik: Er forderte seine Gemeinde auf, ihm sein Gehalt nicht mehr zu bezahlen, damit er sie vor Gericht verklagen konnte. Das Gericht entschied schließlich für Niemöller und erklärte seine Entlassung für ungültig. Müller versuchte daraufhin, ihn durch die Ernennung eines „Sonderkommissars" für Dahlem, des Köpenicker Pfarrers Scharfenberg, auszumanövrieren; allein, Niemöller predigte auch weiterhin vor vollbesetztem Gotteshaus, und Scharfenberg trat niemals in Erscheinung.

Die Geschichte mit dem abgehörten Telefongespräch hatte Niemöller tief getroffen, hatte sie doch gezeigt, daß seine Aktivitäten möglicherweise der Widerstandsmoral anderer kirchlicher Hitlergegner Abbruch tun konnten. (MN/jb) Das änderte jedoch nichts daran, daß das Zurückweichen und die Zugeständnisse einiger Kirchenführer in der Folgezeit ihn außerordentlich erbitterten. Wurm, Meiser und Marahrens hatten verkündet, daß sie nunmehr „gemeinsam hinter dem Reichsbischof stehen, ... seine Politik und seine Erlasse in dem von ihm gewünschten Sinn durchsetzen und durchführen wollten". Sie versprachen, jeden Widerstand gegen ihn innerhalb der Kirche zu ersticken und alles zu tun, um seine Stellung zu festigen. Müller hatte diese Erklärung unverzüglich veröffentlicht und ging unmittelbar darauf zu brutalen Repressalien gegen Mitglieder des Pfarrernotbundes über: Einige wurden suspendiert oder entlassen, andere eine Zeitlang in Konzentrationslager geschickt. Bischof Meiser war der erste, der erkannte, welch ungeheure Macht er und seine Kollegen dem Reichsbischof in die Hand gegeben hatten, und er schrieb ihm, nachdem er die Loyalitätserklärung unterzeichnet hatte, einen Brief, in dem er darauf hinwies, daß er mit seiner Unterschrift keineswegs sein Einverständnis mit dem Maulkorberlaß erklärt oder sich vom Pfarrernotbund losgesagt habe. Doch es war schon zu spät.

Nachdem er das Vertrauen zur Kirchenführung verloren hatte, konzentrierte Niemöller angesichts der Schicksalhaftigkeit des Augenblicks alle seine Hoffnungen, den Kampf gegen die machtpolitische Gleichschaltung der Kirche bestehen zu können, auf die örtlichen Gemeinden. Hier konnten die Pastoren in ihrem Kampf gegen obrigkeitliche Willkür die Unterstützung rechtschaffener Männer und Frauen mobilisieren. Das war das Leitmotiv eines Artikels, den er am 20. Februar 1934 in der Zeitschrift der Jungreformatorischen Bewegung veröffentlichte. Der Artikel schloß mit den Worten: „Dies ist eine Zeit, in der wir uns mit den Möglichkeiten abfinden müssen, die Gott uns anbietet. Und das ist genug."

Tatsächlich war er schon dabei, neue Möglichkeiten des Widerstands gegen die Nazifizierung der Kirchen zu erschließen. Durch die Erweiterung des Pfarrernotbundes um einen wachsenden Kreis solidarischer Laien schufen Niemöller und seine Mitstreiter im Grunde neue soziale und institutionelle Strukturen in der evangelischen Kirche Deutschlands. Nicht lange, und sie organisierten freie Synoden, in Konkurrenz zu den von Müller beherrschten. Da diese Synoden darauf ausgerichtet waren, die traditionellen Bekenntnisse der Reformation in bewußtem Gegensatz zu den neuen Lehren der „Deutschen Christen" zu bekräftigen, bürgerte sich für die neue Bewegung der Name „Bekennende Kirche" ein. Die Bekennende Kirche wurde, in Niemöllers Worten, zu einer „Schattierung innerhalb der Gesamtstruktur der deutschen evangelischen Kirche". (MN/jb) Wer sich als einzelner Christ der Bewegung anschließen wollte, mußte eine rote Mitgliedskarte beantragen. Manche Mitglieder unterstützten die Bekennende Kirche mit Begeisterung und anhaltendem Engagement. Andere waren in ihrer Unterstützung schwankend. Manche, wie der Marburger Professor Balla, der bei seinen Vorlesungen über das Alte Testament gewöhnlich eine SA-Uniform trug, stießen eher aus Versehen zur Bekennenden Kirche. Balla merkte erst im April 1934, daß er im Pfarrernotbund fehl am Platz war, und erklärte seinen Austritt. (Siehe dazu Niemöllers Antwortbrief vom 27. August 1934, ZEKHN 62, Bd. 1002)

Allein in Rheinland-Westfalen gehörten 800 000 Menschen der Bekennenden Kirche an. Niemöller war manchmal verzweifelt über ihren Wankelmut, aber gleichwohl war die Bekennende Kirche sicher die einzige organisierte Widerstandsbewegung gegen Hitlers Religionspolitik (und damit indirekt auch gegen seine Rassenpolitik), die es in Deutschland gab. Die Bewegung gab denen, die den Kampf an prominenter Stelle führten, wie Martin Niemöller, beträchtlichen Rückhalt. Aber keine Bewegung, so organisiert und beachtlich sie sein mochte, war in Hitlers Deutschland mächtig genug, Niemöller vor dem Konzentrationslager zu bewahren.

8. Kampf um die Kirche

Inmitten des deutschen Kirchenkampfes verlieh das Theologische Seminar Eden in Missouri Gerhard Jacobi und Martin Niemöller den Ehrendoktortitel. Der Präsident des Seminars, S.D.Press, schrieb am 11.Februar 1936 an Niemöller: „Ihnen ist unter außerordentlich belastenden Umständen die Aufgabe zugefallen, die Freiheit des christlichen Evangeliums zu bewahren. . . . Sie stehen auch im gegenwärtigen kritischen Augenblick noch standhaft für die vollkommene Freiheit des Evangeliums ein, und mit der Gnade Gottes werden Sie um des Evangeliums willen auf diesem treuen Bekenntnis beharren, weil Sie nicht anders können."

Niemöller war tief berührt, nicht nur wegen der Ehrung, sondern auch weil, wie er am 17.April an Press schrieb, diese Auszeichnung zeigte, daß „Ihnen und unsern evangelischen Glaubensbrüdern in Nordamerika doch der Kernpunkt des Ringens, in das wir hineingestellt worden sind, deutlich ist und daß Sie diesen unsern Kampf in brüderlicher Verbundenheit mit uns tragen". Sein Brief verriet, daß er keine überschwenglichen Hoffnungen hegte, daß der Weg, der vor ihm und seinen Mitstreitern lag, leicht sein würde. „Wir glauben hier oft", schrieb er, „daß es noch ein weiter weiter Weg sein wird, bis die Evangelische Kirche Deutschlands in ihrer Gesamtheit zu den reinen Quellen ihres Lebens zurückfindet. Wir bitten Gott, daß er uns auf diesem Wege nicht wolle müde werden lassen, und sind den Brüdern in aller Welt für ihre Teilnahme und Fürbitte von Herzen dankbar." (ZEKHN 62, Bd.1021)

Die Gefahren, die Niemöller und seinen Gesinnungsfreunden drohten, waren nicht nur geistlicher und politischer, sondern auch physischer Natur. Thomas Mann zeichnete zu dieser Zeit in seinem Tagebuch voller Bestürzung und Abscheu die Schilderung eines jungen deutschen Kommunisten auf, der gezwungen worden war, mit zerschmettertem Kinn – ein SA-Mann hatte ihn mit dem Knauf seiner Pistole so zugerichtet – Lobgesänge auf den Führer zu brüllen. Bei Niemöller gingen in wachsender Zahl Berichte über ähnliche Brutalitäten ein, die an Mitgliedern der Bekennenden Kirche verübt wurden – und nicht nur an Pfarrern. Am 15. September 1935 beispielsweise teilte ihm Pfarrer Petersen aus Berlin mit, daß ein Fräulein Erna Schneider, Angehörige der Bekennenden Kirche, verhaftet und für neun Wochen „in eine Art Gefängnis oder Konzentrationslager“ eingewiesen worden war. Am stärksten gefährdet waren jedoch die Pfarrer. Wie Niemöller am 3. August schrieb: „Jeder, der Theologie studiert, geht ein großes Risiko ein, denn wir Bekennenden Pfarrer haben eine vollkommen ungesicherte Existenz.“ Jeden Augenblick konnte ein Gesetz erlassen werden, das ihnen die Berufsausübung verbot. „Keiner von uns hat eine garantierte Dauerstellung oder auch nur Aussicht auf ein Dach über dem Kopf.“

Diese Risiken mußten wohl oder übel die Ehefrauen und Familien mittragen. Am Sonntag, den 11. August 1935, brachte Else Niemöller im Dahlemer Pfarrhaus ihren jüngsten Sohn zur Welt, einen Nachzügler nach sieben Jahren. Niemöller senior taufte den Knaben, und der „kleine Martin“, wie er bald genannt wurde, wurde mit Fotografie in der Gemeindezeitung vorgestellt. Die Gattinnen und die älteren Kinder der durchweg sehr fruchtbaren Dahlemer Pastoren teilten die Nöte und Ängste ihrer Familienoberhäupter. Wie Pfarrer Wilhelm Stählin, ein wackerer Streiter für die Bekennende Kirche, der nach dem Krieg Bischof von Oldenburg wurde, in seinen Lebenserinnerungen schrieb, kam er manchen Verfügungen der NS-Behörden (wie beispielsweise der Verpflichtung, in der Kirche ein Hakenkreuz anzubringen) gegen seine innere Überzeugung nach, weil er im Falle einer Weigerung um das Wohl seiner Familie fürchtete.

Martin und Else Niemöller und ihre Kinder schwebten freilich in weit größerer und akuterer Gefahr als etwa die Familie Stählin. Einige von Niemöllers Freunden (darunter eine Anzahl von NS-Funktionären) wollten ihn und seine Familie außer Landes, nach Schweden, schmuggeln, aber dies lehnte er ab. Häufig zitierte er in dieser Zeit einen Vers von Theodor Storm:

> Der eine fragt: Was kommt danach?
> Der andre fragt nur: Ist es recht?
> Und also unterscheidet sich
> der Freie von dem Knecht.

Von seiner Kanzel herunter prangerte er die Gewalt an, die jetzt auch in der Kirche selbst einsetzte. Im Juni 1934 erhob er in seiner Dahlemer Kirche Protest gegen diejenigen Gottesdienstbesucher, die – nicht bei ihm, aber in Kirchen der näheren Umgebung – unter lautstarken und beleidigenden Mißfallenskundgebungen den Gottesdienst verließen, wenn aus dem Alten Testament vorgelesen wurde, und später noch den Pfarrer auf der Straße anpöbelten. Niemöllers Folgerung lautete: „Was not tut, ist ein radikaler und systematischer Wandel unserer Vorstellungen über das Verhältnis zwischen der Gemeinschaft Jesu und der Welt – der Welt innerhalb des Volkes und der Welt innerhalb der Kirche." Schon zu einem früheren Zeitpunkt hatte er seine Gemeinde daran erinnert, daß „wir [einst] gewöhnt waren, Kirche und Volk in eins zu setzen. . . . Heute sind wir mit einer ganz anderen Situation konfrontiert: Kirche und Volk, Volk und Kirche können, ja dürfen nicht mehr als ein und dasselbe betrachtet werden."

Niemöller erreichte mit Predigten wie dieser, die kaum ein Jahr nach der Installierung eines vorgeblich auf einem „positiven Christentum" beruhenden Regimes gehalten wurde, einen breiteren Zuhörerkreis, da er Publikationsmöglichkeiten hatte und davon Gebrauch machte. Was Wunder, daß die Regierung alles unternahm, um die Auflagen dieser Veröffentlichungen zu drücken. (Als Niemöllers Pfarreisekretärin am 10. Dezember 1936 einige seiner Predigten an den Landgerichtsrat Karl Abel schickte, schrieb sie dazu: „Leider konnten nicht mehr Predigten gedruckt werden." [ZEKHN 62, Bd. 1021])

Was eigentlich war der wesentliche Inhalt, die wesentliche Ursache dieses Konflikts zwischen einem der populären deutschen Volkshelden dieser Zeit und dem Hitler-Regime, das ihn mundtot zu machen versuchte? 1934 zog Niemöller sich, um sich einmal innerlich völlig vom aktuellen Tagesgeschehen loszulösen und auch um, wie er sich ausdrückte, „meinen eigenen Fortschritt zu bilanzieren", zu einem längeren Urlaub in eine abgelegene Waldgegend nahe der Ostseeküste zurück; dort schrieb er sein Buch *Vom U-Boot zur Kanzel.* Er charakterisierte es als „ein sehr verspätetes Stück Weltkriegsliteratur", das er auf das Drängen vieler seiner Freunde und Bekannten hin verfaßt habe. Das Buch enthüllte einen Martin Niemöller, der ein ausgeprägter deutscher Patriot war, der zu denen gehörte, die, um seine eigenen Worte zu benutzen, „im Weltkrieg zu ihrem wahren Selbst fanden und dort, in jenem mächtigen Feuerofen Gottes, zu den elementaren und einfachen Grundwahrheiten der Menschlichkeit zurückfanden, die sie dann dazu bewogen, nach Kriegsende ein neues Leben zu suchen".

Vom U-Boot zur Kanzel wurde ein großer Erfolg und half mit, den Ruhm seines Autors im In- und Ausland weiter zu verbreiten. Es erreichte eine Auflage von mehr als 90000 Exemplaren, und wenn man Niemöllers Privatpapiere durchsieht, stößt man immer wieder auf Bitten um die Übersendung eines Exemplars und einer Fotografie des Autors. Auf dem Weg zum Pfarrerberuf hatte Niemöller den Patriotismus seiner Offiziers- und Kriegsjahre keineswegs abgestreift. Von 1934 aus zurückblickend, konnte er nur den 118. Psalm zitieren: „Danket dem Herrn; denn er ist freundlich, und seine Güte währet ewiglich." Das Buch endet mit seiner Ordination am 29. Juni 1924 und mit der Taufe seines Sohnes Heinz Herrmann. „Der Weg vom U-Boot zur Kanzel war vollendet", schrieb er, „der Dienst für Volk und Vaterland im neuen Beruf sollte beginnen." Zehn Jahre später galt dieser christliche Patriot vielen der politisch Mächtigen in Deutschland als Sicherheitsrisiko und gefährlicher Gegner. Was war schiefgelaufen?

„Eine friedliche Koexistenz von Kirche und Staat", erklärte Niemöller vierzig Jahre später, „[konnte] seit Ende des Bismarckschen Kulturkampfes in den 80er Jahren weitergehen." Ein Verlangen nach Demokratie hatten die Kirchen in Deutschland kaum an den Tag gelegt. Doch von 1933 an wurde Deutschland von einem Diktator neuen Typs beherrscht: Es war „nicht nur eine politische Diktatur, sondern eine totale Diktatur." So stellte sich für Niemöller unvermittelt die Frage nach den Grenzen staatlicher Autorität, nach den Grenzen des Gehorsams und nach der Bedeutung der apostolischen Regel: „Wir müssen Gott mehr gehorchen als den Menschen."

Die Kirchen hatten sich, wie Niemöller einräumte, in der Vergangenheit mit dieser Frage nicht gründlich genug auseinandergesetzt. Obgleich es in der Bibel hieß: „Du sollst nicht töten", hatten die Kirchen seit der Zeit Konstantins niemals nein gesagt, wenn die Obrigkeit befohlen hatte: „Du sollst töten." „Der nationalsozialistische, faschistische Staat sagt: ‚Du sollst den Juden – den Fremdling – hassen', während Jesus Christus sprach: ‚Du mußt deinen Nächsten – selbst deinen Feind – lieben'." Hier lag ein unüberbrückbarer Gegensatz, und so war es nur folgerichtig, daß, wie Niemöller es ausdrückte, „im Spätsommer 1933 der ‚Kirchenkampf' begann".

Von außen, so fügte er hinzu, erschien dieser Kampf als der Versuch einer Minderheit, sich in Auseinandersetzung mit der Mehrheit gegenüber der Öffentlichkeit als Hüterin des wahren Evangeliums auszuweisen. Und dies war in der Tat eine wesentliche Dimension des Kampfes. Denn die Judenfrage war, obgleich sie sich im breiteren Rahmen weiterhin stellte, für die Kirche insoweit kein Thema mehr, als es um die Stellung der konvertierten Juden innerhalb der Kirche ging. *Dieser* Kampf war gewonnen: In der deutschen evangelischen Kirche gab es keinen Arierparagraphen mehr. Sie schützte ihre jüdischen Amtsträger und Pfarrer, so gut sie konnte – manchmal mit gemischten Gefühlen, weil diese Konvertiten ihr peinlich waren, aber schließlich obsiegte in allen Fällen die Entschlossenheit, sie als christliche Brüder zu betrachten. Da die Zahl der getauften Juden, die ein Kirchenamt bekleideten, sehr gering war, ließ sich das Problem, etwa für „nichtarische" Pfarrer einen sicheren Platz im Ausland zu finden, verhältnismäßig leicht lösen. Aber an dieser Frage entzündeten sich gewisse prinzipielle, zuweilen weltfremd anmutende theologische Auseinandersetzungen über die Bedeutung der Taufe, die wirklichen Grundlagen des Christentums oder die Frage nach dem wirklichen Sitz der Autorität in der Kirche.

Dies verlieh dem kirchlichen Widerstand gegen Hitler zuweilen den Charakter einer theologischen Disputation. Aber da Hitler, wie sich herausstellte, entschlossen war, seine Gegner zu eliminieren, ging es bei diesen scheinbar nur theologischen Auseinandersetzungen in Wirklichkeit um Leben oder Tod. Gezwungen, die Frage zu stellen, was denn eigentlich eine christliche Kirche ausmache, sahen diese Männer und Frauen sich schließlich genötigt, eine Kirche aufzubauen, die sich, um Niemöller zu zitieren, als „eine Art Staatsfeind verstand, weil sie sich nicht nur weigerte, den totalitären Anspruch des Staates anzuerkennen, sondern sich ihm offen widersetzte". Damit befand sich der deutsche Protestantismus auf einem steinigen Pfad. „Ein evangelischer Christ, der ein Staatsfeind ist, und ebenso ein evangelischer Staat, der ein Feind der Kirche ist, das sind Widersprüche in sich selbst", verkündete Niemöller 1935 von seiner Dahlemer Kanzel herab. Aber dieser Staat war Hitlers Staat. Nach der folgenschweren Unterredung am 25. Januar 1934 bei Hitler hatte Karl Koch erklärt: „Jetzt, Bruder Niemöller, müssen wir uns an eine höhere Autorität wenden." In diesem Sinn beschloß Niemöller 1935 seine Predigt mit den Worten: „Aber wenn der Staat uns befiehlt, Böses zu tun, müssen wir Gott mehr gehorchen als den Menschen."

In seiner Studentenzeit hatte Niemöller einmal seinen Freund Wehrung gefragt, was denn das Wort „Kirche“ eigentlich und ursprünglich bedeute. Wehrung hatte geantwortet: „Warum sich darüber Gedanken machen? Ist das so wichtig?“ Jetzt baten viele Menschen Niemöller um eine Antwort auf diese Frage. Am 6. Februar 1936 wandte sich gar das Verlagshaus Christian Kaiser in München mit der Bitte an ihn, ein Buch zu schreiben und darin zu erklären, was die Kirche sei und was sie nicht sei. „Sie haben die Frische und Bewegtheit, die der Jugend gefällt“, schrieb der Verlagslektor. „Sie wissen, was heute die nationale Jugend bewegt und hört, Sie wissen aber auch, was zu dem allen, neben dem allen, über dem allen das Evangelium in der Kirche zu sagen hat . . . ich könnte mir wirklich keinen besseren Autor für ein solches Buch denken wie Sie.“ (ZEKHN 62, Bd. 1021)

In der Tat stellte Niemöller mit jeder der öffentlichen Äußerungen, die er zwischen 1933 und 1937 tat, die Frage nach der Rolle der Kirche unter einem tyrannischen und heidnischen Regime. In einem im September 1936 erschienenen Artikel untersuchte er drei denkbare Reaktionsweisen der Kirche auf den NS-Staat. Sie konnte eine Volkskirche bleiben – Niemöllers ehemaliges Ideal –, aber es sah so aus, als würde sie dann in vollständige Abhängigkeit vom Staat geraten. Die zweite Möglichkeit war, sich als freie Kirche zu organisieren. Aber auch in diesem Fall konnte der Staat, wenn er wollte, jede Selbständigkeit unterbinden. Falls es soweit kam, blieb, so Niemöllers Schlußfolgerung, nur noch die Möglichkeit einer Kirche der Märtyrer und der Katakomben. Er war sich zu diesem Zeitpunkt sicher (wie er Frau Buddenbrook aus Heiden am 28. Juni geschrieben hatte), daß es, seit Müller und Jäger 1933 die Kirche überrumpelt und korrumpiert hatten, in diesem Land nur noch eine wirkliche und rechtmäßige Kirchenführung gab: den preußischen Bruderrat – „was“, so fügte er hinzu, „Marahrens, Meiser und Wurm anerkannten“.

Diese drei Bischöfe hatten nach Überzeugung Niemöllers viel zu lange gebraucht, um zu dieser Erkenntnis zu gelangen. Sie ließen sich seiner Meinung nach viel zu bereitwillig von der Staatskirche vereinnahmen. In der Tat arbeiteten sie nur einmal im Widerstand gegen die Leitung der Reichskirche uneingeschränkt mit ihm zusammen, und das war 1934, als ihre eigene Position auf dem Spiel stand.

Zu Beginn dieses Jahres entschloß Ludwig Müller sich, seinem

Projekt „Reichskirche“ das Bistum von Marahrens einzuverleiben. Marahrens weigerte sich standhaft, die Eingliederungsurkunde zu unterschreiben, und als er einen Solidaritätsappell an seine Pfarrer richtete, erklärten sie sich zu drei Vierteln für ihn. In ähnlicher Weise konnte Meiser den Versuch Müllers abwehren, die bayerische Landeskirche in die geplante Reichskirche einzugliedern. Noch mehr Grund zur Verärgerung über das Regiment Müllers hatte Wurm, nachdem das Amt des Reichsbischofs am 16. April 1934 verkündete, er, Wurm, habe das Vertrauen seines Bistums verloren und sei als Bischof nicht mehr tragbar. In Wirklichkeit war Wurm in Württemberg außerordentlich beliebt und setzte, als Müller und Jäger eintrafen, um ihn endgültig abzusetzen, alle Hebel in Bewegung, um das Vorhaben zu durchkreuzen – mit Erfolg. Die Bedrängnis, in die Wurm, Meiser und Marahrens gerieten, weckte in ihnen vorübergehend die Bereitschaft, mit denen zusammenzuarbeiten, die eine alternative, selbstverwaltete evangelische Kirche aufzubauen versuchten. Bereits im Januar hatten Delegierte von 167 calvinistischen Kirchen im westfälischen Barmen eine freie Synode abgehalten. Ihr Ziel war es (mit den Worten Karl Barths) gewesen, sich darüber klar zu werden, „nicht wie man den Unfug der ‚Deutschen Christen‘ wieder los werden könne, sondern in der Aufgabe, Front zu machen gegen den die evangelische Kirche seit Jahrhunderten verwüstenden Irrtum: nämlich, daß neben Gottes Offenbarung „auch eine berechtigte Eigenmächtigkeit des Menschen über die Botschaft und die Gestalt der Kirche zu bestimmen habe“. Die calvinistischen Delegierten ratifizierten die „Erklärung“ Barths, die ein weiteres Mal bekräftigte, daß die Kirche einzig und allein auf der Heiligen Schrift und der ihr von den Reformatoren gegebenen Deutung beruhte. Sie dürfe sich daher weder einem Kirchenführer noch den Ansprüchen eines totalitären Staates beugen. Barth war davon überzeugt, in seiner „Erklärung“ alles „so gesagt zu haben, daß es ernsthafte Lutheraner, ohne sich ihrerseits etwas zu vergeben, mit uns sagen können.“ Er behielt recht: Am 19. Februar wurde seine „Erklärung“ auf einer zweiten freien Synode, an der Delegierte von 30 der 33 Kirchen des Rheinlandes – darunter auch Lutheraner – teilnahmen, verabschiedet.

Die Freisynoden-Bewegung breitete sich aus. Am 5. März versammelten sich Vertreter des Pfarrernotbundes im Gemeindesaal von Dahlem und erörterten die Möglichkeit eines Boykotts der von Reichsbischof Müller einberufenen Bezirkssynode. Zwei Tage später fand, ebenfalls in Dahlem, eine freie Synode für Berlin und Brandenburg statt. Die 440 Delegierten von rund 70 Kirchen, die daran teilnahmen, machten sich einstimmig die „Erklärung" Karl Barths zu eigen.

Die Opposition gegen Müller war mittlerweile längst über eine Selbstschutzorganisation bedrängter Pfarrer hinausgewachsen und zu einer breiten, von zahlreichen Laien mitgetragenen Bewegung geworden. Dietrich Bonhoeffer, der der Synode in Berlin beiwohnte, gewann den Eindruck, nun vielleicht seinen englischen Freund, Bischof George Bell, zu einer öffentlichen ökumenischen Aussage zugunsten Niemöllers, Jacobis und der kirchlichen Opposition als Ganzer veranlassen zu können. Er schrieb Bell, er habe auf der freien Synode „Niemöller, Jacobi und einige Freunde aus dem Rheinland" angetroffen, und die freie Synode selbst sei ein Zeichen „wirklichen Fortschritts und Erfolgs". Er bat Bell, öffentlich das Wort für seine Freunde zu ergreifen. Am besten, so schrieb er, wäre es, wenn Bell einer Versammlung des Pfarrernotbundes beiwohnen könnte. „Es ist immer, trotz aller Schwere des Augenblicks, ein Erlebnis, das einem neuen Glauben und neuen Mut gibt." Bell war rasch überredet.

Die Freisynoden-Bewegung gewann unterdessen in Deutschland weiterhin an Boden. Am 16. März versammelten sich in Dortmund lutherische Delegierte aus Westfalen zu einer freien Synode. Sie wählten Karl Koch zu ihrem Präsidenten und stellten ihm einen „Bruderrat" zur Seite, dem hauptsächlich organisatorische Aufgaben zugewiesen wurden. In einer Resolution erklärten die Versammlungsteilnehmer ihre brüderliche Solidarität mit der freien Synode der Kirchen des Rheinlands, die einen Monat zuvor stattgefunden hatte.

Als am 22. April im Ulmer Münster die 5. freie Synode des Jahres 1934 zusammentrat, waren bereits Delegierte aus praktisch allen Teilen des Reichs dabei. „Hausherr" im Ulmer Münster war Bischof Wurm; Meiser kam, noch voll der Erbitterung über Müller und Jäger, mit Vertretern seiner bayerischen Landeskirche; die freien Synoden Westfalens, Berlin-Brandenburgs und des Rheinlands hatten ebenso Delegierte entsandt wie viele Kirchengemeinden überall in Deutschland, die sich anläßlich der jüngsten Ereignisse veranlaßt fühlten, deutlich ihre Treue zu den traditionellen Glaubenslehren der Kirche zu bekunden.

Die freie Synode von Ulm setzte nicht nur einen eigenen „Bruderrat" ein (dem fast ausschließlich Männer angehörten, die im Pfarrernotbund organisiert waren), sie tat auch, ermutigt durch den offensichtlich breiten Rückhalt, den sie landesweit genoß, einen kühnen Schritt nach vorn, indem sie sich „vor der ganzen Christenheit" zur einzig „rechtmäßigen evangelischen Kirche Deutschlands" erklärte.

Daß Niemöller diese Erklärung zusammen mit den anderen in Ulm anwesenden Kirchenführern unterschrieb, zeigt, daß er zu diesem Zeitpunkt erkannt hatte, wie wichtig es war, die (kirchliche) öffentliche Meinung des Auslands zu gewinnen und zu mobilisieren. Im August sollte im dänischen Fanø eine Allgemeine christliche Konferenz für praktisches Christentum stattfinden. Es war klar, daß Bischof Heckel wohl keinen Vertreter der kirchlichen Opposition dorthin entsenden würde. Aber vielleicht bestand die Möglichkeit, mit Hilfe der Freundschaft zwischen Bonhoeffer und George Bell unter Umgehung Heckels zu arrangieren, daß Angehörige der Opposition offiziell als Vertreter des deutschen Protestantismus eingeladen wurden. In Ulm erklärten sich die Teilnehmer der freien Synode nicht nur zu den wahren Repräsentanten des deutschen Protestantismus – in demonstrativer Opposition zu Müller, Heckel, Jäger und allen anderen, die eine mit dem NS-Staat und seiner Ideologie gleichgeschaltete Staatskirche wollten –, sie taten dies auch ausdrücklich in einem ökumenischen Kontext: „vor der ganzen Christenheit".

Sich mit einem Appell an die internationale Öffentlichkeit zu wenden, war für einen Mann, der ein halbes Jahr zuvor Hitler zum Verlassen des Völkerbundes gratuliert hatte, eine bemerkenswerte Kehrtwendung. In den ersten Jahren nach Kriegsende, im Zeichen der Demütigung des deutschen Nationalbewußtseins durch den Versailler Vertrag, hatten viele deutsche Protestanten die im Entstehen begriffene ökumenische Bewegung als Teilelement innerhalb der internationalen Kampagne (oder gar Verschwörung) gegen ihr Land betrachtet. Ökumenische Betätigung war, so erklärte Paul Althaus, unpatriotisch. 1920 hatten die evangelischen Kirchenführer eine Einladung zur Mitarbeit in der von den vereinigten christlichen Kirchen getragenen Bewegung „Glauben und Verfassung" mit der Erklärung ausgeschlagen: „Angesichts der riesigen Zahl von Lügen und Unterstellungen, die in der Kriegszeit von Vertretern feindlicher Länder gegen unser Vaterland und unsere Kirche erhoben worden sind, wäre es für Angehörige des deutschen Protestantismus im Augenblick ein Akt der Selbstverleugnung, sich mit Vertretern dieser Kirchen zur Diskussion über Fragen des Christentums zu treffen, als ob die tiefe Kluft, die uns trennt, einfach nicht existieren würde." Weiter hieß es in der Erklärung: „Vollwertige Beziehungen zu den Kirchenleitungen feindlicher Länder sind gegenwärtig unmöglich, nachdem diese Körperschaften unser Vaterland nach wie vor der Unehrenhaftigkeit bezichtigen und gedroht haben, Seite an Seite mit feindlichen Richtern über unsere Führer und Helden zu Gericht zu sitzen, und der gegen jedes göttliche und irdische Gesetz verstoßenden Forderung zugestimmt haben, den deutschen Kaiser aufs schändlichste zu verurteilen, der sich stets aus innerster Überzeugung als guter Patron der evangelischen Kirche erwiesen hat."

Bonhoeffer, der sich während eines längeren Aufenthalts am Union Theological Seminary in New York zum Pazifisten gewandelt hatte, gehörte zu den ganz wenigen, die von solchen Anschauungen nichts wissen wollten. Einem Ex-U-Boot-Kommandanten wie Niemöller hatten sie natürlich aus der Seele gesprochen. Nun aber begannen er und einige seiner Kollegen umzudenken; und am 10. Mai wurde ihre Lernbereitschaft durch einen Brief belohnt, den Bischof George Bell an Vertreter aller im Rat für Leben und Arbeit mitarbeitenden Kirchen schickte und in dem er seiner Sorge über die deutsche Kirche Ausdruck verlieh. „Der Hauptgrund für unsere Besorgnis", schrieb Bell, „ist die Übernahme autokratischer Befugnisse durch den Reichsbischof im Namen des Führerprinzips – Befugnisse, die durch keinerlei gesetzliche oder traditionelle Vorbehalte eingeschränkt und in der Geschichte der Kirche ohne Beispiel sind."

Bell fuhr fort: „Die Ausübung dieser autokratischen Befugnisse durch die Kirchenleitung erscheint unvereinbar mit dem christlichen Grundsatz, sich in brüderlicher Gemeinschaft um Rat und Führung durch den Heiligen Geist zu bemühen. Sie zeitigt verhängnisvolle Auswirkungen auf die innere Einheit der Kirche, und die disziplinarischen Maßnahmen, die die Kirchenführung gegen eine Reihe von Predigern nur deshalb ergriffen hat, weil sie den grundlegenden Prinzipien der christlichen Wahrheit treuzubleiben gewillt sind, haben einen schmerzenden Eindruck auf die christliche Meinung im Ausland hervorgerufen, die schon vorher wegen der Einführung rassischer Unterschiede in die universale Gemeinschaft der christlichen Kirche besorgt war."

Bell war mithin, der Logik seiner Kritik an der Politik Müllers und an der Einführung des Arierparagraphen in der evangelischen Kirche Deutschlands folgend, ganz und gar auf dem Standpunkt Martin Niemöllers angelangt. Bevor jedoch die internationale Resonanz, die die deutsche Kirchenopposition fand, weiter ausgenutzt werden konnte, nahm Niemöller an der fünften und größten freien Synode im Rahmen des Kirchenkampfs teil, die am Dienstag, den 29. Mai im westfälischen Barmen begann.

Am 2. Mai waren Karl Koch, Martin Niemöller, Gerhard Jacobi, die Bischöfe Meiser und Wurm sowie sechs weitere Repräsentanten der abtrünnigen Kirchen in Berlin zusammengekommen und hatten in einer Note an den Innenminister scharfen Protest gegen die unannehmbare Anwendung machtpolitischer Mittel in der Kirche erhoben und die wahre, konfessionelle Grundlage des Christentums herausgestellt. Diese Einmütigkeit innerhalb der Kirchenführung war ungewöhnlich und eindrucksvoll. Von viel größerer Bedeutung, zumal auf lange Sicht, war jedoch ein Vorschlag, den bei dieser Zusammenkunft der junge Pfarrer Karl Immer machte. Immer war Pastor an der Gemarkekirche in Barmen, wo demnächst, wie gesagt, eine Synode stattfinden würde. (Er war ein unerschrockener NS-Gegner und wurde im August 1937 von der Gestapo verhaftet. Sechs Tage später erlitt er einen Infarkt und wurde aus Rücksicht auf seinen Gesundheitszustand aus der Haft entlassen; er erlangte seine frühere Tatkraft nie gänzlich wieder.)

Immers Vorschlag vom 2. Mai 1934 sah die Errichtung eines dreiköpfigen Unterausschusses vor, der für die Barmer Synode eine theologische Erklärung ausarbeiten sollte. Die Wahl fiel auf Karl Barth und die beiden lutherischen Theologen Hans Asmussen und Thomas Breit.

Was der Unterausschuß schließlich vorlegte, war freilich zum großen Teil das Werk Karl Barths. Wie er selbst später kommentierte: „Die lutherische Kirche hat geschlafen und die reformierte Kirche hat gewacht." Die drei Männer setzten sich im Hotel Basler Hof in Frankfurt zusammen und formulierten sechs vorläufige Aussagen, die der Synode zur Erörterung und Abstimmung präsentiert werden sollten. Nach dem Mittagessen genehmigten sich, wie Barth erzählte, Asmussen und Breit eine dreistündige Siesta, während „ich, mit einem starken Kaffee und 1–2 Brasil-Cigarren versehen, den Text der 6 Sätze redigierte." Am Abend lag der endgültige Text fertig vor. Barth, der sein Licht nie unter den Scheffel zu stellen pflegte, meinte später: „Ich will mich nicht rühmen, aber es war wirklich mein Text."

Dies war die Geburtsstunde jenes bemerkenswerten Dokuments, das wenig später von 139 kirchlichen Delegierten auf der Synode von Barmen, in der Gemarkekirche von Pastor Karl Immer, verabschiedet wurde. Karl Koch führte den Vorsitz. Meiser und Wurm waren zugegen. Selbst Marahrens wohnte der Synode bei, wenn auch nicht als offizieller Delegierter; die Initiatoren hatten allerdings die taktisch kluge Idee, ihn darum zu bitten, die Eröffnungsandacht zu halten. Als die Synode am 31. Mai zu Ende ging, hatte sie die Thesen Karl Barths zu ihrem Glaubensbekenntnis gemacht.

Dies war in theologischer Hinsicht ein eminenter Fortschritt, besonders angesichts der Tatsache, daß an der Synode Vertreter ganz unterschiedlicher protestantischer Kirchen teilnahmen. Niemand hatte damit gerechnet, daß die Synode aus eigener Kraft eine vollständige Versöhnung zwischen Calvinisten und Lutheranern zustandebringen könnte! Zwar konnte es nicht ausbleiben, daß jede Gruppe die Erklärung im Sinne ihrer eigenen Denktradition auslegte, doch waren sich alle Versammelten darin einig, daß der wichtigste Teil der Erklärung die These 1 war, die eine entschiedene Absage an die Lehren der „Deutschen Christen" beinhaltete. Diese These lautete: Das Wort Gottes ist Jesus Christus; es ist überliefert in der Heiligen Schrift, und es ist die einzige Basis, auf der die Kirche sich konstituieren kann. Im konkreten Kontext des Kirchenkampfes im Dritten Reich bedeutete dies, daß die Barmer Synode eindeutig die Auffassung zurückwies, daß Gott sich im deutschen Volk, im germanischen Blut, in einer überlegenen Rasse oder gar in der Person Adolf Hitlers in besonderer Weise offenbart hätte.

Für Niemöller war die Synode von Barmen die eigentliche Geburtsstunde der Bekennenden Kirche. „Wir hatten davor schon bekennende Gemeinden im Rheinland, in Westfalen, in Brandenburg, in Berlin, aber was nottat, war eine größere Gruppe unter einem Generalnenner", sagte er. „Das kam mit der Bekennenden Kirche im Mai 1934 in Barmen. Worauf es damals ankam, war, die Barmer Erklärung unablässig all denen bekanntzumachen, die keine ‚Deutschen Christen' sein wollten und die als Mitglieder der Bekennenden Kirche oder einer bekennenden Gemeinde eine Möglichkeit der Zusammenarbeit suchten." (MN/jb) Niemöller selbst spielte bei der Synode keine auffällige Rolle. Doch war die erstaunliche Tatsache, daß es binnen wenig mehr als einem halben Jahr gelang, die Bekennende Kirche aus der Taufe zu heben, im wesentlichen sein Verdienst. Die Bekennende Kirche war ein direkter Abkömmling des Pfarrernotbundes. Wie Karl Barth es zutreffend formulierte: „Im Kampf gegen das Christentum à la 1933 entstand unter der Leitung Martin Niemöllers zuerst der sogenannte Pfarrernotbund und dann, auf breiterer Grundlage, die Bekennende Kirche."

Diese Leistung war umso bemerkenswerter, als der Pfarrernotbund sich fortwährenden und manchmal äußerst bösartigen Nachstellungen ausgesetzt sah. Dazu kam, daß Müller klug genug gewesen war, den Versuch zu machen, die innerkirchliche Opposition gegen ihn durch scheinbar versöhnliche Befriedungsangebote zu spalten. So hatte er beispielsweise am 24. März eine Karfreitagspredigt veröffentlicht, die die Ankündigung enthielt, daß der „geistliche Ausschuß" eine Amnestie aussprechen werde. Man werde, so erklärte der Reichsbischof, umgehend mit den Leitungen der einzelnen Landeskirchen in Gespräche darüber eintreten, welche vom Dienst suspendierten Pfarrer wieder eingestellt werden konnten. Müller stellte allerdings klar, daß er vorhatte, einen Unterschied zu machen zwischen denjenigen, die wegen, wie er sagte, „politischer" Differenzen die Kanzel hatten räumen müssen, und denen, die das gleiche Los aus „kirchlichen" Gründen getroffen hatte. Nur die letzteren konnten mit einer Rehabilitierung rechnen. Damit nicht genug, ließ er in seiner Ankündigung keinen Zweifel daran, daß keines der neuen nazistischen Elemente aus der kirchlichen Lehre entfernt werden würde. Nicht nur die Kreuzigung Jesu (das eigentliche Hauptthema der Predigt), sondern auch der Weltkrieg und die Machtergreifung Adolf Hitlers seien, so erklärte er, Geschehnisse, in denen sich das Walten Gottes und sein geschichtsbildender Wille manifestiere. Mit anderen Worten: Diejenigen, die von der angebotenen Amnestie Gebrauch machten, würden sich zu dem bekennen müssen, was Karl Barth als den „Blödsinn der ‚Deutschen Christen'" bezeichnet hatte.

Mit Müllers taktischem Gespür war es nicht so weit her, daß er begriffen hätte, daß die Anwendung totalitärer Methoden in Kirchendingen diejenigen Geistlichen, die er sich ohnehin schon entfremdet hatte, noch einmal zutiefst empören würde. Anstatt von diesen Methoden abzurücken, bekräftigte er die These, die Kirche habe vor der Machtergreifung der Nazis keine Dynamik und keinen Elan mehr gehabt. Sie habe sich von der Welt der wirklichen Menschen entfernt, und diese seien nun im Begriff, ihr neues Leben einzuhauchen. Dies könne allerdings, so Müller, nicht immer nur mit „kirchlichen" Mitteln bewerkstelligt werden.

In einer prompt veröffentlichten Erklärung wandte sich der Bruderrat des Pfarrernotbundes „entschieden [gegen] eine Amnestie, die mit wirklicher Vergebung so wenig zu tun hat, daß sie von einer bedingungslosen Unterwerfung abhängig gemacht wird".

Nach Barmen sahen die nationalsozialistischen Theologen sich genötigt, zum Gegenangriff anzutreten, und hier tat sich besonders Gerhard Kittel hervor. In Tübingen hatte eine Gruppe von Pfarrern und Professoren seiner Geisteshaltung in zwölf Thesen die Auffassung vertreten, daß der Nationalsozialismus ein Aufruf Gottes an die Adresse des deutschen Volkes und daß Adolf Hitler sein gottgegebener Führer sei. Kittel erklärte jetzt seine Übereinstimmung mit diesen Thesen – was nichts anderes war als eine Kampfansage an Barmen. Als federführender Verfasser der Barmer Erklärung nahm Karl Barth den öffentlichen Disput mit Kittel auf. In einer Reihe von offenen Briefen, die beide miteinander austauschten, hielt Barth seinem Kontrahenten vor, dieser habe das göttliche Geheimnis der „Schöpfung" mit einer von Menschen gemachten Theorie über „Rasse, Blut, Boden, Volk, Staat usw." vermischt.

Martin Niemöller pflegte sich oft über seinen eigenen Mangel an theologischem Wissen lustig zu machen. Tatsächlich war er sich aber der theologischen Bedeutung dessen, was hier erörtert wurde, wohl bewußt. Die Attacke Kittels war überdies ausdrücklich an den Bruderrat gerichtet. Am 22. Juni übersandte er Niemöller ein Rundschreiben, in dem er die Verantwortung für die Auseinandersetzungen innerhalb des deutschen Protestantismus der von Niemöller angeführten Gruppierung und den „falschen Lehren" zuschob, die sie angeblich verbreitete.

Als „falsch" brandmarkte Kittel in seinem Schreiben zwei Glaubenssätze:

„Wir verwerfen die falsche Lehre, als ob es zu irgendeiner Zeit oder an irgendeinem Ort eine Verkündigung des Evangeliums ohne Bezogenheit auf den geschichtlichen Augenblick gäbe, welche erfolgen könnte ‚als wäre nichts geschehen'; eine Verkündigung, die nicht in Angriffsrichtung und in ihrem ganzen Geformtsein durchgängig mitbestimmt wäre durch die ihr von Gott geordnete Stunde von Welt und Volk und Mensch."

Wenn, so Kittels Argument, die Verkündigung des Evangeliums von dem jeweiligen geschichtlichen Kontext mitbestimmt wurde, dann mußte es „jeden Tag neu" gepredigt werden.

Die von Gott vorbestimmte Stunde, das war für Kittel natürlich die Stunde Adolf Hitlers. Die von Kittel vertretene Theologie barg weitreichende politische Implikationen; dabei war es ironischerweise die Niemöller-Fraktion, der Bischof Müller vorwarf, sie predige Politik. Und auch Kittel beschuldigte die Wortführer der Opposition, sie trügen durch ihre Weigerung, die notwendige Verschmelzung des tradierten Evangeliums mit den Anforderungen der Gegenwart mitzuvollziehen, die Schuld an der „Verwirrung der Geister, [der] Verwüstung der Kirche, [der] Zerstörung der Gemeinde". Mit ihren falschen Lehren würden sie, so fügte er hinzu, darüber hinaus gerade das zerstören, was sie zu schützen vorgaben, nämlich das Gegründetsein der Kirche auf der Heiligen Schrift und der Reformation.

Sechs Tage später schickte Niemöller sein Antwortschreiben ab, in dem er das von Kittel propagierte neue Evangelium in Bausch und Bogen zurückwies. „Ihre Formulierung mit der Fassung ‚jeden Tag neu' ist mindestens so mißverständlich, daß ich sie niemals unterschreiben könnte", schrieb er. Und weiter: „Damit hängt zusammen, daß ich auch den letzten Satz Ihrer ‚Verwerfung' mit dem Wort ‚durchgängig' und mit der Fassung ‚Welt *und* Volk *und* Mensch' für im Wesen verkehrt halte." (ZEKHN 62, Bd. 1009)

Es waren Niemöllers Worte, aber sie artikulierten die Theologie Barths. Barth wandte sich gegen ein „Bindestrich-Christentum", d. h. ein mit einer vermeintlichen weiteren Quelle göttlicher Wahrheit gekoppeltes – und daher auch von anderen Entitäten (wie dem „deutschen Volk" und seiner „historischen Stunde") mitbestimmtes – Christentum. „Unser Protest", schrieb Barth 1933, „muß sich grundsätzlich gegen die Tatsache richten (die die Quelle aller individuellen Irrtümer ist), daß die ‚Deutschen Christen' neben der Heiligen Schrift als der einzigen Quelle der Offenbarung das Deutschtum, seine Geschichte und seine gegenwärtige politische Situation als eine zweite Quelle der Offenbarung einführen und damit zu erkennen geben, daß sie an einen ‚anderen Gott' glauben."

Dies war der wesentliche Inhalt der scharfen Erwiderung Niemöllers auf Kittels denunziatorische Kritik an der Barmer Erklärung. Die Heftigkeit, mit der Karl Barth gegen die in seinen Augen auf der Hand liegenden Irrtümer der Hitlerschen Hoftheologen zu Felde zog, bescherte ihm in den protestantischen Kirchen Deutschlands kaum neue Freunde und ließ ihn viele alte verlieren. Martin Niemöller aber geriet um diese Zeit zunehmend in den Bann der Theologie Barths und begab sich in (freiwillige) Abhängigkeit von dessen fachlichem Urteil. „Ich traf ihn und lernte ihn kennen als Mitglied des Bruderrats", erinnerte sich Niemöller. „Später besuchte ich ihn mehrmals in Basel. Wir gestanden uns sehr selten unsere Zuneigung zueinander ein, aber er stand meinem Herzen sehr nahe. Ich war niemals ein intimer theologischer Gesprächspartner für ihn, aber er brachte mich und hielt mich auf dem richtigen Weg." Barth andererseits erkannte sehr bald, welche Stärke Niemöller innewohnte und ein wie hervorragender Organisator der kirchlichen Opposition und ihres Kampfes gegen Hitler er war.

Gefragt, was er von Barth gelernt habe, zitierte Niemöller den ersten Satz der von Barth verfaßten Barmer Erklärung: „Jesus Christus, wie die Heilige Schrift ihn uns bezeugt, ist das eine Wort Gottes, dem wir in Leben und Tod lauschen, vertrauen und gehorchen müssen." – „Ich kann nur sagen", so Niemöller, „daß dies zu meinem einzigen theologischen Dogma geworden ist." (MN/jb)

Überzeugt davon, daß die Gegenspieler des Pfarrernotbundes das christliche Evangelium weitgehend über Bord geworfen und sich auf heidnische Anschauungen verlegt hatten, beanspruchte Niemöller in einem Schreiben, das er nach der freien Synode zu Ulm an die Mitglieder des Notbunds richtete, für die Bekennende Bewegung das Recht, „im Namen der Kirche zu sprechen". In Barmen wurde dieser Anspruch bekräftigt. Die Synode erklärte, diejenigen Kirchen und Gemeinden, die sich hinter die Barmer Erklärung stellten, verkörperten „die rechtmäßige deutsche evangelische Kirche: Sie schließen sich zur Bekennenden Synode der Evangelischen Kirche Deutschlands zusammen." Die bevorstehende Tagung des Ökumenischen Rates für praktisches Christentum in Fanø sollte Niemöller und seinem Gesinnungsfreund Karl Koch Gelegenheit geben, Kirchenvertreter aus anderen Ländern zur Anerkennung dieses Anspruchs zu überreden.

Dieses Vorhaben war, trotz des unchristlichen Gebarens der

deutschen Kirchenbehörden, keineswegs leicht zu verwirklichen. Im Großbritannien der 30er Jahre beispielsweise gab es viele gebildete Männer und Frauen, die sich „einen Hitler für England" wünschten. Im November 1933 war in der Zeitschrift *Theology* ein Artikel erschienen, in dem es hieß: „Es läßt sich im Grunde nicht leugnen, daß das Hitler-Regime der protestantischen Kirche Möglichkeiten eröffnet, wie sie ihr bis dato seit Kriegsende nicht zur Verfügung gestanden sind." In England, ebenso wie anderswo, ließen sich unschwer Christen finden, die bereit waren, die antijüdischen Maßnahmen und Gesetze der Hitler-Regierung zu billigen. Arthur Calley Headlam, Bischof von Gloucester und Professor am All Souls College in Oxford, verurteilte 1933 öffentlich die Gewalttätigkeiten und Schikanen, die gegen die deutschen Juden verübt wurden. Doch er fügte hinzu: „Einige warnende Worte waren nötig." Viele Juden hätten, so erklärte er, verantwortlichen Anteil an den Gewalttaten der russischen Kommunisten. Viele Juden trügen auch Mitverantwortung für die Gewalt, die in sozialistischen Gemeinwesen gang und gäbe sei. Die Juden seien, so schloß er, „nicht gerade ein angenehmes Element im deutschen und insbesondere im Berliner Leben".

Bischof George Bell von Chichester waren derlei Ansichten fremd. Schon vor der Machtergreifung Hitlers hatte er an den Angelegenheiten der deutschen Kirchen Anteil zu nehmen begonnen. Mittlerweile war er eng mit Dietrich Bonhoeffer befreundet und auch ausnehmend gut informiert. Als Beauftragter für Auswärtige Beziehungen des Rates der Kirche von England (dessen Vorsitzender wiederum Headlam war) gab er im Mai 1934 einen Bericht über die Angelegenheiten der europäischen Kirchen heraus, der unter anderem eine ausführliche Bestandsaufnahme dessen enthielt, was sich in den protestantischen Kirchen Deutschlands seit der Machtübernahme Hitlers vollzogen hatte. Der Bericht charakterisierte den „Kampf der christlichen Kirchen in Deutschland um die Bewahrung ihrer Unabhängigkeit im Angesicht exzessiver Ansprüche von seiten des Staates" als „das [wahrscheinlich] bedeutsamste Ereignis in der Geschichte der christlichen Kirche seit ... Anfang dieses Jahrhunderts."

Am 7. Juni gelang es Bell, die Repräsentanten der anglikanischen Geistlichkeit, die sich in Canterbury zu einer Synode versammelt hatten, zur Verabschiedung einer Resolution zu veranlassen, die das Augenmerk der englischen Christen auf die „Warnungen vor gewissen, den christlichen Glauben in Gefahr bringenden Tendenzen in bezug auf Offenbarung, Rasse und Staat“ lenkten, Warnungen, die „in der jüngsten Erklärung der Bekennenden Synode der deutschen evangelischen Kirche in Barmen ausgesprochen worden sind“.

Bell erreichte somit, daß die Kirche von England in ihrer ersten offiziellen Stellungnahme zum deutschen Kirchenkampf stillschweigend den Anspruch der Barmer Synode, für die gesamte evangelische Kirche Deutschlands zu sprechen, anerkannte. Durch Vermittlung Bells hofften Martin Niemöller und Karl Koch, Vertreter der Bekennenden Kirche als offizielle Delegierte der deutschen Kirche zur Konferenz von Fanø entsenden zu können. Dietrich Bonhoeffer übermittelte, nachdem er sich am 19. Juni in Berlin mit den beiden Männern getroffen hatte, diesen ihren Wunsch an Bell. Zugleich bat Bonhoeffer den Genfer Sekretär des Ökumenischen Rates, H. L. Henriod, brieflich darum, den Ansprüchen der Bekennenden Kirche Nachdruck zu verleihen. Henriod erklärte in seiner Antwort sein tiefes Verständnis für die Lage der Bekennenden Kirche, lehnte es jedoch ab, irgend etwas auf anderen als offiziellen Wegen – und das hieß, über das Büro von Bischof Heckel in Deutschland – zu unternehmen. Es gelang George Bell schließlich, für Karl Koch eine persönliche Einladung nach Fanø zu besorgen (in der es hieß, daß auch Bodelschwingh willkommen sein würde). Doch am Ende wurde keinem von beiden die Reise nach Fanø gestattet. Als einziger vertrat Bonhoeffer auf der Konferenz die Bekennende Bewegung. Das war jedoch nicht das letzte Wort. Der Ökumenische Rat ernannte sowohl Bonhoeffer als auch Karl Koch (diesen in Abwesenheit) zu beratenden Beisitzern. Und in einer am 30. August verabschiedeten Resolution versicherte der Rat seinen „Brüdern in der Bekennenden Synode der protestantischen Kirche Deutschlands seiner Gebete und seiner tiefempfundenen Sympathie in ihrem Bekenntnis zu den Grundsätzen des Evangeliums, sowie seiner Entschlossenheit, ihnen weiterhin eng verbunden zu bleiben“.

Die internationale Unterstützung für die Bekennende Kirche nahm zu, so ungern die deutsche Kirchenführung dies auch zur Kenntnis nehmen wollte. Niemöller erklärte seiner Gemeinde, Barmen habe die Dinge für die bekennenden Christen in Deutschland vermutlich keineswegs leichter gemacht, sondern werde ihnen sehr wahrscheinlich noch größeren Haß eintragen. „Ich stehe hier nicht als Prophet, meine lieben Brüder“, sagte er, „sonst müßte ich vielleicht ein düsteres Bild von der Zukunft zeichnen, ein Bild, das Not und Trübsal über die Gemeinschaft der Christen heraufziehen sieht, das Halbherzigkeit und Abfall in unseren Reihen zeigt und nur wenige von uns, die es fertigbringen, ihr nacktes Leben und ihren nackten Glauben zu retten.“ Müller reagierte auf die Infragestellung seiner Autorität durch die Bekennende Kirche, indem er der Reichssynode, die am 9. August in Berlin zusammentrat, den Beschluß abnötigte, daß künftig alle Pastoren einen Treueeid auf den Führer ablegen mußten. Der Bruderrat der Bekennenden Kirche weigerte sich, die Rechtmäßigkeit eines solchen Eides anzuerkennen, und sprach darüber hinaus der Reichssynode das Recht ab, für die evangelische Kirche zu sprechen.

Am 23. September ließ Müller sich in Berlin zum Reichsbischof weihen (den Titel führte er freilich schon seit Monaten). „Der Sturm ist losgebrochen“, erklärte Niemöller am selben Tag seiner Gemeinde. Der Grund dafür sei jedoch, daß Christus selbst mit auf dem Schiff sei. Wie Luther einmal gesagt habe: „Wenn Christus auf das Schiff kommt, wird das Wetter nicht lang ruhig bleiben, sondern es wird sich ein Sturm und Unwetter erheben.“ Im Anschluß an seine Predigt verlas Niemöller eine Erklärung, in der es hieß, Müller und seine Helfershelfer hätten jeden Anspruch auf Gehorsam verwirkt, da sie sich einer „nordisch-christlichen“ Zwitterreligion zugewandt hätten, so daß die Bekennende Kirche als die einzig rechtmäßige evangelische Kirche in Deutschland übriggeblieben sei.

Der Sturm brach zunächst in den Diözesen Württemberg und Bayern los. Weder Wurm noch Meiser (noch überhaupt irgendein nicht von Müller selbst ernannter Bischof) hatten der Weihe des Reichsbischofs am 23. September beigewohnt. Wurm war mittlerweile von Jäger gezwungen worden, sich vom Amt beurlauben zu lassen, und hatte drei Tage in Hausarrest zugebracht. Entschlossen, die Zügel in Wurms Diözese an sich zu reißen, gab Müller einen Erlaß heraus, mit dem er kurzerhand eine Änderung der landeskirchlichen Verfassung verfügte und deren Synode durch eine neue ersetzte, die fest in der Hand der „Deutschen Christen“ war. Am 6. Oktober wurde Wurm erneut unter Hausarrest gestellt, und vier Tage später forderte die neue Synode ihn zum sofortigen Rücktritt auf. Zwei Tage später gab August Jäger einen Erlaß heraus, der die Amtsenthebung von Bischof Meiser verkündete. „Jetzt geht man im Bereich der Kirche selbst zur Gewaltanwendung über", erklärte Niemöller.

Die Bekennende Kirche rief umgehend zur Verteidigung der beiden Bischöfe auf; in einem zur Verlesung von den Kanzeln bestimmten Manifest verurteilte sie die Handlungsweise Müllers und Jägers und charakterisierte sie als einen Anschlag auf die Integrität der Kirche. Niemöller nahm in seiner Predigt kein Blatt mehr vor den Mund: „Letzten Sonntag haben wir einen Bittgottesdienst für die verfolgten Protestanten in Württemberg gehalten", erklärte er. „In der Zwischenzeit sind die Dinge kein bißchen anders oder gar besser geworden. Der rechtmäßige Landesbischof ist von einer unrechtmäßigen und unchristlichen Synode abgesetzt worden. Er und seine Mitarbeiter sind, mit Hilfe der weltlichen Obrigkeit, ihrer persönlichen Freiheit beraubt worden, und man hat ihnen jede weitere amtliche Betätigung untersagt. Die Unterdrückung, der die Gemeinschaft der Gläubigen ausgesetzt ist, währt in unverminderter Form fort."

Schon seien, so Niemöller weiter, Berichte über einen „gewaltsamen Anschlag der antichristlichen Kräfte auf die bayerische Kirche" eingegangen. Auch dort werde eine „Terrorherrschaft" aufgerichtet, während die Öffentlichkeit mit Lügen und Halbwahrheiten irregeführt werde. Der Landesbischof von Bayern sei abgesetzt und seiner Freiheit beraubt worden. All dies geschehe, so erklärte er, im Namen „jener sogenannten ‚Einigung', die eine bereits in Glaubensbekenntnis und Verfassung geeinigte Kirche zu zerstören im Begriff ist". Wie in Württemberg, sei auch in Bayern dieser Anschlag auf die Kirche „mit Hilfe der weltlichen Macht und gegen den einmütigen Willen der evangelischen Gemeinschaft" unternommen worden. Er zögere nicht, das, was Müller und Jäger getan hätten, mit den Geschehnissen von Gethsemane zu vergleichen, als sich „die Mächte der Finsternis" gegen Jesus Christus verschworen. „Es ist schrecklich und macht einen wütend, mit ansehen zu müssen, wie einige wenige prinzipienlose Männer, die sich ‚Kirchenleitung' nennen, die Kirche kaputtmachen und die Gemeinschaft Jesu verfolgen."

Aber Niemöller gab sich an diesem Sonntag nicht damit zufrieden, Müller und Jäger anzugreifen. Er sprach zusätzlich über das Scheitern der Hoffnungen, die er in das neue Reich gesetzt hatte; das war eine kaum verhohlene Attacke auf das Hitler-Regime als Ganzes. „Welche Hoffnungen hatten wir für die Arbeit der evangelischen Kirche in unserem neu geeinten Volk! Wie die Jünger von Emmaus sagten: ‚Wir aber hofften, er sollte Israel erlösen.'" Jetzt aber sei davon nur noch „die Bitterkeit der enttäuschten Hoffnung" übrig. Es sei, so fuhr Niemöller fort, „die alte Geschichte: Männer mit Schwertern und Stöcken, heimlicher Verrat und Verräterkuß, Verleumdung und falsch Zeugnis, weltliche und kirchliche Verurteilung und das Kreuz!"

In dieser Atmosphäre hielt die Bekennende Kirche, am 19. Oktober, eine weitere Synode ab. Dieses Mal versammelten sich die Teilnehmer im Gemeindesaal von Dahlem. Die Synode, die über zwei Tage dauerte, beschuldigte Müller und Jäger, sie versuchten so etwas wie ein „Papsttum" in die evangelische Kirche Deutschlands einzuführen. Verurteilt wurden erneut die Einführung des Führerprinzips, die kirchliche Selbstverwaltung und die Abkehr von dem Grundsatz, daß die Heilige Schrift und die Schriften der Reformation die einzigen Grundlagen der christlichen Lehre seien. Martin Niemöller zog besonders heftig über das neue Heidentum der „Deutschen Christen" her. Nach Ende der Synode erhielt er einen Brief, in dem eine Angehörige der Bekennenden Kirche, die „für Viele" zu sprechen beanspruchte, ihm gratulierte: „Auf der Dahlemer Synode haben Sie getan, was getan werden mußte.... Die ‚Deutschen Christen' wissen nichts von himmlischen Dingen. Sie sind vollkommen mit dieser Welt verbunden." Ihr ganzes Hantieren mit Bibelsprüchen sei bloße „taktische Spielerei". (ZEKHN 62, Bd. 1021)

Die Dahlemer Synode ergriff eine weitere äußerst bedeutsame Initiative. Sie benannte einen kleinen geschäftsführenden Ausschuß, der die Angelegenheiten der Bekennenden Kirche leiten sollte. Es war dies eine direkte Folge der Maßnahmen, die die Leitung der Reichskirche gegen die Landeskirchen in Württemberg und Bayern ergriffen hatte. „Die Vergewaltigung der süddeutschen Kirchen", erklärte die Synode, „hat uns die letzte Hoffnung genommen, daß die Ordnung in der Kirche von innen her wiederhergestellt werden kann." Es liege nunmehr ein Notstand vor. Die Verfassung der evangelischen Kirche in Deutschland sei zertrümmert. „Die Männer, die die Führung der Reichskirche übernommen haben, haben sich auf eine Art und Weise benommen, die sie aus der christlichen Kirche ausschließt." In Konsequenz all dessen erklärte die Synode den Bruderrat zum leitenden und repräsentativen Organ der Evangelischen Kirche Deutschlands. „Wir rufen die christlichen Gemeinden, Pastoren und Kirchengemeinderäte auf", so schloß die Erklärung, „keine Weisungen mehr von der bisherigen Reichskirchenleitung und ihren Organen entgegenzunehmen. Wir rufen sie auf, sich statt dessen an die Weisungen der Bekennenden Synode der Evangelischen Kirche Deutschlands und ihrer anerkannten Organe zu halten."

Dem neuernannten Gremium, das „Rat der deutschen Kirche" genannt wurde, gehörten Karl Koch als Präsident, Hans Asmussen als dessen theologischer Berater, Thomas Breit als Vertreter der Lutheraner, Karl Barth als Vertreter der Calvinisten, Martin Niemöller als Repräsentant der Kirchen der Altpreußischen Union und Eberhard Fiedler als juristischer Berater an. Diese sechs Männer bildeten von jetzt an das vollziehende Organ des Bruderrats, der mittlerweile zu einem 22köpfigen Gremium angewachsen war.

Am 25. September veröffentlichte Niemöller einen Artikel über die Ziele der Bekennenden Kirche. „Die Bekennende Kirche hat nichts zu tun mit einer neuen oder einer alten Dogmatik, sie ist keine Sache der Lutheraner oder der Calvinisten, und es geht ihr nicht um Schisma oder Spaltung, solange wir nicht ausgeschlossen werden", schrieb er. Vor allem anderen gehe es ihr darum, „die Christenheit zu den Quellen ihrer Kraft zurückzuführen", in Gegnerschaft zu einem „neuen und andersartigen, unter falscher Flagge eingeführten und gelehrten Evangelium".

Einen Augenblick lang schien es, als hätten diejenigen, die diese falsche Lehre propagierten, einen Rückschlag erlitten. Mit der Absetzung der Bischöfe Wurm und Meiser hatten Ludwig Müller und August Jäger sich ganz sicher übernommen. Beide Bischöfe erfreuten sich sehr großer Beliebtheit. (Auf dem Adolf-Hitler-Platz in Nürnberg demonstrierten zehntausend Menschen für Meiser.) Zudem war die Suspendierung in beiden Fällen auf eine grobschlächtig autoritäre Art erfolgt, wie man sie bisher in der evangelischen Kirche kaum je erlebt hatte. Sogar einige „Deutsche Christen" waren damit nicht einverstanden. Müllers Stellvertreter, Dr. Fritz Engelke, erklärte seinen Rücktritt. Otto Zänker, den Müller selbst zum Bischof von Schlesien ernannt hatte, verkündete seinen Entschluß, zusammen mit 850 schlesischen Pfarrern in die Bekennende Kirche einzutreten. Daraufhin erklärte Jäger seinen Rücktritt (mit der vorgeschobenen Begründung, seine Arbeit sei getan).

Die Stellung Müllers war erschüttert, umso mehr, als Hitler klar sah, daß es dem Reichsbischof nicht gelungen war, die evangelische Kirche zu befrieden und zu einen. Ende Oktober befahl Hitler die Entlassung Wurms und Meisers aus dem Hausarrest. Er bestellte die beiden und dazu Bischof Marahrens zu sich und erklärte, er habe kein Interesse mehr an kirchlichen Angelegenheiten – ein eindeutiger Hinweis darauf, daß er es müde geworden war, seinen erfolglosen Reichsbischof weiter zu stützen. Eine Woche später forderten die drei Bischöfe, verstärkt durch Otto Zänker, Müller öffentlich zum Rücktritt auf.

Hitler hatte den süddeutschen Bischöfen zugesichert, daß die Evangelische Kirche Deutschlands künftig gemäß ihrer hergebrachten Grundsätze geleitet werde. Sie waren optimistisch, weil Jäger zum Rücktritt gezwungen worden war, wie es schien auf Geheiß Hitlers. Ihr Optimismus war eine gefährliche Selbsttäuschung. Hitlers Sinneswandel ging nicht so weit, daß er bereit gewesen wäre, den Reichsbischof zu entlassen. Ohnehin rührte dieser Sinneswandel hauptsächlich aus seiner Verärgerung über das Ausmaß der Opposition her, auf das die Politik Müllers in Kreisen stieß, die Hitler als besonders nazifreundlich angesehen hatte. Er war zu dieser Zeit sehr darauf bedacht, eine kritische Aufmerksamkeit, wie Bischof Bell sie in England schürte, nicht auch noch in anderen Ländern aufkommen zu lassen. Keineswegs war ihm die Haltung der Bekennenden Kirche sympathischer geworden. Weit davon entfernt, der Kirche ihre innere Freiheit wiederzugeben, ließ Hitler Anfang November durch seinen Innenminister jede öffentliche Diskussion oder auch nur Berichterstattung über die Probleme der Kirche untersagen.

Umso größer der Unwille Barths und Niemöllers darüber, daß einige Mitglieder des Bruderrats mit dem Gedanken zu spielen schienen, den Reichsbischof nicht nur – im Einvernehmen mit Hitler – abzulösen, sondern auch einen der ihren an seine Stelle zu setzen. Besonders eifrig darum bemüht, von der unnachgiebigen Haltung Barths wegzukommen, um die Kluft zwischen der Bekennenden Kirche und dem Staat kleiner und überbrückbarer zu machen, war Bischof Marahrens. (Im November ging er einmal so weit, Barth als „die größte Gefahr für die deutsche evangelische Kirche“ zu bezeichnen.) Bodelschwinghs Widerstandswille ließ nach. Sogar Karl Koch und Karl Lücking hielten einen tragbaren Kompromiß nicht mehr für unmöglich. Bei einer unter dem Druck der süddeutschen Bischöfe zustandegekommenen nächtlichen Sitzung am 20./21. November im Berliner St. Michaels-Hospiz wurde der in Dahlem eingerichtete „Rat“ durch eine „Provisorische Kirchenleitung“ ersetzt. Marahrens wurde am 22. November zum Vorsitzenden dieses Gremiums gewählt.

„Was ohne weitere Synonde, sondern in jenen nächtlichen Tumulten im St. Michaels-Hospiz entschieden wurde“, schrieb Barth an Martin Niemöller, „war dies, daß Dahlem *invalidiert,* Barmen aber zu den ‚intakten‘, ‚unantastbaren‘ *Papieren* rutschte.“ Die kirchliche Opposition gegen Hitler begann ihren Zusammenhalt zu verlieren. Barth, Niemöller, Karl Immer und Hermann Albert Hesse (der Mitglied der Dreierkommission gewesen war, die die erste Kirchenverfassung mit dem Dritten Reich ausgehandelt hatte) zogen sich verärgert aus dem Bruderrat zurück.

Dieser Konflikt hatte sich schon in Barmen angedeutet. Dort hatten Niemöller, Hesse und der Berliner Pastor Horst Michael eine Entschließung beantragt, die besagt hätte, daß die Reichskirchenleitung nicht mehr qualifiziert genug sei, die Deutsche Evangelische Kirche gemäß ihrer Verfassung zu verwalten und daß deswegen „die Synode und die von ihr vertretenen Kirchen sich weigern, bei einer Reform dieser Verfassung mit der gegenwärtigen Kirchenleitung zusammenzuwirken“. An diesem Punkt hatte Bodelschwingh sich bemüßigt gefühlt, eine persönliche Erklärung abzugeben, und zwar in bezug auf einen in den *Basler Nachrichten* erschienenen Bericht, demzufolge er aufgefordert worden war, im Rechtsausschuß der Reichskirchenleitung mitzuarbeiten. Ein solches Angebot, so erklärte er, sei ihm tatsächlich gemacht worden. Er habe es nicht in Bausch und Bogen ausgeschlagen, sondern seine Bereitschaft zur Mitarbeit von zwei Bedingungen abhängig gemacht: daß er die ihm angetragene Funktion nach völlig freiem Ermessen ausüben könne *und daß die süddeutschen Landeskirchen seine Mitarbeit billigten.* Er fügte hinzu, er glaube nicht, daß der von Niemöller, Hesse und Michael eingebrachte Antrag in einer die süddeutschen Kirchen bindenden Weise verabschiedet werden sollte. Dies war das Signal, auf das hin Dahlem demontiert wurde. Die treibenden Kräfte dieser Demontage waren „der unselige Bodelschwingh“ (wie Barth ihn nannte) und die süddeutschen Bischöfe. An dem Tag, als Marahrens sich bereiterklärte, an die Spitze der neuen Provisorischen Kirchenleitung zu treten, schrieb Barth an Niemöller: „Wir haben unsere Sache auf Gott und nicht auf den Erfolg gestellt.“

Rückblickend räumte Niemöller ein, daß er in den Tagen der

Barmer Synode voller Verwunderung darüber gewesen sei, daß Kirchenführer, Pfarrer und Laien so unterschiedlicher Herkunft und Tradition solche Einigkeit demonstriert hatten. Vier Monate später war diese Einigkeit dank Marahrens, Wurm, Meiser und Bodelschwingh dahin. In den Augen Niemöllers hatten diese Männer Verrat begangen. Jedenfalls aber hatten sie sich genau so verhalten, wie der NS-Staat es sich wünschte. Niemöllers Pfarrerskollege Eberhard Röhricht hatte einen Freund in der Abteilung für Kulturellen Frieden bei der Reichsleitung der NSDAP; von diesem erfuhr er, daß Heinrich Himmler es abgelehnt hatte, gegen die Barmer Synode einzuschreiten, da ein solches Vorgehen seiner Ansicht nach die Betroffenen nur zusammengeschweißt hätte; sich selbst überlassen, würden sie jedoch, so hoffte und glaubte er, früher oder später in einander befehdende Gruppen zerfallen.

Die Aufgabe, die Bekennende Kirche unter solchen Bedingungen zusammenzuhalten, fiel nun weitgehend Martin Niemöller zu; dabei mußte er bald auf die persönliche Hilfe Karl Barths verzichten. Barth hatte sich entschlossen, den seit neuestem vorgeschriebenen Treueid auf Adolf Hitler nicht zu leisten, und das bedeutete, daß er seinen Lehrstuhl in Bonn verlieren würde. Und in der Tat: Noch ehe Barth offiziell von seiner Entlassung unterrichtet wurde, gab die Universität bereits den Namen seines Nachfolgers bekannt, eines „Deutschen Christen". Anfang März 1935 erhielt Barth in Deutschland Redeverbot. Seine letzte Predigt auf deutschem Boden hielt er – das Verbot mißachtend – am 26. März auf der zweiten freien calvinistischen Synode in Siegen; es war eine Abrechnung mit dem „Götzendienst", den die neue Nazi-Religion in seinen Augen verkörperte und betrieb. Im Juli nahm er eine Berufung an die Universität Basel an; Niemöllers entschlossenster Kampfgefährte war nun außer Landes.

Für Niemöller war die evangelische Kirche Deutschlands, wie er am 28. Februar 1935 an Pfarrer Berger in Breslau schrieb, nur noch ein Scherbenhaufen. Wenn man sie wieder in Ordnung bringen konnte, dann nur auf der Grundlage „der Bekennenden Kirche". (ZEKHN 62, Bd. 1002) Bald wurde deutlich, daß die unter Führung Marahrens' (von dem es hieß, er liebäugle mit der Nachfolge Müllers) unternommenen Annäherungsversuche an den NS-Staat keine nennenswerte Revision der bisherigen Ideologie und Politik der Nazis bewirkten. Müller hatte zwar das Vertrauen Hitlers verloren, wurde aber nicht abgesetzt. Im Februar entschloß sich die

Provisorische Kirchenleitung, zutiefst beunruhigt über die Renaissance heidnischen Gedankenguts, zur Veröffentlichung eines Manifests, das sich insbesondere an Eltern wandte und sie eindringlich vor diesen, an den Schulen zunehmend stärkere Verbreitung findenden Irrlehren warnte.

Im März gab die Bekennende Synode Preußens ihrerseits ein Manifest heraus, das vor der „tödlichen Gefahr" einer „neuen Religion" warnte, die Blut, Rasse, Volk, Ehre, ewiges Deutschtum und ähnliches mehr zu ihren Götzen erhob. „Dem Staat ist seine Machtvollkommenheit von Gott verliehen", betonte das Manifest, und Gott „setzt auch der menschlichen Macht Grenzen". Niemöller verlas das Manifest vor dichtgedrängter Menge in seinem Dahlemer Gemeindesaal und erklärte sodann, jeder Christ müsse klar zu erkennen geben, wo er stehe. Die gesamte versammelte Gemeinde legte daraufhin ein Treuegelöbnis zur Bekennenden Kirche ab.

Die Gegenmaßnahmen des Regimes ließen nicht lange auf sich warten. Zunächst kündigte der Innenminister eine 20prozentige Senkung der Kirchensteuer in Preußen an. In den folgenden Tagen wurden in Preußen 700 evangelische Pfarrer verhaftet oder unter Hausarrest gestellt, weil sie das Manifest der Bekennenden Synode verlesen hatten. Diejenigen, die dies am voraufgegangenen Sonntag noch nicht getan hatten, wurden von der Polizei mit drohendem Unterton aufgefordert, es auch künftig nicht zu tun. Am Sonntag, den 17. März schickten die Behörden Polizeiaufgebote los, um sicherzustellen, daß die unter Hausarrest stehenden Pfarrer auch wirklich zuhause blieben. In Berlin wurde Jacobi daran gehindert, zur Arbeit zu gehen. An seiner Stelle hielt ein Kollege den Gottesdienst – und war mutig genug, das Manifest zu verlesen, worauf er verhaftet wurde. Auch Niemöller wurde festgenommen, obgleich er an diesem Sonntag gar nicht hatte predigen wollen. Man brachte ihn ins Polizeipräsidium am Alexanderplatz. (Er durfte ein paar Bücher mitnehmen und mit zuhause telefonieren.) Schließlich wurde auch Jacobi verhaftet.

Sämtliche inhaftierten Pastoren wurden binnen zweier Tage wieder auf freien Fuß gesetzt; sehr zum Unwillen Niemöllers hatte die Machtdemonstration der Behörden jedoch Karl Koch veranlaßt, eine Art Waffenstillstand anzustreben. Das Ganze lief darauf hinaus, daß das Manifest zwar am Sonntag, den 24. März noch einmal von allen preußischen Pastoren, die dem Pfarrernotbund angehörten, verlesen wurde, aber versehen mit einer Präambel, in der darauf hingewiesen wurde, daß Präsident Koch dem Innenminister erklärt habe, das Manifest richte sich „nur gegen die neue heidnische Religion und die darin liegenden Gefahren für Volk und Staat".

Niemöller nahm dies zum Anlaß, seiner Gemeinde (und den Geheimpolizisten, die sich unter die Gläubigen gemischt hatten) eine machtvolle Predigt gegen das neue Heidentum zu halten. „Wir sehen immer deutlicher", rief er, „wie ein neues Heidentum propagiert wird, das nichts mit dem Heiland zu tun haben will, der für uns gekreuzigt worden ist; die Kirche dagegen, die diesen Heiland als ihren einzigen Herrn anerkennt, wird als Staatsfeindin an den Pranger gestellt."

Die Tatsache, daß Ludwig Müller praktisch auf Tauchstation gegangen war, hatte keineswegs zur Folge, daß die anbeterische Propaganda der Nazis für alles „Nordische" nachließ; im Gegenteil, in der Folge traten noch weit aggressivere Spielarten dieser neuen Religion zutage. Dr. Artur Dinter meldete sich jetzt wieder zu Wort und verkündete seine Theorie von der Hierarchie der Rassen, an deren Spitze die Germanen standen, während die Juden ganz am unteren Ende rangierten. Der Lehre Dinters zufolge war Jesus ein gottgleicher Arier gewesen. Dinter verachtete Müller dafür, daß dieser nach der Veranstaltung im Sportpalast vor den Niemöllers und Gerhard Jacobi kapituliert hatte. Er charakterisierte Müller als einen „erzreaktionären Jahwe-Priester, dem beim Lesen der Berichte über die Sportpalast-Kundgebung das Herz in die Hosen fällt". Nun stellte Niemöller von seiner Kanzel herab die anklagende Frage, „warum ein Doktor Dinter und andere auf die Leute einreden und für ihre antichristlichen Anschauungen werben dürfen, während wir öffentlich zum Schweigen verurteilt sind".

Zunehmend nannte Niemöller in seinen Predigten die Namen von Pfarrerskollegen, die von der Polizei belästigt oder verhaftet worden waren. Wie Niemöller an den Greifenberger Superintendenten Buth schrieb (nachdem energische Beschwerden der Bekennenden Kirche die Freilassung eines jungen pommerschen Pfarrers bewirkt hatten), demonstrierte diese Praxis klar und deutlich „die Unterstützung des Staates für das unrechtmäßige Kirchenregiment". (ZEKHN 62, Bd. 1021) Die Verhaftungen häuften sich jetzt. Niemöller und die Bekennende Kirche waren entschlossen, die Betroffenen nicht im Stich zu lassen. Am Passionssonntag erklärte Niemöller von der Kanzel herab: „Heute schweigen in allen evangelischen Kirchen Deutschlands die Glocken, und zugleich werden in jedem Gottesdienst Gedenkminuten abgehalten für die fünf evangelischen Pfarrer aus Hessen und Sachsen, die ihrer Gemeinde weggenommen und in Konzentrationslager gebracht worden sind, trotz der Proteste der Provisorischen Kirchenleitung und der zuständigen Organe." Wenn einer leide, so machte Niemöller deutlich, leide die ganze Kirche mit ihm. Er sprach über einen Frankfurter Pfarrer, der vor nahezu drei Wochen verhaftet worden war, weil er sich der Anordnung seines „unrechtmäßigen" Bischofs, die Gemeinde zu wechseln, widersetzt hatte. Die Mutter dieses Pfarrers lag, wie Niemöller mitteilte, mit Krebs im Krankenhaus; sein Vater hatte bei der Nachricht von der Verhaftung seines Sohnes einen Herzanfall erlitten.

Der Niedergang Müllers bremste die zunehmenden Eingriffe des Staates in kirchliche Angelegenheiten keineswegs. Eher im Gegenteil: Am 19. Juli 1935 wurde bekanntgegeben, daß ein Mitglied des Hitler-Kabinetts, Hanns Kerrl, auf den neuerrichteten Posten eines Reichsministers für Kirchenangelegenheiten berufen worden war. Kerrl, ein antisemitisch gesinnter Rechtsanwalt, war zuvor Reichskommissar für das preußische Justizministerium gewesen. Er sah seine Aufgabe darin, die in sich gespaltene evangelische Kirche zu befrieden. Zur Verwirklichung dieses Vorhabens hielt er es für nötig, sowohl die Finanzverwaltungen der einzelnen Kirchen als auch die Schlichtung rechtlicher Streitigkeiten zwischen ihnen selbst in die Hand zu nehmen. Wenn es auch seine erklärte Aufgabe war, einer in sich zerrissenen Kirche Frieden zu bringen, so hatte er doch nicht das geringste gegen die Verhaftung von Pfarrern einzuwenden. Ja, wie sich herausstellte, scheute sich die Gestapo nicht, hin und wieder Pfarrer zu belästigen, zu schikanieren oder auch zu verhaften, ohne den neuen Reichsminister für Kirchenangelegenheiten zu konsultieren.

Martin Niemöller zweifelte nicht daran, daß das neue Ministeramt und sein Inhaber bloß ein weiterer illegitimer Versuch des NS-Staates seien, die Kirche unter seine Botmäßigkeit zu zwingen. Große Sorgen bereitete ihm auch die pflichtvergessene Haltung, die die im Lager von Meiser, Wurm und Marahrens versammelten Kirchenmänner an den Tag legten. Ende Juli artikulierte er diese Besorgnisse in einem Rundschreiben. „In den letzten Monaten haben wir auf entscheidende Erfolge unserer Kirchenleitung und auf die offizielle Anerkennung der Bekennenden Kirche durch den Staat gewartet", schrieb er. „Aber wir haben nur eine Enttäuschung nach der anderen erlebt." Es sei ein Zeichen des Unglaubens gewesen, „unser Vertrauen in Menschen zu setzen anstatt in Gott". Zweifellos seien viele müde und verzagt, aber „wir müssen unsere Brüder bitten, ihre Herzen zu prüfen, ob sie für den bevorstehenden Kampf gerüstet sind".

Kerrl stieß mit seinen versuchten Eingriffen in die Angelegenheiten der preußischen Kirche auf Ablehnung. Seine am 23. August ergangene Weisung, alle der Bekennenden Kirche angehörenden Pfarrer sollten ihre finanziellen Dinge nur noch mit der neuen, ihm unterstellten Finanzabteilung abwickeln, wurde ignoriert. Es gelang ihm auch nicht, eine Zusammenkunft der preußischen Synode der Bekennenden Kirche Ende September in Berlin-Steglitz zu verhindern, obwohl er kurz zuvor zum Zeichen seines guten Willens einige inhaftierte Pfarrer freiließ.

Er machte dann doch auf recht nachdrückliche Art seinen Einfluß geltend, indem er einen Mann seines Vertrauens, Dr. Julius Stahn, nach Steglitz entsandte. Stahn führte den Delegierten der Synode die unerfreulichen Folgen vor Augen, die es haben würde, wenn man die Behörden durch die Verabschiedung aggressiver Resolutionen reizte. „Lernen Sie, Ihre Zunge im Zaum zu halten", beschwor Stahn die Synodenteilnehmer, „dann werden Sie niemandes Zorn erregen."

Einer nicht unbeträchtlichen Anzahl hasenfüßiger Delegierter kam es in der Tat darauf an, möglichst wenig anzuecken. Für sie war Niemöller jetzt ein Störfaktor. Besonders Meiser und Marahrens fürchteten, er werde die jüdische Frage wieder aufs Tapet bringen. Am 15. September waren die sogenannten Nürnberger Gesetze („zum Schutz des deutschen Blutes und der deutschen Ehre") in Kraft getreten, die eine neue Etappe im Vorgehen des Regimes gegen die Juden markierten. Marahrens und Meiser taten alles, um Koch, der auf der Synode den Vorsitz führen würde, davon zu überzeugen, daß es klüger war, die Judenfrage nicht auf die Tagesordnung zu setzen. „Ich sehe der bevorstehenden preußischen Synode mit erheblicher Besorgnis entgegen, wenn solche Dinge wie die jüdische Frage zur Sprache kommen sollten", meinte Meiser. „Gegen ein selbstauferlegtes Märtyrertum würde ich meine Stimme erheben." Niemöller und seine Gesinnungsfreunde bestanden jedoch darauf, dieses Thema zu erörtern. Was als vehementer

Protest gegen den staatlich verordneten Rassismus gedacht war, wurde jedoch von der Synode merklich entschärft. In ihrer Schlußresolution erklärte sie lediglich, das Heil, das Jesus Christus bringe, solle allen zugute kommen, auch den Juden; ferner wurde beklagt, daß manche Gemeinden die Taufe von Juden untersagt hatten. Was Niemöller betraf, so erhob er den Vorwurf, daß die Synode kein Zeichen „christlicher Brüderlichkeit" gesetzt habe; es gegnüge nicht, bloß zu fordern, daß Juden die Taufe ermöglicht werden müsse; es tue ihm weh, daß die Synode sich darauf beschränkt habe. „Wir werden mehr sagen müssen", erklärte er den Delegierten, „und es wird so sein, daß wir unseren Mund erst dann richtig aufmachen, wenn wir selbst die Leidenden sind."

Kerrl hatte einen Teilerfolg erzielt: Die Bekennende Kirche war drauf und dran, sich zu spalten. Am 24. September unterzeichneten Kerrl und Hitler eine Verfügung, die „den Reichsminister für Kirchenangelegenheiten ermächtigte, Weisungen von bindender Rechtskraft zu erlassen, die der Wiederherstellung geordneter Zustände in der Evangelischen Kirche Deutschlands und in den evangelischen Landeskirchen dienten". Am 14. Oktober berief Kerrl einen Reichskirchenausschuß und übertrug ihm die Aufgabe, kleinere Unterausschüsse einzurichten, die die Eintracht in der gesamten evangelischen Kirche wiederherstellen sollten. Er brachte den weithin geachteten Wilhelm Zöllner dazu, den Vorsitz in dem neuen Organ zu übernehmen.

Im Juli hatten 49 Mitglieder des Pfarrernotbundes den Rundbrief unterschrieben, in dem Niemöller ein „klares, kompromißloses Nein zu jeder Versuchung", gefordert hatte, „die Probleme der Kirche in einer den Beschlüssen von Barmen und Dahlem zuwiderlaufenden Weise zu lösen." In Barmen, so hieß es in dem Rundbrief, sei das Glaubensbekenntnis der Kirche kodifiziert, in Dahlem ihre innere Ordnung und Struktur festgelegt worden. „Möge Gott uns helfen", schloß der Brief, „daß wir, wenn es darauf ankommt, in der Lage sein werden, dieses Nein freudig und einig auszusprechen." Allein, die Einigkeit fehlte. Im Oktober suchte Kerrl Bischof Marahrens auf und teilte ihm mit, er wolle den Bruderrat auflösen, falls dieser nicht bereit sei, sich selbst aufzulösen. Die Kirchenführer seien, so Kerrl, eingeladen, von jetzt an mit dem neuen Reichskirchenausschuß zusammenzuarbeiten. Am 14. November setzte Marahrens Niemöller und Fritz Müller von seiner Absicht in Kenntnis, diesem Ansinnen Kerrls nachzugeben und mit dem neuen Ministerium zu kooperieren. Am gleichen Tag trafen sich fünfzehn Mitglieder des Bruderrats (der „treuen Opposition", wie Niemöller sie in seinem Tagebuch nannte) im Hause Niemöllers und verständigten sich darauf, daß eine „Zusammenarbeit mit dem Reichskirchenausschuß unvereinbar ist mit der Zugehörigkeit zur Bekennenden Kirche".

Überzeugt davon, daß er einen Keil in die Führung der Bekennenden Kirche getrieben hatte, ergriff Kerrl jetzt eine noch weitergehende repressive Maßnahme. Am 30. November teilte er dem Bruderrat mit, daß künftig jedes Schriftstück, das zur Verteilung gelangen solle, der Berliner Polizei zur Prüfung und Genehmigung vorgelegt werden müsse. Niemöller verlas diese Mitteilung von der Kanzel und meinte dazu, die Kirche werde damit „in einen Zustand vollständiger Sklaverei und Abhängigkeit vom Wohlwollen eines anmaßenden Staates" versetzt. Der Reichsminister für Kirchenangelegenheiten versuche, so erklärte er, „die Kirche zur Duldung der Rassen-Irrlehre und zur Selbstvergiftung mit solchen Doktrinen zu zwingen".

Am 2. Dezember erklärte Kerrl die Organisationen der Bekennenden Kirche für illegal. Zwei Tage später trat die Synode der Bekennenden Kirche Berlin-Brandenburgs wie vorgesehen im Gemeindesaal von Dahlem zusammen. Gerhard Jacobi führte den Vorsitz, und Niemöller begrüßte die Teilnehmer im Namen des Bruderrats. Als Gestapo-Beamte auftauchten, begrüßte er auch sie und bat sie, die für sie reservierten Plätze einzunehmen. Daraufhin entfernten sie sich wieder. Nach zweistündiger Diskussion faßten die 180 Delegierten (außer ihnen waren noch 500 Gäste und Beobachter anwesend) einmütig eine Entschließung, die den Erlaß Kerrls vom 2. Dezember als unzulässigen Eingriff in die Freiheit und in das innere Leben der Kirche verurteilte. Sich ihm zu unterwerfen, hieße, dem wirklichen Herrn der Kirche den Gehorsam aufzukündigen. Am Abend dieses Tages wurde Niemöller eine polizeiliche Anordnung zugestellt, die es ihm mit sofortiger Wirkung untersagte, sich auf dem Boden des Deutschen Reiches öffentlich zu äußern.

Kerrl drängte Niemöller zunehmend in die Isolation. Während sein Dahlemer Kollege Fritz Müller ihm unbeirrt zur Seite stand, gingen in der Gemeinde selbst die Meinungen auseinander. Eberhard Röhricht hielt zwar noch zu seinen beiden Kollegen, aber nicht ohne Vorbehalte. Andere Pfarrer äußerten offen ihre Zweifel daran, ob die Weigerung Niemöllers, sich mit Kerrl zu arrangieren, klug war. „Was bleibt denn eigentlich?" fragte Heinz Brunotte aus Hannover am 10. Dezember. „Ist denn mehr übriggeblieben als ein kleiner Kreis in der Altpreußischen Union, der dank der Taktik Niemöllers in eine Sackgasse geraten ist?"

Wie ernst das Regime es mit dem Versuch, Niemöller mundtot zu machen, meinte, zeigte sich, als er im Januar 1936 eine Kampfschrift mit dem Titel *Die Staatskirche ist da!* veröffentlichte. Der eigentliche Verfasser des Pamphlets war, auch wenn es unter dem Namen Niemöllers erschien, der abgesetzte Berliner Generalsuperintendent Otto Dibelius. Die Schrift war eine einzige beißende Attacke gegen Kerrl und seine Praxis, der Kirche mit Hilfe der Gestapo seine Anschauungen aufzuzwingen. Beklagt wurden die Übergriffe von HJ- und SS-Verbänden auf Vertreter und Institutionen der Kirche. Eine politisierte Kirche, so argumentierte Dibelius, könne nicht frei sein. Er kritisierte diejenigen, die mit Kerrl bei der Errichtung einer solchen Kirche zusammenarbeiteten, einer Kirche, in der am Ende nur noch für die Anschauungen der „Deutschen Christen" Platz sein werde. Die Staatskirche sei bereits Wirklichkeit, schloß Dibelius; eine Kirche, deren Daseinszweck es nicht sei, das Evangelium zu predigen, sondern der politischen Obrigkeit dienstbar zu sein. Das Pamphlet wurde in hoher Auflage gedruckt. Ein Großteil der Exemplare fiel jedoch der Polizei in die Hände, die sogar etliche Pfarrhäuser danach durchsuchte.

Im folgenden Monat weitete sich die Kluft, die die Bekennende Kirche spaltete, noch gefährlicher aus. Auf einer Reichssynode, die vom 17. bis 22. Februar in Bad Oeynhausen stattfand, zeigten Meiser, Wurm und Marahrens sich entschlossen, die Zustimmung der Mehrheit zu einem Kurs der Kooperation mit dem Reichskirchenausschuß zu gewinnen. In Reaktion hierauf griffen Niemöller, Martin Albertz und Hans Böhm zu einem äußersten Mittel: Sie riefen eine zweite Provisorische Kirchenleitung ins Leben, in demonstrativer Opposition gegen diejenigen, die nun bereit schienen, den schwer erkämpften Anspruch, daß die Bekennende Kirche und sie allein die legitime Repräsentantin des deutschen Protestantismus war, wieder fallen zu lassen. Aber Marahrens ließ sich durch nichts von seinem Vorsatz abbringen. Er hatte, ebenso wie Meiser und Wurm, die Zusicherung erhalten, daß der Reichskirchenausschuß im Bereich der Landeskirchen von Hannover, Bayern und Württemberg keine Unterausschüsse einrichten werde. Allerdings trat Marahrens nunmehr als Präsident der Provisorischen Kirchenleitung zurück, um statt dessen an die Spitze eines Ausschusses zu treten, der von Kerrl berufen und mit der Leitung der evangelischen Landeskirche von Hannover beauftragt worden war. In diesen Ausschuß berief Kerrl auch einen „Deutschen Christen".

Niemöller versuchte gar nicht erst, seine Verbitterung über Marahrens und diejenigen, die sich seinem Kurs anschlossen, zu verbergen. Am 6. April schrieb er an Bodelschwingh, er sei bestürzt, mit ansehen zu müssen, wie „ein Mann wie Marahrens einen ‚Deutschen Christen' in das leitende Organ seiner Kirche aufnimmt". Er fügte hinzu: „Die Bekennende Kirche haben die Männer Marahrens, Meiser und Wurm nun glücklich nach dem gerissenen Plan der Herren Kerrl und Zöllner zerschlagen, um sich selbst am Leben zu erhalten. Es wird auf diesem Verrat kein Segen ruhen. Schade nur, daß der Name Bodelschwingh nun dieses Verfahren mit decken muß." (ZEKHN 62, Bd. 1020)

Bonhoeffer hatte am 12. August 1935 in einem Brief an Niemöller gemeint, was die deutsche Kirche jetzt brauche, sei „eine wesentlich andere Auslegung von Matthäus 22,21 als bisher" (worin Jesus zu den Pharisäern spricht: „Gebet dem Kaiser, was des Kaisers ist, und Gott, was Gottes ist"). Für Niemöller war die Kirchenpolitik des NS-Staates durch und durch unakzeptabel. „Das Verhältnis zwischen dem Staat und uns, das durch die Begriffe ‚Autorität' und ‚Gehorsam' gekennzeichnet ist, wird uns auf lange Sicht nicht zufriedenstellen", erklärte er seinen Gläubigen. „Ein direktes persönliches Verhältnis des Vertrauens und der Liebe wäre uns lieber." Am 15. November klagte er in einer Predigt, es sei nicht mehr möglich, zu bestimmen, welche Dinge Gott und welche dem Kaiser zustanden, da der Kaiser jetzt alles für sich beanspruche.

Niemöller war nach wie vor ein überzeugter Patriot, nicht anders als die große Mehrheit der deutschen Protestanten. Als im August 1936 der Bruderrat einen erneuten Versuch unternahm, gegen die staatlichen Übergriffe auf die Christen und ihre Kirchen in Hitlers Deutschland und gegen die Verbreitung gottloser Ideen zu protestieren, und zu diesem Zweck ein (dieses Mal von Karl Koch und Fritz Müller verfaßtes) Manifest veröffentlichte, das in allen Kirchen verlesen werden sollte, hatte Niemöller keinerlei Bedenken, daraus auch jene Passage vorzulesen, in der es hieß: „Wir sind bereit, alle unsere weltlichen Güter und unser Blut für den Staat und unser deutsches Volk zu opfern." Wozu die Pastoren nicht bereit waren, so die weitere Aussage des Manifests, war, „uns vor dem Jüngsten Gericht vorwerfen zu lassen: ‚Als in Deutschland das Evangelium Jesu verleugnet wurde, habt ihr geschwiegen und eure Kinder widerstandslos einem fremden Geist überantwortet.'"

Niemöller zweifelte jetzt nicht mehr daran, daß der Konflikt sich ungeachtet der scheinbaren Ruhe, die nach der Kapitulation der Kirchenführer vor Kerrl eingezogen war, verschärfen würde. Am 4. Juni versuchte er in einem offenen Brief die Lage der Kirche zu beschreiben: „Wir haben im Augenblick eine verhältnismäßige Ruhe, wie ein Schiff in der Mitte eines Taifuns; es ist nur eine Frage der Zeit, wann der Sturm mit voller Wucht wieder losbricht." Er zitierte den Propheten Jesaja: „Mach stark die schwachen Hände; mach fest die zitternden Knie." Am 9. Juni ermunterte er einen Briefpartner mit einem Paulus-Zitat: „Mag auch unsere äußere Hülle vergehen, so erneuert sich unser Inneres doch Tag für Tag." (ZEKHN 62, Bd. 1021)

Wenn Niemöller der Überzeugung war, daß der Kampf sich verschärfen würde, dann zweifellos auch deshalb, weil die Bekennende Kirche soeben ihre schärfste Attacke gegen die Politik Hitlers geritten hatte, und zwar in einer geheimen, an Hitler selbst adressierten und ihm überbrachten Denkschrift. Ihre Verfasser waren Niemöller, Hans Asmussen und ein unerschrockener junger Pfarrer aus Lübeck, Wilhelm Jannasch (der das Schriftstück in der Reichskanzlei abgeliefert hatte). Die Denkschrift stellte fest, die Angriffe auf die Kirche seien gegenwärtig schlimmer als zu irgendeinem Zeitpunkt seit 1918 und erfreuten sich offenbar der Rückendeckung durch einflußreiche staatliche Amtsträger. Pfarrer würden wegen der Äußerung abweichender Auffassungen eingesperrt, manche sogar in Konzentrationslager gesteckt. Nationalsozialistische Organisationen wie die Hitlerjugend betrieben offene Agitation gegen die Kirchen. In Presse und Rundfunk würden gottlose Lehren propagiert. Die arische Rasse werde auf eine absurde Weise glorifiziert, obgleich doch die Bibel lehre, daß alle Menschen Sünder seien. Christen würden zum Judenhaß aufgehetzt, während doch Jesus Christus die Menschen aufgefordert habe, ihre Nächsten zu lieben.

Im Juli erhielt die ausländische Presse Kenntnis vom Inhalt dieser Denkschrift. Als „Schuldiger" wurde Dr. Friedrich Weissler dingfest gemacht, ein „nichtarischer" Anwalt, der als Rechtsberater für die Bekennende Kirche tätig war. Weissler wurde entlassen;

er starb am 19. Februar 1937 im KZ Sachsenhausen an den Folgen brutaler Mißhandlungen.

Niemöller hörte nicht auf, sowohl privat als auch öffentlich den staatlichen Antisemitismus anzuprangern. Seinen Briefpartnern empfahl er Bücher und Artikel über den Wert des Alten Testaments (so z. B. in einem Brief an Schwester Käthe Beck vom 9. Dezember 1935, ZEKHN 62, Bd. 1021). Wenn Paare, die sich in der St. Annen-Kirche trauen lassen wollten, ihn baten, beim Hochzeitsgottesdienst *keine* Texte aus dem Alten Testament zu verwenden, wies er sie streng zurecht. Von der Kanzel herab erinnerte er seine Gemeinde daran, daß Jesus Christus ein Jude war und daß bei der Kundgebung im Sportpalast auch er beschimpft und verdammt worden wäre. Wenn, so Niemöller, die „Deutschen Christen" den Gott des Alten Testaments höhnisch „Jaweh, den Dämon der Wildnis" nannten, zeige dies nur, daß „die Worte, die unser Volk einst zum lebendigen Gott hinführten, eines nach dem anderen mit meterhohem Dreck zugeschüttet werden".

Das Erntedankfest nahm er zum Anlaß, sich mit den Lehren der Nazis über deutsches „Blut" und deutschen „Boden" auseinanderzusetzen. Es genüge nicht, erklärte er, mit einer „neuen Ehrfurcht" von „Volkstum" und vom „heiligen Boden" des Vaterlandes zu sprechen, als ob „alle Männer und Frauen von deutschem Blut und deutschem Boden hier eine überwältigende religiöse Erfahrung machen könnten, an der wir alle teilhaben würden, unabhängig von allen engstirnigen Dogmen und Lehren und jenseits aller konfessionellen Grenzen, die uns voneinander trennen".

Diese germanischen Elemente im Volkscharakter seien sowenig wie alle anderen Dinge auf Erden gegen Sünde und Tod gefeit. „Wir können nicht, als todgeweihte Geschöpfe inmitten einer todgeweihten Schöpfung, aufrichtig preisen und danken, ohne daran zu denken, daß am Ende eine Totenglocke wartet", sagte Niemöller. Am 22. November variierte er dieses Leitmotiv mit der erstaunlichen Bemerkung: „Wenn man heute sagt, daß wir im Leben des deutschen Volkes ewig fortleben, so versucht man nichts anderes, als den Ernst des Todes zu leugnen, ihn mit einer frommen Lüge zu verhüllen."

Wie seine persönliche Korrespondenz zeigt, war Niemöller sich des großen Risikos, das er einging, wohl bewußt. Hans Ehrenberg, ein „nichtarischer" Pfarrer, der nach einer Leidenszeit in Sachsenhausen das Glück hatte, ins sichere England zu entkommen, schrieb, es habe auf die von Engländern oft gestellte Frage: „Wer von euch hat Hitler wirklich Widerstand geleistet?" nur eine Antwort gegeben: „Niemöller, der im letzten Krieg U-Boot-Kommandant war, hat es geschafft." 1936 leistete Niemöller zwar noch Widerstand, rechnete aber nicht mehr damit, etwas Wirksames zum Schutz der deutschen Juden – und sei es nur der christianisierten – tun zu können. Er riet ihnen, das Land zu verlassen, solange es noch ging. Am 29. Juli 1936 schrieb Korvettenkapitän Walter Schmidt-Henrici aus Erfurt und bat Niemöller um Rat wegen seines Sohnes, der Theologie studierte: „Er [ist] nicht rein arisch." Erläuternd fuhr Schmidt-Henrici fort: „Ich selbst bin rein arischer Abstammung, die Eltern meiner Frau jedoch waren nichtarisch und traten als junge Leute zum Christentum über; meine Frau ist als kleines Kind getauft und christlich erzogen worden." Niemöller riet ihm, seinen Sohn außer Landes zu schicken, vielleicht in die Schweiz, denn, so meinte er: „Die fernere Zukunft der Bekennenden Kirche in Deutschland [schwebt] völlig in der Luft." In Deutschland Theologie zu studieren, sei eine unsichere Sache. (ZEKHN 62, Bd. 1021)

In der Tat gewannen in den theologischen Studiengängen die Lehren der „Deutschen Christen" zunehmend an Boden, und im gleichen Maß nahmen die Einmischungen der weltlichen Behörden zu. Aus diesen Gründen hatten Niemöller und Karl Koch dem Bruderrat schon im Juni 1934 den Vorschlag gemacht, Dietrich Bonhoeffer die Leitung eines unabhängigen theologischen Seminars anzubieten. Niemöller und Jacobi hatten hart zu kämpfen, ehe sie mit ihrer Auffassung, daß Bonhoeffer der geeignete Direktor für ein solches Seminar sei, durchdrangen. Es war ein riskantes Unternehmen, und das Seminar wurde schließlich auch von den Nazis geschlossen. Nachdem Kerrl die Zügel in die Hand bekommen hatte, schrieb Bonhoeffer betrübt: „Alles, was wir hier tun, ist nun illegal und wider das staatliche Gesetz." Ungeachtet dessen sprachen er und Niemöller sich gegenseitig Mut zu. Am 3. Dezember 1936 schrieb Bonhoeffer an Niemöller: „Noch sind wir trotz des großen Ernstes sehr vergnügt und getrost. Im übrigen halten wir es mit dem schönen Lied von Mathias Claudius:

> Gott gebe mir nur jeden Tag,
> soviel ich darf zum Leben.

Er gibt's dem Sperling auf dem Dach;
wie sollt er's mir nicht geben!

Die Vorbehalte, die Bonhoeffer anfänglich gegenüber Niemöller gehegt hatte, waren inzwischen geschwunden, und gelegentlich beugte er sich sogar entgegen der eigenen Auffassung dem Urteil Niemöllers. Während der Olympischen Spiele von 1936, die in Berlin stattfanden, beschlossen Jacobi, Asmussen, Dibelius, Iwand und Niemöller, die Berliner Paulskirche als Forum für eine Reihe von Vorträgen über die Lage der Deutschen Evangelischen Kirche zu benutzen; damit wollten sie ein kleines Gegengewicht gegen den propagandistischen Nutzen schaffen, den Hitler aus diesem Großereignis zog. Bonhoeffer hielt das ganze für Zeitvergeudung, erklärte sich aber aus Loyalität zu seinen Freunden zur Mitarbeit bereit. Im Laufe seines Aufenthalts in Berlin entdeckte er in einem Schaufenster unweit der Paulskirche einen Vers, den er abschrieb und Niemöller übersandte, da sich darin die wahre Bösartigkeit ihrer Gegner offenbarte. Der Vers lautete:

Nach der Olympiade
Hauen wir die BK zu Marmelade;
Dann schmeißen wir die Juden raus,
Dann ist es mit der BK aus.

Wie die Aktivitäten Niemöllers während der Olympischen Spiele von 1936 ein weiteres Mal bezeugten, hatte er die Bedeutung der internationalen öffentlichen Meinung schätzen gelernt. Er und Hans Asmussen spielten sogar mit dem Gedanken, im August zu einer Tagung des Ökumenischen Rates für praktisches Christentum in Chamby zu reisen. (Diesmal behielt aber Bonhoeffer mit seiner Ansicht, daß dies verlorene Zeit wäre, die Oberhand.) Niemöller bemühte sich zunehmend um Begegnungen mit ausländischen Kirchenvertretern, die Deutschland besuchten, um sie aus seiner Sicht über das aufklären zu können, was sich in den deutschen Kirchen abspielte. Ende August führte er über dieses Thema ein langes Gespräch mit Professor John Brown Mason vom Colorado Women's College. Und Anfang 1937 traf er zum ersten Mal mit Bischof George Bell von Chichester zusammen. „Man hatte den Eindruck, er brannte wie eine Fackel“, schrieb Bell später, „doch immer lächelte er und war freundlich – und er hatte einen sehr starken Glauben. Er war nicht bloß ein Kämpfer, obwohl er das auch war. Er war warmherzig und humorvoll und erfüllt von einem freundschaftlichen Geist. Er sagte mir, der Glaube sei stärker als die Organisation; der Organisation sei überall zuviel Wert beigemessen worden."

1936 war ein anstrengendes Jahr für Niemöller. Der Witwe von Pfarrer Karl Lange aus Neustätten schrieb er am 11. September: „Uns alle hat der Kampf um die Kirche dieses Jahr überrascht, weil er härter geworden ist." (ZEKHN 62, Bd. 1021) Indes stand ein noch schwereres Jahr bevor. In seiner Neujahrspredigt 1937 kritisierte Niemöller die die Verkündigung des Evangeliums reglementierenden Vorschriften, die Lahmlegung der theologischen Fakultäten und die Einkerkerung von Pfarrern. Im August des Vorjahrs hatte er seine Gemeinde an die Worte des Heiligen Paulus (aus dem Philipperbrief 1: 29) über das Privileg, um Christi und des Evangeliums willen zu leiden, erinnert. Paulus, so erklärte Niemöller, habe diese Worte im Gefängnis geschrieben. Damals, im August 1936, hatte Niemöller darauf hingewiesen, daß viele bekennende Pfarrer Gefangene in ihrer eigenen Kirche seien, außerhalb derer sie nicht ihre Stimme erheben dürften. Jetzt, im Januar 1937, berichtete er über neun bekennende Pfarrer aus Lübeck, die unter Hausarrest gestellt waren. Diese Männer waren keineswegs Extremisten. Einer von ihnen, Bruno Meyer, Pfarrer an der St. Ägidien-Kirche, war der ältere Pfarreikollege jenes Wilhelm Jannasch, der die folgenschwere Protestdenkschrift in der Reichskanzlei abgeliefert hatte. Wie Bruno Meyer in seinem Tagebuch vermerkte, war er sich mit Jannasch in der Gegnerschaft zu den „Deutschen Christen" vollkommen einig. „Wenn er nur nicht", so setzte Meyer hinzu, „so fürchterlich eigensinnig und unvorsichtig wäre!"

Jetzt sah der vorsichtige (aber gleichwohl kompromißlose) Meyer sich geknebelt, zusammen mit acht Lübecker Kollegen. Niemöller prangerte diese Willkürmaßnahme am 30. Januar von der Kanzel herab an. Die Kirche liege in Ketten, erklärte er, und sei nicht mehr in der Lage, das Evangelium Jesu Christi zu predigen. „Das eine Wort ‚Lübeck' redet deutlich genug, als daß es überhört werden könnte: Lübeck, die Stadt in Deutschland, wo die Predigt des biblischen Evangeliums polizeilich verboten ist; Lübeck, die Stadt im deutschen Vaterland, wo durch Anwendung von Gewalt sämtliche evangelischen Prediger polizeilich gehindert werden, den Herrn Jesus Christus als den einen Heiland und Retter zu bezeugen." Es war keine Übertreibung. Was den neun beliebten Lübecker Pfarrern zugestoßen war, zeigte, wie wenig von den Versprechungen und Beteuerungen Kerrls zu halten war. Es brachte auch den Bankrott seiner Politik. Die Bekennende Kirche in Lübeck war sehr geneigt gewesen, dem von Marahrens eingeschlagenen Kurs einer Verständigung mit dem Reichskirchenausschuß zu folgen, und hatte dies Niemöller auch schon mitgeteilt. Nur sahen sich die neun Pfarrer nicht in der Lage, die an den Anschauungen der „Deutschen Christen" orientierte Polemik ihres Bischofs Balzer hinzunehmen. Daher entschloß sich Zöllner, nach Lübeck zu fahren und den Versuch einer Schlichtung der Differenzen zwischen den unter Arrest gestellten Pastoren und dem Bischof zu machen. Dies ließ die Gestapo nicht zu. Am 12. Februar 1937 trat Zöllner – und mit ihm der ganze Ausschuß – zurück.

Niemöller war nun plötzlich wieder die tragende Figur des gesamten Widerstandes gegen die Gleichschaltung der Kirche mit dem NS-Staat. Am 10. März 1937 schrieb ihm Gerhard Jacobi, nur er, Niemöller, könne jetzt eine Katastrophe verhindern. „Ich hoffe, Sie haben noch gute Beziehungen", hieß es in dem Brief. „Die meinen sind alle dahin." (ZEKHN 62, Bd. 1021)

Die Zeit der „guten Beziehungen" war längst vorbei. Immerhin aber hatte Niemöller bisher sein Bestes getan, um die Behörden nicht zu provozieren (ohne dabei seine Grundsätze zu opfern). So hatte beispielsweise der ursprüngliche Entwurf für sein Pamphlet über die Bedeutung der Bekennenden Kirche eine Passage enthalten, die schilderte, was bei jener berüchtigten Sportpalast-Kundgebung eigentlich hätte geschehen müssen. Eigentlich hätte, so Niemöller beschwörend, ein Christ auf die Tribüne stürzen und ausrufen müssen: „Glaubt nicht, was man euch hier über die Überlegenheit des nordischen Menschen erzählt! Das sind nichts als Wunschträume und Märchen! Das Wort Gottes lehrt, daß alle Menschen (von Adam bis Adolf Hitler) ohne Ausnahme Sünder sind." (In der veröffentlichten Fassung ließ Niemöller die Worte „von Adam bis Adolf Hitler" weg.) (Bp 10.17)

Seither war es mit den Eingriffen des Staates in kirchliche Angelegenheiten schlimmer geworden. Im Frühjahr 1937 ging Niemöller dazu über, regelmäßig öffentlich die Namen von Kollegen aus der Bekennenden Kirche zu nennen, die sich in Haft oder im Konzentrationslager befanden, und für sie zu beten. Und er bekannte sich offen zum Gegner der Kerrlschen Kirchenpolitik.

So besuchte er beispielsweise Ende April den katholischen Bischof von Münster, Clemens August von Galen. Im Monat zuvor hatte Papst Pius XI. sich angesichts fortgesetzter Verletzungen des 1933 zwischen dem Vatikan und der Hitler-Regierung geschlossenen Konkordats dazu durchgerungen, etwas zu unternehmen. Eine an die katholischen Bischöfe Deutschlands gerichtete Enzyklika, *Mit Brennender Sorge,* wurde heimlich ins Land geschmuggelt und am Palmsonntag von allen katholischen Kanzeln verlesen.

„Mit brennender Sorge und zunehmendem Unverständnis", hieß es darin, „beobachten wir seit einiger Zeit das Kreuz, das die Kirche in Deutschland zu tragen hat, und die zunehmend schwierigere Lage derjenigen Männer und Frauen, die ihren Glauben bewahrt haben und ihm in Gedanken und Taten treu geblieben sind." In der Folge verurteilte der Papst alle die, die „Rasse, Volk und Staat" zur obersten Richtschnur aller Werte erhoben hatten. „Die Offenbarung im Evangelium Jesu Christi ist endgültig und für alle Zeiten verbindlich." Die Enzyklika verurteilte schließlich noch die Einmischung des Staates in die kirchliche Jugendarbeit und in die Tätigkeit der konfessionellen Schulen. Die Enzyklika erzürnte Hitler; er befahl die Beschlagnahme aller Exemplare und, als Vergeltungsmaßnahme, die Schließung katholischer Druckereien.

Galen gehörte zu den wenigen, die sich absolut nicht einschüchtern ließen. Er hatte schon 1935 deutliche Kritik an dem neuen Heidentum geübt, das sich in Deutschland Bahn brach. Obwohl von Kerrls Ministerium unter Druck gesetzt, weigerte er sich, zu schweigen. Am 21. Dezember 1936 protestierte er beim westfälischen Regierungspräsidenten gegen eine Verordnung, die katholische Lehrer, die in der Sonntagsschule die Hirtenbriefe der Bischöfe verlasen, mit sofortiger Entlassung aus dem Dienst bedrohte. Ohne auf den Zorn Hitlers über *Mit Brennender Sorge* Rücksicht zu nehmen, bohrte Galen in dieser Sache weiter. Im Frühsommer 1937 hielt er eine fast zweistündige Predigt, in der er die von der Regierung begangenen Verstöße gegen das Konkordat aufzählte. Ordensschwestern seien, so beschwerte er sich, aus Schulen und Krankenhäusern, katholische Lehrer aus kirchlichen Bildungsanstalten gewiesen worden. Viele kirchliche Organisationen seien aufgelöst, ihre Vermögenswerte eingezogen worden. Das Recht vorgesetzter kirchlicher Amtsträger, den Schulen Besuche abzustatten, sei ausgesetzt worden. „All das und vieles andere, das im Widerspruch zum Konkordat steht, ist uns allen bekannt", schloß Galen. „Auch der Papst weiß es! Sollte ich da schweigen?"

Niemöller belobigte ihn öffentlich für seine Standfestigkeit. In einer Predigt, die er am 18. Juni in Bielefeld hielt, erklärte er, in einer Zeit, in der die Grundlagen des Christentums selbst in Frage gestellt würden, öffneten sich „neue Klüfte und werden neue Brükken geschlagen". Er fuhr fort: „Wie stark diese Trennungen sind, möchte ich daran deutlich machen, daß ich mir sehr wohl denke, daß ich mit einem Mann wie dem Bischof von Münster, Graf Galen, zum gemeinsamen Gebet niederknie, während es für mich unvorstellbar ist, daß ich jemals mit einem deutschchristlichen Bischof zum Abendmahl gehen könnte. Jedenfalls ist für mich die Kluft zwischen der evangelischen Kirche und den Deutschen Christen tiefer und breiter als die zu den katholischen Glaubensbrüdern." Niemöller zog hier die praktischen Konsequenzen aus den Erkenntnissen eines Buches, das er und Otto Dibelius im März veröffentlicht hatten. Sie hatten darin Deutschland beschworen, zum wahren Gott zurückzukehren. Der von Niemöller verfaßte Teil des Buches bezog sich auf das Jesus-Wort: „Wer nicht für mich ist, ist gegen mich." Niemöller hatte nur noch wenig Zeit und Geduld für die Vorsichtigen übrig. Er schlug jetzt selbst alle Vorsicht in den Wind. Als die Geheime Staatspolizei ein Telefongespräch abhörte, in dem er sich abfällig über Bodelschwingh äußerte, triumphierte Kerrl und drohte, die Äußerungen zu veröffentlichen und Niemöller damit zu diskreditieren. Otto Dibelius konnte Niemöller gerade noch davon abhalten, sogleich bei Kerrl anzurufen und eine unverzügliche Veröffentlichung zu fordern, um der Welt die Methoden der Gestapo vor Augen zu führen.

Niemöller bekundete nicht nur seine Solidarität mit den gläubigen Katholiken im gemeinsamen Kampf um das Evangelium, er versuchte auch Kontakte zu der aufblühenden ökumenischen Bewegung im Ausland zu knüpfen. Er und vier andere Mitglieder der Bekennenden Kirche hatten beschlossen, im Sommer 1937 an einer Konferenz der Gruppe „Praktisches Christentum" in Oxford teilzunehmen. Der Reichskirchenausschuß war nicht gewillt, dies zuzulassen, und am 14. Mai wurden die Pässe der fünf Männer eingezogen.

Drei Tage später erklärte Niemöller in einer Predigt, diejenigen, die für eine Reichskirche und für eine Abkehr von den Reformationsbekenntnissen einträten, verfolgten in Wirklichkeit das Ziel, sowohl die christlichen Kirchen als auch den christlichen Glauben zu vernichten. Was diejenigen betreffe, die jetzt das Recht beanspruchten, an der Spitze der Kirche zu stehen, so sei keiner von ihnen von Jesus dazu berufen worden. Die Heilige Schrift fordere von den Christen einzig und allein, daß sie demütig das Wort Gottes weitertrugen.

Neben allen seinen anderen Aktivitäten kam Niemöller nach wie vor getreulich seinen Aufgaben als Gemeindepfarrer nach. Seine letzte Konfirmation in Dahlem vollzog er an Ostern 1937. Fotografien zeigen ihn, wie er seine Konfirmanden nach dem Gottesdienst stolz aus der Kirche führt, die Bibel in der Hand. Auch Hans Ehrenberg hielt an diesem Tag einen Konfirmationsgottesdienst. Er wies später darauf hin, daß er und Niemöller nicht viel später, ebenfalls am selben Tag, verhaftet wurden.

Im Februar hatte Hitler die Neuwahl der Reichssynode angeordnet. Am Sonntag, den 6. Juni verlas Niemöller eine Verlautbarung der Provisorischen Kirchenleitung und des Bruderrats, in der die Frage gestellt wurde, was „freie Wahlen" unter den obwaltenden Bedingungen bedeuteten. So viele Pfarrer waren inhaftiert oder hatten Sprechverbot, so viele Flugblätter und Broschüren zur Wahl waren beschlagnahmt, so viele Häuser durchsucht worden, daß von Freiheit nicht die Rede sein konnte. Niemöller hatte in Dahlem regelmäßige Fürbittegottesdienste an Wochentagen eingeführt, in denen die Namen inhaftierter Pastoren verlesen wurden. In den Wochen nach dem 6. Juni verstärkte die Bekennende Kirche ihren Kampf gegen die Repressalien der Kirchenführung; sie organisierte „Erneuerungsgottesdienste" und veranstaltete Sammlungen für Theologiestudenten.

Nach wie vor wandten sich Verfolgte mit der Bitte um Hilfe an Niemöller. Am 15. Juni schrieb ihm ein evangelischer Jurastudent aus Berlin, Ernst Walter, und erklärte ihm, er müsse seine Hoffnung, Richter werden zu können, begraben, weil seine Großmutter väterlicherseits Teiljüdin sei. (ZEKHN 62, Bd. 1021) Niemöller hatte kaum eine Möglichkeit, zu helfen. An diesem selben 15. Juni wurden sein Freund Jacobi und zwei weitere Berliner Pastoren verhaftet; man warf ihnen vor, andere zum Ungehorsam gegen das Gesetz angestiftet zu haben. Am 19. Juni verlas Niemöller eine Liste mit den Namen derjenigen Pfarrer, die entweder Redeverbot hatten oder zwangsweise von ihrer Gemeinde getrennt oder verhaftet worden waren. Er erwähnte insbesondere die Essener Pfarrer Wilhelm Busch und Heinrich Held, die nur deswegen eingesperrt worden waren, weil sie sich gegen Angriffe verteidigt hatten (ein angeblich vom Führer selbst ausdrücklich anerkanntes Recht), sowie Pastor Wilhelm Niesel, der zusammen mit sieben weiteren Mitgliedern des preußischen Bruderrats nur deshalb inhaftiert worden war, weil er die Namen von Personen, die aus der Kirche ausgetreten waren, bekanntgegeben hatte. Niemöller kommentierte diese Verhaftungen mit der rhetorischen Frage, „ob das Wort des Führers noch gilt?" und er erinnerte an einen Ausspruch, den er vier Jahre zuvor getan hatte: „Evangelium muß Evangelium bleiben; Kirche muß Kirche bleiben; Bekenntnis muß Bekenntnis bleiben; evangelische Christen müssen evangelische Christen bleiben." Er fügte hinzu: „Wir dürfen ums Himmels willen aus dem Evangelium kein *deutsches* Evangelium machen; wir dürfen ums Himmels willen aus der Kirche Christi keine *deutsche* Kirche machen; wir dürfen um Gottes willen aus evangelischen Christen keine *deutschen* Christen machen."

Hans Asmussen war untergetaucht. Am 19. Juni wurde seine Frau im Polizeipräsidium am Alexanderplatz vier Stunden lang verhört, weigerte sich aber, irgendwelche Mitteilungen über den Aufenthaltsort ihres Mannes zu machen. „Man will eben auch alle übrigen Mitglieder des preußischen Bruderrats hinter Schloß und Riegel setzen", meinte Niemöller. Von den 25 Angehörigen dieses Gremiums befanden sich 20 bereits im polizeilichen Gewahrsam. „Ich hatte noch zwei Wochen Zeit, bis ich selbst eingesperrt wurde", erinnerte sich Niemöller. „Sie wollten mich nicht sofort haben, und so blieben mir zwei Wochen, um mich nach zwanzig Leuten umzusehen, die bereit und in der Lage waren, die Plätze der Verhafteten einzunehmen. Das war das schwerste und härteste Stück Arbeit, das ich zu leisten hatte: Leute zu finden, die die Lücken füllten. Aber ich dachte mir: ‚Ach, Gott läßt mich noch etwas tun, solange ich ein freier Mann bin und herumfahren kann.'" (MN/jb)

Am Freitag, den 25. Juni zelebrierte Niemöller das Heilige Abendmahl; er geriet in Zorn, als er unter den Anwesenden drei Gestapo-Beamte entdeckte, „die von amtswegen die Gemeinde Jesu Christi bei ihrem Beten, Singen und Predigen auszukundschaften haben". Niemöller äußerte seinen Abscheu darüber, daß diese jungen Männer, „die gewiß auch einmal auf den Namen des Herrn Jesus Christus getauft wurden und die gewiß auch einmal am Konfirmationsaltar ihrem Heiland die Treue gelobt haben", jetzt danach trachteten, seinen Gläubigen einen Strick zu drehen. Ebenso erbost war er über einen Zeitungsartikel, in dem behauptet wurde, Asmussen habe die Flucht ergriffen, um sich dem Zugriff des Gesetzes zu entziehen. Niemöller schrieb an den Reichsjustizminister und machte den Inhalt seines Briefes öffentlich bekannt: „Pastor Asmussen steht selbstverständlich zur Verfügung, sobald eine Vorladung erfolgt oder ein Haftbefehl ergeht." Der Minister erwiderte, er habe eine Abschrift von Niemöllers Brief an die Geheime Staatspolizei weitergeleitet.

Am Sonntag, den 27. Juni ging Niemöller in seiner Predigt auf die versuchte Verhaftung Asmussens ein. Asmussen war, so erklärte er, auf Anraten des preußischen Bruderrates geflohen. Er sei jedoch bereit, sich zu stellen, wenn die Behörden einen rechtlich einwandfreien Haftbefehl vorlegten. „Wir denken ebensowenig wie die Apostel und hoffen ebensowenig wie sie, uns dem Zugriff der Obrigkeit eigenmächtig zu entziehen", sagte Niemöller. „Allerdings sind wir ebensowenig wie sie dazu bereit, auf menschliche Anordnung hin das zu verschweigen, was der Herr, unser Gott uns zu sagen gebietet. Denn es bleibt und wird dabei bleiben, solange die Welt steht, man muß Gott mehr gehorchen als den Menschen."

Der Gegenstand seiner Predigt war der Pharisäer Gamaliel, der (wie in Apostelgeschichte 5 berichtet wird), die jüdischen Sadduzäer überredet hatte, gegenüber den Lehren des Petrus und seiner Jünger Toleranz walten zu lassen. Dank seiner Fürsprache wurden die Apostel auf freien Fuß gesetzt. Kein Zweifel, sagte Niemöller, daß man sich einen so frommen und gescheiten Anwalt in der jetzigen Situation nur wünschen könne. Indes seien die Prüfungen der Apostel damit noch nicht zu Ende gewesen. Die Schriftgelehrten hätten zwar „den Antrag ‚Gamaliel' bezüglich Glaubens- und Gewissensfreiheit angenommen. Er hat sie inhaftieren lassen, alle miteinander, und es geht doch nicht ohne Prügelstrafe, und es geht noch nicht ohne ein neues Redeverbot ab." Und gleich im anschließenden Kapitel der Apostelgeschichte, sagte er, schlage dann der „Blitz der Verfolgung" ein.

Neutralität, erklärte Niemöller, sei in Deutschland nicht mehr möglich. Die Verfolgung habe eingesetzt.

„Ich denke daran, wie am Mittwoch die Geheime Polizei in die verschlossene Friedrichswerder Kirche eindrang und im Altarraum acht Mitglieder des dort versammelten Reichsbruderrates festnahm und abführte; ich denke daran, wie gestern in Saarbrücken sechs Frauen und ein männliches Gemeindeglied verhaftet worden sind, weil sie ein Wahlflugblatt der Bekennenden Kirche auf Anweisung des Bruderrates verbreiten ... Und wir denken daran, daß heute drüben in der Annenkirche die Kanzel leer bleibt, weil unser Bruder und Pastor Fritz Müller mit 47 andern christlichen Brüdern und Schwestern unserer evangelischen Kirche um kirchlicher Dinge willen in Haft gehalten wird ... Dieser Weg geht sich nicht leicht, und dieser Weg ist kein Spaziergang ... Und es mag dann noch ein weiter Weg sein, wie aus dem Fröhlich-sein können das Fröhlich-sein wird, daß wir wirklich fröhlich sind wie die Apostel."

Die Zukunft werde, so prophezeite Niemöller, noch mehr Leid bringen. „Es ist vielleicht noch ein weiter Weg, bis wir wahrhaft froh sein können ... wie die Apostel, die es für wert befunden wurden, für den Namen Jesu gedemütigt zu werden."

Niemöller sollte zu Lebzeiten Hitlers nicht wieder in seiner Dahlemer Kirche predigen. Er war sehr überrascht, daß er bei der Verhaftungswelle vierzehn Tage zuvor verschont worden war. (MN/jb) Am Montag, den 28. Juni besuchte er seinen Bruder Wilhelm in Bielefeld und predigte in der dortigen St. Jakobs-Kirche. Am darauffolgenden Tag war er in Wiesbaden, wo er nicht weniger als drei Reden über den „geistlichen Bolschewismus" hielt, den er über Deutschland kommen sah. Er besuchte seinen alten Schulkameraden Ernst Königs, der Pfarrer geworden war – und ein zuverlässiger Mitstreiter der Bekennenden Kirche. Anschließend reiste er nach Bethel, um mit Bodelschwingh, Wurm und Meiser, die dort zusammengekommen waren, „zu ringen". „Ich wohnte dem Treffen der Bischöfe bei", erinnerte er sich. „Sie konnten mich nicht hinauswerfen. Ich war der Überzeugung, daß sie der Stärkung bedurften. Dann nahm ich einen Schnellzug und kam nachts in Berlin an."

„1937 mußte man seine Angst mit aller Kraft, die man hatte, niederkämpfen", fuhr er fort. „Man konnte die Angst nicht abstellen, aber man mußte sie bezwingen." In Berlin angekommen, bat er – was er zuvor noch nie getan hatte – Franz Hildebrandt, am nächsten Morgen den Konfirmandenunterricht für ihn zu übernehmen. „Ich sagte meinem Freund Hildebrandt, daß ich vollkommen fertig war. Ich wollte schlafen und mich einen Vormittag lang ausruhen."

Als er am Morgen des 1. Juli mit Else beim Frühstück saß, kam die Gestapo und verhaftete ihn.

9. Hitlers persönlicher Gefangener

Niemöller war zuvor schon fünfmal verhaftet und jedesmal einige Stunden oder einen Tag festgehalten worden. Dieses Mal, so erinnerte er sich, „brachten sie mich zum Gestapo-Hauptquartier am Alexanderplatz. Ich wurde überhaupt nicht verhört, sondern ins Gefängnis Moabit überführt. Es sollte nur eine kurze Sache werden, aber diese kurze Sache dauerte dann acht Jahre!" (MN/jb) Am gleichen Tag kehrte die Gestapo nochmals im Hause Niemöller ein, wo sich mehrere Pfarrer versammelt hatten, um der Familie Trost und Mut zuzusprechen. Wild entschlossen, Beweise für ungesetzliche Aktivitäten Niemöllers zu finden, durchsuchten die Beamten den ganzen Tag über das Haus und erlaubten niemandem, es zu verlassen. Sie beschlagnahmten Dokumente und Unterlagen, die der Bekennenden Kirche gehörten. Aus einem Wandtresor nahmen sie 30000 Mark mit, die als Eigentum des Pfarrernotbundes gekennzeichnet waren. Auch sämtliche Tagebücher Niemöllers aus den Jahren 1933 bis 1937 wurden beschlagnahmt. (ZEKHN 62, Bd. 425/2449 a)

Anstelle des Verhafteten betrat am darauffolgenden Sonntag Otto Dibelius in Dahlem die Kanzel. Er predigte über den für diesen Tag vorgesehenen Bibeltext, eine Darstellung der Leiden des Paulus. In der Kirche wimmelte es von Geheimpolizisten, die dadurch auffielen, daß sie sich nicht an den Gebeten und Gesängen beteiligten. Obgleich Dibelius nur in seinem Schlußgebet kurz auf Niemöller zu sprechen kam, war dies für die Gestapo offenbar Grund genug, ihn zehn Tage später zu verhaften. Bei seiner Haftprüfungsverhandlung sagte der Richter: „Sie reden immer vom Apostel Paulus, aber in Wirklichkeit meinen Sie Niemöller." Andere Pfarrer standen bereit, für Dibelius in die Bresche zu springen. In Dahlem predigte an den nachfolgenden Sonntagen Niemöllers Bruder Wilhelm, und er nutzte dieses Forum für heftige Angriffe auf die NS-Presse, weil sie den eingekerkerten Niemöller als Landesverräter bezeichnet hatte. Andere brachten ihre Solidarität auf andere Weise zum Ausdruck. Dietrich Bonhoeffer veröffentlichte im gleichen Jahr (1937) sein Buch *Nachfolge* mit der Widmung:

„Martin Niemöller als brüderlicher Dank: Ein Buch, das er selbst besser schreiben könnte als der Verfasser." Und am Abend des Tages, an dem Niemöller verhaftet worden war, versammelten sich die Frauen des Dahlemer Gemeindechors vor dem Pfarrhaus und sangen für Else.

In Moabit saß Niemöller in einer Zelle mit einem Fenster, einem Tisch, einem Hocker und einer hölzernen Schlafpritsche, die an die Wand geklappt werden konnte. Man wies ihn an, sie tagsüber nicht herunterzuklappen. Der Gefängnisarzt erwies sich dann allerdings als „Nichtarier" und setzte diese Anordnung bald außer Kraft, so daß Niemöller sich von da an schlafen legen konnte, wann immer er wollte. „Es behagte mir ganz und gar nicht, so abgeschnitten zu sein", sagte er später rückblickend, „und plötzlich nicht mehr zu wissen, was mit der Kirche geschah." (MN/jb) In einem seiner Briefe an die Familie zitierte er traurig die letzten Worte, die Jesus zu Petrus sagte: „Ein anderer wird kommen und dich führen, wohin du nicht willst." Seiner kraftvollen Führung beraubt, hörte der Pfarrernotbund auf, die treibende Kraft im Kirchenkampf zu sein; aber zu Niemöllers tiefer Befriedigung unterstützte er weiterhin, bis ans Kriegsende, entlassene und verfolgte Geistliche. (MN/jb)

Einen Tag nach der Verhaftung Niemöllers protestierte Bischof George Bell schriftlich bei Rudolf Heß. Dieser schickte ein vierseitiges Antwortschreiben, in dem er Bell an die stets gegenwärtigen Gefahren des Bolschewismus gemahnte und erklärte, die Sache mit Niemöller gehe nur Deutschland und niemanden sonst etwas an. Er fragte Bell, was er dazu sagen würde, wenn in England Briefe einträfen, in denen sich Deutsche über die Entlassung englischer Pfarrer beschwerten. Um Pastor Niemöller, so erklärte er, würden sich, wie um jeden anderen Staatsbürger, die Gerichte kümmern. (Bp 10.23 f.) Die Behörden taten freilich alles, um sicherzustellen, daß die Gerichte Niemöller nicht auf freien Fuß setzten. Daß Dibelius im August freigesprochen wurde, war ihnen sehr unangenehm. Mit der Vorbereitung des Verfahrens gegen Niemöller ließen sie sich Zeit: Er blieb sieben Monate lang in Moabit in Untersuchungshaft.

Else durfte ihn alle zehn Tage besuchen, aber immer nur in Gegenwart eines Gefängnisbeamten. Manchmal brachte sie eines der Kinder mit. Beim ersten dieser Besuche schockierten seine Haftbedingungen sie so sehr, daß sie sich leidenschaftlich beschwerte und eine Erhöhung seiner Mahlzeitenrationen erreichte. Niemöller gewöhnte sich allmählich an die Einzelhaft. „Nun habe ich mich in viereinhalb Wochen an meine Einsamkeit gewöhnen können", schrieb er am 2. August. „Die ersten Tage war es nicht ganz einfach, aber seitdem ich Bibel und Gesangbuch habe, verkaufe ich die Zeit aus, und ich staune, wie sie dahinrennt. Zu Anfang hatte ich einige Sorgen in Erinnerung an die ‚Budenangst' meiner Fähnrichs- und Leutnantsjahre vor dem Kriege. Aber jetzt lerne ich spät aber gründlich Geduld." Jeden Tag, so berichtete er, lernte er ein paar Kirchenlieder auswendig und las aufmerksam und ruhig in der Bibel. „Ich bin gewiß, daß mein Weg der rechte ist, wohin er immer führen möge." Und er fügte hinzu: „Meine Frau ist gesund und wacker." (Bp 10.30 f.) Er dachte oft und viel an seine Zeit auf See, und dies hinterließ auch sprachliche Spuren in seinen Briefen. „Irgendwie", schrieb er nach sechs Monaten der Haft, „ist das Schiff der Kirche wieder flott und hat wieder Fahrt. Die Farbe blättert ab, die Masten sind geborsten, sie bietet einen traurigen Anblick. Aber der Herr Jesus steht immer noch am Ruder und das Schiff hat Fahrt." Er hatte auch viel damit zu tun, die zahlreichen Zuschriften zu beantworten, die ihn erreichten – nach einiger Zeit legte die Gefängnisverwaltung allerdings für seine hinausgehende Post eine Obergrenze von zwölf Postkarten pro Tag fest. Davon unbeeindruckt, schrieb Niemöller weiterhin regelmäßig an seinen Bruder Wilhelm, dem er von Herzen dafür dankte, daß er, so gut er konnte, für Martins Familie sorgte und daneben auch den Kampf um das Evangelium nicht vernachlässigte. Er schrieb an Ernst Königs, froh darüber, daß dieser alte Schulkamerad standhaft im Lager der Rechtschaffenen verblieb. Er korrespondierte mit seinen Anwälten. Zwanzig Minuten pro Tag reservierte er sich für gymnastische Übungen. Und vor allem schrieb er seiner geliebten Else, die ihm trotz der physischen Trennung nach wie vor nahe war, im Glauben ebenso wie in der Liebe. „So oft habe ich den Brautpaaren gesagt, was ich nun Dir und mir zitiere: ‚Im Glauben und in der Treue mit Dir verbunden'", schrieb er ihr am 2. Juli. Wenn er Angst verspüre, dann nur, so versicherte er ihr, wegen seiner Familie und seiner Gemeinde. „Meine Sorgen kommen alle von draußen, nicht von innen", schrieb er ihr am 12. August, „denn wenn ich auch an Euch und die Gemeinde ohne Sorgen denken kann, dann bin ich, trotz der 2,50 meiner Zelle ein fröhliches Kind meines Vaters im Himmel."

Zum Glück wurde Else mit der Sorge um Familie und Haushalt nicht alleingelassen. Nach dem Umzug in die Cäcilienallee hatte sie es mit vierzehn Zimmern zu tun bekommen, die alle geputzt werden mußten; dazu kam die Betreuung von sechs Kindern (bzw. sieben nach Ankunft des kleinen Martin), und nebenbei wollte sie sich auch noch ihren langgehegten Wunsch erfüllen, ihrem Mann bei der Gemeindearbeit zu helfen. So heuerten die Niemöllers ein Hausmädchen an. Als dieses sie nach drei Jahren verließ, überredeten sie eine Berliner Witwe namens Dorothea Bertha Schulz, eine kleine blonde Frau, die mit der Absicht, Diakonisse zu werden, in der Dahlemer Pfarrei arbeitete, ihnen eine Zeitlang auszuhelfen. Die Niemöller-Kinder waren es schließlich, denen es gelang, Dora, wie sie bald von allen genannt wurde, zum Bleiben zu überreden; sie wurde mit der Zeit zu einem zusätzlichen Familienmitglied und war eine unschätzbare Hilfe für Else. In Niemöllers Briefen aus Moabit fand sich häufig die Bitte an Else, Dora seine Liebe und Zuneigung zu übermitteln. Dank Doras Beistand bewahrte Else ihre Zuversicht und Kraft. „Meine Frau ist gesund und wacker", schrieb Martin am 2. August an Ernst Königs. „Wir sind miteinander dankbar für den gemeinsamen Glauben."

Niemöllers Gesinnungsfreunde fochten für seine Freilassung. Jeden Sonntag wurde, zum Ärger der Behörden, in Kirchen in ganz Deutschland für ihn gebetet. Ein großer Fürbittegottesdienst war für Sonntag, den 8. August, in der größeren der beiden Dahlemer Kirchen angesetzt. Als die Gläubigen ankamen, fanden sie die Kirche von der Polizei abgeriegelt. Die Vertreter aller brandenburgischen Kirchen, die eigens nach Berlin gekommen waren, hatten keine Lust, unverrichteter Dinge wieder nach Hause zu gehen. Als sie auch am Betreten der anderen Dahlemer Kirche von der Polizei gehindert wurden, brachen sie zu einem Protestmarsch auf. Die Polizei verhaftete 250 Personen, darunter Franz Hildebrandt. Doch die Proteste ließen sich nicht unterbinden. Am Reformationstag verlasen die der Bekennenden Kirche angehörenden Pfarrer in ihren überfüllten Gotteshäusern ein Manifest, in dem es hieß: „Die Kirche Christi wird heute unterdrückt. Der christliche Glaube wird geschmäht. Diejenigen, die sich zum Namen Christi bekennen, sehen sich zahlreichen Verfolgungsmaßnahmen und vielen Bedrängnissen ausgesetzt. Eine neue politische Religion wird auf den Schild gehoben, in der bald vielleicht kein Platz mehr für die Lehren der Bibel sein wird."

In Moabit vermißte Niemöller seine Else zusehends mehr. „Daß ich Dich lieb habe, weißt Du", schrieb er ihr am 17. November, „sollst aber dessen noch einmal ausdrücklich versichert sein." Es ging das Gerücht, daß es womöglich eine Weihnachtsamnestie für alle inhaftierten Pastoren und Kirchenmänner geben werde. Niemöller sehnte sich danach, das Christfest bei seiner Familie zu verbringen. „Die Sehnsucht ist groß", schrieb er am 6. Dezember an Else. „Innigste Grüße, mein Liebes." Vier Tage später schrieb er: „In Gedanken nehme ich Dich in die Arme, liebe, liebe Frau." Es sollte nicht sein. Viele wurden zu Weihnachten 1937 auf freien Fuß gesetzt, Niemöller aber blieb in Moabit. Dietrich Bonhoeffer sorgte dafür, daß alle Mitglieder der Niemöller-Familie ein Weihnachtsgeschenk erhielten – eine Geste, die er von da an Jahr für Jahr weiter praktizierte, bis er selbst in Haft kam. (Bonhoeffer vergaß auch trotz seiner eigenen bedrängten Lage nicht, Else jedes Jahr Geburtstags- und Osterglückwünsche zu schicken.)

An Martin Niemöllers 46. Geburtstag überfluteten 3000 Briefe und Glückwunschkarten das Zuchthaus Moabit. Das Geburtstagskind war guter Dinge. Er habe schließlich, so schrieb er, 1918 die rote Gefahr überlebt, „und nach einem solchen Geschehen fürchtet man sich nicht mehr vor jedem Gespenst, sondern sieht erst einmal nach, was sich unter dem weißen Tuch verbirgt!" Wenn er auch seine Frau vermißte, so ließ er sich davon nicht niederdrücken. Am 12. Februar 1938 verfaßte er für sie einen Zweizeiler:

Ach Elslein, liebes Elslein, wollt Gott, ich wär bei Dir!
So fließen tiefe Wasser wohl zwischen Dir und mir!

„Aber", setzte er in Prosa hinzu, „sie können uns nicht trennen."

Dietrich Bonhoeffer erinnerte Else immer wieder an die Bedeutung des Beispiels, das ihr Mann gab. 1938, zu Beginn der Karwoche, schrieb er ihr: „Die Gedanken vieler Menschen, auch vieler junger Theologen, die an Ihrem Mann hängen, ... gehen zu Ihnen und Ihren Kindern." Er fügte hinzu: „Wohin man auch hinkommt, wird man nach Ihrem Mann gefragt."

Tatsächlich wurde Niemöller zunehmend zum Gesprächsthema, sowohl im Ausland als auch in Deutschland. 1937 schrieb James Moffat vom Union Theological Seminary in New York in seiner Einleitung zu einer amerikanischen Ausgabe von Niemöller-Predigten, Niemöller gehöre zu den „Geistlichen in der lutherischen Kirche, die unter ihren gläubigen Landsleuten eine Schar von Getreuen zum Kampf gegen das tückische neue Heidentum mobilisieren, das im Namen des Patriotismus die Loyalität zum christlichen Evangelium untergräbt". Obgleich Niemöller im Krieg gegen die Westmächte gekämpft habe, werde er, so erklärte Moffat, mit seinen Bemühungen darum, „den größeren Krieg gegen finstere Mächte der Weltlichkeit im politischen und sogar im kirchlichen Leben zu gewinnen, die tiefe Sympathie Vieler auch in diesem Lande erringen". In England war George Bell unermüdlich bestrebt, das öffentliche Augenmerk auf den Namen Niemöller zu lenken. In einem Leserbrief an die *Times* erklärte er, Niemöller sei kein Agitator gegen den Staat. „In Wahrheit ist er ein Prediger des göttlichen Evangeliums und er predigt das Evangelium, ohne sich einschüchtern zu lassen." Es gehe, so schrieb Bell, nicht nur um das Schicksal Niemöllers, sondern ganz allgemein um das Verhältnis des deutschen Staates zum Christentum und zur christlichen Ethik.

Die deutsche Öffentlichkeit reagierte zu dieser Zeit auf Kritik aus dem Ausland äußerst empfindlich. Dr. Reinhard Becker schrieb Bischof Bell, nachdem er dessen Zuschrift gelesen hatte, einen Brief, in dem er die Maßnahmen des Hitler-Regimes verteidigte:

„Sie unterstellen, daß das Christentum in Deutschland unterdrückt wird und daß hier Gewaltherrschaft geübt und Geheimprozesse durchgeführt werden. Das ist zwar nicht der Fall, doch kann man nicht erwarten, daß der deutsche Staat unaufhörliche Angriffe – offene oder verdeckte – christlicher Geistlicher auf seine innersten Grundfesten hinnimmt. Es gibt widerspenstige Pfarrer, die sich nicht darüber klar zu sein scheinen, daß sie schon vor langer Zeit erschossen, erhängt oder verbrannt worden wären, würde nicht Adolf Hitler seinen gigantischen und erfolgreichen Kampf um die Rettung der Zivilisation in diesem Land vor den Schrecken des Kommunismus führen. Wenn sie den Nationalsozialismus angreifen, schneiden sie sich daher ins eigene Fleisch."

Becker schrieb weiter: „Ich verkenne nicht, daß es für einen Engländer schwierig ist, sich unter Nationalsozialisten etwas anderes vorzustellen als Schlägertypen. Aber wir Schlägertypen haben unsere von dem unseligen Diktat von Versailles mittellos gemachten Nächsten gekleidet und ernährt. Wir haben aus Deutschland ein schöneres, saubereres, gesünderes, besseres und glücklicheres Land gemacht." Das war eine Sicht der Dinge, die Niemöller selbst vielleicht nicht ganz fremd gewesen war, bevor er die Propaganda Adolf Hitlers durchschaut hatte. Dr. Becker schloß seinen Brief mit der Aussage: „Wenn es heidnisch ist, seine Kinder zu helläugigen, kraftvollen, sauberen, lernbegierigen, disziplinierten Menschen zu erziehen, die voller Bewunderung für alles Männliche, Starke, Edle und Schöne sind, dann stehe ich zu diesem Heidentum. Ich weiß jedoch, daß dies auch genau die Ideale eines christlichen jungen Mannes sind." (Bp 10.26f.)

Unglücklicherweise war Bells Amtskollege Headlam, der Bischof von Gloucester, willens, Anschauungen, die eine gefährliche Ähnlichkeit mit den von Becker angepriesenen aufwiesen, seinen Segen zu erteilen. Als der Rat für Auswärtige Angelegenheiten der Kirche von England seinen vierten „Überblick über die Angelegenheiten der europäischen Kirchen" gab, widmete der Dekan von Chichester die Veröffentlichung ausschließlich der sich verschlechternden Lage in Deutschland. Headlam als Vorsitzender des Rates schrieb ein Vorwort, das deutlich machte, daß der Überblick in seinen Augen einseitig und unausgewogen war. „Bei vielen Leuten scheint sich die Vorstellung verfestigt zu haben, daß die Bekennende Kirche ein Monopol für die religiöse Wahrheit besitzt", schrieb er. „Dem ist nicht so." Er zitierte Dr. D. Cajus Fabricius (den er als einen „gelehrten und geachteten deutschen Theologen" und zugleich „zutiefst überzeugten Anhänger des Führers" vorstellte) zum Beweis für die außerordentlichen christlichen Tugenden Hitlers. „Es gibt [in Deutschland] keine religiöse Verfolgung", behauptete er, „sondern nur eine Beschränkung der politischen Betätigung der christlichen Geistlichkeit." Die Verhaftung Niemöllers machte Bischof Headlam nicht etwa anderen Sinnes, sondern bestätigte ihn in seinen Ansichten. „Die Pastoren versuchen bewußt, die deutsche Regierung zu reizen", schrieb er an die *Times,* „und sie können sich nicht beklagen, wenn sie als Folge davon verhaftet werden." Er hielt es für töricht, diese Leute auch noch zu ermutigen. Nathaniel Micklem vom Oxforder Mansfield College versuchte im September, Headlam umzustimmen. Micklem war im April in Deutschland gewesen und hatte zu erreichen versucht, daß Vertreter der deutschen Kirche an der Konferenz „Praktisches Christentum" in Oxford teilnehmen durften. Jetzt schrieb er an Headlam und erklärte ihm: „In einem totalitären Staat ist alles politisch, was die Machthaber als politisch deklarieren, aber in dem begrenzteren Sinn dessen, was wir Engländer unter ‚politisch' verstehen, hat Niemöller nichts Unrechtes getan." Doch Headlam ließ sich nicht überzeugen. Die Nazis waren natürlich entzückt, in

England einen solchen Fürsprecher zu haben. Die Äußerungen Headlams fanden starke publizistische Verbreitung im Reich. Ribbentrop erhielt Anweisung, die Beziehungen zu ihm zu pflegen, und der NS-Agent Friedrich von der Ropp begann sich um Dr. A. J. Macdonald zu kümmern, Headlams rechte Hand und Vertrauensmann im Rat für Auswärtige Beziehungen der Kirche von England. Kurz nach der Verhaftung Niemöllers schrieb Macdonald in einem Leserbrief an die *Times*, er hege zwar die größte Hochachtung vor dem Prediger und geistlichen Lehrer Niemöller, halte seine Einstellung zum Verhältnis zwischen Kirche und Staat aber für fanatisch. Falls er gegen die vom deutschen „Innenministerium" erlassenen Vorschriften verstoßen habe, werde er zweifellos behandelt wie andere Personen, die sich desselben Fehlverhaltens schuldig gemacht hätten. „Wir müssen uns in diesem Land auch an polizeiliche Vorschriften dieser Art halten", meinte Macdonald. Nur, in einem totalitären Staat hieß das eben etwas anderes. „Ich kam ins Gefängnis wegen ‚Mißbrauchs der Kanzel zu politischen Zwecken'", meinte Niemöller rückblickend, „und Mißbrauch war genau das, was die Richter dafür hielten." (MN/jb)

George Bell bemühte sich, die von Headlam und Macdonald repräsentierte Anschauung zu konterkarieren und seine eigenen Ansichten auch in Deutschland publik zu machen. Zur äußersten Verärgerung von Bischof Theodor Heckel gelang es ihm, die Oxforder Konferenz „Praktisches Christentum", deren Besuch Niemöller und seinen Gesinnungsfreunden nicht gestattet worden war, zu einer klaren Verurteilung der kirchenpolitischen Vorgänge in Deutschland zu veranlassen. In einer Verlautbarung der Konferenz vom August 1937 hieß es: „Die Nöte der vielen Pastoren und Laien, die im Rahmen der Bekennenden Kirche fest für die Herrschaft Christi und für die Freiheit der Kirche Christi, Sein Evangelium zu verkünden, eingestanden sind und noch einstehen, gehen uns sehr nahe." Die Verlautbarung fand bei den NS-Machthabern keine günstige Aufnahme. Wie der *Völkische Beobachter* am 11. Oktober 1937 schrieb: „Eine christliche Konferenz, die sich vermißt, Recht zu sprechen und Urteile über Kirche, Volk und Staat zu fällen, hat das Recht verwirkt, sich als Hüterin des Evangeliums zu gebärden. Sie dient nicht dem Glauben, sondern der Politik, und baut zusammen mit dem Vatikan in Rom an einer Weltkirche." Die NS-Behörden waren, was Niemöller betraf, nach wie vor äußerst empfindlich.

Angesichts der Art und Weise, wie die Nazis auf Druck aus dem Ausland in punkto Niemöller reagierten, konnte niemand sicher sein, ob ein solcher Druck nicht mehr Schaden anrichtete als Nutzen stiftete. Im Januar 1938 wurde bekanntgegeben, daß Niemöller Anfang des folgenden Monats vor Gericht kommen werde. In einem privaten Brief meinte George Bell: „Wir sollten jetzt mit öffentlichen Kampagnen aus Anlaß des Prozesses sehr vorsichtig sein." Man dürfe im Augenblick nichts tun, was zu politischem Druck auf das Gericht, sei es von deutscher oder von britischer Seite, führen könne. In einer Beziehung wurde jedoch bereits jetzt starker internationaler Druck ausgeübt: Falls irgend möglich, sollte die Teilnahme ausländischer Beobachter am Prozeß erzwungen werden. Dr. Henry Smith Leiper beispielsweise, geschäftsführender Sekretär der Abteilung für die Beziehungen zu Auslandskirchen des Bundesrats der christlichen Kirchen in Amerika, schickte Bell am 4. Februar aus New York ein Telegramm: „Halte Anwesenheit namhafter Kirchenvertreter bei Prozeß Niemöller für wichtig." Leiper schlug drei Beobachter vor, darunter den Dekan von Bischof Bell, A. S. Duncan-Jones. (Bp 10.39) Dieser reiste schließlich in Begleitung von Dr. W. G. Moore aus Oxford in der Hoffnung nach Berlin, dem Verfahren beiwohnen zu können; doch keiner von beiden wurde zugelassen. Duncan-Jones war den deutschen Behörden als Freund der Bekennenden Kirche bekannt. Bei einem voraufgegangenen Besuch in Deutschland hatte er in einem von den Nazis abgehörten Raum ein persönliches Gespräch mit zwei führenden Männern der Bekennenden Kirche geführt. Beide wurden danach verhaftet. Die Gestapo hielt ihnen wörtliche Zitate aus ihrer Unterredung mit dem Dekan vor.

Die Anklage warf Niemöller vor, er habe gegen das Gesetz verstoßen, das es Pfarrern untersagte, im Gottesdienst die Namen derjenigen bekanntzugeben, die aus der Kirche ausgetreten waren. Ferner habe er staatliche Maßnahmen und führende Persönlichkeiten des Staates herabgewürdigt. Schließlich habe er „Unruhe unter das Volk getragen", indem er es zum „Aufbegehren gegen die Gesetze und Verordnungen des Staates" angestachelt habe. Wie Bell und andere gefürchtet hatten, vergaß die Anklageschrift nicht, darauf hinzuweisen, daß die Auffassungen Niemöllers in der deutschfeindlichen Auslandspresse immer wieder zustimmend zitiert wurden. Drei Wochen vor Prozeßbeginn wurde ein zusätzlicher Anklagepunkt nachgeschoben, nämlich daß Niemöller im

Rahmen seiner Tätigkeit als Pfarrer Schriften veröffentlicht habe, in denen Staatsangelegenheiten auf eine Art und Weise erörtert worden seien, die geeignet sei, den inneren Frieden zu stören.

Am 7. Februar begann das Verfahren unter Ausschluß der Öffentlichkeit. Das Justizministerium hatte sich geweigert, Pressekarten auszugeben. Rund 200 Personen warteten um sechs Uhr morgens vor dem Gerichtssaal in Moabit, in der Hoffnung, eingelassen zu werden. Nur sehr wenigen gelang es, eine Karte zu ergattern, und von diesen Glücklichen wurden die meisten, darunter auch Frau Niemöller, nach der Verlesung der Anklageschrift des Saales verwiesen. Zu den wenigen, die bleiben durften, gehörten Dr. Hans Böhm von der Bekennenden Kirche und Dr. Max Diestel, ein Verwandter Niemöllers. Sie wurden am zweiten Prozeßtag von der weiteren Teilnahme ausgeschlossen.

Als Martin Niemöller voll banger Erwartung durch den unterirdischen Korridor ging, der zum Gerichtssaal führte, ereignete sich etwas Außergewöhnliches: Er hörte eine Stimme, die einen Vers aus den Sprüchen Salomos aufsagte: „Der Name des Herrn ist ein fester Turm; der Gerechte gehet hinein und ist beschützt." Es war die Stimme des Wärters, der Niemöller zum Gerichtssaal führte. Der Mann hatte entdeckt, daß es in dem Korridor eine Stelle gab, an der Worte, die man zur Wand hin flüsterte, so widerhallten, daß der nachfolgende Häftling sie verstand. So ließ er Niemöller einen heimlichen Zuspruch zukommen.

Die Verhandlung verlief chaotisch. Niemöller und seine Verteidiger, an der Spitze Dr. Horst Holstein, hatten sich entschlossen, das Schwergewicht ihrer Argumentation auf den Patriotismus Niemöllers und seine persönliche Loyalität zum deutschen Staat zu legen. Der Angeklagte schilderte nicht nur seine Soldatenzeit, sondern auch seine Aktivitäten als Freikorps-Führer. Er erklärte dem Gericht, daß er persönlich kein Feind des Nationalsozialismus sei, dem er 1924 seine Stimme gegeben und zu dessen Gunsten er 1933 gepredigt habe. Namhafte Deutsche traten als Zeugen für seinen lauteren Charakter auf, darunter Generalleutnant Oskar von Watter, der als Armeebefehlshaber zur Zeit des Kapp-Putsches die Zusammenarbeit zwischen den regulären Truppen und den Freikorps koordiniert hatte. Admiral Otto Schulze bezeugte, daß Niemöller als Seemann und U-Boot-Kommandant mit „zäher Energie und unermüdlicher Tatkraft" gedient hatte. Die Verteidigung hatte sogar eine Schwester Görings dazu gebracht, Zeugnis für den Patriotismus des angeklagten Pfarrers abzulegen.

Als die Anklage diese Aussagen mit der Erklärung zu kontern versuchte, sowohl Niemöller als auch sein Verteidiger stünden mit Ausländern in Verbindung, legte der Verteidiger wutentbrannt sein Mandat nieder. Das Gericht berief einen anderen Anwalt, mit dem zusammenzuarbeiten Niemöller sich jedoch weigerte. Der Prozeß wurde daraufhin für zehn Tage ausgesetzt. Bei seiner Wiederaufnahme erklärte Niemöller, es gebe keinen Konflikt zwischen ihm und seinen Anwälten. Holstein und seine Kollegen erhielten ihr Mandat wieder. Holstein charakterisierte Niemöller als einen „vollkommen unpolitischen Menschen, dessen Betätigung ausschließlich durch das Wort Gottes bestimmt gewesen ist". Niemöller ging so weit, einzuräumen, daß er Juden unsympathisch finde – wenn er sich auch verpflichtet fühle, die Tatsache anzuerkennen, daß Jesus Christus ein Jude gewesen sei, so schwer verdaulich diese Erkenntnis für manche auch sein mochte. Er beharrte darauf, daß der Gehorsam gegenüber Gottes Wort höher stand als jede andere Verpflichtung. Doch betonte er, er sehe in dem Treueeid, den er auf den Kaiser abgelegt hatte, nicht nur eine bindende Verpflichtung gegenüber dem alten Herrscherhaus, sondern auch ein ebenso verbindliches Versprechen, sich von allem fernzuhalten, was dem Volk und dem Vaterland zur Schande gereichen könnte.

Am Ende der Woche war die Anklage gegen Niemöller auf die Aktivitäten geschrumpft, die er auf der Kanzel entfaltet hatte. Was Geistliche auf der Kanzel nicht sagen durften, war im wesentlichen in zwei Gesetzen festgelegt: Das erste war ein Ladenhüter aus der Zeit des Bismarckschen Kulturkampfes und war damals der Absicht Bismarcks entsprungen, katholische Wortführer zu knebeln, ohne sie zu Märtyrern oder offenen Gegnern seines Regimes zu machen. Ein diesem Gesetz nach für schuldig Befundener konnte mit bis zu zwei Jahren „Festungshaft" bestraft werden, was eine ehrenwertere Form der Haftstrafe war. Nach Artikel 20 des Deutschen Strafgesetzbuches war Festungshaft allerdings nur bei denen zulässig, die für ihr Fehlverhalten ehrenhafte Motive glaubhaft machen konnten und dem deutschen Volk keinen nennenswerten Schaden zugefügt hatten. Das zweite die Redefreiheit von Pfarrern einschränkende Gesetz war unter Hitler verabschiedet worden. Es untersagte die Nennung der Namen Inhaftierter.

Die Urteilsverkündung wurde auf Mittwoch, den 2. März, festgesetzt. Als es soweit war, betrat Niemöller den Gerichtssaal in dunklem Anzug mit Stehkragen und schwarzer Krawatte; er zeigte sich lächelnd und scherzte mit seinem Verteidiger, bis die Richter kamen. Else und ihre Tochter Brigitte waren, ebenso wie 200 weitere Freunde und Anhänger des Angeklagten, in den Saal gelassen worden. Das Urteil kam einem Freispruch gleich. In der fünfzehnseitigen Urteilsbegründung stellte das Gericht fest, daß Niemöller aus vollkommen ehrenwerten Motiven gehandelt habe, wenn er auch in der Tat gegen den Buchstaben des Gesetzes verstoßen hatte. Er wurde zu sieben Monaten Festungshaft und 2000 Mark Geldstrafe verurteilt. Da er bereits acht Monate Einzelhaft in Moabit hinter sich hatte, war die Strafe verbüßt; für den einen Monat, den er zuviel gesessen hatte, erließ das Gericht ihm 500 Mark von der Geldstrafe. Somit brauchte Niemöller nur 1500 Mark zu entrichten (oder wahlweise drei Monate im Zuchthaus abzusitzen).

Am Abend teilte in der Dahlemer St. Annen-Kirche ein glücklicher Fritz Müller der Gemeinde mit, daß ihr Pastor nichts Unehrenhaftes getan hatte. Wie Duncan-Jones berichtete: „Das Urteil des Gerichts war praktisch ein Freispruch, der die Ehre Niemöllers unangetastet ließ." Und in Amerika schrieb Thomas Mann: „Wir wollen nicht vergessen, daß ein nationalsozialistisches Volksgericht eine ziemlich rabiate Einrichtung ist. Es wird dort wenig Mühe auf Gerechtigkeit verschwendet; die Prozesse sind kurz. Doch nicht einmal ein solches Gericht brachte es über sich, Martin Niemöller zu verurteilen."

Else Niemöller hatte auf den „Freispruch" ihres Mannes hin die Koffer für eine Urlaubsreise gepackt. Nach rechtsstaatlichen Grundsätzen hätte Niemöller eigentlich noch am selben Tag auf freien Fuß gesetzt werden müssen. Dies geschah nicht. Wie er später erfuhr: „Als Hitler die Nachricht von diesem Urteil erhielt, wurde er wütend und rief noch am gleichen Nachmittag sein ganzes Kabinett zusammen. Er wollte einen Kabinettsbeschluß erzwingen, demzufolge Pastor Niemöller in ein Konzentrationslager eingewiesen werden sollte. Nicht einer seiner Minister gab dazu seine Zustimmung. Und so verkündete er in seiner Wut: ‚Der Mann ist mein persönlicher Gefangener, und damit basta.'" (MN/jb) Spätabends chauffierten zwei Gestapobeamte Niemöller in das nördlich von Berlin gelegene Konzentrationslager Sachsenhausen.

Dennoch empfand Niemöller ob seines Freispruchs eine tiefe

und anhaltende Dankbarkeit, insbesondere gegenüber Dr. Schwarz, dem Richter, dem er das Hauptverdienst daran zurechnete. Ein Richter von so unabhängiger Gesinnung mußte den NS-Machthabern ein Dorn im Auge sein, und tatsächlich wanderte Dr. Schwarz wenig später selbst in Internierungshaft. Nach Kriegsende fand Niemöller Gelegenheit, sich gegenüber Dr. Schwarz auf bescheidene Weise erkenntlich zu zeigen: Ein Amerikaner aus Canon City in Colorado, G.S. Bilheimer, las in der *New York Times* einen Beitrag, in dem Martin Niemöller schrieb, Amerikaner, die deutschen Familien helfen wollten, sollten ihnen Nahrungsmittel und Kleidungsstücke zuschicken. Bilheimer schrieb an Niemöller und bat ihn um die Anschriften von sechs Familien; unter denen, die Niemöller ihm nannte, war auch die Familie von Dr. Schwarz. In einem Brief vom 6. September 1947 an Bilheimer nannte Niemöller den Grund für die Dankbarkeit, die er dem Richter bewahrt hatte: „Es war mir eine große Freude, zu hören, daß Sie sich um Dr. Schwarz in Berlin kümmern. Er war 1938 einer meiner Richter, und ich stehe zutiefst in seiner Schuld, weil ich dank seines persönlichen Einflusses nicht zu einer Gefängnisstrafe, sondern nur zu Festungshaft verurteilt wurde; das ermöglichte es meiner Familie, in unserem Pfarrhaus in Berlin wohnen zu bleiben, und so konnte ich die acht Jahre Haft und Konzentrationslager ziemlich beruhigt durchstehen, in der Gewißheit, daß meine Familie wenigstens ein Dach über dem Kopf hatte." (ZEKHN 62, Bd. 499/2485 a)

1938 hatte Else Niemöller freilich trotz alledem Anlaß genug, sich große Sorgen um ihren Mann zu machen. Am 9. März berichtete ein deutscher Professor in einem Brief an George Bell, er habe Frau Niemöller gesprochen, und sie lasse dem Bischof für seine Hilfe und seine Freundschaft danken. Wie der Professor weiter mitteilte, wurde Niemöller „nicht schlecht behandelt, besser sogar als viele andere in seiner Lage, insofern als Frau Niemöller ihn alle vier Wochen besuchen darf. Aber er ist in seiner Zelle absolut isoliert, und die Einsamkeit und Hoffnungslosigkeit setzen ihm zu, so stark seine Nerven und sein Charakter und sein Glaube auch sein mögen." (Bp 10/127 f.) Niemöller vertraute nach dem Krieg seinem Freund Franz Hildebrandt an: „Ich habe mich die 8 Jahre schlecht und recht durchgeschlagen; es ging sehr auf und ab. Besonders die ersten 4 Jahre in strenger Einzelhaft waren fürchterlich und entnervend."

10. In Sachsenhausen und Dachau

Gleich nach seiner Einlieferung in Sachsenhausen wurden Niemöller alle persönlichen Habseligkeiten abgenommen. Am nächsten Morgen teilte der Lagerkommandant ihm mit, daß er sich als persönlicher Gefangener des Führers zu betrachten habe. Niemöller bat um die Rückgabe seiner Bibel und seines Eherings, was der Lagerkommandant ihm zugestand. Hans Ehrenberg, der sich zu dieser Zeit ebenfalls in Sachsenhausen aufhielt, schilderte später die Haftbedingungen der Einzelhäftlinge: „Sie hatten ihre Einzelzellen in dem kleinen Behelfsgefängnis, das für uns ‚hinter der Mauer' war. Ich war nicht weiter als 200 Meter von [Niemöller] entfernt, durfte aber nicht zu [ihm]. Die Einzelhäftlinge [durften] mit niemandem sprechen; sogar den Aufsehern [war] es streng verboten, sich mit ihnen zu unterhalten." Die einzigen menschlichen Laute, die Niemöller hörte, waren, so berichtete Ehrenberg, „die Schreie der Gefolterten" in den umliegenden Zellen und das Stöhnen der armen Wichte, die auf dem Hof vor Niemöllers Zelle „die 25 Hiebe [bekamen], zu denen der Kommandant sie wegen der Vergehen, die sie angeblich begangen hatten, ‚rechtmäßig' verurteilt hatte." Ehrenberg, dessen Tätigkeit in Sachsenhausen darin bestand, Leichen abzutransportieren, erinnerte sich, daß er zweimal einen toten Häftling aus einer der an Niemöllers Domizil angrenzenden Zellen holen mußte.

Niemöller wurde vollkommen isoliert gehalten. Dennoch gelang es ihm bald, einen ersten behutsamen Kontakt zu seinen Mitgefangenen aufzunehmen. Am zweiten Morgen nach seiner Ankunft in Sachsenhausen hörte er eine Gruppe von Häftlingen auf dem Hof vor seiner Zelle bei ihrem Morgengang. Mit Hilfe seines Hockers, den er auf den Zellentisch stellte, konnte er aus dem hoch an der Wand angebrachten Fenster spähen. Er sah fünfzehn Lagerhäftlinge, die auf dem Grasplatz unentwegt im Kreis gingen. Am nächsten Tag – und von da an täglich – nahm Niemöller seine ihm gerade erst zurückgegebene Bibel mit auf seinen wackligen Aussichtsposten und las den Leuten draußen stumm aus ihr vor, manchmal aus dem Alten, manchmal aus dem Neuen Testament.

Die Bedingungen seiner Haft gaben Else Anlaß zu großer Besorgnis. Zum ersten Mal besuchen durfte sie ihn im Gestapo-Hauptquartier am Alexanderplatz, wohin er unter Bewachung gebracht worden war. Er sagte ihr, sie solle in Urlaub fahren, da er keine Aussicht sehe, in absehbarer Zeit freigelassen zu werden. Er erzählte ihr, daß man ihm seine Bibel und sein Gesangbuch zurückgegeben hatte. Er schien guter Dinge zu sein, doch Else hegte Zweifel, ob er eine solche Haft lange würde durchstehen können.

Nachdrückliche Versuche, die Freilassung Niemöllers zu erwirken, wurden von verschiedener Seite unternommen – so viele, daß Hanns Kerrl am 25. März Weisung erteilte, Bittschriften in Sachen Niemöller nicht mehr an sein Büro weiterzuleiten, da er mit dieser Angelegenheit nichts zu tun habe. Kerrl tat sein Bestes, um Repressalien gegen die Familie Niemöllers zu verhindern, und bestand darauf, daß sie im Dahlemer Pfarrhaus wohnen bleiben dürfe. Obwohl Niemöller seines Pfarramtes enthoben war, veranlaßte Kerrl, daß man seiner Familie 80 Prozent seines Gehalts weiter ausbezahlte. Im Jahr darauf trat ein neues Gesetz in Kraft, demzufolge Pfarrer auch ohne Zustimmung ihrer Gemeinden entlassen werden konnten. Niemöller (bzw. seine Familie) wurde auf halbes Gehalt gesetzt.

Daß Hitler die Freilassung Niemöllers gestatten würde, darauf bestand, bei Licht besehen, nicht die geringste Aussicht. Als im Mai 1938 die Kieler U-Boot-Gedenkstätte eingeweiht wurde – ein Ereignis, dem beizuwohnen von allen noch lebenden U-Boot-Veteranen erwartet wurde –, weigerte Hitler sich, Niemöller einen Sonderurlaub zur Teilnahme an der Veranstaltung zu gewähren. Anläßlich des „Führergeburtstags" 1939 schrieb Else Niemöller an Hitler, dieses Datum falle mit ihrem 20. Hochzeitstag zusammen – ob ihr Mann nicht freigelassen werden könne? Hitler ließ zurückschreiben, ein auf freien Fuß gesetzter Niemöller wäre eine Gefahr für den Staat, da er wieder anfangen würde, Pastoren zur Opposition gegen den Nationalsozialismus aufzustacheln. Als die Goldene Hochzeit von Niemöllers Eltern bevorstand, war es Göring selbst, der der Familie empfahl, noch einmal um Martins Freilassung einzukommen. Hitler wies das Gesuch erneut ab.

In dem Brief, den Martin anläßlich der Goldenen Hochzeit an Heinrich und Paula Niemöller schrieb, verglich er sich mit dem auf die Insel Patmos verbannten Johannes. „Je länger ich hier auf meinem Patmos bleibe, desto zweifelhafter wird die Aussicht, daß ich je in ein freies und aktives Dasein zurückkehren werde, und desto unscheinbarer und unwichtiger werden alle zweit- und drittrangigen Dinge", schrieb er, „wenngleich sie sich von Zeit zu Zeit schmerzhaft in Erinnerung bringen, wenn es so ist wie in dem Lied von Luther: ‚Sie mögen Leib, Hab und Gut, Ehre, Kind und Frau mir nehmen . . .'." (Bp 10.238)

Auch der vom Ausland her ausgeübte Druck richtete nichts aus, obwohl sich für Niemöller Stimmen erhoben, die großes Gewicht hatten. Unter denen, die nach dem Freispruch im März 1938 mit Telegrammen bei Hitler, Kerrl und beim Reichsjustizminister gegen die fortdauernde Haft für Niemöller protestierten, waren der Primas von Schweden, der griechisch-orthodoxe Erzbischof von Thyateira, der Erzbischof von Canterbury und der Vorsitzende der Abteilung für Auswärtige Beziehungen des Bundesrats der christlichen Kirchen in Amerika. Sechs britische Admiräle schrieben in einem Brief an die *Times*: „Wir möchten an dieser Stelle öffentlich unseren Respekt für einen tapferen Ex-Gegner bekunden, der sich im Dienste seines Landes auszeichnete und der jetzt wegen seines Bekenntnisses zu nichts Geringerem als unserem gemeinsamen christlichen Glauben leiden muß."

Stifteten solche Proteste irgendeinen Nutzen? Der britische Botschafter in Berlin, Sir Nevile Henderson, bezweifelte es. Er machte die Beobachtung, daß Hitler jedesmal, wenn jemand den Namen Niemöller erwähnte, einen Wutausbruch bekam. Und er teilte dem britischen Außenministerium mit: „Hätten wir in England nicht so viel Wesens um Niemöller gemacht, wäre er vielleicht überhaupt nie in ein Konzentrationslager gebracht worden." Martin und Else Niemöller waren da entschieden anderer Meinung. In Augenblicken tiefer Bedrückung in Sachsenhausen plagte Martin die Angst, die Welt könnte ihn vergessen. Ende Februar 1939 ließ Else eine Botschaft an George Bell nach England schmuggeln (denn sie wagte es nicht mehr, selbst zu schreiben), in der sie die Verfassung ihres Mannes als „körperlich wohlauf, aber sehr niedergeschlagen" schilderte. Weiter schrieb sie: „Er fühlt sich allein – alleingelassen von seinen Brüdern. Sein Ehrgefühl als Offizier empört sich, und er fragte mich: ‚Warum lassen sie es zu?' Dann sprach er viel vom Tod, als ob er ihn nahen fühlte, und gab [mir] immer wieder Anweisungen für die [Sicherung der] Zukunft der Familie."(Bp 10.165 f.) Else selbst empfand ein Bedürfnis nach Beistand von seiten von Freunden im Ausland wie im Inland. Wie

Martin Niemöller sich später erinnerte, war der norwegische Erzbischof Berggrav ihr eine große Stütze. (MN/jb) Berggrav versuchte Niemöller am 15. Februar 1939 in Sachsenhausen zu besuchen. Es gelang ihm nicht, aber er suchte dafür Else auf und schrieb dann an George Bell: „Wenn Frau Niemöller mit ihrem Mann [von Ihnen] spricht, benutzt sie den Ausdruck ‚Onkel George'. Sie war sehr, sehr dankbar für Ihre Briefe. Sie sagte: ‚So ein Glück, daß Onkel George Briefe schreibt, die die Gestapo nicht lesen kann. Aber sagen Sie ihm doch bitte, er möge nur mit ‚George' oder ‚Bell' unterschreiben und niemals das gefährliche Wort ‚Chichester' verwenden. Seine Briefe bedeuten mir so viel. Richten Sie ihm meine liebevollsten Wünsche aus.'"

Wahrscheinlich hat die Tatsache, daß die internationale Öffentlichkeit ihn nicht vergaß, Martin Niemöller das Leben gerettet. 1947, im Lauf der Nürnberger Prozesse, legte der amerikanische Ankläger Robert M. Kempner ein Geheimdokument aus dem Archiv Rosenbergs vor, aus dem hervorgeht, daß Goebbels 1938 den Vorschlag gemacht hatte, Niemöller zu liquidieren. Alfred Rosenberg hatte widersprochen, nicht aus menschlichen Motiven, sondern aus Angst vor der Reaktion des Auslands.

Dank des Else Niemöller so teuren Kontakts zu George Bell sind wir heute in der Lage, anhand der Briefe, die sie ihm heimlich zukommen ließ, nachzuverfolgen, wie sich die physische und psychische Verfassung ihres Mannes in Sachsenhausen entwickelte. Er wurde dort anfangs sehr schlecht ernährt, bis, so heißt es, seine Tochter Herta dies von Else erfuhr und es ihren Schulkameraden erzählte, die daraufhin einen Protestbrief an Hitler schrieben. Im Juli 1938 erhielt Bell die Mitteilung, daß Else nach einem Besuch bei Martin einen Zusammenbruch erlitten hatte, so erschüttert war sie über seinen Gesundheitszustand. Im Juni erfuhr er (über Wilhelm Niemöllers Frau), daß Martin sich „gesund, aber einsam" fühlte; obwohl dies eine einigermaßen tröstliche Nachricht war, schrieb er im September an Rudolf Heß und an Ribbentrop und ersuchte darum, den Häftling aus der Einzelzelle in die Krankenbaracke des Lagers zu verlegen. Dies geschah nicht, und Niemöller blieb weiterhin in niedergeschlagener Stimmung. Im Juni 1939 jedoch konnte Else berichten: „Seine Gesundheit scheint sehr verbessert. In jeder Beziehung ging es ihm besser als bei den vorherigen Besuchen." Der Lageraufseher, so fügte sie hinzu, habe ihn als „den persönlichen Gefangenen des Führers" bezeichnet. In ihrer nächsten Botschaft teilte sie mit, daß ihr Mann „nicht schlecht ausgesehen, aber ein wenig apathisch, gleichgültig gewirkt“ habe. Er habe sich sehr gefreut, als sie ihm sagte: „Onkel George schickt dir liebe Grüße.“ Noch im gleichen Monat schrieb sie Bell, daß Niemöllers Gehalt nunmehr ganz gestrichen worden sei und die Familie aus ihrem Haus in Dahlem habe ausziehen müssen. (Bp 10.120, 140, 165, 168 und 183f.)

Wie Hans Ehrenberg berichtete, untersuchte der Lagersanitäter von Sachsenhausen Niemöller jede Woche und erklärte: „Er ist ein Mann aus Eisen.“ Am Ende war es Else, deren Gesundheit der Belastung nicht standhielt. George Bell konnte wenig tun, außer der Familie zu versichern, daß er in Gedanken mit ihr litt. Kurz vor Weihnachten 1938 schrieb er an Else: „Am 15. Dezember habe ich an Sie beide gedacht und mich gefragt, ob Sie wohl zusammen waren; einer unserer Freunde wird vielleicht einen Besuch machen, um Ihnen einen Gruß zu überbringen. Insbesondere wollen wir Ihnen und Ihrem Mann und Ihren Kindern damit einen ganz besonderen Weihnachtsgruß zukommen lassen, zusammen mit einem Gebet darum, daß Ihnen Frieden wird und daß das neue Jahr für Sie größere und besondere Glücksfälle bereithält. Wir sagen nicht viel, aber wir denken und fühlen und hoffen mit aller Inbrunst; und wir beten.“ (ZEKHN 62, Bd. 393/2442)

Das Jahr 1939 sollte nicht Frieden bringen, sondern stattdessen Krieg zwischen Großbritannien und Deutschland. Kurz vor Kriegsausbruch erfuhr Bell durch Else von dem brennenden Wunsch Niemöllers, „sobald wie möglich in Freiheit zu kommen“. Martin bat „seine Freunde im Ausland“ darum, „ihn nicht zu vergessen“. (Bp 10.246) Im September schrieb Niemöller an Admiral Raeder und bot an, sich als Reserveoffizier „in irgendeiner Funktion“ in den Dienst seines Landes zu stellen. Goebbels sah in diesem Angebot nichts weiter als einen Versuch Niemöllers, seine Haut zu retten, und wischte es geringschätzig vom Tisch. Raeder lehnte es ab, Niemöllers Schreiben zu beantworten, aber Feldmarschall Keitel schrieb ihm – unter Benutzung der Anrede „Kapitänleutnant i. R.“ – zurück, um ihm mitzuteilen, daß man nicht die Absicht habe, ihn zum aktiven Dienst in der Marine heranzuziehen.

Daß Niemöller Hitlers Wehrmacht zu Kriegsbeginn seine Dienste anbot, wurde ihm später von vielen übelgenommen. 1945 erklärte er George Bell in einem ausführlichen Brief, warum er das getan hatte. „Wir Christen in Deutschland waren uns der Tatsache bewußt, daß wir ein Volk und ein Mutterland hatten, die wir liebten." Er habe für sich im September 1939 nur zwei Möglichkeiten gesehen: „1. Sollte Hitler den Krieg gewinnen, wäre Deutschland verloren, da Hitler die Seele dieses Landes abgetötet hatte, lange bevor er sich als ein Massenmörder größten Stils entpuppte. 2. Sollte Hitler den Krieg verlieren, wäre Deutschland verloren, weil die anderen Mächte uns vollkommen niedertrampeln und uns nicht noch einmal wie 1918 davonkommen lassen würden." Beide Alternativen waren ihm schrecklich. „In diesem Dilemma", fuhr er fort, „sah ich, wie Tausende anderer Deutscher auch, die ihr Land liebten, keine andere Hoffnung, als daß wir nun, da der Krieg nun einmal ausgebrochen war, vielleicht durch eine neue Regierung zu einem Verhandlungsfrieden kommen könnten." Der Brief schloß mit der Beteuerung: „Ich sah weder als Christ noch als Deutscher einen anderen Weg für mich." (Bp 10.335) Es spielten bei seiner Entscheidung, wie er sich später erinnerte, auch noch andere Gesichtspunkte mit. Zum einen hatten seine Anwälte ihm geraten, sich der Wehrmacht zur Verfügung zu stellen. Zum andern war ihm der Gedanke schmerzlich gegenwärtig, daß seine Familie dem Krieg nicht ausweichen konnte. „Meine beiden Söhne waren schon Soldaten, der dritte stand im Begriff, Soldat zu werden, mußte Soldat werden. Und ich, als Vater dreier Soldaten, saß hinter den Gittern des Konzentrationslagers. Wenn meine Söhne den Kriegsgegnern unseres Volkes gegenüberstehen und das Beste daraus zu machen versuchen, darf ich dann wirklich hier in meiner Zelle sitzenbleiben und nichts tun? Da kommt man in eine unhaltbare, eine unerträgliche Lage." (MN/jb)

Nach Kriegsausbruch kam Niemöller überhaupt nicht mehr aus dem Gelände des KZ Sachsenhausen heraus, nicht einmal mehr zu Begegnungen mit seiner Frau im Berliner Gestapo-Hauptquartier. Else mußte ihn jetzt in Sachsenhausen besuchen. Hitler ließ von seiner harten, jegliche Hafterleichterung für Niemöller verneinenden Haltung nur einmal ab. Heinrich Niemöller hatte seinem Sohn 1940 einen halbstündigen Besuch abstatten dürfen. Als der alte Mann im März 1941 auf dem Totenbett lag, erhielt Martin Erlaubnis, ihn – unter schwerer Bewachung – zu besuchen. Sogar im Schlafzimmer des kranken Greises hielt ein Gestapo-Beamter, hinter einer spanischen Wand verborgen, Wache, während Heinrich Niemöller sich zum letzten Mal in dieser Welt mit seinem Sohn unterhielt. Der alte Mann war noch zu Scherzen aufgelegt. „Gib dem Mann eine Zigarre", sagte er, auf den Beamten weisend, zu Paula, und ließ zugleich durchblicken, es müsse ja nicht eine von den besten sein.

In ihrer Entschlossenheit, Niemöller zu diskreditieren, waren die Nazis nur allzu gern bereit, der Weltpresse Einzelheiten über sein Gestellungsangebot zuzuspielen. Im November 1939 meldete der internationale Pressedienst in Genf, daß er der deutschen Marine seine Dienste angeboten habe und abgewiesen worden sei. Kurz nach dem Tod seines Vaters begannen die Gerüchte zu kursieren, die besagten, Niemöller sei zum Katholizismus übergetreten. Viele seiner Briefe aus dieser Zeit (die allesamt von der NS-Zensur gelesen wurden) offenbarten in der Tat eine in diesem Sinne deutbare Tendenz. Einige seiner standhaft protestantischen Freunde gerieten in Panik und beeilten sich, die Gerüchte zu entkräften. Bonhoeffer fragte Else, ob etwas Wahres an der Geschichte sei, und verbreitete eine Mitteilung von ihr weiter, derzufolge selbst Bischof von Galen überzeugt war, daß Niemöller evangelisch bleiben werde. Tatsächlich traf das Gerücht zu. Niemöller spielte, wie er Franz Hildebrandt anvertraute, ernstlich mit dem Gedanken, Katholik zu werden. (ZEKHN 62, Bd. 394/2442 a) In der Hoffnung, den Prozeß beschleunigen zu können, beschlossen die Behörden, ihn aus der Einzelhaft zu entlassen und ihn dem tagtäglichen Einfluß dreier katholischer Priester auszusetzen. Im Juli 1941 wurde er zusammen mit diesen dreien im Auto aus Sachsenhausen ins Konzentrationslager Dachau in der Nähe von München überführt.

Durch diese Verlegung verbesserten sich die Lebensumstände Niemöllers ganz entschieden. In Sachsenhausen hatte er nur ganz wenige Möglichkeiten des Kontakts zu anderen Häftlingen gehabt. Sein Berliner Pfarrerskollege Heinrich Grüber hinterließ auf den Kieswegen in Stein geritzte Botschaften für ihn. „Ich mußte allein herummarschieren", erzählte Niemöller. „Aber ich hatte keine Bewachung, außer durch einen Mann auf einem zwanzig Meter entfernten Turm. Er sah, was ich tat, hörte aber nicht, was ich sagte. Als ich einmal aufschaute, erblickte ich hinter dem Gitter seines Zellenfensters Ernst Königs, meinen Freund und Pfarrerskollegen, mit dem ich früher jeden Morgen zur Schule gegangen war". (MN/jb) Jetzt konnten sie freilich nicht miteinander sprechen.

In Sachsenhausen hatte er versucht, seine seelische Widerstandskraft zu bewahren. „Ich bin zufrieden und dankbar", schrieb er einmal, „daß das, was ich gepredigt habe, mich aufrecht erhält." Gleichwohl, die Verlegung nach Dachau war ein befreiendes Erlebnis. Wenn er auch über Nacht in seiner Zelle allein war, so hatte er doch tagsüber die Gesellschaft der drei Priester. Und wenn er auch am Ende nicht Katholik wurde, so lernte er doch seine Mitgefangenen schätzen und die Gespräche mit ihnen zu genießen.

In Dachau schloß Niemöller auch eine bemerkenswerte Freundschaft: Er lernte einen in Gefangenschaft geratenen „Landesfeind" kennen, einen britischen Oberst namens Richard Stevens. Stevens war in Venlo im angeblich neutralen Holland unter der Beschuldigung, an einer Verschwörung gegen Deutschland beteiligt zu sein, verhaftet worden. Er wurde nach Sachsenhausen gebracht und blieb dort zwei Jahre lang in Einzelhaft (oft noch dazu mit einer Kette an die Wand gefesselt), bevor er nach Dachau verlegt wurde. Er hatte Deutschland vor dem Ersten Weltkrieg als Student, im Weltkrieg als Soldat und in der Zwischenkriegszeit als aktiver Stabsoffizier kennengelernt – und nun schließlich auch aus der Perspektive eines Gefangenen. Stevens, ein Mann mit militärisch aufrechter Haltung und sorgfältig gestutztem Oberlippenbart, sprach ausgezeichnet deutsch. Nach dem Zweiten Weltkrieg erklärte er in einem Vortrag vor der Oxforder Diözesankonferenz, wenn ihm als Folge der ihm im Konzentrationslager widerfahrenen Behandlung „die Deutschen verhaßt waren oder zumindest ihr Schicksal mir vollkommen gleichgültig war", so sei dies „unter den gegebenen Umständen vielleicht verständlich".

Dessen ungeachtet verbanden den britischen Oberst und den deutschen Ex-U-Boot-Kapitän bald große Zuneigung und Bewunderung füreinander. Noch lange nach Kriegsende korrespondierten sie. Wie Richard Stevens' Frau Moja später schrieb: „Martin gab ihm im Gefängnis soviel Kraft und Trost." Stevens selbst sagte im März 1946 einem deutschen Pastor: „Martin und ich waren viele Jahre lang zusammen in Sachsenhausen und Dachau, und ich wäre Ihnen sehr dankbar, wenn Sie ihm, falls Sie ihn sehen, meine allerherzlichsten Grüße übermitteln könnten. Ich hoffe, daß ich den Mann, zu dem ich eine so tiefe und dauerhafte Zuneigung gefaßt habe, eines Tages wiedersehen kann, aber bis es soweit ist, wäre ich schon sehr erfreut, wenn diese Grüße ihn erreichen würden." Stevens blickte auf seine Zeit in Dachau mit soviel Wehmut zurück, daß er seine Briefe an Niemöller manchmal nicht mit „Dick" unterschrieb, sondern mit „Fuchs", dem Tarnnamen, den seine deutschen Jäger und Fänger ihm gegeben hatten. (ZEKHN 62, Bd. 414/2445 e)

Als der Krieg zu Ende war, suchte Stevens, so schnell er konnte, Niemöllers Freund George Bell auf. „Er sprach viel von Ihnen", schrieb der Bischof im März 1946 an Niemöller, „und viel davon, was Ihre Gegenwart in Dachau ihm bedeutete." (Bp 10.356) Richard Stevens war einer der ganz wenigen evangelischen „Sonderhäftlinge" im Lager. Zu den katholischen Freunden, die Niemöller gewonnen hatte, gehörten mittlerweile vier Priester. Drei von ihnen erhielten, da sie Bayern waren, regelmäßig Lebensmittelpakete von der Diözese München, deren Inhalt sie mit ihren Mitgefangenen teilten. Wie Stevens später erzählte, wurde ein junger Dorfpfarrer zum „Verpflegungsoffizier" ernannt, und wenn es ans Verteilen ging, pflegte er zu sagen: „Dick Stevens hat letztes Mal ein Ei, ein Stück Butter und eine Zigarre bekommen. Dieses Mal kriegt er nur ein Stück Kuchen und eine Zigarette." Für besondere Anlässe wie Geburtstage horteten die Priester kleine Delikatessen.

An Niemöllers 50. Geburtstag hörte Stevens in einem eingeschmuggelten Radio das Programm eines Londoner Senders. Am nächsten Morgen flüsterte er Niemöller, der neben ihm unter der Dusche stand, zu: „Ich habe direkte Nachrichten und Grüße von deinem Freund, dem Bischof von Chichester. Gestern abend hat anläßlich deines Geburtstages in St. Martin-in-the-Fields ein Gottesdienst stattgefunden; den Gottesdienst hat der Erzbischof von Canterbury gehalten, und dein Freund, der Bischof von Chichester, hat gepredigt." 1943 bekamen die in Dachau internierten katholischen Priester eine leere Zelle zugewiesen, in der sie beten und Gottesdienste abhalten konnten. Die sieben evangelischen „Sonderhäftlinge" erhielten diese Möglichkeit hingegen nicht, und kurz vor Weihnachten 1944 teilte man ihnen sogar mit, daß sie keine Weihnachtslieder singen dürften. Der 72jährige holländische Ex-Kriegsminister Dr. J.C. van Dijk protestierte. Er war jetzt vier Jahre in Dachau und hatte noch keine einzige richtige religiöse Zeremonie erlebt. Erstaunlicherweise gab die Lagerverwaltung nach, und Niemöller wurde angewiesen, einen Weihnachtsgottesdienst zu halten. „Ich blieb mit den sechs anderen zurück, unter denen ich der einzige Pastor war, so daß ich den Gottesdienst zu übernehmen hatte. Meine sechs Kameraden waren ein englischer Oberst, ein holländischer Minister, zwei norwegische Reedereibesitzer, ein serbischer Diplomat und ein mazedonischer Journalist. In dieser Gemeinde war ich also auch der einzige Deutsche. In den beiden folgenden Tagen rang ich mit der Frage, wie ich diesen meinen Mitchristen die Weihnachtsbotschaft so würde verkündigen können, daß sie mein Wort nicht vornherein und schon deswegen ablehnten, weil ich ein Deutscher war." Dann jedoch geschah etwas Bemerkenswertes:

„Da klopfte es an meine Tür, und herein trat, von einem SS-Posten begleitet, der holländische Kriegsminister, ein alter Herr von über siebzig Jahren, und sagte mir: ‚Herr Pastor, ich habe mit den anderen fünf Herren gesprochen, die mit mir heute abend an Ihrem Gottesdienst teilnehmen werden, und wir alle haben eine Bitte an Sie. Wir möchten Sie bitten, ob Sie nicht heute mit uns das Heilige Abendmahl feiern möchten?' Und so ist es geschehen: Ich, der Deutsche, habe am Heiligen Abend nach meiner Predigt über die Engelsbotschaft mit diesen sechs Angehörigen der feindlichen Länder das heilige Abendmahl gehalten: ‚Friede auf Erden und allen Menschen ein Wohlgefallen!' Und es ist uns allen wohl bewußt geworden, daß der Friede Gottes den Frieden unter uns Menschen schafft."

Danach durften Niemöller und die sechs anderen alle vier Wochen einmal zusammen Gottesdienst halten. Die katholischen Priester stellten ihnen dafür in christlicher Solidarität ihre geweihte Zelle zur Verfügung. In seinem ersten Brief an Franz Hildebrandt nach Kriegsende schrieb Niemöller: „Unsere Abendmahlsfeiern am Heiligen Abend und am Gründonnerstagabend werde ich sicherlich mein Leben lang nie vergessen." (ZEKHN 62, Bd. 976/3027 und Bd. 394/2442 a)

Aber es gab nicht nur Grund zur Freude. Mit Elses Gesundheit ging es bergab. Am 23. Mai 1942 schrieb Dietrich Bonhoeffer besorgt an George Bell: „Martins Frau ist seit einigen Wochen krank, so daß wir keine Nachrichten von ihrem Mann erhalten." Im Juni kam sie ins Krankenhaus; auch ihr neunzehnjähriger Sohn Heinz Hermann wurde ernstlich krank. Einer der Anwälte, die Niemöller bei seinem Prozeß verteidigt hatten, ersuchte Hitler in einem Bittbrief, Niemöller die Möglichkeit zu geben, sich um seine Familie zu kümmern. „Der Führer hat eine Erleichterung der Haftbedingungen von Pastor Niemöller abgelehnt", lautete die Antwort.

Zum Glück kümmerte sich Dora Schulz weiterhin loyal und voller Hingabe um Else und diejenigen Niemöller-Kinder, die noch im elterlichen Hause lebten. Andere Freunde standen ebenfalls mit Rat und Tat zur Seite. Einen davon hat Martin Niemöller niemals kennengelernt. Albert Lempp war Inhaber des Münchner Verlagshauses Christian Kaiser, das die Schriften Karl Barths verlegte. Lempp stand auch nach der Vertreibung Barths aus Deutschland unerschrocken zu seinem Autor. (1936 brachte er eine Festschrift zu Ehren Barths heraus, die den Titel *Die Freiheit der Gebundenen* getragen hätte, wären nicht die deutschen Zensoren gegen diesen Titel wie auch gegen Teile des Textes eingeschritten.) Lempp löste das Problem, daß Else in Berlin 550 Kilometer weit von Martin in Dachau weg wohnte, dadurch, daß er ihr einen Teil seines Hauses am Starnberger See als Wohnung anbot. Er starb 1943, aber seine Witwe Maria verlängerte die Abmachung. Else wohnte mit den Kindern und der treuen Dora in drei vollgepackten Räumen. Aber wenigstens konnte sie jetzt Martin wieder besuchen.

Hier trafen rasch hintereinander zwei Schicksalsschläge die Familie. Am 30. Dezember 1944 starb nach kaum zweitägiger Krankheit die jüngste Tochter Jutta an Diphterie. Martin Niemöller hatte zu Jutta ein sehr enges Verhältnis gehabt, wie eigentlich zu allen seinen Kindern. Am 10. November 1937, wenige Tage vor dem neunten Geburtstag des Mädchens, hatte er aus dem Zuchthaus Moabit an Else geschrieben: „Ich denke so viel an jene Stunde, als das Kind kam, und wir beide waren ganz allein." Nun kam ein SS-Wachmann und teilte ihm knapp und brutal mit, daß Jutta tot sei.

Der zweite Schlag kam zwei Monate später. Am 28. Februar 1945 fiel der älteste Niemöller-Sohn nördlich von Stargard in Pommern. Er war am 16. Juli 1922 geboren und bekam, wie Niemöller schrieb, „den Namen meines gefallenen Freundes Emsmann: Hans Jochen, und wir Eltern gaben ihm den Wunsch und das Gebet mit auf den Weg, er möchte ein ebenso gerader und ganzer deutscher Mann werden wie dieser letzte U-Boot-Kommandant des großen Krieges". Dieses Mal kam Else selbst, um Martin die Nachricht zu überbringen; sie kam in Begleitung ihrer jüngeren Kinder, um die Situation für alle ein wenig tröstlicher zu machen. Aber die Wachen ließen die Kinder nicht ins Lager, so daß sie ihrem Vater nur von draußen zuwinken konnten.

Niemöller war inzwischen zu einem herausragenden Symbol für den Widerstand gegen Hitler geworden. Pastor Paul Schneider, der 1937 verhaftet wurde, bewahrte in seiner Zelle in Buchenwald bis zu seinem Tod zwei Jahre später ein Bild von Niemöller auf.

Karl Barth schrieb, Niemöller sei zu einer Verkörperung der deutschen evangelischen Kirche geworden, die trotz aller Einschränkungen und Unzulänglichkeiten eine Widersacherin des Nationalsozialismus geworden sei. Niemöllers Beispiel könne anderen, die in dem Kampf Opfer bringen müßten, als stärkendes Beispiel dienen. Hans Ehrenberg erklärte seinen britischen Freunden: „Der eine Niemöller hat zahllose unbekannte Niemöllers hervorgebracht." Und aus dem Zuchthaus Tegel schrieb am 18. Mai 1944 Dietrich Bonhoeffer: „Bitte bedauern Sie mich nicht. Martin hat das beinahe sieben Jahre lang mitgemacht, und das ist etwas ganz anderes."

Auch im Ausland war sein Name zum Symbol für den deutschen Widerstand geworden. Schon im Januar 1938 schrieb eine seiner englischen Anhängerinnen, Frau Dorothy Buxton, George Bell, ihrer Meinung nach „würden die deutschen Behörden, wenn sie nur begriffen, wieviel der Name Dr. Niemöllers der Welt außerhalb Deutschlands bedeutet, vielleicht vor jedweden extremen Akten der Barbarei gegen ihn zurückschrecken". (Bp 10.36) Bell selbst erklärte in einer Sendung der BBC: „Sein Name symbolisiert den tragischen Kampf Tausender von Märtyrern, und sein Schweigen in einer einsamen Zelle spricht eine beredte Sprache." Der Dekan von Chichester, Duncan-Jones, erweiterte die englische Ausgabe der Kriegserinnerungen Niemöllers um ein Kapitel und brachte sie in England unter dem neuen Titel *From U-Boat to Concentration Camp* heraus. Am 2. Juni 1945 schrieb er Niemöller: „Ich hatte die Tollkühnheit, eine Fortsetzung zu Ihrem Buch zu schreiben ... zu einer Zeit, da Sie selbst es nicht tun konnten. Ich meine, es war für englischsprechende Leute nützlich, und ich hoffe, Sie werden nicht zu streng darüber urteilen, wenn es Ihnen schließlich und endlich unter die Augen kommt." (ZEKHN 62, Bd. 394/2442 a)

In den Gedanken und Äußerungen mancher Hitlergegner trieb die Martin-Niemöller-Legende in dieser Zeit freilich absurde Blüten. „Ich persönlich würde fast alles darum geben", schrieb Norman Vincent Peale 1942, „wenn ich ... eines glücklichen Tages in dieses deutsche Konzentrationslager hineingehen könnte, geradewegs auf Martin Niemöller zu, und ihm sagen könnte: ‚Mein Bruder in Christo, das Nazi-Unwesen ist nicht mehr. Wir haben es mit Gottes Hilfe vernichtet, kommen Sie zurück, Martin Niemöller, auf Ihre alte Kanzel, und predigen Sie wieder ungehindert.' ...

Diesen Heiligen zu sehen, weißhaarig und mit abgemagertem Leib als Folge seines Leidens, wie er in einem großen freien Deutschland die Kanzelstufen hinaufstiege, und zu denken, daß ich, in wie geringer Weise auch immer, mitgeholfen hätte, dies möglich zu machen, würde mir die höchste Freude gewähren, die ich mir vorstellen kann." Diese Sätze stammen aus Peales Vorwort zu einem Buch mit dem Titel *I was in Hell with Niemöller* von Leo W. Stein. Das Buch war durch und durch fiktiv, ebenso wie der Name des Autors. Dieser ‚Stein' behauptete, sowohl in Moabit als auch in Sachsenhausen unter den Leidensgenossen Niemöllers gewesen zu sein. Er schilderte ausführliche Gespräche, die er angeblich mit Niemöller geführt hatte, und Beispiele für dessen Heldenmut. Darunter war sogar die Beschreibung einer imaginierten Begegnung zwischen Niemöller und Adolf Hitler. „Hitler verlor völlig die Selbstkontrolle", ließ ‚Stein' in dieser Sequenz seines Buches Niemöller erzählen. „Dann wandte ich mich zum Gehen. Er brüllte mir hinterher: ‚Pastor Niemöller, Sie werden sich entweder fügen müssen, oder Sie werden sterben – Sie werden sterben, wie jeder sterben wird, der mir im Weg steht.' Ich hörte, während ich hinausging, wie seine Fäuste auf den Schreibtisch trommelten."

‚Steins' Bericht über diese Begebenheit war am 20. September 1941 in der amerikanischen Zeitschrift *Liberty* erschienen; die Zeitschrift *Christian Century* brandmarkte den Beitrag Mitte Dezember als „eine Niemöller-Fälschung". Ehrenberg, der wirklich mit Niemöller in Sachsenhausen gewesen war, und Hildebrandt, der die Wahrheit über Niemöllers einzige Begegnung mit Hitler kannte, waren über die Phantastereien von ‚Stein' gleichermaßen schockiert. (Bp 10.269) Allerdings war es in der emotionsgeladenen Atmosphäre jener Zeit fast unmöglich, in Niemöller *nicht* einen Helden von beinahe mythischer Statur zu sehen. Er selbst war sich der Gefahr bewußt. Da war beispielsweise jenes Gedicht, das ein englischer Geistlicher aus dem Bistum von George Bell 1938 über Niemöller verfaßte:

> You, Martin, our brother, partaker in tribulation,
> In Kingdom and in patience, which are in Christ,
> Because of your witness and the Word of God
> Are in their culture's camp of concentration
> That is called Dachau . . .
>
> Train us to think and do the right by numbers

That when the inevitable barrage descends
Our obstinate wills may function to the last.

Das Gedicht war sicherlich bewegend und ehrlich gemeint. Sein Verfasser, Reverend Lawrence Wilson, ließ es Bischof Bell zukommen, und schließlich landete es auch bei Niemöller. Nach Kriegsende bedankte er sich schriftlich dafür. „Aber", gab er zu bedenken, „ich fühle mich bemüßigt zu sagen, daß ich mich demütig vor diesem Symbol verneige, das Sie aufgerichtet haben und das nicht mich verkörpert, wie ich bin, sondern den Martin Niemöller, der ich eigentlich hätte sein sollen." (ZEKHN 62, Bd. 398/2442 e)

Niemöller wehrte sich stets dagegen, daß die anderen den Mut, den er im Kirchenkampf bewiesen hatte, oder die Gefahren, denen er ausgeliefert gewesen war, überschätzten. Er sagte dreißig Jahre später, jene Jahre seien nicht eine Zeit der Helden gewesen, weder der menschlichen noch der übermenschlichen. Daß er selbst davonkam, hatte er seiner Ansicht nach, so paradox es klingen mochte, Hitler zu verdanken: Niemand schien genau zu wissen, wie Hitlers „persönlicher Gefangener" behandelt werden mußte. Und da „alle sich davor fürchteten, Adolf Hitler zu fragen oder ihm meinen Namen in Erinnerung zu rufen, wußte also niemand, wie ich zu behandeln war". Und niemand wagte, ihm etwas Ernsthaftes zustoßen zu lassen.

1945 jedoch war es mit dieser De-facto-Immunität zu Ende. Während der Krieg sich seinem Ende zuneigte, begann das Konzentrationslager Dachau sich mit prominenten „Sonderhäftlingen" des Reichs zu füllen. Darunter waren ausländische Staatsmänner wie der ehemalige französische Präsident Léon Blum (mit seiner Frau), der frühere österreichische Kanzler Dr. Kurt von Schuschnigg (mit seiner Frau und seinem Töchterchen Maria-Dolores, das von jedermann liebevoll „Sissi" genannt wurde) und der ungarische Ex-Premierminister Nikolaus von Kallay. Auch eine Reihe gefangener gegnerischer Offiziere wurden in Dachau einquartiert. Darunter waren der italienische General Sante Garibaldi und der britische Nachrichtenoffizier Hauptmann S. Payne Best, der zusammen mit Oberst Stevens in Venlo festgenommen worden war. Das Gros des 150 Personen starken Kontingents von „Sonderhäftlingen" bestand aus deutschen Zivilisten und Offizieren, die auf irgendeine Weise mit dem Hitler-Regime aneinandergeraten waren. Hierzu zählten Mitglieder der Familie Stauffenberg, der

Baron Fabian von Schlabrendorff, ein Rechtsanwalt namens Josef Müller und der ehemalige Präsident der Deutschen Reichsbank, Hjalmar Schacht. Unter den in Dachau internierten deutschen Offizieren befanden sich General Alexander von Falkenhausen, ehemaliger Oberbefehlshaber für Belgien und Nordfrankreich, General Thomas und Oberst Bogislav von Bonin, der mit Rommel in Afrika gekämpft und unter General Guderian im Führerhauptquartier gedient hatte – sie alle galten jetzt als Reichsfeinde.

Niemand konnte sich vorstellen, daß Hitler alle diese Männer und Frauen lebend davonkommen lassen würde. Payne Best wußte von der Hinrichtung der unmittelbar in das Attentat auf Hitler vom 20. Juli 1944 verwickelten Männer zu berichten. Zu ihnen gehörte Dietrich Bonhoeffer. Niemöller versuchte, die Neuankömmlinge in Dachau zu trösten, indem er zu bedenken gab, daß der Krieg nur noch kurze Zeit dauern konnte und man sie bis dahin vielleicht unbehelligt im Lager belassen werde. Doch selbst der nervenstarke Niemöller war verblüfft, als Hjalmar Schacht ihn zu einem persönlichen Gespräch beiseite nahm und ihm dann, anstatt mit ihm über die ihnen möglicherweise drohende Gefahr und die Chancen für ein Entrinnen zu reden, einen über eine Stunde dauernden Vortrag über die Wichtigkeit der Goldwährung hielt.

Die Hoffnung Niemöllers, in Dachau in relativer Sicherheit bis Kriegsende „überwintern“ zu können, erfüllte sich nicht. Am 20. April kam Else Niemöller zu ihrem letzten Besuch ins Konzentrationslager. Was sich dann ereignete, schilderte Niemöller in einem Brief vom 20. September 1945 an Franz Hildebrandt: „Vier Tage später wurde ich mit einem Transport von rund 150 Sonderhäftlingen, die man in Dachau gesammelt hatte, von dort wegtransportiert, zunächst in ein Lager nach Innsbruck und einige Tage später über den Brenner nach Südtirol ins Pustertal, wo wir uns eines Tages ohne Obdach in strömendem Regen, der bald in Schnee überging, auf der Landstraße vor Villabassa wiederfanden. Wir hatten ein Liquidationskommando bei uns.“ (ZEKHN 62, Bd. 394/2422 a)

Männer vom Schlage eines Falkenhausen, eines Sante Garibaldi und eines Martin Niemöllers hatten freilich nicht die Absicht, sich von einer Bande von NS-Schergen umbringen zu lassen. Als die Transportbewacher, deren Moral nicht mehr die beste war, vor dem Schlafengehen zur Flasche griffen, nützte Payne Best die Gelegenheit, um sich heimlich Einblick in ihre Befehle zu verschaffen;

er stellte fest, daß sie in der Tat angewiesen waren, zumindest einige der Häftlinge zu töten. Er konnte auf der „Todesliste" die Namen Schuschnigg, Blum, Schacht, Müller, Falkenhausen, Thomas und Niemöller erkennen.

Garibaldi wollte versuchen, italienische Partisanen zu Hilfe zu holen, und schmiedete dementsprechende Pläne; die deutschen Offiziere in der Gruppe dachten unterdessen darüber nach, wie sie Kontakt mit regulären deutschen Truppenteilen aufnehmen konnten, die ihnen vielleicht gegen die verhaßte SS beistehen würden. Niemöller hatte entdeckt, daß Oberst von Bonin bewaffnet und kampfbereit war. Beides traf auch auf Niemöller zu. Wie er in seinem Brief an Franz Hildebrandt weiter schrieb: „Die Leute hatten nachts im Auto davon geredet, daß sie uns alle umlegen müßten. Da faßte ich mir ein Herz und ging zu unserm SS-Sturmführer, der den Transport leitete, und erklärte ihm, daß wir Waffen hätten und uns wehren würden, worauf er sichtlich kleinlaut wurde und äußerte, er hätte nichts Böses gegen uns vor. Wir trafen am gleichen Tag gegen Abend dann einen deutschen Divisionsstab, und einige von den Offizieren unter uns fanden unter den Stabsoffizieren Bekannte. Dann wurde gleich an das Deutsche Hauptquartier telefoniert, und nach einer gräßlichen Nacht, während wir hinter jeden SS-Posten zwei von unsern Leuten als Wache stellten, kamen deutsche Offiziere und Soldaten, setzten das Henkerkommando auf einen Lastwagen und zwangen sie mit aufgestellten Maschinengewehren zur Abfahrt. Dann brachte uns das Militär in ein Hotel in den Bergen, wo wir bestens aufgehoben waren und gut verpflegt und versorgt wurden. Das dauerte drei Tage, dann war eines Morgens eine amerikanische Kompanie da, entwaffnete die Wehrmacht und übernahm unseren Schutz."

Niemöller war jetzt in Sicherheit – aber ärgerlicherweise noch nicht auf freiem Fuß. Da das amerikanische Hauptquartier sich in Neapel befand, wurden die „Sonderhäftlinge" dorthin geflogen, wodurch ihre Heimkehr natürlich wieder in weitere Ferne rückte. Immerhin wurde Niemöller in einem ordentlichen Hotel untergebracht. Er und Dick Stevens streiften gemeinsam durch Pompeji. Zu seiner großen Freude traf er auf ein Ex-Mitglied seiner Dahlemer Kirchengemeinde, Richard Pauly, den Niemöller 1936 konfirmiert hatte. Pauly hatte Nazi-Deutschland verlassen, war in die Vereinigten Staaten gegangen und diente jetzt als Oberleutnant im US-Heer. Einen kongenialen Gefährten fand Niemöller in David

L. Ostergren, dem Feldgeistlichen der in Neapel stationierten US-Armee-Einheit. Kaplan Ostergren fand seinerseits Gefallen an Niemöller. Am 31. August, nachdem Niemöller endlich heimgekehrt war, schrieb Ostergren ihm: „Sie können sicher sein, daß ich die schöne Kameradschaft vermisse, die Sie und mich in der Zeit Ihres Aufenthalts in Neapel verbunden hat. Unsere gemeinsamen Mahlzeiten und die Spaziergänge, die wir morgens und abends unternahmen, haben sich unauslöschlich in meine Erinnerung eingeprägt. Ich werde Ihren schlichten, fast kindlichen Glauben nie vergessen. Sie hatten zuvor Schreckliches durchmachen müssen, und doch war Ihr vollkommenes Zutrauen zu Gott nicht beeinträchtigt ... Ich empfinde tiefen Respekt vor Ihnen." (ZEKHN 62, Bd. 525/2507)

Die Gesellschaft von Richard Pauly, Dick Stevens und David Ostergren war für Niemöller zweifellos ein großer Gewinn, doch sie konnte kein Ersatz sein für das Wiedersehen mit seiner Frau, seinen Kindern und Dora. Sechs lange Wochen blieb Niemöller in Süditalien interniert. Seine Ungeduld und Gereiztheit steigerten sich, als er von einem in Rom arbeitenden amerikanischen Journalisten erfuhr, daß sein Sohn von den Russen gefangengenommen worden sei und im Moskauer Rundfunk gesprochen habe. Die Presse belagerte Niemöller ständig. Die Amerikaner baten ihn, als Ratgeber in den politischen Stab ihres Oberkommandierenden Eisenhower einzutreten, und flogen ihn ins Hauptquartier von Feldmarschall Alexander in Caserta. (Er empfahl, in Deutschland zunächst einmal keine politischen Parteien entstehen zu lassen. Vielmehr sollten erst einmal auf lokaler Ebene Bürgermeister gewählt werden, und zwar jeweils in einem politischen Bezugsrahmen, der klein und überschaubar genug wäre, „daß die Leute die Personen, die sie wählen, auch wirklich kennen" würden und daß so „ein demokratisches Bewußtsein" entstehen könne.) (MN/jb) Alexander lud ihn zu einem ausgezeichneten Mittagessen ein. Aber in der ganzen Zeit sehnte er sich vor allem nach Zuhause.

Zu guter Letzt wurden die deutschen „Sonderhäftlinge" wieder zusammengebracht und nach Frankreich geflogen, wo sie einige Tage in einem Internierungslager bei Versailles verbrachten. Von dort flog man sie nach Frankfurt, wo die meisten von ihnen ihrer Wege gehen durften. Niemöller jedoch wurde in ein Verhörzentrum der Amerikaner in Wiesbaden gebracht. Es war inzwischen Mitte Juni. Am 27. Dezember 1937, nach seinem ersten halben Jahr im Zuchthaus Moabit, hatte er Else mit den Worten getröstet: „Und nun leb wohl, Liebes; eines Tages werden wir das alles hinter uns haben, und es wird Zeit zum Feiern sein." Das war vor siebeneinhalb Jahren gewesen, und jetzt schickten die Besatzungsmächte sich an, ihn für weitere Zeit in Wiesbaden zu behalten. „Da war es mit meiner Kraft zu Ende", schrieb er in seinem Brief an Hildebrandt, „und ich trat in den Hungerstreik." Damit zwang er die Besatzungsbehörden zum Nachgeben: Vier Tage später war er auf freiem Fuß, ausgestattet mit gültigen Reisepapieren. In Frankfurt traf er sich mit Hans Asmussen, und zusammen machten sich die beiden in einem geliehenen Auto nach Bayern auf. Niemöllers Gepäck bestand lediglich aus einer Aktentasche; die meisten seiner Habseligkeiten waren in Neapel zurückgeblieben.

Die Fahrt war beschwerlich und dauerte lange. Unweit der Donau wurden sie von drei amerikanischen Soldaten angehalten, die offenbar etwas betrunken waren, und mußten ihre Papiere vorzeigen. Als der Sergeant erkannte, daß er einem „Nationalhelden" gegenüberstand, sagte er, offenbar allen Ernstes: „I'd like to kiss you!" Er tat es dann aber nicht, sondern schüttelte Niemöller nur die Hand und winkte den Wagen weiter. Am 24. Juni schließlich fuhr Niemöller vor dem Hause von Maria Lempp am Starnberger See vor, wo Else und die anderen noch immer wohnten. „Morgens um sechs", berichtete er Hildebrandt, „stand ich unter dem Fenster meiner Frau und fand bei ihr Herta, Martin und Dora." (ZEKHN 62, Bd. 394/2422 a)

11. Schuld und Sühne

Im Oktober 1939 verglich Ulrich von Hassell, ehemals deutscher Botschafter in Italien und nunmehr in den Reihen der konservativen Opposition gegen Hitler aktiv, in einem Tagebucheintrag die äußerst sanfte „Bestrafung“ derjenigen, die Gewalttaten gegen Juden begangen oder gar Juden getötet hatten, mit dem Vorgehen der Nazis gegen Martin Niemöller. Er hatte großen Respekt vor dem streitbaren Pastor, doch als im Dezember 1941 Adam von Trott zu Solz, ein anderer Anti-Hitler-Verschwörer, zu bedenken gab, ob nicht nach der geglückten Beseitigung des ‚Führers‘ Niemöller der richtige Mann auf dem Reichskanzlerposten wäre, äußerte von Hassell Zweifel: „Ich bin überzeugt, daß der Mann, den Trott vorgeschlagen hat, einige ungünstige Eigenschaften besitzt“, notierte er. „Er ist etwas eigensinnig, unpolitisch und kein guter Stratege. Von all dem abgesehen, glaube ich, daß er, nachdem einmal der erste Glanz verblaßt wäre, kein zugkräftiges Symbol abgäbe. Im Gegenteil, er könnte vielleicht sogar Widerstand hervorrufen.“

Es war eine Beobachtung mit prophetischen Qualitäten. Gewiß verfügte Niemöller über einen wachen politischen Instinkt – es ist fraglich, ob irgendein noch so guter Stratege sich Hitler gegenüber besser aus der Affäre gezogen hätte (von Hassells Strategie für die Absetzung des ‚Führers‘ schlug jedenfalls fehl). Mit seiner Vermutung, daß Niemöller Widerstand hervorrufen könnte, lag von Hassell jedoch richtig. Solange der Pastor im Konzentrationslager saß, war er ein schweigendes Symbol, auf das jedermann seine eigenen Vorstellungen vom „guten Deutschen“ projizieren konnte. In Freiheit gesetzt, entpuppte er sich wieder als das, was er früher gewesen war: ein Mann mit kompromißlosen und manchmal unpopulären Ansichten.

Die freie Presse der Welt war begierig, diese Ansichten zu erfahren und zu verbreiten; am 5. Juni 1945 gab Niemöller in Neapel eine Pressekonferenz. Er nutzte die Gelegenheit, um sein Volk in Schutz zu nehmen. Auf die Brutalität und die Greueltaten in den Konzentrations- und Vernichtungslagern der Nazis, die die Befreier Deutschlands mit so großem Entsetzen erfüllten, erklärte er: „Kein anständiger Deutscher fühlt sich für diese Dinge verantwortlich. Für die guten Deutschen war der Nazismus eine neue Religion. Diese Leute sind schockiert über die Dinge, die jetzt ans Licht gekommen sind und gezeigt haben, daß der Nazismus kein idealistischer Aufbruch war, sondern ein Deckmantel zur Verübung verbrecherischer Taten." Er beteuerte, selbst von vielen Dingen nichts gewußt zu haben, und sagte, er sei „schockiert und schreckerfüllt" gewesen, als er sie nach seiner Freilassung erfahren habe. „Ich hätte nie gedacht, daß so etwas möglich wäre", erklärte er den Journalisten, „und dabei habe ich zehnmal soviel gesehen wie die Leute, die nicht im Lager saßen. Ich wurde nicht schlecht behandelt. Ich sah einzelne Akte der Brutalität, aber ich sah sie als vereinzelte Entgleisungen. Inzwischen sehe ich sie in einem anderen Licht."

Niemöller legte Wert darauf, das Ausmaß seines eigenen Leidens nicht zu übertreiben, und er sprach auch über seine „Bewerbung" für den aktiven Kriegsdienst im September 1939. „Im Kriege fühlt man sich als Deutscher verpflichtet, ohne Zögern zur Fahne zu stehen", sagte er und fügte hinzu: „Drei meiner Söhne wurden einberufen. Ich konnte nicht zurückstehen. Ich schrieb aus dem Konzentrationslager an Admiral Raeder, den Oberbefehlshaber der Marine, und bat ihn, mir die Rückkehr in den U-Boot-Dienst oder in irgendeinen anderen Dienst im Rahmen der Marine zu ermöglichen. Ich hörte mehrere Monate lang nichts, und dann kam eine Antwort, nicht von Raeder, sondern von Keitel, dem Chef der Wehrmacht. Er dankte mir, aber zu seinem Bedauern könne er mich nicht in den aktiven Dienst berufen."

Diese Äußerungen waren nicht dazu angetan, Niemöller bei denen Sympathie zu verschaffen, die gerade einen verlustreichen Krieg gegen Deutschland hinter sich hatten. Aber der Pastor hatte noch mehr zu sagen. Er erklärte, was sein Land jetzt brauche, sei Hilfe, nicht Strafe. „Deutschland steht ein sehr schwerer Winter bevor", betonte er. „Es ist meine Hoffnung, daß mit Hilfe der christlichen Kirchen in England und den Vereinigten Staaten Lebensmittel geschickt werden können. Ich glaube nicht, daß die Regierungen fähig oder willens sind, genug für unser deutsches Volk zu tun."

Gegen Ende machte Niemöller eine Bemerkung über den politischen Aufstieg Hitlers, die von vielen mißverstanden wurde. Hitler, so erklärte er, habe einen beträchtlichen Teil der Deutschen einfach aufgrund seiner hypnotischen Ausstrahlung in seinen Bann geschlagen. Aber daß er zur Macht gekommen sei, verdanke er auch der Tatsache, daß die Weimarer Verfassung den Deutschen nicht das autoritäre Regime beschert habe, nach dem sie sich gesehnt hätten. Er fügte hinzu, bei seinen Auseinandersetzungen mit Hitler sei es nie um politische Fragen gegangen, sondern ausschließlich um religiöse, denn Hitler habe die Menschen mit Leib *und Seele* haben wollen.

Die *New York Times* reagierte gemäßigter als viele andere. Unter der Überschrift ‚Ein Held mit Schwächen' meinte ihr Leitartikler, nach der Pressekonferenz Niemöllers in Neapel könne man nicht den Eindruck haben, „daß er beim moralischen Wiederaufbau seines Landes eine Führungsrolle spielen kann", denn weder halte er die Deutschen für demokratiereif noch sei er ein Gegner der Politik Hitlers gewesen. Niemöller sei, so das Fazit der *New York Times,* „eine denkbar untaugliche Figur in einem Land und einer Welt, die nach Gerechtigkeit schreien".

Wie George Bell treffend bemerkte: „Wenn ein Held aufhört, ein Held zu sein, wird er ein Problem." (Bp 10.334) Reverend David Ostergren versuchte Niemöller zu trösten. „Es tut mir schrecklich leid, daß die Reporter Ihr Interview in Neapel so mißverstanden haben", schrieb er ihm. „Ich habe an unsere Kirchenpresse geschrieben und versucht, den Leuten eine zutreffende Darstellung Ihrer Person zu geben." (ZEKHN 62, Bd. 525/2507) Andere bliesen indessen zum Angriff. „Wir haben nichts davon, wenn wir unseren deutschfreundlichen Pazifisten erlauben, einen Helden aus diesem brutalen Ex-Offizier zu machen", schäumte die *National Review* im Juli. Bedauerlicherweise stimmten auch Pazifisten in die Angriffe auf den Ex-Offizier ein. In der Zeitschrift *Christian Pacifist* übte Pastor D. Meyer-Klugel aus Birmingham im selben Monat Kritik an Niemöller, weil dieser die Bekennende Kirche nicht in den Kampf gegen den Nationalsozialismus an sich geführt habe, „sondern nur ein ruhiges Eckchen verlangte, um beten und die Sakramente vollziehn zu können". Im *New Statesman* schrieb Kingsley Martin nach der Niemöller-Pressekonferenz: „Dem Bischof von Chichester, der so große Stücke auf Niemöller und die Lutheraner hält, steht eine peinliche Rechtfertigung bevor."

Diese unfairen Attacken trafen den physisch und emotional erschöpften Niemöller tief. Er war, wie Pfarrer Harold Ludicke im

Oktober Bischof Bell mitteilte, „etwas verstört über die Angriffe gegen ihn, die gelegentlich in der Presse dieses Landes und der Vereinigten Staaten erscheinen". Ludicke fügte hinzu, Niemöller mache sich auch große Sorgen um seinen in Gefangenschaft geratenen Sohn. (Bp 10.329) In Neapel hatte er, wie Dorothy Thompson im *Observer* geschrieben hatte, noch einen vitalen Eindruck gemacht: „Er ist ein Mensch, aus dem die Angst für immer geflohen ist. Jungenhaft schlank, drahtig, nervös, aber diszipliniert, strahlt er rundherum Schlichtheit und Bescheidenheit aus. Seine braunen Augen schauen einen unentwegt an, während er spricht, und wenn er lächelt, leuchten auf seinem Antlitz Freundlichkeit und Friedfertigkeit auf."

David Ostergren bewies, wie stets, mitfühlendes Verständnis für das, was Niemöller durchgemacht hatte, und er versuchte, die Schläge abzumildern, die Martin von einigen seiner vermeintlichen Befreier versetzt bekam. „Krieg ist eine schreckliche Sache. Perioden des Übergangs und des Wiederaufbaus sind ebenfalls sehr schlimme Zeiten. Wir haben im Kampf gegen den Nazismus so viele Männer verloren, daß man sich nicht wundern darf, wenn unsere Führer verbittert sind." In mancher Hinsicht, so fügte er hinzu, erscheine ihm das deutsche Volk wie die in die Gegenwart versetzten Kinder Israels – der Bestrafung gewärtig dafür, daß es den falschen Führern gefolgt sei. „Die Geschichte wiederholt sich immer wieder", meinte Ostergren. Er bot aber nicht nur Zuspruch an. Ob die Niemöllers sich, so fragte er beispielsweise an, Süßigkeiten wünschten? Martin antwortete: „Ja, die könnten sie gebrauchen." Dabei machte er auch deutlich, daß er nicht gesund war. „Süßigkeiten würden mir, wie der Doktor sagt, sehr gut tun, weil ich viel weniger Zucker im Blut habe, als ich eigentlich haben sollte. Meine Gesundheit weist auch noch ein paar andere Mängel auf: Der Puls ist viel zu niedrig, desgleichen der Blutdruck, und außerdem habe ich eine Tuberkulose-Infektion durchgemacht, aber die ist jetzt vorbei." (ZEKHN 62, Bd. 525/2507)

David Ostergren war nicht der einzige amerikanische Geistliche, der Niemöller aus seinen Nöten zu helfen versuchte. Ein anderer, den er aus alten Berliner Tagen kannte, bot ihm an, ihn in seinem Wagen umherzufahren, damit ihm wenigstens das Problem erspart blieb, immer wieder bei wohlgesonnenen Besatzungsmächten um Genehmigungen und Fahrkarten einzukommen, besonders wenn er Berlin besuchen wollte. Ungeachtet dessen kämpfte er be-

Abb. 3: Der Lordbischof von Chichester, G. K. Bell, begrüßt Niemöller am 28. Oktober 1945 in der St. Marienkirche in Berlin

Abb. 4: Niemöller, damals Präsident der Evangelischen Kirchen Deutschlands, am 4. 3. 1949 als Zeuge beim sog. Degeschprozeß in Frankfurt. Vertreter dieser Chemie-Firma hatten den Giftgrundstoff für die Vergasung in den Vernichtungslagern geliefert

ständig gegen bürokratische Hemmnisse an. In Caserta hatte man ihm versprochen, daß er nach Neapel zurückfahren dürfe, wo einige seiner Habseligkeiten zurückgeblieben waren; nun aber wurde die Genehmigung zurückgezogen. Er hoffte auf einen Genesungsurlaub in der Schweiz, aber auch die Erlaubnis dazu ließ auf sich warten. Der Versuch, diese Genehmigung zu erhalten, brachte frustrierende Reisen nach Frankfurt mit sich, bei denen am Ende nichts herauskam. Auch David Ostergren sah sich in seinem Bemühen, dem Freunde zu helfen, auf bürokratisch-kleinliche Weise behindert. Einmal gab man ihm zehn Dollar, damit er bestimmte Dinge kaufen konnte, die Niemöller erbeten hatte, und dann erlaubte man ihm nicht, sie ihm zu schicken. Im September schrieb Niemöller einem anderen befreundeten Kaplan aus Neapler Tagen, dem Reverend Charles Cranfield: „Jetzt warte ich nur noch, bei angeschlagener Gesundheit, und habe seit meiner ‚Befreiung' von den Nazis noch einmal sechs Pfund abgenommen." (Ebd. sowie ZEKHN 62, Bd. 393/2442)

In großer Sorge war Niemöller auch wegen seiner Familie. Bei der Ankunft im Hause Lempp in Leoni hatte er neben Else, Dora, Herta und Martin auch seine ältere Tochter Brigitte vorzufinden erwartet, doch sie war irgendwo in Norddeutschland verlorengegangen. Die Familie war allerdings guten Mutes, daß Brigitte sich zu helfen wissen werde. Aber die beiden Söhne, von denen die Familie keine Nachrichten hatte, befanden sich mit Sicherheit in den sowjetisch besetzten Gebieten, wenn nicht gar in Rußland, und schwebten gewiß in weit größerer Gefahr. „Alles ist ziemlich entnervend und bedrückend", schrieb Niemöller an Cranfield, „und die Gesundheit und der Gemütszustand meiner armen Frau sind auf einem Tiefpunkt angelangt ... Mein allgemeiner Eindruck ist, daß das Leben unter den obwaltenden Umständen nicht lebenswert ist." Seinem KZ-Kameraden Richard Stevens vertraute er in einem Brief an, daß seine Hoffnungen, die beiden Söhne wiederzusehen, im Schwinden begriffen seien. Das Zusammensein mit dem zuvorkommenden und ihm freundlich gesonnenen Feldmarschall Alexander in Caserta erschien ihm jetzt im Rückblick als „der letzte glückliche Moment in meinem Leben". So niedergeschlagen war er, daß er selbst auf die Jahre, die er mit Stevens im Konzentrationslager verbracht hatte, mit Wehmut zurückblickte. „In mir ist ziemlich viel Einsamkeit und Hoffnungslosigkeit", schrieb er, „und ich fühle mich viel schlechter als in den ‚glücklichen' Tagen unseres Zusammenseins. Die alten Dachauer Bekannten sind jetzt über die ganze Welt verstreut." (ZEKHN 62, Bd. 393/2442 und 414/2445 e)

Niemöller erkannte, daß er in einer solchen physischen und psychischen Verfassung nicht mehr in der Lage war, die Angriffe derjenigen, denen das, was er zu sagen hatte, nicht gefiel, so wie früher einzustecken oder zu parieren. Als ein Fräulein Cecil Baines aus Chelmsford in England ihm brieflich ihre Solidarität versicherte, antwortete er: „Ihr Brief hat mich sehr getröstet, umso mehr, als ich in den letzten Monaten, wie Sie wissen, wegen zahlreicher Mißdeutungen eines Interviews, das ich Anfang Juni in Neapel gab, in Amerika und England keine gute Presse gehabt habe." Er habe keine Gelegenheit gehabt, so fügte er hinzu, diese Mißverständnisse „in angemessener Weise zurechtzurücken". (ZEKHN 62, Bd. 393/2442) Was Niemöller jetzt brauchte, war Ruhe. Er zog sich in ein Sanatorium in Bayern zurück.

Einen Vorteil hatten die Wellen, die seine Äußerungen von Neapel schlugen: sie schufen Klarheit über zwei bis dahin nebelhaft gebliebene Aspekte seines Widerstands gegen Hitler: seine Bewerbung zum Marinedienst im Jahr 1939 und das genaue Motiv, das seinem kämpferischen Einsatz für die Juden zugrundelag.

Bischof George Bell war, schon bevor er Niemöllers ausführlichen erklärenden Brief zu seiner „Bewerbung" vom 7. September 1939 erhielt, ziemlich sicher gewesen, daß sein Freund sich für den Kriegsdienst angeboten hatte. Wie er im Dezember 1944 einem Briefpartner erklärte: „Es ist meines Erachtens kaum zu bezweifeln, daß Niemöller, als der Krieg ausbrach, zunächst von sich aus eine Rückkehr in die Marine anbot und daß sein Angebot ausgeschlagen wurde." Vielsagend fügte er hinzu: „Die Situation ist sehr kompliziert bei einem Mann wie Niemöller." (Bp 10.283) Niemöllers Verhalten hatte ihm in den Augen des Bischofs keinen Abbruch getan. Es gab jedoch unter den internationalen Bewunderern des deutschen Pastors auch welche, die die Sache mit der „Bewerbung" gar nicht glauben wollten, so ungeheuerlich fanden sie sie. Die bekannte Nonkonformistin Dr. Maud Royden schrieb in einem Leserbrief an den *Daily Telegraph* im Mai 1945, diese Geschichte sei „eine der Lügen, die Nazi-Propagandisten, für die der Sieg über Niemöller ein der Welt lauthals zu verkündender Triumph gewesen wäre, über ihn in Umlauf bringen". Nach der Pressekonferenz von Neapel war sie tapfer genug, erneut zu schreiben und einzuräumen, daß ihre Behauptung falsch gewesen war. Andere verarbeiteten die unbequeme Wahrheit auf ihre eigene Weise. Wie es am 8. Juni 1945 in einem anderen Leserbrief an den *Daily Telegraph* hieß: „Niemöller war bereit, vielleicht allzu schnell bereit, dem Kaiser zu geben, was des Kaisers war; aber er proklamierte beredt und am Ende fast als einsamer Rufer in der Wüste die Grenzen der Herrschaft des Kaisers."

Tatsache ist, daß in Hitlerdeutschland selbst in den Reihen der entschlossensten Gegner des Führers der Patriotismus nach wie vor ein wichtiges treibendes Motiv war. Niemöllers Verhalten läßt sich beispielsweise vergleichen mit dem eines anderen Nazi-Gegners, des Diplomaten Johnnie von Herwath, der nach den offiziellen Richtlinien „Nichtarier" war (er hatte eine jüdische Großmutter). Von Herwath wechselte aus dem diplomatischen Dienst in ein Kavallerieregiment über. „Anfang 1942", schrieb er, „erfuhr Hitler, daß die Offiziere unserer Ersten Kavalleriedivision eine Clique vorgestriger Antinazis seien. Er erwiderte zynisch, solange wir bereit seien, in Ausübung unserer Pflicht zu sterben, werde er die Frage unseres endgültigen Schicksals bis ans Kriegsende zurückstellen. Es war eine charakteristische Antwort, und eine gescheite dazu, insofern als sie genau das Dilemma dieser Offiziere traf, die gegen Hitler opponierten, aber gleichwohl treu ihre Pflicht taten." Was allerdings Niemöller betraf, so war Hitler nicht bereit, ihm die Möglichkeit zu geben, im Kampf für sein Land zu sterben. Jedenfalls aber hatte Niemöller keinen Augenblick aufgehört, ein Patriot zu sein. Zwar hatte er den Deutschen Christen einen Vorwurf daraus gemacht, daß sie sich in erster Linie als Deutsche und erst in zweiter Linie als Christen verstanden, anstatt es umgekehrt zu halten; das bedeutete jedoch keineswegs, daß er das Deutschsein für etwas Unwichtiges gehalten hätte. Etlichen Leuten fiel es nach 1945 recht schwer, Niemöllers ungebrochen intensive Vaterlandsliebe zu akzeptieren.

Differenzierter und komplizierter war die Frage nach der Einstellung Niemöllers zu den Juden; er ging sie mit gewohnter Aufrichtigkeit an. Im Herbst 1945 kehrte er in Begleitung Elses zu einem Besuch ins KZ Dachau zurück. Sie besichtigten seine Zelle und anschließend das lagereigene Krematorium, das er nie zuvor gesehen hatte. Neben den Öfen war eine weiße Tafel angebracht, mit der Inschrift: „Hier wurden in den Jahren 1933–1945 238 756 Menschen verbrannt."

Niemöller war darüber tief betroffen. In den darauffolgenden Jahren kam er in seinen Predigten immer wieder auf dieses Thema zurück. Am 23. September 1946 beispielsweise berichtete er bei einem Gottesdienst, den er in Rendsburg hielt, von diesem Erlebnis und sagte: „Die Schuld ist namenlos geworden, und niemand will die Verantwortung mittragen. Jeder sagt: ‚Geh und frag meinen Nachbarn. Ich bin unschuldig.'" Niemöllers Mahnungen waren unbequem: Er sprach von Mitschuld, während viele seiner Landsleute alle Schuld auf andere abzuschieben versuchten. Er verglich die Leiden der NS-Verfolgten, ob es Kommunisten waren oder Juden, mit den Leiden Jesu Christi. Und er hielt seinen Landsleuten vor, sie hätten dadurch, daß sie es unterlassen hatten, für die Verfolgten ihre Stimme zu erheben, ihren Gott aufs neue verraten. Wer wisse, so fragte er, ob die Geschichte nicht anders verlaufen wäre, wenn die Kirchen sich anders verhalten hätten? „1933 und in den Jahren danach gab es in Deutschland 14 000 evangelische Pfarrer und beinahe ebensoviele Pfarreien", rechnete er ihnen vor: „Wenn wir damals erkannt hätten, daß in Gestalt der Kommunisten, die in die Konzentrationslager geworfen wurden, der Herr Jesus Christus selbst gefangenlag und auf unsere Liebe und Hilfe wartete, wenn wir gesehen hätten, daß es am Beginn der Judenverfolgung der Herr Jesus in Gestalt des geringsten unter unseren Menschenbrüdern war, der verfolgt und geschlagen und getötet wurde, wenn wir ihm beigestanden und uns mit ihm identifiziert hätten, ich weiß nicht, ob nicht Gott dann auch uns beigestanden und ob nicht die ganze Sache zwangsläufig einen anderen Verlauf genommen hätte."

Niemöller selbst war nach 1945 zu keiner Zeit bereit, sich selbst von Verantwortung freizusprechen, auch wenn er selbst zu den Opfern Hitlers gehört hatte. Wieder und wieder kam er auf seinen Besuch in Dachau zurück. Damals habe er, so erinnerte er sich, nach einem moralischen Alibi für sich gesucht, aber er habe nur daran denken können, welches strenge Urteil Gott über ihn wohl sprechen würde. „Mein Alibi reichte vom 1. Juli 1937 bis Mitte 1945. Da stand [aber] ‚1933 bis 1945'." Es gab keine Ausrede. „1933 war ich ein freier Mann", erklärte er, „1933 – Hermann Göring rühmte sich öffentlich, daß die kommunistische Gefahr beseitigt ist. Denn alle Kommunisten, die noch nicht um ihrer Verbrechen willen hinter Schloß und Riegel sitzen, sitzen nun hintet dem Stacheldraht der neu gegründeten Konzentrationslager." Die Frage, die Gott anläßlich der auf jener Tafel in Dachau genannten Zahl der Todesopfer an ihn stellte, habe gelautet: „Martin Niemöller, wo bist du damals gewesen?“ Erst nach seinem Besuch in Dachau im Herbst 1945 habe er, so erklärte er, jene Worte Jesu richtig verstanden: „Ich hatte Hunger, und ihr gabt mir nichts zu essen; ich hatte Durst, und ihr gabt mir nichts zu trinken; ich lag gefangen und krank, und ihr habt mich nicht besucht.“ Und er fügte hinzu: „Als Christ hätte ich 1933 wissen dürfen und wissen müssen, daß aus jedem dieser Menschenbrüder – mochte man sie Kommunisten heißen oder sonstwie – Gott in Jesus Christus mich fragte, ob ich ihm nicht dienen wollte. Und ich habe diesen Dienst verweigert.“ (ZEKHN 62, Bd. 396/2442 c)

Diese neu begriffene Pflicht zur Solidarität mit allen leidenden Menschen im Namen des gekreuzigten Jesus zwang Niemöller dazu, das meiste von dem, was im Christentum seit jeher über die Juden gesagt und gelehrt wurde, in Frage zu stellen. 1962 erhielt er einen Artikel zugeschickt, dessen Autor die These vertrat, der gekreuzigte Jesus stehe den in der Gaskammer gestorbenen Juden viel näher als jenen Christen, die die Geschichte seiner Kreuzigung noch immer auf eine Art und Weise erzählten, die „dem heutigen jüdischen Volk eine Schuld anlastet, die in Wahrheit von der Menschheit insgesamt zu tragen ist“. Niemöller schrieb dem Verfasser: „Ich möchte Ihnen meinen aufrichtigen Dank aussprechen. Ich habe Ihren Artikel mit großem Interesse und, wie ich glaube, mit wirklicher Zustimmung gelesen.“ (ZEKHN 62, Bd. 400/2443 a)

Niemöller lag nichts daran, seine Vergangenheit zu verwischen oder zu beschönigen. 1956 erhielt er einen Brief von Dr. Alfred Wiener, der eine der umfangreichsten und vollständigsten Sammlungen von Literatur aus und über Nazi-Deutschland zusammengetragen hatte. Den Anfang dazu hatte er 1933 in Amsterdam mit in Berlin gekauften antisemitischen Büchern gemacht. Später hatte Dr. Wiener die Sammlung – die beispielsweise von Hitlers *Mein Kampf* Ausgaben in neunzehn verschiedenen Sprachen enthielt – aus Sicherheitsgründen nach London überführt. Bis 1953 trug er ferner eine rubrizierte Sammlung von Zeitungsausschnitten, bestehend aus über vierzigtausend Teilen, zusammen, von denen sich viele auf Niemöller bezogen. Wiener fragte ihn rundheraus, ob es zutreffe, daß er aus einem antisemitisch eingestellten Umfeld stamme und die dementsprechenden Voreingenommenheiten teile.

Niemöller schrieb zurück: „Ich habe nie einen Hehl daraus gemacht und habe auch vor dem Gericht damals im Jahre 1938 ... darauf zurückgegriffen, daß ich aus einer ‚antisemitischen' Vergangenheit und Tradition hergekommen bin." Er wies darauf hin, daß sein Vater, soweit er sich überhaupt für Politik interessiert hatte, ein Freund und Jünger des Sozialreformers Adolf Stöcker, und daß dieser wiederum ein überzeugter Antisemit gewesen sei. „Ich bin im nationalistisch-deutschen Sinn erzogen worden und habe mein ganzes Leben in dieser Richtung aufzubauen versucht", erläuterte er weiter. „Erst im Laufe der Jahre der Weimarer Republik, und dann allerdings schlagartig beim Aufkommen des Nationalsozialismus und seiner Machtergreifung habe ich über diese Dinge zu denken und infolgedessen auch anders zu denken angefangen." Er verlange jedoch dafür, so betonte er, kein Lob; er schäme sich für sein früheres Denken. „Ich bitte Sie nur, das, was historisch in meinem Leben gewesen ist, auch als historisch zu nehmen und es mir zu glauben, daß ich seit 1933 wahrhaftig nicht nur die evangelisch-christliche Auffassung in der Judenfrage vertreten habe – wie damals vor dem Gericht –, sondern daß ich 1945 als ein völlig anderer aus meiner achtjährigen Gefangenschaft nach Hause zurückgekommen bin." (ZEKHN 62, Bd. 424/2449) Der Brief ist umso bemerkenswerter, als er die Auseinandersetzungen gar nicht erwähnt, die Niemöller seit Beginn der Judenverfolgung unter Hitler mit vielen seiner lutherisch-christlichen Kollegen gehabt hatte, denen es gleichgültig erschienen war, was mit den Juden geschah.

Daß Niemöller im Herbst 1945 von so tiefer Niedergeschlagenheit geplagt wurde, lag nicht nur an der schlechten physischen Verfassung, in der er sich nach den langen Jahren der KZ-Haft befand, und an den Sorgen, die er sich wegen seiner Angehörigen machte. Auch die unverständlichen bürokratischen Hemmnisse, die seine Heimkehr verzögert hatten, und die unerwartete Feindseligkeit, mit der ein Teil der Weltpresse auf seine Äußerungen von Neapel reagierte, boten keine hinreichende Erklärung für seinen Zustand.

Was ihn mindestens ebensosehr bedrückte, das waren die Entwicklungen, die sich seit der Kapitulation des Nazi-Regimes in der deutschen Kirche vollzogen. In Neapel hatte er etwas über die zukünftige Rolle der Kirchen in einem wiederaufgebauten Deutschland gesagt: „Die Menschen in Deutschland sind im Augenblick vollkommen orientierungslos. Sie haben zu nichts und niemandem mehr Vertrauen. Alle ihre politischen, wirtschaftlichen, geistigen, militärischen Führer, ja selbst die Gelehrten und die großen Bildungsinstitutionen, alle fielen vor Hitler auf die Knie, und die Reichswehr, die einst in dem Ruf stand, so etwas wie die höhere Moral des Staates zu verkörpern, entledigte sich, nur um es Hitler recht zu machen, ihrer fähigsten Köpfe." Nur eine gesellschaftliche Kraft habe es gegeben, die sich zu keinem Zeitpunkt ganz an Hitler verkauft habe: „die christliche Kirche". Ihr werde nun eine zentrale Rolle beim moralischen und geistigen Wiederaufbau Deutschlands zufallen.

Dieser zuversichtlichen Aussage war nichts von der Kenntnis darüber anzumerken, wie schmählich einige Kirchenführer ihn und die Bekennende Kirche in ihrem Kampf gegen Hitler im Stich gelassen hatten. Aber bald wurde er von den Spannungen und Spaltungen der Vergangenheit eingeholt. Nachdem er endlich zu seiner Frau und seinen Kindern in Leoni gestoßen war, das zum Bistum München gehörte, erwartete er einen Begrüßungsbesuch von Bischof Hans Meiser. Dieser ließ sich indessen „fünf oder sechs Wochen Zeit, ehe er mich besuchen kam", erinnerte Niemöller sich später, und seine Verärgerung darüber war auch mehr als dreißig Jahre nach dem Geschehen noch zu spüren. (MN/jb)

Meiser machte keine Anstalten, für eine vereinte deutsche evangelische Kirche zu arbeiten, die an der moralischen und geistlichen Erneuerung Deutschlands würde mitwirken können. Mehr noch, er arbeitete heimlich für die Spaltung der Kirche. Seine Landeskirche gehörte (zusammen mit denen von Hannover, Hamburg, Sachsen, Thüringen und Mecklenburg) zu denen, die von den Bestrebungen zu einer Vereinigung mit den Calvinisten, die schon im 19. Jahrhundert eingesetzt hatten, noch nie sehr begeistert gewesen waren. Sein Interesse war es vielmehr, diejenigen lutherischen Kirchen, die bereits mit den Calvinisten vereinigt waren, wieder von ihnen zu lösen; falls ihm dies gelang, konnte er, so sein Kalkül, an die Spitze einer neuen großen lutherischen Kirche treten, die 80 Prozent der deutschen Protestanten repräsentieren würde.

Solche machtpolitischen Schachzüge innerhalb der Kirche, und noch dazu in einer für sein Land so kritischen Zeit, waren für einen Mann wie Niemöller etwas Empörendes. Er hatte keine Zeit für konfessionelle Auseinandersetzungen. Während der gesamten Dauer seines Kampfes gegen Hitler hatte seine Bekennende Kirche versucht, die Spaltungen innerhalb des deutschen Protestantismus zu überwinden. Was er an Einheit zustande gebracht, hatte Meiser wieder zunichte gemacht, und dasselbe hatte er auch jetzt wieder vor.

Meisers Abneigung gegen die Calvinisten erstreckte sich auch auf Niemöllers Freund und Verbündeten Karl Barth. Als der Bischof den Niemöllers in ihrem Übergangsquartier zu guter Letzt seine Aufwartung machte, sprachen er und Niemöller über das Verhältnis zwischen den Kirchen in der Nach-Hitler-Ära. „Meiser war ein unbeirrbarer Lutheraner, und ein intoleranter dazu", erinnerte sich Niemöller. „Ich sagte, daß wir Karl Barth für den Wiederaufbau der protestantischen Kirche brauchen würden. Er sagte: ‚Sie müssen zugeben und anerkennen, daß wir den Katholiken näher stehen als den Calvinisten.' Ich sagte: ‚Dankeschön', und brachte ihn zur Tür." (MN/jb)

Otto Dibelius war davon überzeugt, daß es Meiser in Wirklichkeit nach dem Sturz Hitlers darum ging, ein völliges Auseinanderfallen der Vereinigten Kirchen herbeizuführen. Auf jeden Fall dachte Meiser nicht daran, einen Finger für den von Niemöller angestrebten Wiederaufbau der Kirchen im Sinne und in der Tradition der Bekennenden Kirche zu rühren. Niemöllers Traum von einer Kirche, bei der die Mitgliedschaft nicht auf der bloßen Bereitschaft, die Kirchensteuer zu entrichten, sondern auf wirklichem religiösen Engagement beruhen würde, erwies sich als unrealistisch.

Am Ende schaffte Meiser es nicht, die protestantischen Kirchen erneut zu spalten, wenn er auch tatsächlich die Lutheraner zu einem imposanten Machtblock zusammenschweißte. Der greise Bischof Wurm lud alle erreichbaren Kirchenführer zu einer Konferenz in die hessische Stadt Treysa ein. „Ich, der ich von gar nichts wußte", erinnerte sich Niemöller, „war erstaunt, Theophil Wurm an der Spitze einer Einigungsbewegung zu finden." Er glaubte eigentlich nicht daran, daß es für Wurm eine höhere Autorität als den Staat gab; allerdings kannte er ihn als einen mutigen Mann, der über Pastoren der Bekennenden Kirche, die in die Schußlinie der Nazis geraten waren, seine schützende Hand gehalten hatte. (MN/jb)

Um sich auf die Konferenz von Treysa vorzubereiten, trafen sich die abkömmlichen Mitglieder des Bruderrats der Bekennenden Kirche in Frankfurt. Barth saß gleich nach seiner Ankunft, wie er selbst berichtete, „noch bis in die Nacht hinein mit meinem Freunde Niemöller zusammen". Die beiden gehörten zu den zwölf gewählten Delegierten der Bekennenden Kirche für die Konferenz.

Deutsche Christen waren in Treysa selbstredend nicht in nennenswerter Zahl vertreten, sieht man einmal von denen ab, die ihren Irrtum eingesehen hatten. Aber viele der alten Gefolgsleute Barths und Niemöllers waren im Krieg gefallen. Barth registrierte dies nicht nur mit Trauer, sondern auch mit Sorge. Er schrieb: „Ich fand diese Kirche – abgesehen davon, daß die Deutschen Christen von 1933 nun natürlich verschwunden oder untergetaucht oder (einige wenige) auch ehrlich bekehrt waren – zu meinem Erstaunen ungefähr in derselben Struktur, Gruppierung und herrschenden Tendenz wieder, in der ich sie 1933 in ihr Verderben hatte gehen sehen. Noch waren die nach vorwärts Drängenden, die zwischen 1933 und 1945 wirklich widerstanden hatten, die die Lehren dieser Zeit nun allerdings auch verwirklichen wollten (Niemöller einer der Besten unter ihnen!), vorhanden und am Werk, aber auch noch in derselben Minderheit abseits von den eigentlich herrschenden Kreisen und Instanzen."

Tatsächlich hatten von den 88 in Treysa anwesenden Delegierten etwa die Hälfte unter Hitler Haftstrafen verbüßt oder unter Hausarrest gestanden. Gleichwohl bildeten diejenigen, die für einen wirklichen Neuanfang in der Kirche eintraten, nur eine Minderheit. Sie wußten, daß die Kirche in den zwölf Jahren des Dritten Reiches eine Zuflucht für Pro-forma-Nazis gewesen war, und sahen sich nicht in der Lage, diesen Leuten jetzt die Tür zu weisen. Manche träumten allen Ernstes davon, jenen Geist wieder zu beleben, der einen Bismarck und einen Kaiser Wilhelm II. hervorgebracht und das deutsche Kaiserreich beseelt hatte. Und August Marahrens, der im November 1934 in Karl Barth die größte Gefahr für die deutsche evangelische Kirche gesehen, Marahrens, der einen Deutschen Christen in das Führungsgremium seines Bistums aufgenommen hatte, saß da, in keiner Weise vom Bewußtsein eigenen Irrtums berührt und fest entschlossen, Bischof von Hannover zu bleiben.

Daß die Debatten, die zwischen dem 27. August und dem 1. September 1945 in Treysa geführt wurden, oft stürmisch verliefen, überraschte niemanden. Bischof Wurm war zu alt und zu müde, um in jeder Situation das Heft in der Hand zu behalten. Aber, wie Otto Dibelius später schrieb: „... das war die Sensation von Treysa, daß Niemöller wieder da war ... nervös, aufgeregt, aber er war wieder da". Er war bei dieser Konferenz der „Widersacher" – „man kann es nicht anders ausdrücken", wie Dibelius schrieb – Meisers. Allerdings machte Niemöller den Eindruck, krank zu sein. Manche Beobachter glaubten, daß er während der Dauer der Konferenz zwei kleinere Herzanfälle erlitt. Das hinderte ihn nicht daran, leidenschaftlich dafür einzutreten, daß die Kirche, ehe sie das gesamte deutsche Volk zur Reue aufrufen konnte, erst sich selber säubern und sich einem vollständigen geistlichen Wandlungsprozeß unterziehen müsse. Er plädierte auch dafür, daß die Kirche sich künftig mehr darum kümmerte, daß in der Gesellschaft Gerechtigkeit waltete. „Wenn in dieser Welt die christliche Kirche einen Platz hat und gehört wird, dann haben wir als Kirche ein Interesse und eine Aufgabe, daß den Menschen Recht und Freiheit auch im öffentlichen und staatlichen Leben gegeben werde."

Allein, die Konferenz verstand sich nicht dazu, die Bekennende Kirche zum Vorbild für die künftige Gestaltung der evangelischen Kirche in Deutschland zu erwählen. Dibelius äußerte sich später sehr dezidiert über die angeblichen Unzulänglichkeiten der Bekennenden Kirche. „[Sie] hatte nie gelernt, was es bedeutete, eine große kirchliche Organisation zu leiten", schrieb er. „Sie wußte einfach nicht, was dazu alles gehörte – im geistlichen, rechtlichen, wirtschaftlichen, organisatorischen und in anderen Bereichen." Über diese Aussage ließ sich gewiß streiten. Dibelius wußte sehr genau, daß die Bekennende Kirche als einzige kirchliche Gruppierung eine wohlorganisierte Opposition gegen die Kirchenpolitik Hitlers zuwege gebracht hatte. Auch nach der Festsetzung Niemöllers hatte der Pfarrernotbund seine Aufgaben weiterhin erfüllt, bis zum Kriegsende, als die von den Nazis aus dem Amt gedrängten Pfarrer wieder eingestellt wurden.

Dibelius hatte 1945 noch andere, allerdings weniger achtbare Gründe dafür, sich für Deutschland eine Kirche zu wünschen, die weit mehr Ähnlichkeit mit einer Staatskirche haben würde als mit der Bekennenden Kirche. Er hatte ganz einfach Angst davor, daß die bekennende Bewegung nicht stark genug sein würde, um den Besatzungsmächten als ernstzunehmende Macht gegenüberzutreten. Um ihn selbst zu zitieren: „Vor allem aber – und das war das Entscheidende – wäre es niemals glatt gelaufen, hätte die Bekennende Kirche kurzerhand erklärt: ‚Unser Bruderrat übernimmt die Leitung!' Wir hätten nach drei Monaten den Protest von ein paar

Dutzend Pfarrern, Gegnern der Bekennenden Kirche, bei den Besatzungsmächten gehabt." Dibelius achtete besonders sorgfältig darauf, daß in seinem „Herrschaftsbereich" keinerlei Proteste laut wurden. Vielleicht, so meinte er, hätte die Bekennende Kirche im Rheinland und in Westfalen ihren Anspruch durchsetzen und damit durchkommen können, aber sicher nicht in Berlin, unter den Augen der Russen. So warf Dibelius in Treysa sein Gewicht gegen Niemöller in die Waagschale.

In einer wichtigen Hinsicht waren die Delegierten in Treysa sich einig: Was immer sie persönlich von Niemöller hielten, als Repräsentanten und Aushängeschild der deutschen Kirchen gegenüber dem Ausland, brauchten sie ihn dringend. Sie wählten einen aus zwölf Pfarrern und Laien bestehenden Vorstand und bestellten den 76jährigen Wurm zu dessen Vorsitzenden; Niemöller wurde nicht nur zum stellvertretenden Vorsitzenden ernannt, sondern auch zum Verantwortlichen für die auswärtigen (einschließlich der ökumenischen) Angelegenheiten der deutschen evangelischen Kirche. Wie Dibelius formulierte: „Niemand anders als er konnte unsere Kirche in einem Ausland repräsentieren, das allem, was deutsch war, noch in bitterer Feindseligkeit gegenüberstand." Niemöller selbst führte seine Betrauung mit dieser Aufgabe neben anderem darauf zurück, daß er etwas englisch konnte. „Soweit man mich als Propagandamaterial benutzte, mit dem man die siegreichen Nationen zu beeindrucken hoffte", meinte er, „war ich über meinen Ruhm niemals glücklich." (MN/jb) Dennoch: Das neue Amt bot ihm eine lohnende Betätigung in einer Zeit, in der er, so schien es, sonst nirgendwo gebraucht wurde. Unglücklicherweise brachte diese Betätigung im Lauf der nächsten Monate nur neue Frustrationen. Im November berichtete er Franz Hildebrandt über seine neuen Pflichten als Beauftragter für ökumenische Angelegenheiten und meinte dazu, ohne Sekretär(in), ohne Büro und ohne Benzin – ein Auto war an sich vorhanden – könne er kaum etwas anfangen (ZEKHN 62, Bd. 394/2422 a)

Ebenfalls im November verfaßte er eine Denkschrift über die Lage der Kirche in Deutschland. Er und seine Freunde, erklärte er, gäben sich Mühe, den von den Lutheranern eingeleiteten Prozeß der Loslösung von den anderen protestantischen Bekenntnissen zum Stillstand zu bringen, denn andernfalls werde die von der Bekennenden Kirche so mühsam erkämpfte Einheit verlorengehen. Er zählte die Widrigkeiten auf, die die Arbeit der Bekennenden

Kirche behinderten, und verglich sie mit den Arbeitsbedingungen solcher „Amtskirchen" wie der hannoverschen oder der bayerischen. Sie verfügten über Büroräume und Personal, über Geld, Büro- und Aktenmaterial, und dies verdankten sie paradoxerweise der Tatsache, daß sie sich mit dem NS-Regime arrangiert hatten und von ihm anerkannt worden waren. Die Bekennende Kirche dagegen sei von den Nazis niemals anerkannt worden und verfüge daher auch nicht über einen arbeitsfähigen Apparat. Vielleicht, so meinte Niemöller, hätte man sich in Treysa zur „freien Kirche" erklären sollen; indes, „niemand hätte freiwillig einer solchen Entscheidung zugestimmt", wenngleich die finanziellen Schwierigkeiten, vor denen eine „freie Kirche" gestanden hätte, sich seiner Ansicht nach bald hätten lösen lassen. Eine „freie Kirche" hätte jedoch das Recht verwirkt, Religionslehrer an die Schulen zu entsenden, und dies wäre ein wirklicher Verlust gewesen.

Niemöller wies darauf hin, daß die in Treysa für das Deutschland der Nachkriegszeit aus der Taufe gehobene „neue Kirche" nicht etwa aus Wahlen hervorgegangen war, sondern aus Beschlüssen der in der Nazizeit geschaffenen kirchlichen Organe. Demokratische Kirchenwahlen zum frühest möglichen Zeitpunkt waren seiner Überzeugung nach notwendig, nicht zuletzt um für ein starkes Laienelement innerhalb der neuen deutschen Kirche zu sorgen. (ZEKHN 62, Bd. 525/2501)

Von Wahlen und einem starken Laienelement in der Kirche hielten etliche von denen, die in Treysa die Widersacher Niemöllers gewesen waren, nicht allzu viel. Einige von ihnen strebten, in Erinnerung an die Hochkirchliche Vereinigung, eine Wiederbelebung dessen an, was sie als die verschütteten katholischen Elemente im Lutheranertum betrachteten. Dazu gehörte ein gewisser Kult um das Bischofsamt. Als Wilhelm Stählin, ein Vertreter dieser Richtung, nach Kriegsende zum Bischof von Oldenburg ernannt wurde, hoffte er, daß bei seiner Amtseinführung ein „ordnungsgemäß" geweihter schwedischer lutheranischer Bischof zugegen sein werde, als Garant dafür, daß Stählin auch wirklich in der legitimen Nachfolge der Apostel stand. Und als Otto Dibelius wieder die Leitung der Berlin-Brandenburgischen Landeskirche übernahm, erschien ihm seine frühere Amtsbezeichnung, „Generalsuperintendent", nicht mehr passend, und er entschied sich statt dessen für den Titel „Bischof". (Da es niemanden gab, der ihm die Weihe hätte erteilen können, ließ er diese Zeremonie einfach ausfallen und begnügte sich mit der Übernahme des Titels.) Niemöller teilte Hildebrandt sarkastisch mit: „Dibelius hat sich zum Bischof gemacht und regiert natürlich nach dem Führerprinzip." (ZEKHN 62, Bd. 394/3422 a) „Dibelius war", erinnerte Niemöller sich später, „für Autorität. Er sah in der Kirche nicht etwas aus der einzelnen örtlichen Gemeinde heraus Wachsendes, wie wir es im Kampf gegen den Nationalsozialismus taten." Niemöllers Vorstellung von der Kirche war dagegen von einem Bild geprägt, das sein Vater oft benutzt hatte: „Wenn man eine Treppe putzen will, muß man oben anfangen. Ich bedaure, daß man eine Treppe nicht auch von oben nach unten bauen kann." (MN/jb) Niemöller glaubte weniger an die „Kirche" als an die „Gemeinde"; Dibelius dagegen hatte sich als Autor eines Buches einen Namen gemacht, mit dem er „Das Jahrhundert der Kirche" proklamierte. Wie er später erzählte, machte Niemöller ihm einmal einen Vorwurf daraus, daß er nie Mitglied der Bekennenden Kirche, sondern immer nur ein „Mann der Kirche" gewesen sei. „Aber was sollte ich denn anders sein wollen", hatte Dibelius gefragt, „als ein Mann der Kirche?"

„Diese hohen Kirchenmänner – Asmussen, Lilje, Stählin – waren betört von der Würde des Amtes", urteilte Niemöller. „Ich war nie der Ansicht, daß ein Bischof das sei, was ich oder die Kirche brauchte. Mir kam es, nachdem ich Pfarrer geworden war, vor allem darauf an, in einer Gemeinde zu wirken." Seine Abneigung gegen das Bischofsamt erstreckte sich auch auf dessen äußerliche Symbole. Er erzählte gern die Geschichte, wie Hanns Lilje, nachdem er Landesbischof von Hannover geworden war, einmal bei einer ökumenischen Tagung in purpurfarbenem Gewand und mit Schwedenkragen erschienen war. Bei diesem Anblick hatte, zu Niemöllers heimlicher Freude, der norwegische Bischof Berggrav, sich auf die Knie klatschend, ausgerufen: „Hannsi, in was für einem Aufzug kommst du da?" Lilje war sprachlos. (MN/jb)

Niemöllers Vorbehalte gegen Bischöfe und ihre Befugnisse und Insignien waren zum Teil einfach eine heftige Reaktion auf die autokratische Herrschaft der „deutsch-christlichen" Kirchenführer im Dritten Reich. Nie wurde er müde, aufgeblasene oder autoritär regierende Kirchenführer daran zu erinnern, daß „die Nazi-Bischöfe allesamt mit einem großen Kreuz auf der Brust herumliefen". Gegen ausländische Bischöfe hatte er übrigens nichts einzuwenden. Nach seiner Wahl zum Kirchenpräsidenten von Hessen und Nassau erklärte er einem englischen Briefpartner, Oliver Tomkins (dem späteren Bischof von Bristol): „Ich habe nicht den Titel eines Bischofs, sondern den eines Präsidenten angenommen; die geschichtliche Tradition der deutschen Bischöfe ist nämlich nicht sehr ermutigend, während es bei Ihnen, wie auch in anderen Ländern, in dieser Beziehung eine gute alte Tradition gibt." (ZEKHN 62, Bd. 401/2443 b)

Der Gerechtigkeit halber muß man sagen, daß aus der deutschen Hochkirchenbewegung einige der standhaftesten Kritiker und Gegner der Hitlerschen Religionspolitik hervorgegangen sind. Der Glaube an eine gleichsam übernatürliche, von irdischen Mächten unabhängige, ihre Autorität aus ihrem geistlichen Amt schöpfende Kirche befähigte manche „Deutsche Christen", sich der Umarmung durch den Hitlerstaat zu erwehren. Als Otto Dibelius aus seinem Amt als Generalsuperintendent der Kurmark entlassen wurde, gab er bereitwillig seine administrativen Aufgaben und Befugnisse auf. „Aber", so gab er zu bedenken, „der Kern meines Amtes ist die geistliche Führung meines Bezirks. Hier sind die Aufgaben des Bischofs und Pfarrers gefragt. Diese Aufgaben können nur von der Kirche übertragen und nur von ihr wieder entzogen werden ... Auf dieser Tatsache beruht die Unabhängigkeit des geistlichen Amtes." 1923 hatte Wilhelm Stählin zusammen mit anderen hochkirchlich orientierten Christen die Gruppe *Die Berneuchener* (nach ihrem Versammlungsort Berneuchen) gegründet; ihr erklärtes Ziel war es, die katholischen Elemente im Luthertum wiederzubeleben. Als sich 1937 der Schwerpunkt des Kirchenkampfes vorübergehend nach Lübeck verlagerte und dort neun Pfarrer wegen Widerstandes gegen ihren „deutsch-christlichen" Bischof unter Hausarrest gestellt wurden, waren sieben von ihnen Mitglieder des Führungszirkels der *Berneuchener.*

In Treysa jedoch gewannen Niemöller und sein Freund Barth den Eindruck, daß die dort vertretenen Repräsentanten der hochkirchlichen Bewegung mit ihrer, wie Barth es nannte, „wunderlichen" Vorliebe für Klerikalismus und Liturgie „die schlichte Aufgabe, dem schwergeprüften deutschen Volk das Evangelium zu verkünden", nur erschweren würden. Nach der Konferenz ging Niemöller so weit, Hildebrandt zu erklären: „Die Gefahr besteht im Innern der Bekennenden Kirche zur Zeit darin, daß sehr viele Leute und Kirchen auf eine sakramentalische Linie geraten sind, im Berneuchener Stil und Geist, statt sich um das öffentliche Leben der Kirche und ihr öffentliches Zeugnis zu kümmern." (ZEKHN 62, Bd. 394/2442 a)

Treysa war für Niemöller also eine Enttäuschung. Als er sich 1958 daran zurückerinnerte, sagte er, daß die 27 verschiedenen protestantischen Kirchen, die dort im August 1945 zusammengekommen waren, kein „Erwachen", keinen „inneren Aufschwung" erlebten. Am 9. September 1945 schrieb er, die Treysa-Konferenz noch in frischer Erinnerung, an einen britischen Briefpartner: „Die Kirche Christi hierzulande schreitet derzeit durch ein tiefes und düsteres Tal der Trauer und Not, ebenso wie unser ganzes Volk, und noch sehen wir kein Zeichen der Verbesserung und Erholung. Wir bedürfen daher mehr als je zuvor des Gebetes." (ZEKHN 62, Bd. 393/2442)

Allein, auch in seinen bedrücktesten Augenblicken verzweifelte Niemöller nicht. Wie er Hildebrandt im September mitteilte, fühlte er sich versucht, mit dem alten Elia zu sagen: „Es ist genug." Aber er fügte sogleich hinzu: „Es tut gut, zu wissen, daß der Herr Christus lebt und daß ihm alle Gewalt gegeben ist, auch auf Erden." Er hatte Grund genug, niedergeschlagen zu sein. In der Niemöllerschen Behelfswohnung in Leoni drängten sich neun Personen in drei kleinen Zimmern von kaum mehr als Mansardengröße. Heizen konnten sie aus Kostengründen nur eines davon. „Ich sitze jetzt hier in Leoni und warte einfach nur – worauf, weiß ich nicht", schrieb er Richard Stevens am 3. Oktober. „Meine Familie ist auch hier; nur meine beiden Söhne sind noch nicht aus Rußland zurückgekehrt, und die Zeit schreitet fort. Ich habe keinerlei geistliches Amt und die Aussichten sind ziemlich mies angesichts des bevorstehenden Winters und des Fehlens von Lebensmitteln und Heizmaterial und Wohnraum. Wir werden also von hier aus gen Norden ziehen müssen, ohne zu wissen, ob wir dort bessere Verhältnisse vorfinden werden." (ZEKHN 62, Bd. 394/2442 a und 414/2445 e)

Noch im gleichen Monat erhielt seine Laune beträchtlichen Auftrieb durch die Nachricht, daß sein zweiter Sohn Heinz Herrmann sich aus der Tschechoslowakei abgesetzt hatte und in Berlin war. Mit Hilfe seiner Freunde in den Reihen der amerikanischen Armeegeistlichen gelang es Niemöller, nach Berlin zu fahren und seinen Sohn nach Hause zu holen, ohne Papiere und ohne den Russen in die Hände zu fallen. Noch bis zum Mai 1948 sollte es allerdings dauern, ehe er seinen Briefpartnern von der Freude Mitteilung machen konnte, die er und Else empfanden, als Jan nach vierjähriger Gefangenschaft in der UdSSR gesund und munter zurückkehrte. Aber schon vorher gewann Niemöller seine Gesundheit und seinen Elan zurück. Das Problem, seine Familie unterzubringen, löste sich früher als erwartet, und auch ein richtiges Büro für die „auswärtige Abteilung" der evangelischen Kirche fand sich. Die entscheidende Hilfe kam von einem seiner alten Dahlemer Gemeindemitglieder. 1936 hatte Niemöller den Fürsten und die Fürstin von Isenburg-Büdingen getraut; der Fürst bot ihm jetzt eine Unterkunft an. Im Dezember zogen er, Elsa, Dora und die Kinder aus der Dreizimmerwohnung im Lemppschen Ferienhaus in Bayern ins Schloß Büdingen in Hessen um. „Ich bekam keinen Lieferwagen", erinnerte er sich, „da packte ich unsere wenigen Habseligkeiten ins Auto." (MN/jb) In Büdingen richtete er auch das Büro der ökumenischen Abteilung der deutschen evangelischen Kirche ein; zu seinem Stellvertreter berief er Gerhard Stratenwerth, seinen alten Bundesgenossen von 1933.

Viele glaubten, Niemöller werde bald den Wunsch äußern, in seine alte Dahlemer Pfarrei zurückzukehren. Wie Dibelius später behauptete, hätte er, wenn dies geschehen wäre, zugunsten Niemöllers seinen Posten als erster Mann der Berlin-Brandenburgischen Kirche zur Verfügung gestellt. Dibelius war ein Mann, der Macht zu schätzen wußte, und vielleicht sind Zweifel daran erlaubt, ob er einen solchen Verzicht geleistet hätte. Aber Niemöller wollte nicht nach Berlin zurück. Er befürchtete, die Russen könnten ihn dort entführen. Er hatte erfahren, daß allein in Dahlem im Verlauf einer einzigen Woche über zweihundert Personen Selbstmord begangen hatten, offenbar wegen der unerträglichen Lebensbedingungen, die in Berlin herrschten. Es gab in der Stadt kaum ein Haus, das nicht geplündert worden war. Mädchen und Frauen zwischen elf und achtzig Jahren waren von Besatzungssoldaten vergewaltigt worden. Zwanzig Berliner Pfarrer hatten sich das Leben genommen. Niemöller schilderte Hildebrandt diese Sachverhalte und fügte hinzu: „Dibelius scheint auch keinen Wert auf meine Rückkehr zu legen. Aber ich habe auch in Westdeutschland bislang kein Amt und nicht mal einen Ruf in ein Amt." (ZEKHN 62, Bd. 394/2442 a)

Niemöller hielt es für notwendig, noch eine andere Entwicklung in der evangelischen Kirche Deutschlands in Gang zu setzen, ehe er seine Arbeit als Auslandsbeauftragter aufnehmen konnte. Irgendwie mußte die christliche Welt davon überzeugt werden, daß sich in Deutschland, und namentlich auch in der Kirche, ein Sinneswandel vollzogen hatte. Den in Treysa versammelten Delegierten hatte er erklärt: „Wir werden dazu neue Wege zu beschreiten haben, wir werden anders sprechen müssen als die Kirche bisher gesprochen hat." Am 28. September schrieb Karl Barth ihm aus Basel einen langen, dringlichen Brief. „Man möchte Deutschland zu Hilfe kommen", hieß es darin. Bevor dies jedoch geschehen könne, müßten die Deutschen „nur klar und ohne Zutat und Einschränkung die Feststellung [treffen]: Wir Deutschen haben uns geirrt, daher das heutige Chaos, und wir Christen in Deutschland waren eben auch Deutsche!" Barth war überzeugt, daß allein Niemöller der deutschen Kirche eine solche „Abbitte" abnötigen konnte. „Wie wollte ich, Du könntest Dir diese Sache zu eigen machen", schrieb er. „Es könnte viel davon abhängen, ob sie aufgenommen oder nicht aufgenommen wird."

Der in Treysa ernannte geschäftsführende Vorstand sollte am 18. Oktober in Anwesenheit von Vertretern des im Entstehen begriffenen Weltkirchenrats zusammentreten. Am Mittwoch, den 17. Oktober, trafen diese Vertreter in einem den französischen Besatzungstruppen gehörenden Lastwagen im Tagungsort Stuttgart ein. Darunter waren Willem A. Visser't Hooft (seit 1938 Sekretär des vorläufigen Weltkirchenrats), Samuel McCrea Cavert (Generalsekretär der christlichen Kirchen Nordamerikas), Alphons Koechlin (Präsident des Bundes der protestantischen Kirchen der Schweiz), G. C. Michelfelder (Präsident der evangelischen Kirchen der Vereinigten Staaten), Pastor Pierre Maury (als Repräsentant der französischen Calvinisten) und Marcel Sturm (evangelischer Bischof der französischen Besatzungstruppen in Deutschland). Professor Hendrik Kraemer von der holländischen reformierten Kirche stieß einen Tag später zu der Delegation. Am Abend traf Bischof George Bell, wegen Nebels verspätet, im Hause von Bischof Wurm in der trümmerübersäten Staffelgasse ein. Die Augen der protestantischen Kirchen der westlichen Welt richteten sich auf die in Stuttgart versammelten Männer.

Auf der Fahrt von Leoni nach Stuttgart entdeckte Niemöller in einer Zeitung die Ankündigung, er, Dibelius und Wurm würden bei einem Gottesdienst zur Eröffnung der Tagung predigen. Niemöller ließ sich das nicht zweimal sagen. Er improvisierte eine Predigt über einen Text aus Jeremia, Kapitel 14: „. . . die Jungfrau, die

Tochter meines Volks, ist greulich zerplagt und jämmerlich geschlagen ... Hast du denn Juda verworfen, oder hat deine Seele einen Ekel an Zion? Warum hast du uns denn so geschlagen, daß uns niemand heilen kann? ... Herr, wir erkennen unser gottlos Wesen und unsrer Väter Missetat; denn wir haben wider dich gesündiget. Aber um deines Namens willen, laß uns nicht geschändet werden ..."

„Die deutsche Kirche soll Buße tun, nicht weiter trotteln", erklärte Niemöller in seiner Predigt. „Nicht nur Deutschland leidet unter seiner eigenen Sünde, auch Holland, Frankreich, Finnland, Polen ... Die Kirche hat zuviel geschwiegen." Etwas später, nach Beginn der Sitzung des geschäftsführenden Vorstandes im Stuttgarter Bibelinstitut, wandte Niemöller sich an die Vertreter des Ökumenischen Rats. Er räumte ein, daß die Kirche, ebenso wie das deutsche Volk als Ganzes, einen falschen Weg gegangen sei und der ganzen Welt schweren Schaden zugefügt habe. „Wir beten darum, daß Gott uns vergeben möge", sagte er. Er hoffe aber auch, daß dieses Schuldbekenntnis zu einem neuen Anfang führen und Deutschland zu einer neuen und besseren Rolle in der Welt verhelfen könne.

Ausdrücklich die Gegenwart der ökumenischen Vertreter begrüßend, unterzeichneten die zwölf Führer des deutschen Protestantismus ein Schuldbekenntnis, die sogenannte Stuttgarter Erklärung. „Durch uns ist unendliches Leid über viele Völker und Länder gebracht worden", hieß es darin. „Wohl haben wir lange Jahre hindurch im Namen Jesu Christi gegen den Geist gekämpft, der im nationalsozialistischen Gewaltregiment seinen furchtbaren Ausdruck gefunden hat, aber wir klagen uns an, daß wir nicht mutiger bekannt, nicht treuer gebetet, nicht fröhlicher geglaubt und nicht brennender geliebt haben." Jetzt müsse ein neuer Anfang gemacht werden. „Daß wir uns bei diesem neuen Anfang mit den anderen Kirchen der ökumenischen Gemeinschaft herzlich verbunden wissen dürfen, erfüllt uns mit tiefer Freude."

Es war eine mutige Erklärung. Einige Kritiker monierten, daß die Leiden der Juden an keiner Stelle ausdrücklich erwähnt wurden. Niemöller, der, wie er später sagte, „zwei Jahre lang nichts anderes tat, als den Menschen diese Schulderklärung zu predigen", ließ indes keinen Zweifel daran, daß das deutsche Volk den Juden schweres Unrecht zugefügt hatte. Im Januar 1946 berichtete er in Erlangen über die Begegnung mit einem deutschen Juden, der seine Eltern und alle seine Geschwister verloren hatte. „Ich konnte nicht anders", sagte Niemöller, „ich mußte zu ihm sagen: ‚Lieber Bruder, Mensch und Jude, bevor du etwas sagst, sage ich dir: Ich bekenne mich schuldig und bitte dich, vergib mir und meinem Volk diese Schuld.'" Diese Einstellung stieß bei den 1200 Studenten, vor denen Niemöller sprach, keineswegs auf ungeteilte Billigung. Es gab Pfiffe und Buhrufe, als er erklärte, die Deutschen müßten die Verantwortung für das übernehmen, was in Polen geschehen war, für die Verwüstung Rußlands und für die fünf oder sechs Millionen ermordeten Juden. Ähnliche Reaktionen seitens der Studenten schlugen ihm in Marburg und Göttingen entgegen. Doch dadurch ließ Niemöller sich nicht beirren: „Wir müssen offen erklären, daß wir nicht unschuldig sind an den Nazi-Morden, an der Ermordung deutscher Kommunisten, der Polen, der Juden und der Bevölkerung der besetzten Länder. Kein Zweifel, auch andere haben gefehlt, aber die Welle des Verbrechens hat hier ihren Ausgang genommen und hier ihren höchsten Gipfel erreicht." In einer Ansprache am 6. Januar 1946 in Frankfurt sagte er: „Die Schuld ist da, daran besteht kein Zweifel – selbst wenn es keine andere Schuld für uns gäbe als die der sechs Millionen Urnen mit der Asche der verbrannten Juden aus ganz Europa. Und diese Schuld lastet schwer auf dem deutschen Volk und dem deutschen Namen, ja auch auf dem Christentum. Denn in unserer Welt und in unserem Namen sind diese Dinge getan worden."

Niemöller hatte kein Interesse daran, die Studenten, die ihn ausbuhten, in irgendeiner Weise bestraft zu sehen (hatte er selbst doch, wie er betonte, in seiner Jugend einmal wegen einer ihm nicht genehmen Predigt einen Gottesdienst verlassen). Er wußte sehr gut, daß viele Deutsche unter den elenden Bedingungen, die zu jener Zeit in Deutschland herrschten, nichts von dem Elend hören wollten, das sie und ihre Landsleute über andere gebracht hatten. Wie er Bischof Bell schrieb: „Die Zeitungsberichte über den Nürnberger Prozeß und die Dokumentaraufnahmen der scheußlichen Greuel, die die SS in den verschiedenen Konzentrations- und Vernichtungslagern beging, stoßen auf viel Skepsis." (Bp 10/303)

Nach Ansicht einiger Kritiker war der Zeitpunkt für das Stuttgarter Schuldbekenntnis falsch gewählt. Helmut Thielicke, der dem Widerstand gegen Hitler nahegestanden hatte und 1954 Professor an der Universität Hamburg wurde, schrieb: „Statt über Sühne und Vergebung zu predigen, erlebten wir die Verkündigung einer Kollektivschuld und eine Hysterie der Selbstanklage, für die es nur eine psychologische Erklärung, aber keine theologische Begründung geben konnte, und dies führte zu einer Verhärtung in den Herzen der Menschen." Niemöller dagegen war der Überzeugung: „Die Erneuerung der Kirche und das Bekenntnis unserer Schuld gehörten zusammen." Ohne dieses Bekenntnis hätten die Kirchen der Welt Deutschland nicht so bereitwillig wieder in ihrer Mitte aufgenommen. Pierre Maury erklärte nach der Verabschiedung der Erklärung in Stuttgart: „Wir können eure Not nicht wegzaubern, aber wir können darauf sehen, daß Deutschland im Rahmen eines Neuanfangs für die Welt einen angemessenen Platz erhält." Zu einer Zeit, als es weder im Internationalen Roten Kreuz noch in den Vereinten Nationen einen Platz für Deutschland gab, forderte der Weltkirchenrat die deutsche Kirche auf, zwei Vertreter zu seiner Tagung in Genf im Jahr 1946 zu entsenden.

Wie Martin Niemöller damals sagte: „Die Kirche ist heute der einzige Mund, den unser armes Volk noch nach draußen hin hat." Er begann jetzt, die ihm anvertraute Rolle als Vertreter dieser Kirche gegenüber dem Ausland zu spielen. Er und Bischof Wurm wurden zu Delegierten der deutschen evangelischen Kirche beim im Aufbau begriffenen Weltkirchenrat bestimmt.

Das bedeutete, daß Niemöller bald nach Genf würde reisen müssen. Zuvor jedoch entschloß er sich, Großbritannien zu besuchen. Zu seiner Überraschung mußte er feststellen, daß er dort alles andere als willkommen war.

12. Der gute Deutsche

Die Rom-Korrespondentin des *Observer,* Dorothy Thompson, schrieb 1945, nach der Freilassung Niemöllers, er verkörpere „eine geistliche Autorität, wie vielleicht keine andere Einzelperson in der evangelischen Christenheit sie besitzt". Diese Ansicht teilten nicht alle Briten. Bei seiner Pressekonferenz in Neapel erklärte Niemöller: „Mein Wunsch wäre jetzt, meine Frau und die beiden Kinder zu mir zu holen und dann nach England und Amerika zu fahren, um mit den dortigen christlichen Führern zu sprechen, denn bei mir ist auch ein geistlicher Hunger zu stillen. Dann würde ich gerne zurückkehren, um meinem eigenen Volk das Evangelium des lebendigen Christus zu predigen. Ich habe viel Zeit gehabt, über den Sinn des Lebens nachzudenken." Er wisse, sagte er, daß das deutsche Volk unter großen Entbehrungen leide, und wolle versuchen, im Ausland Hilfsmaßnahmen für seine Landsleute zu organisieren.

Dieses Vorhaben stieß in Großbritannien auf wenig Gegenliebe. Wie Tom O'Brien vom Dachverband der britischen Gewerkschaften (TUC) dazu in einem Leserbrief an den *Daily Telegraph* schrieb: „Ich hoffe aufrichtig, daß man ihm nicht erlauben wird, herzukommen. Wenn man es zuläßt, dann wird dies der erste offene Versuch der Deutschen sein, ‚Sympathie zu organisieren', wie sie es mit so großem Erfolg und so großer Heuchelei nach dem letzten Krieg getan haben." Er wies darauf hin, daß Niemöller kein Pazifist sei. „Er kommandierte im letzten Krieg [d.h. im Ersten Weltkrieg] ein U-Boot und war, zusammen mit seinen Ranggenossen, für den Tod vieler unbewaffneter britischer Handelsseeleute verantwortlich. Im jetzigen Krieg bot er Hitler seine Dienste an. Er war (und ist vielleicht noch) ebenso nationalistisch gesinnt wie wohl die meisten Mitglieder seiner Gemeinde in der vornehmen Berliner Pfarrei, in der er amtiert hat." Ein anderer Leserbriefschreiber äußerte seine Empörung über den Plan Niemöllers, Geldsammlungen für die Hunger leidenden Deutschen zu veranstalten. „Könnte man sich ein sprechenderes Zeichen denken für die Unfähigkeit der Deutschen, ihre Verantwortung zu erkennen?

Niemöller sollte in Deutschland für die hungernde holländische Bevölkerung sammeln." Ein pensionierter Hauptmann aus Eastbourne erinnerte die Leser des *Daily Telegraph* daran, daß Niemöller zwar gegen die Versuche Hitlers, die deutschen Kirchen gleichzuschalten, aufbegehrt hatte, daß es aber kein dokumentarisches Zeugnis dafür gebe, „daß er jemals die Verbrechen Hitlers gegen die Menschlichkeit gebrandmarkt oder den Krieg verurteilt hat". Eine Briefschreiberin artikulierte die typischen Empfindungen vieler Briten, die im Laufe des Krieges die Deutschen hassen gelernt hatten: „Wenn es auch wahr ist, daß wir noch vieles zu lernen haben", schrieb sie, „so gibt es doch wohl nichts Gutes, das ein Deutscher uns beibringen könnte."

Auch einige kurzsichtige englische Kirchenmänner sprachen sich gegen Niemöllers angekündigten Besuch aus. Der Erzdiakon von Lancaster schrieb am 31. Mai an den *Daily Telegraph:* „Meiner Meinung nach kann ein Besuch des Pastors zu diesem Zeitpunkt nur Schaden anrichten, denn worauf es jetzt vor allem ankommt, ist, gegenüber dem deutschen Volk eine einheitliche Front zu bewahren und Zeichen der Buße von der gesamten Nation zu verlangen, bevor wir uns auf brüderliche Beziehungen zubewegen können." Wenn Niemöller käme, würden, so fügte er hinzu, „die Nazis glauben, sie hätten eine bequeme Methode gefunden, den Kopf aus der Schlinge zu ziehen".

Solche Auffassungen wurden natürlich nicht von allen Engländern geteilt, gewiß nicht von George Bell und seinem Kreis; diese Männer erfüllte die Nachricht, daß Niemöller gerettet und wohlbehalten war, mit ungeschmälerter Freude. Fünfzehn Jahre später schrieb Henrietta Bell, die Stimme Niemöllers, als er 1959 im Rundfunk predigte, habe Erinnerungen an jene Zeit geweckt – „und besonders an einen Sonntagabend, als ich allein in unserem Haus in Chichester war und das Telefon klingelte und eine Stimme sagte: ‚Hier ist Oberst Stevens. Sagen Sie dem Bischof, Martin Niemöller ist in Sicherheit. Er ist frei und befindet sich in Sizilien. Ich habe ihn gesehen.' Es war die Antwort auf so viele Gebete, gebetet von so vielen, und von niemandem mit größerer Zuversicht als von meinem Mann." (ZEKHN 62, Bd. 393/2442) Der Dekan von Chichester, A. S. Duncan-Jones, versuchte, der Stimmungsmache gegen den Besuch Niemöllers entgegenzutreten. „Es gibt natürlich in vielen Kreisen hierzulande eine Menge von Mißverständnissen und Vorurteilen", schrieb er Niemöller, „aber ich tue mein Bestes, um den Weg zu ebnen, so gut ich kann." (ZEKHN 62, Bd. 394/2442 a) Allein, der Protest gegen den geplanten Besuch des Pastors war so lautstark, daß Bischof Bell selbst es für notwendig erachtete, Vorsicht walten zu lassen. In einem Brief vom 6. Juli gab er dies Niemöller so taktvoll, wie er konnte, zu verstehen. Er versicherte ihm seine Freundschaft und bot ihm im Hinblick auf seinen Besuch in England seine Hilfe und seine Gastfreundschaft in Chichester an. „Allerdings", so fügte er hinzu, „ist es, wenn Ihr Besuch den größtmöglichen Nutzen bringen soll, notwendig, den richtigen Zeitpunkt zu wählen. Ich hoffe, daß dieser Zeitpunkt bald kommen wird, wenn er auch noch nicht da ist." (Bp 10.322)

Deutschland im Ausland zu vertreten, würde, dies begann Niemöller zu begreifen, eine heikle Aufgabe sein. Von Reverend Leslie Weatherhead war er eingeladen worden, im Londoner Citytempel zu predigen. Niemöller schrieb dem Reverend am 9. Juli. „Ich weiß nicht, ob und wann es mir möglich sein wird, ins Ausland zu reisen und nach England zu kommen, und andererseits erscheint es sehr unwahrscheinlich, daß daraus etwas Gutes erwachsen würde, da in den letzten Wochen die Zeitungen einen harten Kurs der öffentlichen Meinungsmache eingeschlagen haben." (ZEKHN 62, Bd. 398/2442 e)

Bald wurde deutlich, daß das britische Innenministerium nicht gewillt war, den geplanten Besuch Niemöllers zu erleichtern. Bell hatte seinen Freund Maxwell (der Staatssekretär im Innenministerium war) um Hilfe gebeten. Aber Maxwell erwiderte, Niemöller falle in keine der Kategorien von Personen, deren Besuch in Großbritannien gestattet werden könne; eine Besuchsgenehmigung für ihn komme daher gegenwärtig nicht in Frage. (Bp 10.338) Gegen Ende des Jahres fand Niemöller sich damit ab, daß weder die Behörden der Schweiz noch die Großbritanniens ihm in absehbarer Zeit die Papiere ausstellen würden, die er brauchte, um die ihm von der deutschen Kirche zugewiesene Tätigkeit auszuüben. Am 26. November schrieb er seinem Freund Charles Cranfield: „Ich habe eine Einladung vom Bischof von Chichester, für mehrere Wochen hinüberzukommen und sein Gast zu sein. Ich und auch meine Frau. Aber ich weiß nicht, ob wir die Genehmigung bekommen werden, zumal auch für die Schweiz die Erlaubnis nicht gewährt worden ist – aber wir haben ja gelernt, zu warten, und werden also weiter warten." (ZEKHN 62, Bd. 393/2442)

Das Verhalten der britischen Behörden entwickelte sich zu einer bürokratischen Farce, die für Niemöller so demütigend und beleidigend war, daß er den festen Entschluß faßte, sich niemals mehr in eine Lage zu begeben, die anderen die Chance gab, ihn so zu kränken. Zunächst kam aus der Schweiz die Genehmigung zum Besuch einer Konferenz der Initiatoren des Weltkirchenrates in Genf. Da die treue Dora sich um die Niemöller-Kinder zu kümmern versprach, konnte Else ihren Mann begleiten. Von Genf aus planten sie, mit einem ihnen vom dortigen britischen Konsul ausgestellten Visum nach England zu fliegen. Die deutschen Behörden waren damit einverstanden, und Bell hatte den Erzbischof von Canterbury veranlaßt, beim Innenministerium eine Einreiseerlaubnis für Niemöller zu erwirken. Zur vereinbarten Zeit, am Samstag, den 5. August 1946, um 12.15 Uhr, suchte Niemöller das britische Konsulat in Genf auf. Sein Ausweis war ein Stück Papier, das die Deutschen ihm ausgestellt und an das die Schweizer ein anderes, mit ihrem Visum, ihren Stempeln und Siegeln versehenes Stück Papier angeheftet hatten. Der Konsularbeamte erklärte Niemöller, da auf diesem Dokument kein Platz mehr für ein britisches Visum sei, könne er ihm keines ausstellen.

Einem Brief zufolge, den ein im Reconstruction Department in Genf tätiger Amerikaner namens Stewart W. Herman an Visser't Hooft schrieb (mit einer Kopie an George Bell), wurde Niemöller „sehr ungehalten, rief sofort im Büro des Weltkirchenrates an und sagte, er habe diese ganze Geschichte gründlich satt und werde nach Deutschland zurückfahren". Herman tat sein Bestes, um die Idiotie des britischen Konsulats wieder gut zu machen, aber der Beamte, ein Mann namens Bloor, zeigte sich, wenn auch auf höfliche Art, „absolut unkooperativ". Er erkärte, die *Schweizer* hätten Platz für ein britisches Visum lassen müssen. Herman fragte Bloor, ob er ein Visum ausstellen würde, wenn er, Herman, die Schweizer Behörden dazu brächte, den Niemöllerschen Reisepapieren noch ein Stück Papier anzuheften. Er wies ihn darauf hin, daß der Erzbischof von Canterbury, der Bischof von Chichester und das Auswärtige Amt in London den Besuch Niemöllers in Großbritannien befürworteten, und fügte hinzu: „Herr Niemöller ist wegen dieser ganzen Geschichte zutiefst gekränkt und erbittert." Daraufhin erklärte Bloor, das Problem liege eigentlich nicht in seiner Zuständigkeit, sondern in der des britischen Generalkonsuls, Captain Barrat. Herman versuchte vergeblich, Barrat zu erreichen. Niemöller erklärte mit Entschiedenheit, er werde jetzt nicht mehr nach England fahren, selbst wenn man ihm ein Visum gewährte. „Obwohl Niemöller aufgebracht und nicht sehr kooperativ war", schrieb Herman, „ist mein ehrlicher Eindruck der, daß hauptsächlich dem britischen Konsulat der Vorwurf einer höchst unglücklichen prozeduralen Obstruktion zu machen ist." (Bp 10.364)

„Was für eine große Enttäuschung ... für Dich und für uns alle", schrieb Richard Stevens an Niemöller. Bei jeder Landung eines Flugzeuges aus der Schweiz sei er, so berichtete er, zum Flughafen Croydon gefahren, jedesmal mit einem breiten Lächeln der Vorfreude auf dem Gesicht „und mit Pfeifen und Tabak versehen, um Dir eine kleine angenehme Überraschung zu bereiten. Ich kann Deinen Abscheu, Deine Erbitterung und Enttäuschung gut verstehen und fühle zutiefst mit Dir. Wir sind in diesem Land mit einem bürokratischen Kretinismus geschlagen, der jedes Begriffsvermögen überfordert." (ZEKHN 62, Bd. 414/2445 e)

Niemöller war in der Tat sehr wütend. „Alles ging schief, und ich werde in nächster Zukunft nicht nach England kommen", teilte er Stevens per Telegramm mit. „Das britische Konsulat in Genf, dem bekannt war, daß es mich mit einem Visum ausstatten sollte, weigerte sich, meinen Paß anzuerkennen. Zeit, Geld und Kraft sind draufgegangen, und dazu noch die Arbeit von vier Monaten." Die Geschichte schlug ihm sehr auf den Magen. Wenn die Siegermächte ihm weiterhin auf diese Weise Steine in den Weg legten, konnte er die Arbeit, mit der die deutsche Kirche ihn beauftragt hatte, vergessen. „Ich glaube, ich lasse jetzt jede ökumenische Betätigung sein", schrieb er in seinem Telegramm weiter, „und ziehe mich nach Dahlem zurück – für immer und in der Hoffnung, daß ich mit der russischen Armee letzten Endes bessere Erfahrungen machen werde als mit den Westmächten." (Bp 10.367)

Stevens war entschlossen, es dazu nicht kommen zu lassen. Niemöller hatte in seinem Telegramm erwähnt, daß er noch vierzehn Tage lang in der Schweiz bleiben werde. Stevens sagte sich kurz entschlossen, wenn sein Freund nicht nach England kommen könne, müsse eben er in die Schweiz fahren. Wenige Tage später war er mit seiner Frau Moja auf dem Weg zu Martin und Else. Ihr gemeinsamer Urlaub war für alle Beteiligten ein großer Gewinn. „Es war wirklich eine große Freude, Dich endlich wiederzusehen und Deine Frau kennenzulernen, von der ich so viel gehört hatte", schrieb Stevens nach seiner Heimkehr. „Ich glaube nicht, daß ich bei allen meinen Reisen in der ganzen Welt jemals so viel Vergnügen, gute Kameradschaft und interessante Gespräche in einen so kurzen Zeitraum hineingepackt habe; unsere Blitztour kreuz und quer durch die Schweiz wird eine meiner glücklichsten und wertvollsten Erinnerungen bleiben." Er hoffe, so schrieb er, daß die Angelrute, die die Niemöllers für Martin mitgenommen hatten, für Fischnachschub auf dem Büdinger Mittagstisch sorgen werde.

Stevens hatte mit seinem Besuch freilich noch eine andere Absicht verfolgt: Niemöller von seiner endgültigen Absage an eine Englandreise abzubringen. Die britische Kontrollkommission für Deutschland und Österreich versuchte, den absurden Vorgang im Genfer Konsulat auszubügeln. Bell hatte sich sogleich darangemacht, Vorkehrungen für einen eventuellen Besuch Niemöllers im November 1946 zu treffen. „Ich bin ganz sicher, mein lieber Freund", schrieb Stevens an Niemöller, „daß Du gut daran tätest, seine freundliche Einladung anzunehmen." Um Niemöller einen zusätzlichen Anreiz zu geben, teilte er ihm mit, er habe soeben einen Brief von einem Dachauer Mithäftling, dem Grafen Alexander Lamoyski, erhalten; dieser werde sich ebenfalls bald in London einfinden. „Wie lustig wäre es", schrieb Stevens, „wenn wir hier ein richtiges Dachauertreffen machen könnten alle zusammen!" (ZEKHN 62, Bd. 414/2445 e)

In seinem Antwortbrief berichtete Niemöller, daß er auf der Rückreise nach Büdingen kurz in Basel Station gemacht und ein zweistündiges Gespräch mit Karl Barth geführt hatte. Dieser hatte ihn dazu gedrängt, nach Dahlem zurückzukehren und dort den Schwerpunkt seiner Arbeit zu setzen. „Aber", schrieb Niemöller, „bis jetzt ist noch keine Entscheidung gefallen." (Ebd.)

Stevens hatte in seinem Brief an Niemöller seine Freude darüber geäußert, „daß Sie *im großen und ganzen* und trotz aller *Strapazen** guter Laune und (die richtige Atmosphäre vorausgesetzt) guten Mutes sind." An George Bell schrieb er jedoch: „Wie in Dachau, lebt er immer noch sehr auf Kosten seiner Nerven. Wir alle litten dort an der gleichen ‚Krankheit' – einer Unfähigkeit, kleine Ärgernisse mit Gleichmut hinzunehmen. Die geringste Schikane versetzte uns in einen vollkommen unangemessenen Zorn!" Er erzählte

* Stevens benutzte in seinem englisch geschriebenen Brief diese deutschen Worte.

dem Bischof, daß Niemöller bei der Fahrt durch Basel „beinahe sein Auto auf den Kopf" gestellt habe, weil ein Polizist ihn, seiner Ansicht nach zu unrecht, aufgehalten hatte. Ungeachtet dessen, so Stevens weiter, fühle sich der Pastor wieder sehr wohl in seiner Haut und sei wohl doch bereit, nach England zu kommen, wenn man ihn einladen und ihm alle bürokratischen Hemmnisse vom Leib halten würde. (Bp 10.369)

Stevens hatte gute Arbeit geleistet und Bell benutzte den Hinweis auf Niemöllers Gesundheitszustand als weiteres Druckmittel in der Auseinandersetzung mit den britischen Behörden. An R. Wilberforce von der britischen Kontrollkommission schrieb er, Niemöller habe „Probleme mit dem Herzen, und ich weiß, daß seine Frau sich Sorgen um ihn macht". (Bp 10.370) Aber Niemöller dachte nicht daran, nur des Wiedersehens mit alten Freunden und der Erholung wegen nach England zu fahren. Trotz seiner Verärgerung über das, was in Genf vorgefallen war: Er hatte eine Aufgabe zu erfüllen. In einem Brief vom 8. September berichtete er Bell, wieviel Freude ihm der Besuch Stevens' bereitet habe und wie sein erzwungenes Verbleiben in der Schweiz ihm dadurch verschönert worden sei, daß er der Taufe von Stewart Hermans Zwillingen beiwohnen durfte. Er erklärte ferner, er sei nun wieder bereit, nach England zu kommen, aber nicht bloß, um sich auszuruhen. Er wollte „erfahren, was in den Gemeinden, in den Lagern, in den Instituten usw. vor sich geht". (Bp 10.373) Mit „Lagern" meinte er die Kriegsgefangenenlager. Am 9. September genehmigte der britische Innenminister Chuter Ede Niemöllers Einreise.

Ein ernstes Anliegen war Niemöller in der Zeit nach 1945 die Behandlung deutscher Kriegsgefangener. Bei einigen war er überzeugt, daß sie widerrechtlich festgehalten wurden. So bemühte er sich beispielsweise um die Freilassung des Generals von Falkenhausen, der mit ihm zusammen in Dachau gewesen und, im Alter von 71 Jahren, ohne Gerichtsverhandlung zu fünfjähriger Kriegsgefangenschaft in Belgien verurteilt worden war. (ZEKHN 62, Bd. 413/2445 a) Diese Haft war eine klare Ungerechtigkeit. Aber Niemöller trat auch für Ex-Nazis ein, deren Bestrafung er als zu hart empfand. Im Oktober 1948 beispielsweise appellierte er wegen des 60 Jahre alten Otto Kühne, eines ehemaligen Generalleutnants der Luftwaffe, an Reverend Paul Kingdon von der Abteilung für religiöse Angelegenheiten der britischen Besatzungsmacht. Kühnes Frau und seine drei Kinder seien, so erklärte Niemöller, völlig mittellos. Der Ex-General leide an grünem Star und an einem Dickdarmgeschwür. Falls die Briten ihn weiterhin im Lager Adelheide bei Delmenhorst festhielten, könne dies den Gefangenen in Lebensgefahr bringen. Im gleichen Brief bat Niemöller die Briten, einen weiteren 60jährigen Ex-General, Friedrich Wilhelm Neumann, auf freien Fuß zu setzen. „Er leidet an einer Gallenblasenentzündung und an einer Trigeminus-Neuralgie." Der General, so schrieb Niemöller, verbringe seine Tage, von Schmerzen gepeinigt, auf der Krankenstation. Aber „der Heilungsprozeß wird wahrscheinlich nur durch individuelle Betreuung zuhause vorangebracht werden können". (ZEKHN 62, Bd. 395/2442 b)

Niemöller war von der Inneren Mission weggegangen, weil er es, wie er sagte, „haßte, in einem Büro den Chef zu spielen". (MN/jb) Jetzt war er Chef des ökumenischen Büros der deutschen evangelischen Kirche. Aber er war nach wie vor auch Pastor. Er besuchte in Dänemark Dutzende von Kriegsgefangenenlagern. Aber die Mehrzahl der deutschen Kriegsgefangenen befand sich in Großbritannien. 1945 saßen fast eine halbe Million Deutsche, Männer und Frauen, in 1500 britischen Lagern in Haft. Erst allmählich begriffen die Engländer, daß, wenngleich fast alle Deutschen in die NSDAP eingetreten waren, doch nicht jeder deutsche Kriegsgefangene ein Ungeheuer war. Achtzehn Monate nach Kriegsende war noch immer jede Verbrüderung zwischen den Kriegsgefangenen und der einheimischen Bevölkerung verboten. In dieser Zeit wurde auf die psychischen Bedürfnisse der Gefangenen wenig Rücksicht genommen. In einem Lager bei Bridgend waren 200 deutsche Generäle interniert. Bewacht wurden diese hochkarätigen Gefangenen, darunter Feldmarschall von Rundstedt, Hitlers Befehlshaber an der Westfront, von ungebildeten und undisziplinierten Soldaten. Anderswo, beispielsweise im Lager 18 in Featherstone Park, wurden gefangengenommene Soldaten der Waffen-SS verprügelt und gezwungen, nackt in der Kälte zu stehen, ein klarer Verstoß gegen die Genfer Konvention. In anderen Lagern ging es menschlicher zu. Etwa 150 weibliche Gefangene waren in Wildestone Hall in der Grafschaft Durham, dem Sitz der Familie Anthony Edens, interniert. Andere hatten es weniger gut. So diente ein beschlagnahmter Baumwollbetrieb in Oldham als Gefangenenlager für 5000 Männer.

In der Atmosphäre der unmittelbaren Nachkriegszeit stieß Niemöller mit seinem Ansinnen, das Los dieser Männer und Frauen zu erleichtern, in den Ländern der alliierten Mächte auf den Unwillen vieler. Die britische Regierung ließ, so deutlich sie nur konnte, durchblicken, daß Niemöller kein gerngesehener Gast sei. Als George Bell dem Innenminister gegenüber die Möglichkeit ansprach, Niemöller einige öffentliche Reden halten zu lassen, entgegnete Chuter Ede, er könne zwar nicht die Redefreiheit antasten, aber ein öffentliches Auftreten des Pastors Niemöller sei „unerwünscht". Die „Sensationspresse" würde darin, so argumentierte er, einen Versuch sehen, Niemöller Gelegenheit zu einer „Reinwaschung" zu geben. „Ich selbst kann nicht glauben, daß dies segensreiche Folgen hätte", fügte er hinzu. (Bp 10.389) Niemöllers Besuch wurde daher als private Angelegenheit ausgegeben. Als Bell für ihn im Mary Summer House einen Empfang gab, geschah dies ohne öffentliche Ankündigung und unter Ausschluß der Presse.

Das hinderte manche kritischen Zeitungen nicht daran, ihrerseits Niemöller einen rauhen Empfang zu bereiten. William Hikkey überschrieb seine Kolumne im *Daily Express* mit den Worten: „Besuch von der Gestapo". Er schrieb: „Pastor Martin Niemöller wird während seines Aufenthalts in England nicht predigen und keine Reden halten. Ein weiser Entschluß. Die bloße Tatsache, daß er hierhergekommen ist, gibt Anlaß zu gemischten Gefühlen. Der Bewunderung, die einige Leute für diesen energischen Kritiker Hitlers hegen, der acht Jahre in einem Konzentrationslager gesessen hat, steht die Ablehnung anderer gegenüber, denen der Gedanke, einen guten Deutschen präsentiert zu bekommen, höchst zuwider ist und die sich mit unguten Gefühlen an Niemöllers Rolle als U-Boot-Kapitän im Ersten Weltkrieg erinnern."

Hickey kam sodann auf den Gastgeber Niemöllers zu sprechen. „Der Pastor und seine Frau sind zu Gast bei Dr. George Kennedy Allen Bell, dem Bischof von Chichester, einem Geistlichen, der etwas auf Zivilcourage hält und Kritik zu schätzen weiß. Aber dieses Mal hat der Bischof begrüßenswerterweise Rücksicht auf die öffentliche Meinung genommen, indem er seinen Gast von der Öffentlichkeit abschirmte."

Von anderen wurde Niemöller dagegen willkommen geheißen. Richard Stevens holte Martin und Else natürlich vom Flughafen ab und lud sie zum Drink in seinen Klub, bevor er sie in den Zug nach Chichester setzte. Stevens und seine Frau Moja, die Niemöllers und einige in London ansässige deutsche Pfarrer verbrachten zwei glückliche Tage zusammen. Stevens hoffte, Niemöller werde in Chichester endlich ein wenig Ruhe und Erholung finden. „Ich schärfte ihm ein, wie wünschenswert und klug es wäre, wenn er einmal wirklich ausspannen würde", schrieb er an George Bell, „und aus der Art, wie er sich Ihren wahrscheinlichen Wünschen fügte, zu schließen, werden Sie dieses eine Mal (so glaube ich) einen disziplinierbaren Niemöller erleben!" (Bp 10.390) Allein, Niemöller hatte nicht die Absicht, auszuspannen. Schon hatten deutsche Kriegsgefangene ihm geschrieben und ihn um einen Besuch gebeten. Diejenigen aus dem Lager Crocker Hill hatten ihn zusätzlich wissen lassen, daß sie in den Jahren seiner Gefangenschaft täglich für ihn gebetet hätten. (ZEKHN 62, Bd. 169/3057) Niemöllers Zeit reichte nur zum Besuch von vier Lagern, aber er nutzte diese Zeit gut. „Mein Besuch in diesen Lagern war wirklich ein Erlebnis", schrieb er anschließend an Bell, „und hat mich auf einige Gedanken gebracht, wie man unsere Kriegsgefangenen auf die Aufgabe vorbereiten könnte, die zuhause auf sie wartet. Ich glaube, wir sollten eine Gruppe von Pfarrern hinüberschicken, die etwas über die jetzige Lage in Deutschland wissen." (Bp 10.393)

Die britischen Behörden griffen diese Anregungen nicht auf. Aber die Behandlung der deutschen Kriegsgefangenen in Großbritannien verbesserte sich bald darauf. Die Engländer entdeckten die Möglichkeit, sie als billige Arbeitskräfte einzusetzen, und aus dem sich daraus ergebenden Kontakt mit der einheimischen Bevölkerung entwickelten sich persönliche Freundschaften. Unter dem Druck der öffentlichen Meinung wurde das „Verbrüderungsverbot" aufgehoben. Am Ende entschieden sich 24000 deutsche Kriegsgefangene, in Großbritannien zu bleiben; und eine Reihe von ihnen heirateten englische Frauen. Niemöller hatte in Großbritannien einen bemerkenswerten jüdischen Flüchtling aus Deutschland kennengelernt, der nach 1945 eine wichtige Rolle bei der Verbesserung der Behandlung der Kriegsgefangenen gespielt hatte. Herbert Sulzbach, der als Leutnant im kaiserlichen Heer gedient hatte, war nach seiner Flucht britischer Staatsbürger geworden und mittlerweile im britischen Heer zum Hauptmann aufgestiegen. Er machte das Internierungslager 18 in Featherstone Park in Northumberland zu einem Zentrum der Versöhnung zwischen deutschen Kriegsgefangenen und ihren britischen Bezwingern und Bewachern. Niemöller verbrachte 1946 einen Tag in diesem Lager. 25000 deutsche Offiziere durchliefen die politischen „Umerziehungskurse“ dieses britischen Offiziers, dessen Deutsch seine Herkunft aus Frankfurt verriet. Sulzbach wollte, daß die zurückkehrenden Kriegsgefangenen als „Sendboten des Friedens“ zwischen Großbritannien und Deutschland fungierten. Der Schweizer Präsident des Internationalen Roten Kreuzes in London bezeichnete die Arbeit Sulzbachs als „Vorbild dafür, wie man mit einem besiegten Feind umgeht“. Nach der Schließung von Lager 18 am 11. Mai 1948 wurde Sulzbach ausgemustert, und Niemöller verhalf ihm zu einen guten Posten in Deutschland. (ZEKHN 62, Bd. 413/2445 a)

Allmählich wandelte sich in Großbritannien die Stimmung: Aus Feindseligkeit wurde Verständnis. Ein kleines Zeichen dafür war ein Brief, den Niemöller von Reverend L. E. Addicott erhielt, einem baptistischen Geistlichen aus der Industriestadt Ripley. Addicott hatte im Krieg als Feldgeistlicher gedient. Auf sein wiederholtes Ersuchen hin hatten die britischen Behörden ihm Anfang 1947 endlich erlaubt, für die deutschen Kriegsgefangenen in den Lagern Swanwick und Nether Heage Gottesdienste zu halten. Er und seine Frau luden Insassen dieser Lager in deren freier Zeit zu sich nach Hause ein. Addicott predigte bei seinen Gottesdiensten auf deutsch und englisch, und er bat Martin Niemöller, aufmunternde Botschaften für die Kriegsgefangenen zu schicken, die er ihnen verlesen konnte. Er forderte Niemöller auch auf, den deutschen Christen zu sagen, „daß wir wissen, daß auch wir Anteil an der Sünde haben, die Unheil über die Welt unserer Zeit gebracht hat, und daß wir in Gegenwart des Kreuzes die Hände der Brüderlichkeit ausstrecken“. (ZEKHN 62, Bd. 393/2442)

Niemöller vermochte auch bei manchen Amerikanern, die ihm und seinem Anliegen anfänglich ablehnend gegenübergestanden waren, ein Umdenken zu bewirken. Kurz nach seiner Rückkehr nach Deutschland (im Anschluß an seine Internierung in Neapel) wurde er von einem amerikanischen Feldgeistlichen gebeten, in Frankfurt einen Vortrag über „die Verantwortlichkeiten und Möglichkeiten der christlichen Kirche“ zu halten. Kurz vor dem vereinbarten Termin verärgerte er einige der amerikanischen Amtsträger mit der Bemerkung: „Ein Deutscher fragt in Kriegszeiten nicht danach, ob der Krieg recht oder falsch ist ... Ein Deutscher will mit seinen Landsleuten kämpfen und sterben.“ Der Vortrag wurde abgesagt – mit der Begründung: „Der politische Charakter einiger Äußerungen von Pastor Niemöller aus jüngster Zeit weckt Zweifel an seiner Eignung als Redner.“ Ein hochrangiger amerikanischer

Abb. 5: Auf einer Pressekonferenz während der Tagung des Zentralkomitees des Weltkirchenrates in Chichester, macht Niemöller die Weltöffentlichkeit auf das deutsche Flüchtlingsproblem aufmerksam (Juli 1949)

Zivilist in Deutschland wurde mit dem Ausspruch zitiert: „Es besteht der Eindruck, daß Niemöller einige sehr dumme Dinge gesagt hat. Er war acht Jahre lang in einem Konzentrationslager und befindet sich nicht auf der Höhe der Zeit."

Gegen Jahresende flog Niemöller, in Begleitung Elses, in die Vereinigten Staaten. Ungeachtet der Kritik an ihrem Mann genoß sie es, mit ihm zu reisen. (In Seattle sagte sie einmal: „Nachdem mein Mann und ich acht Jahre voneinander getrennt waren, ... kommt mir eine Reise wie diese wie eine Art zweite Hochzeitsreise vor.") Zu den Kritikern dieser ihrer ersten USA-Reise gehörte keine geringere als Frau Eleanor Roosevelt, die in ihrer von vielen Zeitungen nachgedruckten Kolumne schrieb: „Ich sehe nicht ganz ein, weshalb man von uns erwartet, seinen Vorträgen zu lauschen." Einer seiner Freunde aus den Reihen der amerikanischen Armeegeistlichen kam ihm zu Hilfe: Reverend Robert W. Anthony schrieb Frau Roosevelt einen Brief, dem er eine Abschrift des Stuttgarter Schuldbekenntnisses beilegte; er berichtete von seinem Zusammensein mit Niemöller und schrieb: „Wer damals mit ihm zusammen war und von seinen mutigen Taten in Deutschland wußte, konnte nicht umhin, von seinem wunderbaren christlichen Geist und seinem guten Urteilsvermögen beeindruckt zu sein.“ (ZEKHN 62, Bd. 976/3027) Frau Roosevelt wurde übrigens später zu einer treuen Verbündeten Niemöllers im Kampf gegen den Rassismus.

Andere Amerikaner setzten sich für ihn ein. Professor Reinhold Niebuhr vom Union Theological Seminary in New York wies darauf hin, was Niemöller unter Hitler widerfahren war, und bemerkte dazu: „Eine solche Vergangenheit liefert eine gewisse Garantie für Integrität, die Respekt verdient.“ Die Chicagoer Zeitschrift *Christian Century* veröffentlichte einen langen Leitartikel mit der Überschrift „Fair Play with Niemöller“, der sich über diejenigen mokierte, die vor lauter Kleinmut sagten: „Die Zeit ist noch nicht reif dafür, das amerikanische Volk darüber aufzuklären, daß viele Tausende Deutsche ebenso tapfer gegen die Tyrannei gekämpft haben wie die Bürger anderer Länder.“

Eins der Probleme war, daß Niemöller eine unpopuläre Botschaft verkündete: daß die Deutschen am Verhungern waren. In einer am 28. November 1945 verfaßten Denkschrift analysierte er die Reaktion der Deutschen auf das Stuttgarter Schuldbekenntnis. Die Leute, so schrieb er, sagten sich: Gewiß waren Hitler und seine Helfershelfer eine Verbrecherbande, aber uns geht es im Augenblick schlechter denn je. „Tatsächlich“, kommentierte er, „leiden die Menschen Hunger, und es ist wohlbekannt, daß in den Ostprovinzen die Leute buchstäblich verhungern. Die Menschen frieren auch, und es ist wohlbekannt, daß in den östlichen Landesteilen die Leute erfrieren.“ (ZEKHN 62, Bd. 525/2501) Am 18. Mai 1946 schrieb er im Vorwort zu einem Buch seines Freundes Stewart Herman: „Wir Christen in Deutschland sind arm dran. Die Zeit des Leidens, die hinter uns liegt, hat die Mittel unserer Existenz restlos aufgezehrt.“ Es herrschte nicht nur eine physische, sondern auch eine geistige Armut. Niemöller forderte immer wieder, daß gegen beide etwas unternommen werden müsse, denn, so schrieb er, „wir sind heute völlig mittellos und müssen unsere Hände ausstrecken und um Hilfe bitten.“ Wo immer er und Else im Ausland hinreisten, richtete er Hilfsappelle an die Bevölkerung und die Politiker.

Es kamen viele Reaktionen, und Martin und Else hatten Anlaß, zahllose Dankesbriefe zu schreiben. Am 9. Oktober 1945 schrieb eine Frau Alma Penheiter aus Evanston in Illinois an Niemöller: „Es ist schrecklich, inmitten eines reichhaltigen Nahrungsangebots hier zu sitzen und zu wissen, daß in Deutschland Menschen verhungern, und helfen zu wollen und nicht zu wissen, wohin man Geld schicken soll, damit es auch dort ankommt." Sie und andere Christen aus ihrem Freundeskreis schickten Geld und Geschenke. Am 30. November schrieb Niemöller ihr einen Dankesbrief, in dem er ihr seine alltäglichen Aktivitäten und die allgemeine Lage in Deutschland schilderte. „Ich würde diese Geschenke von Ihnen gern für Angehörige meiner Gemeinde in Berlin-Dahlem verwenden", schrieb er. „Ich konnte vor einigen Wochen dort zu Besuch hinfahren und fand viel Elend und Hunger und Kälte vor, aber keine Verzweiflung. Die Lebensbedingungen sind fürchterlich, wenn man sie, wie ich, mit eigenen Augen zu sehen bekommt. Gleichzeitig war dieser Besuch aber auch ein großes Erlebnis für mich – [zu sehen,] wie sehr Glaube und Liebe in der Lage sind, Menschen aufrecht zu halten, die ohne diese Hilfe Gottes sicherlich zusammenbrechen würden." Er teilte Frau Penheiter mit, in den westlichen Landesteilen Deutschlands lägen die „Dinge nicht so schlimm wie in Berlin und in den Ostgebieten, was nicht heißen soll, daß es dort keinen Hunger und keine Seuchen gäbe. Aber wir müssen diese Prüfungen schweigend ertragen, in dem Wissen, daß wir selbst zu ihrer Entstehung beigetragen haben." Frau Penheiter betätigte sich weiterhin in der Deutschland-Hilfe. Sie schickte (über Visser't Hooft in Genf) Geld an Niemöller, und dieser kaufte davon Insulin und Penicillin. „Unsere christlichen Frauen nähen jeden Tag für deutsche Kinder", schrieb sie ihm. „Wir bekommen neue Sachen und machen auch Kleidchen und Unterwäsche und packen sie in versiegelte Behälter und warten auf den Tag, an dem wir sie hinüberschicken können. Wir haben Decken ... und viele Medikamente. Möge der Herr uns die Möglichkeit geben, sie bald schicken zu können." (ZEKHN 62, Bd. 526/2501 a)

Großzügige Hilfe organisierte der Reverend Albert J. Kissling, Presbyterianer-Pfarrer aus Jacksonville in Florida. Kissling, der zwei Jahre in Deutschland verbracht hatte, schickte Pakete mit Sachen, die er mit Hilfe seiner Gemeindemitglieder zusammengetragen hatte. Niemöller schickte eines der Pakete an einen seiner alten Gottesdienstbesucher in der Dahlemer Cäcilienallee; dieser bedankte sich mit den Worten, das Geschenkpaket sei „wie ein Sonnenstrahl in der Finsternis" gewesen. Kissling schickte auch Pakete in die sowjetisch besetzte Zone, im Vertrauen darauf, daß die dortigen Pfarrer für eine gerechte Verteilung sorgen würden. Als die russischen Behörden später Gewichtsgrenzen für Pakete in ihre Besatzungszone festsetzten, packten die Niemöllers die Geschenke in kleinere Pakete um und leiteten sie weiter. (ZEKHN 62, Bd.73/3222 a)

1949 besuchten Reverend Kissling und seine Frau Deutschland, um sich selbst ein Bild von den Zuständen zu machen; dabei trafen sie auch mit den Niemöllers zusammen. Kissling schrieb später: „Es war in vieler Hinsicht eine erfreuliche Reise, abgesehen davon, daß die große Not an allen Ecken und Enden unsere Herzen traurig machte." Die sowjetische Zone hatten sie nicht besuchen können, doch hielten die Niemöllers sie über die großen Probleme, die es dort gab, auf dem laufenden. Im August 1949 leitete Else eines der Pakete von Kissling an einen Pfarrer in der „Zone" weiter. „Seine Frau ist infolge der Unterernährung gesundheitlich stark angegriffen", erklärte sie. „Und sein Gehalt als Pastor ist zu niedrig, als daß er die nötigen Lebensmittel auf dem freien Markt kaufen könnte." (Ebd.)

Die Nahrungsmittelversorgung in Deutschland verschlechterte sich noch weiter durch die lange Trockenheit des Jahres 1947. „Wir stehen vor einem Winter ohne Kartoffeln, und ein guter Teil des Viehbestandes wird geschlachtet werden müssen, was bedeutet, daß die Fettration beträchtlich unter die jetzige Normalmenge von 50 Gramm pro Woche sinken wird", teilte Niemöller am 31. August einem amerikanischen Briefpartner mit. „Kein Wunder, daß die Menschen verzweifelter sind als je zuvor." Ende November schickte er einen ausführlichen Lagebericht an eine Frau Gillespie aus Eldorado in Texas. Kurz zuvor war der erste Schnee gefallen. „Nie zuvor in meinem ganzen Leben habe ich genau dieses Gefühl gehabt, daß der Schnee ein Leichentuch für tote Menschen ist, das keine Hoffnung für die Zukunft läßt", schrieb er. Es gebe nicht genug Kohle – auf dem Lande überhaupt keine. Kaum jemand verfüge über Wollkleidung oder Teppiche. Bald würden Kartoffeln knapp werden. Am dringendsten jedoch würden Fett und Mehl gebraucht. „Frau Niemöller wird Ihnen zehn Briefe von Leuten schicken, die in großer Not sind", kündigte er an. Selbst wenn Frau Gillespie die Pakete sofort losschickte, würden sie nicht vor Ende Januar eintreffen, aber das werde auch die Zeit der größten Not sein. (ZEKHN 62, Bd. 503/2488 und 509/2492)

Verschärft wurden die Nöte durch die anhaltende Flüchtlingsflut. Niemöller sah darin 1949 das dringlichste und zugleich schwierigste Problem, mit dem die Kirche in Deutschland konfrontiert war. Er zermarterte sich das Gehirn, um Möglichkeiten zu finden, wie das Los der zwölf Millionen Personen – die meisten davon Protestanten – die ihre Heimat im Osten verloren hatten, gelindert werden konnten. 1951 regte er, in einem Brief an Hildebrandt, an, ob nicht eine vernünftige Lösung darin bestehen könnte, einige von ihnen in dem dünnbesiedelten Gebiet zwischen Oder und Elbe unterzubringen. (ZEKHN 62, Bd. 394/2442 a) Bis dahin aber brauchten sie Lebensmittel und Kleider.

Bei all dem, was hier an Arbeit getan werden mußte, war Else Niemöller ihrem Mann eine enorme Hilfe. Geistliche aus ganz Deutschland schickten ihnen Adressen zu. Niemöller hatte inzwischen Fragebögen angeschafft, auf denen die Bedürftigen ankreuzen konnten, was sie brauchten und sich wünschten. Erbeten wurden Mäntel, Schuhe, Unterwäsche, Bettwäsche, Vorhänge, Taschentücher, Tischtücher und Strümpfe. Die Leute zeichneten die Umrisse ihrer Schuhe auf ein Stück Papier, so daß zu ersehen war, welche Größe sie brauchten. Niemöller unterschrieb die Fragebögen zum Zeichen seiner Befürwortung, und dann schickten er und Else ihre Wunschlisten nach England, Neuseeland, Australien und in die Vereinigten Staaten. Sie gaben auch die Anschriften von Deutschen weiter, die Brieffreunde im Ausland suchten. Amerikaner erboten sich, deutsche Waisenkinder zu adoptieren, aber Niemöller mußte ihnen mitteilen, daß dies vorläufig nur amerikanischen Familien gestattet sei, die in Deutschland lebten. (ZEKHN 62, Bd. 65/2501 a)

Abgesehen von der auf der Hand liegenden christlichen und humanitären Rechtfertigung für diese Arbeit, sah Niemöller darin auch einen Bestandteil der seelsorgerischen Aufgabe, die er dem deutschen Volk gegenüber zu haben glaubte. Langanhaltende Armut würde seiner Überzeugung nach zu Verzweiflung und Hoffnungslosigkeit führen, und dies barg die Gefahr eines sich ausbreitenden Nihilismus. „Die Unsicherheit des industriellen Lebens wird zu einer großen Sorge für uns alle", schrieb er Ende 1945. „Diese wirtschaftliche Situation drückt auf die Geister und die Seelen, umso mehr, als das Familienleben zerstört ist." Anfänglich waren die Alliierten mit Dankbarkeit und Hoffnung begrüßt worden. Von diesen Gefühlen war jetzt nichts mehr zu spüren. Die

Seelen der Menschen hatten sich verhärtet, „fast bis zur Verzweiflung". (ZEKHN 62, Bd. 525/2501) Zehn Monate später hatte sich die seelische Verfassung der Deutschen seiner Einschätzung nach noch einmal erheblich verschlechtert. Am 1. September 1946 schrieb er an Reverend D. J. Hill in Iserlohn: „Die geistliche Situation im ganzen Land entwickelt sich in äußerst bedenklicher Weise zum Schlechteren. Es ertönt ein einziger lauter Hilfeschrei, nicht nur im physischen, sondern mehr noch im spirituellen Sinn, weil wir in Verzweiflung und Nihilismus abrutschen, einer gegen den anderen kämpft und alle Gott der Grausamkeit und Ungerechtigkeit anklagen." Ein Jahr später, am 23. November 1947, teilte er einem Herrn Raymond E. Gloria auf den Philippinen mit: „Es ist im gegenwärtigen Augenblick sehr schwer zu erkennen, welchen Weg die christlichen Unternehmungen in Deutschland künftig nehmen werden; die Leiden infolge von Hunger und Kälte sind sehr bedrückend, und die Menschen haben keine geistlichen Kräfte oder Interessen mehr, weil der ganze Tag mit den primitiven Problemen des Sich-Kümmerns um Nahrung und Unterkunft ausgefüllt ist." (ZEKHN 62, Bd. 394/2442 a und 509/2492)

Im Angesicht der allgemeinen Armut, Lebensmittelknappheit und Verzweiflung fand Niemöller es empörend, daß die Alliierten sein Land durch die Demontage industrieller Anlagen zusätzlich bestraften. Dies geschah mit der Begründung, man dürfe den Deutschen nichts mehr belassen, was ihnen gestatte, in Zukunft noch einmal einen Krieg zu führen. Zu den Produkten, deren Herstellung den Deutschen künftig nicht mehr erlaubt sein sollte, zählten die Amerikaner anfänglich auch solche Dinge wie Rundfunksender und schwere Traktoren. Als mit dieser Demontagepolitik in verstärktem Maß ernst gemacht wurde, begannen die deutschen Arbeiter Widerstand zu leisten. Im Juni 1949 wurde der Abbau von Produktionsanlagen für synthetisches Öl im Ruhrgebiet durch passiven Widerstand behindert. Unter dem Eindruck des sich auch andernorts regenden Widerstands hatten die Alliierten die Zahl der zur Demontage vorgesehenen Betriebe bereits reduziert, aber die Fabriken für synthetischen Treibstoff der Firma Fischer-Tropsch galten als zu gefährlicher potentieller rüstungstechnischer Trumpf. Heinrich Kost, der Vorsitzende der Deutschen Montanindustrie in Essen, erklärte, diese Fabriken seien für die deutsche Steinkohlenindustrie unverzichtbar. Knapp 3000 Arbeiter demonstrierten gegen die Demontagepläne. Doch dies alles nützte nichts. Die britische Besatzungsbehörde kündigte an, daß die Abwrackung der Betriebe in 48 Stunden beginnen werde.

Niemöller schickte daraufhin Telegramme an den britischen Kirchenrat, an die Londoner Kirchenkommission für Internationale Angelegenheiten und an den Bundesrat der christlichen Kirchen in Amerika, mit der Bitte, ihren Einfluß zu nutzen, um der Zerstörung der deutschen Industrie Einhalt zu gebieten. Die Regierenden kümmerten sich nicht darum. Im britischen Oberhaus hatte Lord Beveridge erklärt: „Ich bin sicher, daß kein einziger britischer Wähler, wenn er wirklich wüßte, was in Deutschland geschieht, wünschen würde, daß dies so weitergeht." Und er gab zu bedenken: „Wenn man konsequent alles eliminieren will, das für einen Krieg genutzt werden könnte, müßte man die gesamte Industrie eliminieren." Was seiner Ansicht nach not tat, war nicht Demontage, sondern wirksame Kontrolle. George Bell ergriff in derselben Debatte das Wort. Er sei, so erklärte er, soeben von einer Rundreise durch das Ruhrgebiet zurückgekehrt; die Zustände, die er dort vorgefunden habe, hätten sich gegenüber dem Vorjahr, d.h. 1945, erheblich verschlechtert. Niemöller beschaffte sich den Text beider Reden und unterstrich einige der von Bell gebrauchten Ausdrücke, wie beispielsweise „völlige Versklavung Deutschlands", „prekäre Versorgungslage" oder „Mangel an Vertrauen" zu den britischen Behörden. Einen Satz unterstrich Niemöller ganz: „Die wirkliche Gefahr besteht darin, daß wir durch unkluge Maßnahmen und Strategien . . . das deutsche Volk renazifizieren könnten." (ZEKHN 62, Bd. 169/3057) Allein, die britische Regierung zeigte sich unzugänglich. Im Unterhaus erklärte Außenminister Bevin: „Ich muß auf diejenigen Rücksicht nehmen, die unter deutschen Angriffen gelitten haben, und daran muß dieses Haus immer denken, wenn es sich mit diesen Rüstungsindustrien befaßt." Er fügte hinzu: „Ich werde mich nicht nach monatelangen Verhandlungen in eine Position manövrieren lassen, in der ich unter deutschem Druck und unter dem Einfluß deutscher Propaganda meine Meinung ändere."

Niemöller provozierte mit seiner versuchten politischen Einflußnahme notgedrungen Kritik und Widerstand. Nach einem Besuch in den Vereinigten Staaten, in dessen Verlauf er seine Auffassungen in vehementer Deutlichkeit vertrat, schrieb Edwin Sears, ein juristischer Mitarbeiter des Council for War Crimes, einen Leserbrief an die *New York Herald Tribune*, in dem er erklärte, für alle diejenigen, ob Amerikaner oder Deutsche, die den Plan, Deutschland zu einem Agrarland zu machen, bekämpften und sich darüber empörten, daß die in der britischen Besatzungszone lebenden Deutschen mit 800 Kalorien pro Tag auskommen müßten, gebe es gegenwärtig keinen schädlicheren Verbündeten als Pastor Niemöller. In den Augen von Sears und manchen anderen war Niemöller so etwas wie ein Elefant im Porzellanladen. Zu denen, die ein differenzierteres Urteil über ihn fällten, gehörte Generalmajor (i. R.) S. C. M. Archibald, methodistischer Geistlicher und religiöser Berater der britischen Besatzungsstreitkräfte; er meinte in einem vertraulichen Brief an C. O'Neill, den Leiter der Kanzlei der britischen Hohen Kommission in Deutschland: „Dr. Niemöller ist vielleicht unfähig, die Tatsachen so zu sehen, wie sie sind, und er nimmt ganz offenkundig einige politische Realitäten nicht zur Kenntnis, aber seine Ansichten stimmen mit denen vieler anderer überein, die von der Politik der Westmächte enttäuscht sind. Behalten wir daher diesen Trend sorgfältig im Auge." (Bp 10.440)

In politische Fettnäpfchen war Niemöller auch mit seiner Kritik an der Entnazifizierungspolitik der Besatzungsmächte getreten, einer Politik, die in der Tat mit großer Ungeschicklichkeit gehandhabt wurde. Eine Denkschrift der Vereinigten Stabschefs der Alliierten aus dem Jahr 1945 (Nr. 1067) hatte ein Entnazifizierungsprogramm gefordert. Die absurdesten und ungerechtesten Auswüchse, zu denen dieses Programm in der Praxis führte, kamen ausgerechnet in der amerikanischen Zone vor, in der Niemöller jetzt lebte. Die US-Besatzungsbehörden gaben ein Formular heraus, das 133 Fragen enthielt, die jeder Deutsche, der über 18 Jahre alt war, beantworten mußte. Zwölf Millionen Fragebögen wurden ausgefüllt und ausgewertet. Die Hauptkriegsverbrecher waren Ende 1945 in Nürnberg verurteilt worden. Jetzt machten die Amerikaner allein in ihrer Besatzungszone noch einmal 130 000 Personen ausfindig, denen irgendwelche Verbrechen unter dem Nazi-Regime angelastet wurden (während die Briten in ihrer Zone „nur" 22 000 solcher Delinquenten entdeckten).

Martin Niemöller war nicht der einzige Deutsche, der die Art und Weise, wie die Entnazifizierung durchgeführt wurde, absurd und ungerecht fand. Helmut Thielicke wies darauf hin, daß in Württemberg jeder Beamte, dessen Stellenbezeichnung auf „. . .rat" endete, entlassen wurde; davon betroffen waren beispielsweise Lehrer und Amtsärzte. Um ihre Stelle wieder zu bekommen, mußten diese Leute bewährte Nazigegner dazu bringen, ihnen eine Unbedenklichkeitsbescheinigung auszustellen, für die sich bald die Bezeichnung „Persilschein“ einbürgerte.

Niemöller war, wie er aus den USA an Pfarrer Forrell in London schrieb, verwirrt über den ständigen Wechsel zwischen Solidarität und Mitleid einerseits, Rachsucht und Kleinlichkeit andererseits im Verhalten der Alliierten gegenüber Deutschland. (Bp 10.414) In der Entnazifizierungspolitik tobten sich seiner Ansicht nach die beiden letzteren Motive aus. Der Vorstand der deutschen evangelischen Kirche formulierte auf seiner Konferenz in Treysa im Mai 1946 eine vorsichtige, aber entschiedene Kritik an dieser Art der Umerziehung. „Bei der sogenannten Entnazifizierung geht es um die Reinigung des deutschen Volkes von den verderblichen Einflüssen des Nationalsozialismus“, erläuterten die Kirchenführer, und sie räumten ein: „Die Notwendigkeit einer solchen Reinigung wird von der Kirche anerkannt.“ Aber, so gaben sie zu bedenken, durch die Ausgabe von Fragebögen lade man die Menschen geradezu zu Lügen und falschen Auskünften ein. Die unterschiedslose Einstufung von Angehörigen der Hitlerjugend als „belastet“ sei absurd, da die Betroffenen praktisch keine andere Wahl gehabt hätten, und führe zu Gefühlen der Resignation und Verbitterung. Die Kirchenführer stellten klar, daß das Aussprechen dieser Bedenken nicht etwa ein Plädoyer für den nationalsozialistischen Geist bedeute. Eine Erneuerung und ein wirkliches Umdenken in Deutschland könnten jedoch nur durch das Wort Gottes erreicht werden, nicht durch irgendwelche Entnazifizierungsverfahren. Nur durch das Wort Gottes könne „das deutsche Volk zu einem neuen Verhältnis zu den übrigen Völkern der Welt finden“.

Niemöller hielt eine aufgezwungene Entnazifizierung, wie die Besatzungsmächte sie praktizierten, für von Grund auf undemokratisch. (MN/jb) Er hielt sie darüber hinaus für unnötig. Das deutsche Volk hatte, so glaubte er, aus eigener Einsicht die Lügen der Hitlerzeit durchschaut. In den vierzehn Monaten seit seiner Befreiung hatte er, so erklärte er, noch keinen einzigen Deutschen getroffen, der den verbrecherischen und wahnwitzigen Charakter des NS-Regimes bestritten hätte. Unglücklicherweise schlossen die Besatzungsmächte sich dieser Überzeugung nicht an. „In den Kreisen der Besatzungsmächte“, schrieb Niemöller, „namentlich der westlichen, sowie innerhalb der politischen Parteien in Deutschland wird die Frage der ‚Entnazifizierung‘ nach wie vor als

Kern des ganzen Problems betrachtet. Das ist ein grundlegender Irrtum, denn ein Wiederaufleben des Nazismus ist ganz ausgeschlossen." Dazu komme, daß die schwerfällige und zeitraubende Entnazifizierungsprozedur die Menschen zu einer Zeit von der Arbeit abhielt, da viele in Deutschland hungerten. Wie Niemöller im November 1946 an Bell schrieb, werde es in Hamburg schätzungsweise zwölf Jahre dauern, bis alle Einwohner entnazifiziert waren, und in Bayern immerhin acht Jahre. Wegen der erzwungenen Untätigkeit vieler Familienväter litten ganze Familien Not. Die zu Entnazifizierenden wurden in vier Kategorien eingeteilt. Da diejenigen, die Niemöller die „Schwerverbrecher" nannte, bereits abgeurteilt waren, schlug er vor, den in die beiden harmlosesten Kategorien eingruppierten Personen – den „Minderbelasteten" und den „Mitläufern" – eine Amnestie zu gewähren. „Es kann kein Zweifel daran sein, daß das Gewicht des moralischen Drucks und der Hoffnungslosigkeit, woran die Entnazifizierungsprobleme einen bedeutsamen Anteil haben, schwer auf unsere Bevölkerung drückt und Spannungen und alle möglichen Formen der Unzufriedenheit hervorruft", schrieb er an Bell, „und jede Aussicht auf ein neues geistliches Leben und eine allgemeine Erneuerung schmälert." (Bp 10.304 und 396)

1947 wählte die Synode der evangelischen Kirche von Hessen, Nassau und Frankfurt am Main Niemöller zu ihrem (ersten) Präsidenten. Es war ein anstrengendes Amt, stellte es seinem Inhaber doch die Aufgabe, drei zuvor selbständige kleinere Kirchen mit jeweils eigenständiger Tradition zusammenzuschweißen. Niemöller freilich nutzte seine neue Stellung zugleich als Forum für die Verkündung und Verbreitung seiner eigenen Überzeugungen. Die Kirche von Hessen und Nassau übernahm eine Patenschaft über die Kirche von Sachsen, das zur sowjetisch besetzten Zone gehörte, und lieferte dorthin Lebensmittel, Kleider und Medikamente. Niemöller, der sich weigerte, den Titel eines Bischofs anzunehmen, versuchte, die örtlichen Gemeinden in die allgemeine Kirchenarbeit einzubeziehen. Er zog mit Else, Dora und den kleineren Kindern von Büdingen nach Wiesbaden. Endlich hatten sie wieder ein eigenes Zuhause. „Wir sind nach Wiesbaden in die Brentanostraße 3 gezogen, weil sich [in dieser Stadt] das Büro des Kirchenvorstands befindet", schrieb Else ihrem amerikanischen Freund Albert J. Kissling. „Es gefällt uns hier." (ZEKHN 62, Bd. 73/3222 a)

Damit stand Niemöller ein weiteres Sprachrohr zur Verfügung, das er 1948 zu einer energischen Attacke auf das ganze Entnazifizierungsprogramm nutzte. Anfang Februar verlasen alle Pastoren in Hessen und Nassau von der Kanzel eine von Niemöller verfaßte Erklärung, die die Entnazifizierung als ein vom Geist der Rache beseeltes Unterfangen brandmarkte, das sogar die Deutschen dazu animiere, Rache an ungeliebten Landsleuten zu üben. „Zu Hunderttausenden werden die Menschen zum Lügen provoziert. Das alte System der Sippenhaft ist wiedergekehrt.“ Zahlreiche Personen befänden sich noch in Haft, auf ihr Urteil oder ihre Freilassung wartend und außer Stande, ihren Lebensunterhalt zu verdienen. „Unter diesen Umständen müssen wir allen Christen die Frage vorlegen, ob sie es noch verantworten können, sich freiwillig an der Durchführung eines Verfahrens zu beteiligen.“ Er meinte: als Richter, als Ankläger, als Zeugen.

Mit General Lucius D. Clay, dem Militärgouverneur der amerikanischen Zone, standen die Niemöllers privat auf äußerst freundschaftlichem Fuß. John K. Galbraith hat Clay einmal als „einen der fähigsten Politiker, die je die Uniform der U.S. Army trugen“, bezeichnet. Zweifellos war er klug genug, das Format des Kirchenpräsidenten von Hessen und Nassau zu erkennen; er lud Martin und Else Niemöller des öfteren zum Essen im privaten Kreis ein. (ZEKHN 62, Bd. 31/324 a) Nun jedoch fühlte er sich bemüßigt, Niemöller öffentlich zu kritisieren. „Es schmerzt mich, erleben zu müssen, daß ein Vertreter des religiösen Glaubens sich zum Fürsprecher derjenigen macht, die das Gesetz mißachten und brechen.“

Allein, was Niemöller hier anprangerte, war für sehr viele Deutsche ein Ärgernis. Er hatte keineswegs die Absicht, den Mantel des Schweigens über die Verbrechen der NS-Zeit zu decken. Als sich 1965 der Vorsitzende der Vereinigung der Verfolgten des Naziregimes an ihn wandte und sich bestürzt über das Vorhaben der deutschen Bundesregierung äußerte, die Verbrechen der Nazizeit verjähren zu lassen, antwortete Niemöller, er halte es für grundsätzlich undenkbar, daß diese Verbrechen jemals straflos würden. (ZEKHN 62, Bd. 415/2446) Dies hinderte ihn jedoch nicht daran, sich für die Freilassung von Personen einzusetzen, die seiner Ansicht nach zu hart bestraft worden waren. So koordinierte er beispielsweise eine Kampagne für die Freilassung von Oberstleutnant Erich Killinger, dem Kommandanten des Internierungslagers Dulag Oberursel, und seiner beiden Stellvertreter Heinz Junge und Heinrich Eberhard, die vom Wuppertaler Militärtribunal zu fünf bzw. drei Jahren Gefängnis verurteilt waren. Der Superintendent der Solinger Synode, Pastor Lutze, der der Bekennenden Kirche angehört hatte, war bereit, zu bezeugen, daß er bei Gottesdiensten in Dulag oft mit Erich Killinger zusammengetroffen war, daß dieser sich häufig in einem antinazistischen Sinn geäußert und sich auch nicht gescheut hatte, unmoralische Befehle zu verweigern, sowie daß er sich als Offizier stets an geltendes internationales Recht gehalten hatte. Niemöller trug alle Dokumente für das Gnadengesuch Killingers zusammen; der Aussage von Pastor Lutze fügte er Briefe von Professor Gerhard Ritter, zwei anderen Pastoren, einem pensionierten Konteradmiral, einem Vizemarschall der britischen Luftwaffe und ehemaligen Dulag-Insassen sowie fünf amerikanischen Offizieren, die ebenfalls als Gefangene dort gewesen waren, bei. Sie alle nahmen für Killinger Stellung. (ZEKHN 62, Bd. 143/3219) Auch noch nachdem er resignierend den ganzen Prozeß zu einer ungerechten Farce erklärt und allen Christen nahegelegt hatte, nicht mehr daran mitzuwirken, füllte die Korrespondenz über etliche als Kriegsverbrecher angeklagte oder verurteilte Personen neun dicke Aktenordner in Niemöllers Büro. Unter denen, zu deren Anwalt er sich machte, waren Richard Hildebrandt, Ex-General der Waffen-SS, Erich Koch, Ex-Gauleiter in Ostpreußen, Johannes Lehmann, Ex-Gestapo-Beamter, Rudolf Lehmann, Ex-Präsident der Rechtsabteilung des deutschen Heers, Hans Reinhardt, Ex-Panzergeneral, Karl Wolff, Ex-General der Waffen-SS und Helmuth von Ruckteschell, Ex-Kapitän von U21, sowie zahlreiche andere.

Niemöller trat persönlich vor Gericht auf, um Zeugnis abzulegen, beispielsweise zugunsten von Kurt Gerstein, einem SS-Offizier, der in Auschwitz tätig gewesen war; Niemöller charakterisierte ihn als „einen Idealisten durch und durch“. Wenn es um das Eintreten für Männer ging, die seiner Ansicht nach zu Unrecht oder zu schwer bestraft worden waren, nutzte Niemöller alle internationalen Beziehungen, über die er verfügte. In seinem Bemühen um die Freilassung des ehemaligen U-Boot-Kapitäns von Ruckteschell fragte er bei Richard Stevens an, ob dieser einen hochrangigen britischen Marineoffizier kenne, „der imstande und bereit wäre, ein Gnadengesuch für einen alten Freund und Kameraden von mir zu befürworten, für den ich mich verbürgen kann?“ Stevens versuchte es, fand aber niemanden. („Tut mir leid, daß ich das falsche Register gezogen habe, indem ich mich an Dich wandte", schrieb Niemöller ein paar Wochen später. „Inzwischen ist er im Gefängnis gestorben.") Bald darauf versprach Stevens ihm, persönlich nach Nürnberg zu reisen, um „zu sehen, ob ich Toni Kellner bei seiner Berufung gegen das rabiate Urteil der Volksspruchkammer helfen kann". (ZEKHN 62, Bd. 414/2445 e)

„Die Folgen der Entnazifizierung treffen am schwersten die sogenannten ‚kleinen Leute', die nicht aus Überzeugung in die Partei eingetreten sind, sondern aus Sorge um ihren Arbeitsplatz oder ihr Geschäft", schrieb Niemöller in einer Denkschrift vom November 1945. Viele dieser Leute seien keineswegs überzeugte Nazis. (ZEKHN 62, Bd. 525/2501) Die Besatzungsmächte seien offenbar nicht fähig oder nicht bereit, dies einzusehen; anders als sie, wußte Niemöller aus persönlicher Erfahrung um den guten Willen und die menschliche Großzügigkeit vieler von denen, die nach außen hin in Hitlers Diensten gestanden hatten (wie beispielsweise jenes Beamten, der ihn 1938, vor der Urteilsverkündung in seinem Prozeß, zu trösten versucht hatte). Solchen Leuten versuchte er jetzt zu helfen.

Während diese Bemühungen Niemöller von vielen Deutschen hoch angerechnet wurden, entsprachen sie ganz und gar nicht dem, was die Leute aus anderen Ländern gemeint hatten, als sie ihn als einen „guten Deutschen" bezeichneten.

13. Pastor, Politiker und Pazifist

In den ersten Jahren nach dem Zweiten Weltkrieg gab es überall, wo Martin und Else Niemöller als Botschafter für ihr Land auftraten, übereilige Kritiker, die den Pastor als einen deutschen Nationalisten abqualifizierten. Im März 1946 schrieb Albert J. Brandt in der New Yorker Zeitschrift *This Month*: „Acht Jahre lang ist Pastor Niemöller von Menschen aus allen Ländern bewundert worden. Heute wissen wir, daß er stets ein gefährlicher Altdeutscher gewesen ist und es immer bleiben wird." Brandt fügte hinzu: „Die Äußerungen, die er seit seiner Befreiung getan hat, haben sehr viele Menschen schockiert, die aufrichtig glaubten, er sei einer der ‚guten' Deutschen." Als das Ehepaar Niemöller zweieinhalb Jahre später Australien besuchte, kennzeichnete die in Sydney erscheinende Zeitung *Jewish News* ihn als „einen Handlungsreisenden in Sachen deutscher Nationalismus, der die Religion als seine Visitenkarte benutzt".

Solche Aufwallungen, so verständlich sie so kurz nach dem Krieg und nach der Ermordung von Millionen Juden sein mochten, zeigten, wie schwer die Aufgabe war, die Niemöller sich als Auslandsbeauftragter der deutschen evangelischen Kirche gestellt hatte. Sein Ziel war, dazu beizutragen, daß Deutschland wieder einen gleichberechtigten Platz unter den zivilisierten Nationen der Welt erhielt. Im März 1949 sprach er in Oxford vor vollbesetztem Saal; er dankte den Anwesenden für ihre Großzügigkeit gegenüber seinem Land. „Die Völker der Welt sind heute entweder gebende oder empfangende Nationen", sagte er. „Wir Deutschen sind eindeutig eine empfangende Nation, und ich empfinde es als meine Pflicht, Ihnen heute abend für das zu danken, was Sie bereits getan haben, um die Leiden des deutschen Volkes zu lindern." Dann kam er auf das zu sprechen, was Deutschland, wie er meinte, am nötigsten brauchte. Seine Landsleute quälten sich „Tag für Tag, Monat für Monat" mit dem „lähmenden Gedanken", „daß sie auf diese oder jene Weise aus der christlichen Brüderschaft ausgeschlossen, ins Abseits gestellt sind. Was wir am nötigsten brauchen, ist die Gewißheit, daß wir der christlichen Gemeinschaft angehören."

In diesem Sinne setzte Niemöller viele Hoffnungen in die erste große ökumenische Konferenz nach dem Krieg, die im Februar 1946 in Genf stattfand. Er wurde nicht enttäuscht. Bischof Berggrav hieß ihn mit den Worten willkommen: „Lieber Bruder Niemöller, wie viele Jahre habe ich auf diesen Augenblick gewartet." Später im gleichen Jahr schrieb Niemöller an Frank Ballard vom Bundesrat der Freien Kirchen: „Es ist nicht möglich, meine Gefühle und die meiner Brüder in Worte zu fassen, Gefühle, die dieses Frühjahr in Genf mächtigen Auftrieb erhielten, als wir zum ersten Mal mit den Vertretern der christlichen Kirchen anderer Länder zusammentrafen und feststellten, daß wir wirklich in der Brüderlichkeit und Freundschaft Christi zusammensein konnten, trotz all dem, was zuvor geschehen war. Dies hat uns neue Hoffnung und neuen Mut für die schwierige Aufgabe gegeben, die nach einer langen Zeit des Leidens und des Schmerzes vor uns liegen." (ZEKHN 62, Bd. 400/2443 a)

Es waren die führenden Männer des Weltkirchenrates, die Niemöller zum ersten Mal nach Kriegsende das Gefühl gaben, daß die Deutschen nicht Ausgestoßene waren. Im Mai 1946 keimte in ihm die Hoffnung auf, die deutsche Kirche könne, so schwach sie auch war, den anderen Mitgliedern der christlichen Weltfamilie etwas mitzuteilen, etwas anzubieten haben. „Man mag die deutsche Kirche heute zurecht als ein entschieden schwaches Glied [in der Kette der christlichen Kirchen] betrachten", schrieb er. „Gleichwohl: Wenn der Herr es ... so will, wird das, was sie leistet, als nützlich für das Ganze anerkannt werden." So herzlich willkommen fühlten er und Else sich in Genf, (wo sie, wie er Hildebrandt berichtete, „ganz wunderbare Tage verlebten ... bei den Freudenbergs und ... im Kreis von Visser't Hoofts ökumenischer Arbeitsgruppe"), daß er sich spontan wünschte, es würde dort eine Dauerstellung für ihn frei. (ZEKHN 62, Bd. 394/2442 a)

Niemöller sah eine Funktion der Genfer Tagung darin, daß sie als Symbol für die weltweite Einheit der Christen gedient hatte. „In der Genfer Kathedrale predigte Berggrav auf deutsch; ich mußte auf französisch predigen, und ein chinesischer Christ predigte auf englisch." (MN/jb) Niemöller hob in seiner Predigt hervor, welchen Wert die christliche Solidarität für ihn in Zeiten der Gefahr besessen hatte. Er erinnerte an die Worte, die sein Vater ihm beim Besuch im Konzentrationslager gesagt hatte: „Mein Sohn, die Eskimos in Kanada und die Bataks auf Sumatra schicken dir Grüße;

und sie beten für dich." Dann sprach er über die Schuld der deutschen Kirche und des deutschen Volkes. Es gebe, so erklärte er, einen Selbstschutzmechanismus, der „die Menschen ihre eigene Schuld verkleinern und sie sagen läßt: ‚Ich selbst habe nicht gemordet oder geplündert oder andere belogen.'" Zwei Fehler müsse ein Volk vermeiden: die eigene Schuld zu leugnen und die Hoffnung aufzugeben. Getreu der christlichen Botschaft der Bußfertigkeit sollten die Deutschen fähig sein, zu sagen: „Wir können unseren Kurs ändern."

Niemöllers engagierte Mitarbeit in der ökumenischen Bewegung (die in seiner Wahl zu einem der Präsidenten des Weltkirchenrats im Jahr 1961 gipfelte) erwuchs nicht allein aus seinem Wunsch, sein Vaterland zu rehabilitieren. Sie hatte ihre Wurzeln auch in den Erfahrungen aus der Frühzeit des Kirchenkampfs und in dem geistigen Vermächtnis, das sein Freund Dietrich Bonhoeffer ihm hinterlassen hatte (von dem Niemöller sagte, er sei „die Seele aller unserer ökumenischen Verbindungen im Pfarrernotbund sowie in der Bekennenden Kirche als Ganzer" gewesen). (ZEKHN 62, Bd. 425/2449 a) Aus dem Kirchenkampf hatte er, wie er bei seiner vielzitierten Pressekonferenz in Neapel im Juni 1945 erklärte, gelernt, daß „der Glaube die Konfessionsgrenzen überwindet". 1937 hatte er Hirtenbriefe des katholischen Bischofs von Galen von seiner Kanzel herab verlesen. In Dachau hatten katholische Priester seine Zuversicht aufrechterhalten.

Die Tatsache, daß Niemöller nie ein Prinzipienreiter war, erleichterte ihm den Umgang mit dem Katholizismus. In einem von *Catholic World* veröffentlichten Interview erklärte er, das Christentum dürfe nicht auf „ein System von Dogmen" reduziert werden, sondern müsse mit einer „lebendigen, persönlichen Beziehung zum Herrn" verbunden sein. Theologische Prinzipienstreitigkeiten über die Mutter Gottes, die Katholiken und Protestanten in der Vergangenheit entzweit hatten, waren daher für ihn nicht mehr sehr gewichtig. „Im Konzentrationslager", meinte er dazu, „war die Mariologie kein Streitpunkt zwischen mir und meinen katholischen Freunden." Da er der Meinung war, „daß jeder Christ, der sich auf das Evangelium beruft, mehr Autorität hat als ein Bischof, der dies nicht tut", war ihm der Unfehlbarkeitsanspruch des Papstes unverständlich; doch er betonte: „Wir dürfen es nicht zulassen, daß aus irgendwelchen Unstimmigkeiten unüberbrückbare Verständigungshindernisse werden."

Das hinderte ihn nicht daran, gelegentlich ohne diplomatische Rücksichten seine Meinung zu sagen. Anfang 1957 beispielsweise sorgte er für gehörige Verstimmung, als er Kritik an der Weihnachtsbotschaft des Papstes übte. Niemöller respektierte Pius XII., den damaligen Papst, wegen seiner diplomatischen Fähigkeiten. (Vor dem Krieg war Pius Päpstlicher Nuntius in Deutschland gewesen.) „Es gibt in allen Kirchen solche Diplomaten", sagte Niemöller, „aber die römische Kirche hat die besten." Durch seine ökumenische Tätigkeit kam er zwangsläufig mit den Nachkriegspäpsten in Kontakt und entdeckte seine Sympathie für sie. „Von Johannes XXIII. war ich sehr angetan", erinnerte er sich, „während ich in meinem Urteil über die Entscheidungen Pauls VI. eher reserviert war. Um Johannes Paul I. habe ich getrauert." (MN/jb)

Nach dem Zweiten Weltkrieg wurde Niemöller zum Internationalisten. Als inoffizielle Botschafter Deutschlands und zugleich im Rahmen seiner Tätigkeit für den Weltkirchenrat reisten er und Else nach Australien und Neuseeland, nach Großbritannien, Dänemark und Norwegen, in die USA, nach Lateinamerika und Kanada und auch in einige Ostblockländer. 1948 hatte er seine erste Begegnung mit dem Metropoliten von Kiew, Nikolai. Den Rahmen für diese Begegnung lieferte eine Veranstaltung der von Moskau dirigierten Weltfriedensbewegung. Rückblickend bezeichnete Niemöller dieses Erlebnis als einen Wendepunkt in seinem Leben. „Weil ich Ökumenist war, wurde ich zum Pazifisten", erklärte er. (MN/jb)

Aber der ehemalige U-Boot-Offizier, der sich 1939 erboten hatte, für das Deutschland Adolf Hitlers zu kämpfen, wurde auch aus Liebe zu seinem Vaterland und aus Sorge um dieses Land zum Pazifisten. Seit seiner Befreiung im Jahr 1945 hatte Niemöller zu keinem Zeitpunkt geglaubt, daß die Siegermächte in der Lage sein würden, Deutschland angemessen zu regieren. „Ich bete vor allem darum, daß die vier Mächte, die Deutschland verwalten, imstande sein werden, sich auf eine Zusammenarbeit nach einem gemeinsamen Programm zu einigen", hatte er bei seiner Pressekonferenz in Neapel erklärt. „Sollte Deutschland in weltanschaulich getrennte Hälften geteilt werden, so könnte dies der letzte schreckliche Schicksalsschlag für mein Land sein." Eine solche „Lösung" werde letzten Endes keinen Frieden bringen; wenn es aber nicht gelinge, den Frieden zu erhalten, so werde ein neues dunkles Zeitalter heraufziehen.

Die vier Besatzungsmächte wurden sich nicht einig. Deutschland *wurde* geteilt, zuerst in Besatzungszonen und dann in einen Ost- und einen Westteil, zwischen denen ein Eiserner Vorhang niederging. „Im Sommer 1945", schrieb Niemöller, „war die allgemein verbreitete Überzeugung die, daß man, alles in allem, in der amerikanischen Zone am besten lebte, daß die britische Zone die war, in der die Verwaltung vergleichsweise am besten klappte, daß in der französischen Zone Hunger herrschte, und daß man in der russischen Zone verhungerte." Allmählich schwanden alle Hoffnungen auf Besserung. Statt dessen „wurde die Demarkationslinie zwischen West und Ost zu einer immer hermetischer abgeriegelten Grenze". (Bp 10.306)

Niemöller wurde nicht müde, seine eigenen Landsleute zu beschwören, sich nicht mit der Teilung Deutschlands abzufinden. Als die drei Westmächte die Bewohner ihrer Zonen aufforderten, einer Verfassung für die „Bundesrepublik Deutschland" zuzustimmen, berief Niemöller eine Konferenz über diese Frage ein (sie fand in einem Schloß statt, das den Hohenzollern gehört hatte). „Der Wahltag war ein Sonntag", erinnerte er sich. „Nach dem Frühstück gingen wir in die Dorfkirche. Nach dem Gottesdienst kehrte ich ins Schloß zurück. Meine sechs Stellvertreter gingen zum Wählen. Nachher beim Mittagessen sagte ich ihnen: ‚Habt ihr noch nicht gemerkt, daß das, was ihr jetzt tut, die Teilung Deutschlands in zwei Staaten bedeutet?'" Sie alle hätten merken müssen, was vor sich ging, als bereits im Jahr davor die Deutsche Mark in der russischen Zone nicht als Zahlungsmittel zugelassen wurde. (MN/jb)

Nach der Gründung der Bundesrepublik gelangte Niemöller endgültig zu der Überzeugung, daß die Deutschen zu einem Volk geworden waren, das nicht mehr selbst über sein Geschick bestimmen konnte. „Wir sind 1946 zu Objekten geworden", erklärte er, „zu Objekten für die Pläne und Machenschaften anderer Mächte. Wir sind Objekte und keine Nation mehr." Nur wenn die Besatzungsmächte sich zurückzögen, könnte das deutsche Volk sich wieder zu einem vollwertigen Mitglied der Völkerfamilie entwikkeln. Niemöller suchte und fand Solidarität unter anderem bei dem britischen Peer Viscount Stansgate. Als Martin und Else in London waren, lud Stansgate sie zum Essen ins Oberhaus ein. Und am 23. Juni 1950 unterbreitete Martin dem Viscount seinen Wunsch, „zu Ihnen über eine ganze Anzahl unserer Probleme zu sprechen, die, wie ich finde, als Folge einer ... Politik, die darauf hinausläuft

... Europa endgültig in zwei Hälften zu zerschneiden, ernster und ernster werden". (ZEKHN 62, Bd. 416/2446 a)

Nach Überzeugung Niemöllers hatten die Amerikaner, Briten und Franzosen, nicht anders als die Russen, auf deutschem Boden einen „Marionettenstaat" errichtet. Somit lebten die Deutschen, wie er meinte, sowohl im Osten als auch im Westen unter politischer Vormundschaft, so daß man von einer vollwertigen Demokratie auf keiner Seite sprechen konnte. Mit den etablierten politischen Parteien hatte Niemöller wenig im Sinn. Er war der Ansicht (wie er 1946 erklärte), daß es für den Einzelnen besser wäre, sich von einem anderen Einzelnen politisch vertreten zu lassen, als von einer landesweit organisierten Partei. „Mir schwebt für die Zukunft ein repräsentatives System vor, das eher auf lokale berufsständische Gruppen aufbaut als auf politische Parteien", sagte er. Die meisten Menschen, so erklärte er zwei Jahre später, hielten die politischen Parteien ohnehin für „Zierat": Sie agitierten, argumentierten und faßten Beschlüsse, und dann treffe die Militärregierung doch eine ganz andere Entscheidung. In den Augen der Deutschen habe damit „unsere Großdemokratie versagt", und es sei an der Zeit, im Kleinen mit dem Aufbau neuer, repräsentativerer politischer Gruppierungen zu beginnen. Mehrere Male versuchte Niemöller sich während dieser Jahre an solchen Parteien neuen Typs zu beteiligen (mit dem SPD-Führer Kurt Schumacher und mit Gustav Heinemann), aber die Wahlerfolge blieben aus.

Wenn Niemöller auch der Überzeugung war (wie er 1959 in Glasgow in einer Rundfunkansprache sagte), daß „für einen Christen jede Regierungsform akzeptabel sein *kann*", war doch in seinen Augen „die Demokratie ... die Regierungsform, mit der Christen am leichtesten ihren Frieden machen können". Er fügte hinzu: „Ich glaube, daß unser deutsches Volk die Demokratie braucht." (ZEKHN 62, Bd. 821/3795) Er hatte weiterhin das Gefühl, die deutsche Demokratie sei nicht in der Lage, das zu vollbringen, was beispielsweise die britische Demokratie vollbracht hatte: eine Form der politischen Verantwortlichkeit zu erzeugen, bei der „der gewählte Parlamentsabgeordnete nicht seiner Partei verantwortlich ist, sondern der Bevölkerung. Bei uns kennt auch heute noch niemand die Leute, die wir als unsere Vertreter ins Parlament wählen. Wir kennen die Personen nicht, die ... in unserem Namen handeln, und wir kümmern uns sehr wenig darum, was sie im Namen unseres Volkes sagen und tun." (MN/jb)

Er verband diese Kritik an der, wie er es sah, „undemokratischen“ Natur der westlichen Demokratie mit der Überzeugung, daß das Christentum auch unter dem kommunistischen Regime im östlichen Teil Deutschlands überleben konnte. In dieser Beziehung vertrat er einen deutlich anderen Standpunkt als Otto Dibelius. „Nach langem Durchdenken“, schrieb Dibelius, „habe ich als Siebzigjähriger gelernt, zum Kommunismus und zu allem, was der Kommunismus denkt und tut, nein zu sagen. Ich habe es gelernt – nicht aus politischen Gründen, sondern um des christlichen Glaubens willen.“ Niemöller indes hatte gelernt, daß eine der Ursachen für den Aufstieg Hitlers eine extreme Überreaktion auf die „bolschewistische Gefahr“ gewesen war. Er hatte Kommunisten kennengelernt, die ebenso wie er gegen Hitler gekämpft und Opfer gebracht hatten. Und er glaubte, die Kirche müsse sich um Kommunisten ebenso kümmern wie um Kapitalisten.

Nach einem Besuch in der DDR im Juli 1959 berichtete Niemöller: „Die Russen haben die Kirche ... nicht angetastet, sie lassen nur keine Gottesdienste und religiösen Versammlungen unter freiem Himmel zu.“ Er besuchte danach auch die UdSSR und kehrte mit der Erkenntnis zurück, daß „die Russen wissen, daß sie nicht aus Deutschen Russen machen können“. Er gehörte nicht zu denen, die den Sowjets stets nur das Schlimmste zutrauten. 1953 kamen Gerüchte auf, die besagten, die Russen hätten nicht den Wunsch, mit den Westmächten zu einer Vereinbarung zu kommen, die zu einer friedlichen Wiedervereinigung der beiden Teile Deutschlands führen würde. „Ich persönlich bin nicht überzeugt, daß diese Einschätzung zutrifft“, kommentierte Niemöller in einem Brief an Lord Stansgate. „Ich meine, daß alles, was die Russen und die ostdeutsche Regierung zur Zeit tun, sich als [Teil ihrer] Vorbereitungen auf die bevorstehenden Verhandlungen interpretieren läßt. [Die] Russen und [die] ostdeutsche Regierung haben ihre gegenwärtige Lage geprüft und gezählt, wieviel Trümpfe sie in der Hand haben.“ Zur Lage der Kirche in Ostdeutschland meinte er, zwar seien die Dinge dort noch keineswegs im Lot, aber immerhin seien inhaftiert gewesene Christen auf freien Fuß gesetzt worden, „und ein großes kirchliches Institut in ... Sachsen, von dem wir nicht glaubten, daß die Kirche es je zurückbekäme, ist gerade in dieser Woche wieder den kirchlichen Behörden übereignet worden.“ (ZEKHN 62, Bd. 416/2446 a) Sein Zutrauen in den guten Willen des ostdeutschen Staates bescherte ihm so manche Enttäu-

Abb. 6: Niemöller kehrt am 9. Januar 1952 von seiner Reise nach Moskau zurück. Links neben ihm Erzbischof Boris, Haupt der russisch-orthodoxen Kirche in Deutschland, rechts hinter Niemöller (mit Brille) Propst Heinrich Grüber

schung, brachte aber andererseits den DDR-Staatspräsidenten Otto Grotewohl zu der Überzeugung, daß es „ein Fehler wäre, alle Pfarrer in einen Topf mit Bischof Dibelius zu werfen. Der Bischof repräsentiert nicht die Kirche."

Die Angst vor dem Kommunismus machte die Menschen nach Überzeugung Niemöllers blind sowohl für das, was im östlichen Deutschland wirklich vor sich ging, als auch für die Mängel ihrer eigenen Gesellschaft. In Augsburg beschloß er im Januar 1958 eine Rede mit einer schneidenden Analyse des Verhältnisses der westdeutschen Gesellschaft zum Kommunismus. „Man sagt uns, wir seien frei", erklärte er. „Wir dürfen das wiederholen, was wir heute morgen in den Regierungszeitungen gelesen haben. Gewiß, wir haben das Recht, Versammlungen abzuhalten, aber nur, weil wir so wenige sind. Wenn es mehrere Millionen von uns gäbe, dann wäre dies das Ende unserer Freiheit." Er stellte auch die Frage: Freiheit wozu? „Fragt den ersten, der euch begegnet, was es für ihn heißt, die Freiheit zu verteidigen, und er wird euch unter vier Augen sagen, daß es für ihn heißt, seinen Lebensstandard zu verteidigen. Ich kann den Kommunismus nicht akzeptieren, aber ich muß zugeben, daß seine Ideale sich sehr von den unsrigen unterscheiden, die allesamt etwas mit schäbigstem Materialismus zu tun haben." Niemöller war kein Kommunist, auch kein überzeugter Sozialist in der Manier seines Freundes Karl Barth. Wenn er die Sprache des Sozialismus benutzte, so nur, weil die gängige politische Philosophie, so erklärte er, kein anderes Erklärungsmuster anbiete als eben jenen schlichten Gegensatz zwischen Sozialismus und Kapitalismus. Wenn aber Kritik an kapitalistischen Verhältnissen automatisch als Parteinahme für den Sozialismus gelte, dann, so sagte er, „hätte ich ein Wort für den Sozialismus einzulegen. Der Eckstein meines Denkens ist, daß das Geld die Wurzel allen [gesellschaftlichen] Übels ist." (MN/jb)

1951 lud der Patriarch Alexej ihn nach Moskau ein. Niemöller wußte um das Risiko, das er mit der Annahme einer solchen Einladung einging, auch wenn er als Gast der russisch-orthodoxen Kirche und nicht etwa als Staatsgast reisen würde. „1951 sah man schon, wie Ost und West auseinandertrieben – vielleicht wollten es beide Seiten so", erinnerte er sich. „Jeder, der aus dem Westen in den Osten fuhr, wurde als verdächtige Person betrachtet. Ich habe immer gewußt, daß Glaube und Mißtrauen nicht zusammenpassen." (MN/jb)

1951 hatte der sogenannte Kalte Krieg schon begonnen. In den USA machte Senator Joseph McCarthy Jagd auf verkappte Kommunisten oder was er dafür hielt. Niemöller wußte, daß Otto Dibelius vor Wut außer sich sein würde. („Er war so böse auf mich", erklärte er später, „weil ich vor ihm nach Rußland reiste." [MN/jb]) Darüber hinaus konnten sich aus der Tatsache, daß er im Präsidium des Weltkirchenrats saß, möglicherweise Komplikationen ergeben, falls nämlich irgend jemand annahm, er mache seine Reise in dieser amtlichen Eigenschaft. Niemöller traf daher seine Reisevorbereitungen so unauffällig wie möglich; er teilte Visser't Hooft erst zehn Tage, bevor er (mit Herta als Dolmetscherin) von Berlin abflog, seine Reisepläne mit und betonte, daß es ein persönlicher und privater Besuch sein werde.

Niemöller hielt es für möglich, daß er und Herta die ersten Zivilisten waren, die nach dem Krieg Moskau besuchten. Er war in jedem Fall der erste Protestant, der jemals seinen Fuß in das 600 Jahre alte Kloster Zagorsk setzte, das der Sowjetstaat zunächst beschlagnahmt und dann 1945 der Kirche zurückgegeben hatte.

Niemöller traf mit Patriarch Alexej und erneut auch mit dem Metropoliten Nikolai zusammen. Er predigte vor 2000 russischen Baptisten. Er kehrte in der Überzeugung zurück, daß die russisch-orthodoxe Kirche neben den anderen christlichen Religionsgemeinschaften einen Platz im Weltkirchenrat beanspruchen solle. Zu jenem Zeitpunkt war er, wie er sich erinnerte, zu der Überzeugung gekommen, daß Rußland, wiewohl Mitglied der Vereinten Nationen, tatsächlich ein isolierter Außenseiter dieser Gemeinschaft war. Was die russische Kirche betraf, so glaubte er, „daß es in Rußland Millionen von Christen gibt, die Verbündete in der nichtbolschewistischen Welt brauchen. Ich wollte die russische Kirche in der ökumenischen Bewegung sehen; und dafür arbeitete ich sehr hart." (MN/jb)

Nach seiner Rückkehr aus Moskau sprach Niemöller über die „religiöse Vitalität", die er in den Reihen der Russisch-Orthodoxen und der russischen Baptisten angetroffen hatte. Er betonte, der Patriarch von Moskau und der Metropolit Nikolai täten ihr Bestes, um in schweren Zeiten die Kirche am Leben zu erhalten. „Die Kirche in Rußland ist eindeutig ein Sorgenkind und in keiner Weise eine privilegierte Institution", berichtete er. „Doch in keiner Kirche und in keinem Gottesdienst, den ich dort besuchte, hatte ich den leisesten Zweifel daran, daß ich es hier mit einer christlichen Gemeinde zu tun hatte."

Durch die Reise Niemöllers veränderte sich das Verhältnis zwischen den Russen und dem Weltkirchenrat grundlegend. Obwohl er ausschließlich aus eigener Initiative nach Moskau gereist war, erstattete er Anfang Februar in London dem Präsidium des Weltkirchenrats Bericht. „Die grundsätzliche Frage, mit der ich nach Moskau fuhr, lautete: Gibt es dort wirklich eine Kirche oder nur ein Propagandamanöver? Um die Sache anders auszudrücken: Ist die russische Kirche in erster Linie eine Dienerin Stalins oder in erster Linie eine Dienerin Christi?" Er sei, so erklärte er, zu der Überzeugung gekommen, daß zwar „der Staat eindeutig – und in der jetzigen Situation erst recht – versucht, die Kirche für Zwecke der Friedenspropaganda zu benutzen", daß jedoch der Patriarch gerne im Weltkirchenrat mitarbeiten würde, wenn seine Regierung es nur zuließe.

Die Argumente Niemöllers überwanden den im Westen vorhandenen Widerstand gegen die Aufnahme der Russen in den Weltkirchenrat. Bischof Berggrav hatte George Bell vier Gründe genannt, aus denen er ihre Mitarbeit nicht für wünschenswert hielt: 1. Die russische Kirche hatte auf das Recht verzichtet, dem russischen Volk das Gesetz Gottes zu verkünden. 2. Sie hatte sich so oft und so weit dazu herbeigelassen, die Politik des Staates zu unterstützen, daß sie praktisch zu dessen politischem Werkzeug geworden war. 3. Eine „wahre christliche Kirche" existierte in Rußland eher im Untergrund. 4. Die westlichen Kirchen hatten die Pflicht, diese „wahre" Kirche zu fördern.

Die Erkenntnisse Niemöllers entkräfteten diese Argumente, und 1961 wurden die Russen Vollmitglieder des Weltkirchenrats. Bei weiteren Reisen in die Sowjetunion lernte er die russische Kirche noch mehr bewundern, besonders ihre gelebte Frömmigkeit. 1982 sagte er: „Ich bin heute überzeugt davon, daß die Erneuerung der Kirche aus dem Osten kommen wird. Im Westen gibt es kein religiöses Leben. (Ich spreche von der evangelischen Kirche und nicht von der römisch-katholischen.) Wir haben eine Zivilisation, und wir versuchen, kulturelles Niveau zu bewahren, aber wir haben kein religiöses Leben. Der Osten hat ein religiöses Leben. Sie wissen, daß Farben den Geist und die Seele stärker anregen als schwarze Linien. In Rußland hat man noch die Vorstellung, daß die Kunst der Religion nähersteht als das Denken in Linien und logischen Begriffen. Alle abstrakte Rationalität muß mit sinnlichem Denken und Fühlen ausgefüllt werden. In Rußland spielt Farbe noch eine sehr wichtige Rolle." (MN/jb)

Wie Niemöller ausdrücklich betonte, reiste er nach Moskau nicht als Politiker, sondern als ein Mann der Kirche. Das hinderte die Politiker des Kalten Krieges nicht daran, ihn wütend zu attackieren. Der deutsche Bundeskanzler Konrad Adenauer sprach anläßlich einer Niemöller-Reise nach Moskau von einem „Dolchstoß" gegen die bundesdeutsche Regierung. Der schweizerische evangelische Pressedienst erklärte daraufhin in einer Verlautbarung, im Westen sei die Freiheit der Kirche garantiert, und nirgendwo stehe geschrieben, daß die Kirchen sich der Außenpolitik der Regierung unterzuordnen hätten. Niemöller selbst bemerkte, die evangelische Kirche lasse sich von keiner weltlichen Autorität vorschreiben, was sie tun oder nicht tun dürfe. Otto Dibelius freilich schloß sich der Kritik Adenauers an. In einem zornigen Brief an George Bell erklärte er, Niemöller hätte nicht nach Moskau fahren dürfen. Er fügte hinzu: „Alle Aktionen von Dr. Niemöller haben eine erstaunliche polarisierende Kraft. Was immer er auch tut – die einen begrüßen es ebenso leidenschaftlich, wie die anderen es ablehnen.“ (Bp 10.461)

Auch der britischen Regierung gefielen Niemöllers Rußlandreisen offenbar nicht. Als er im Januar 1952 ein Visum für London beantragte, wo er dem Präsidium des Weltkirchenrats über seine erste Rußlandreise Bericht erstatten wollte, wurde er aufgefordert, ausführliche Rechenschaft über seine „Bewegungen und Aktivitäten“ seit seinem letzten Aufenthalt in Großbritannien zu geben. So etwas hatten die Briten von Niemöller bei keinem seiner vorherigen Visumsanträge verlangt. Er hatte mittlerweile freilich schon Routine im Umgang mit der britischen Bürokratie. Er schickte das Formular mit den inquisitorischen Fragen kurzerhand an Bell und bat ihn, die Sache aus der Welt zu schaffen. Bell tat dies mittels einer persönlichen Intervention beim stellvertretenden Leiter der Einreisebehörde. Inzwischen war Niemöller über Berlin nach Paris geflogen. Die unglücklichen Konsularbeamten mußten ihm die Botschaft nachschicken, er könne sich jederzeit, in Frankfurt, Paris oder Berlin, ein Visum abholen. (Bp 10.457f. und 473)

Angesichts dessen, was Niemöller über die Russen, ihre Kirche und ihre Politik im östlichen Deutschland dachte, verabscheute er die Vorstellung, dem Kommunismus könne mit Gewalt entgegengetreten werden. „Zu den Vorwürfen, daß ich das Leben unter russischer Besatzung als erträglich bezeichnet habe, sage ich: Ich bin nur gegen die oft geäußerte Vorstellung, daß es eines Krieges gegen den Bolschewismus bedarf, um die christlichen Kirchen und die Christenheit zu retten. ... Es ist unchristlich, für die Rettung der christlichen Kirche Krieg zu führen, denn die christliche Kirche braucht nicht gerettet zu werden. ... Die Kirche hat keine Angst vor dem Bolschewismus. Sie hatte keine Angst vor dem Nazismus. Die Kirche muß für Kommunisten da sein, wie sie für alle Menschen da sein muß. Während die Kirche den Kommunismus als Glaubensbekenntnis zurückweist, wie sie auch alle anderen Glaubensbekenntnisse zurückweist, weiß sie, daß der Kommunismus nur mit geistigen Waffen bekämpft und besiegt werden kann und darf. Alle anderen Mittel werden fehlschlagen.“

Ein Motiv, das ihn in dieser Auffassung sehr bestärkte, war die Angst um sein Land. 1947 hielt er, im Rahmen eines Gottesdienstes in der Presbyterianerkirche in der New Yorker Fifth Avenue, vor 1100 protestantischen Geistlichen eine Ansprache (während Else in der St. Bartholomew-Kirche in der Park Avenue zu 800 Frauen sprach). Er sagte: „Die Frage lautet heute, ob die östliche und die westliche Welt einen Weg finden werden, in Frieden zusammenzuleben. Sie kann nicht von Deutschland und den mitteleuropäischen Völkern beantwortet werden." Alles hänge davon ab, ob „Deutschland und Mitteleuropa eine Brücke oder ein Riegel zwischen Ost und West sein werden". In manchen politischen Lagern wurden solche Äußerungen damals nicht gerne gehört. Niemöller sollte kurz vor seiner Abreise aus New York im Mai 1947 einen Vortrag vor einer Gruppe von US-Senatoren halten. Die Veranstaltung wurde abgesagt. Er schickte eine Abschrift der Rede, die er hatte halten wollen, an George Bell. Hätte man ihn nicht ausgeladen, so hätte er gesagt: „Die Probleme Europas lassen sich nicht lösen, indem man Europa für den Bolschewismus erobert, und auch nicht, indem man Europa für die westliche, amerikanische Art von Demokratie erobert." Um keinen Preis dürfe Europa zum Schauplatz eines ideologischen Kampfes zwischen diesen beiden Lebensauffassungen werden. Europa müsse vielmehr „eine eigenständige Größe werden, um als Brücke zwischen Ost und West fungieren zu können". Er räumte ein, daß, damit Europa eine solche Rolle spielen konnte, Amerika einen Teil seiner „Einflußsphäre" würde aufgeben müssen; aber seiner Überzeugung nach lag eben „die einzige Hoffnung für die Zukunft der Welt . . . [in einem] wiederchristianisierten Europa, das als kulturelle Drehscheibe zwischen Ost und West eine Verständigung und Zusammenarbeit zwischen den beiden ‚Lebensauffassungen' zustandebringen könnte, die einander andernfalls zwangsläufig zu Tode bekriegen würden." (Bp 10.404–6)

Als in den folgenden Jahren Europa und namentlich Deutschland, anstatt sich zu einer „Brücke" zwischen West und Ost zu entwickeln, zum Zankapfel zwischen den Supermächten wurden, wuchsen die Besorgnisse Niemöllers. Im März 1948 schrieb er Richard Stevens, er hoffe, im nächsten Juni in Cambridge predigen zu können, „*falls* bis dahin nicht ein neuer Krieg ausbricht". Er registrierte, daß Befürchtungen dieser Art von vielen Menschen geteilt wurden. Im November 1951 sprach er in der Baptistenkirche von Bloomsbury in London über seine jüngste USA-Reise und verglich sie mit seiner ersten: „1947 traf ich niemanden, der nicht voller Hoffnung in die Zukunft blickte, während ich 1950 niemanden traf, der nicht voller Angst war." (ZEKHN 62, Bd. 414/2445 e sowie Bd. 407/2444 c) Seine große Angst war, daß Deutschland, wenn es ihm nicht gelang, zur Brücke zwischen Ost und West zu werden, „zwangsläufig zum Schlachtfeld zwischen ihnen werden muß". (Bp 10.309)

Mit dieser Angst im Herzen war Niemöller schockiert, als er Ende 1950 erfuhr, daß Bundeskanzler Adenauer eine Wiederbewaffnung Westdeutschlands in Betracht zog. Niemöller hatte nie daran geglaubt, daß Adenauer nach dem Krieg zu einem überzeugten Demokraten geworden war. (MN/jb) Jetzt stellte er dem Kanzler in einem offenen Brief die Frage, ob es wahr sei, daß er sich für die Wiederbewaffnung entschieden habe, ohne das Parlament zu fragen; gleichzeitig forderte er die Abhaltung von Neuwahlen, bevor eine Entscheidung von solcher Tragweite gefällt wurde. Der Brief versetzte Adenauer in schäumende Wut. Niemöller sei, so erklärte er in einer Kabinettssitzung, ein „Feind des Staates". Und er fügte hinzu: „Was Niemöller jetzt treibt, ist glatter Landesverrat."

In der darauffolgenden Woche erklärte Niemöller auf einer Synode in Frankfurt, ein ehemaliger Wehrmachtsgeneral habe in Würzburg ein Büro eröffnet, um Vorkehrungen für die Aufstellung „deutscher Kontingente für eine westeuropäische Armee" zu treffen. Die Synode sprach sich einstimmig dafür aus, „unter den gegenwärtigen Umständen eine Wiederbewaffnung abzulehnen". Am Rande wurde bekannt, daß Gustav Heinemann aus Protest gegen die Wiederbewaffnungspläne sein Ministeramt niedergelegt hatte. Einen Tag später erklärte ein Sprecher der amerikanischen Militärverwaltung in Heidelberg, in den vergangenen drei Wochen sei ein Generalleutnant Paul Mahlmann im Zusammenhang mit einer Arbeitsvermittlungsstelle in Würzburg tätig gewesen, aber es gebe keinerlei Pläne, ein deutsches Kontingent für eine europäische Armee aufzustellen.

Niemöller war jetzt zutiefst verstimmt über Adenauer, der seiner Überzeugung nach nichts für die Nöte der Protestanten im östlichen Deutschland übrig hatte. Es hatte den Anschein, als ob der Katholik Adenauer es vielleicht gar nicht ungern sah, daß eine von diesen Protestanten abgeschnittene Bundesrepublik eine starke, vielleicht sogar mehrheitliche katholische Bevölkerung aufwies. Zwanzig Jahre später differenzierte Niemöller sein Urteil über den ersten Bundeskanzler insoweit, als er erklärte, Adenauer habe zwar „das Ohr nahe an der katholischen öffentlichen Meinung gehabt, aber ich würde nicht sagen, daß er sich von ihr beherrschen ließ". 1950 war Niemöller mit Adenauer härter ins Gericht gegangen. Dessen Politik rechtfertigte in seinen Augen nicht nur den Vorwurf, die Bundesrepublik Deutschland sei ein bloßer Marionettenstaat der Amerikaner; es schien Niemöller auch, als gebärde der Kanzler sich als Werkzeug des Katholizismus. Auf einer Synode in Lund erklärte Niemöller: Die Bundesrepublik sei „ein Kind, das im Vatikan gezeugt und in Washington geboren wurde". Er übte heftige Kritik an der Adenauerschen Wiederbewaffnungspolitik, betonte sein Recht, öffentlich gegen diese Politik Stellung zu nehmen, und fügte hinzu, falls er hieran gehindert oder hierfür zur Rechenschaft gezogen würde, könnte er jederzeit eine kleine ländliche Pfarrei im östlichen Deutschland übernehmen.

Von Adenauers Presseamt wurde Niemöller daraufhin als *„persona non grata* des öffentlichen Lebens" bezeichnet. Dessen ungeachtet wurde der Kirchenpräsident nicht müde, zu betonen, daß Deutschland sich nicht auf die Hilfe der weiland alliierten Mächte verlassen dürfe. Von seiner alten Dahlemer Kanzel herab erklärte er am 19. November, die einzigen wirklichen „Nächsten" der Menschen im östlichen Deutschland seien die Westdeutschen. Den Russen, Polen und Tschechen sei das Schicksal Ostdeutschlands gleichgültig. Die Franzosen wären, so meinte er, „sehr froh, wenn diese Deutschen tot wären, denn dann würden die Franzosen ruhiger schlafen". Was die Briten und die Amerikaner betreffe, so kennten sie keine Nächsten außer sich selbst.

„Sie werden gehört haben, daß sich dieser Lärm erhob, als ich einen offenen Brief an Dr. Adenauer richtete mit der Aufforderung, Rede und Antwort darüber zu stehen, ob die Wiederbewaffnung im westlichen Deutschland schon eingesetzt hatte oder nicht", schrieb Niemöller im Januar des darauffolgenden Jahres an Lord Stansgate. „Es kam keine Antwort, aber die Öffentlichkeit wurde hellwach, und die Frage der Wiederbewaffnung wurde tagtäglich und allerorten erörtert, mit der Folge, daß Planungen abgeblasen, Planstellen aufgelöst und sämtliche eingeleiteten Maßnahmen revidiert wurden." Ihm sei es, so fuhr er fort, hauptsächlich darauf angekommen, „deutlich zu machen, daß im gegenwärtigen Zustand der Spaltung eine Wiederbewaffnung in Deutschland zu nichts anderem als nationalem Selbstmord führen kann und daß es nicht angeht, daß wir nur an uns selbst denken ... [und] die zwanzig Millionen Menschen hinter dem Eisernen Vorhang den Bolschewisten überlassen". (ZEKHN 62, Bd. 414/2446 a)

Stansgate schrieb im Februar zurück; er hatte eine Versammlung in der Londoner Kingsway Hall arrangiert, auf der Niemöller sprechen sollte. Den Menschen in England, so Stansgate, sei sehr daran gelegen, daß das deutsche Volk „selbst seinen Platz im europäischen Staatengefüge bestimmt. Es wird daher für uns von erstrangigem Interesse sein, zu allen diesen Dingen die Meinung eines Mannes zu hören, der in diesem Land so großen und allgemeinen Respekt genießt wie Sie." (Ebd.) Niemöller hielt seinen Vortrag am 23. Februar. Er erklärte, die Wiederbewaffnung einer Hälfte des geteilten Deutschlands werde die Welt unsicherer machen. Große stehende Heere stünden nicht still, sondern hätten ihre eigene Dynamik. Allerdings würden die Russen, so glaubte er, sicherlich vor einem Krieg in Europa zurückschrecken. Ihnen sollte mit einer überlegenen, sich auf das Verlangen nach Frieden, Einheit und Freiheit konzentrierenden Propaganda entgegen getreten werden.

In den Augen vieler Kirchenmänner trieb Niemöller Mißbrauch mit seinem geistlichen Amt, indem er sich in die Politik mischte. Ihr Unmut darüber, daß ein Kirchenpräsident, der auch der offizielle Auslandsrepräsentant des deutschen Protestantismus war, Politik machte, war umso größer, als die politischen Auffassungen, die Niemöller vertrat, nicht die ihren waren. Bischof Wurm beispielsweise war überzeugt, daß das deutsche Volk das Recht hatte, sich mit Waffengewalt gegen den Kommunismus zu verteidigen; er warf Niemöller vor, Politik zu predigen (aber vermutlich störte ihn hauptsächlich die Tatsache, daß Niemöller eine *unbequeme* Politik predigte). Was Dibelius betraf, so behandelte er, wie Niemöller sagte, „den Krieg als etwas, das es eigentlich nicht geben sollte ... Auf der anderen Seite ist er nie ein ‚Pazifist' gewesen; als Mitglied von Adenauers christlicher Partei war und ist er vielmehr ein überzeugter Befürworter der deutschen Wiederbewaffnung und einer ‚Politik der Stärke' gegenüber Rußland und seinen Verbündeten." (ZEKHN 62, Bd. 399/2443) Es konnte nicht ausbleiben, daß die drei einander in der Frage, welchen Standpunkt die Kirche öffentlich vertreten sollte, in die Haare gerieten. Niemöllers polemische Begabung verschaffte seinen Äußerungen Publizität, provozierte aber auch feindselige Reaktionen. Im November 1950 nannte *Die Weltwoche* ihn den „aggressiven Pazifisten" (in Wirklichkeit war er zu diesem Zeitpunkt noch nicht Pazifist). Als er erklärte, ihm wäre ein vereintes Deutschland unter kommunistischer Herrschaft immer noch lieber als ein auf Dauer geteiltes Vaterland, glaubten viele, er habe den Verstand verloren. Nach seinen Angriffen auf Adenauer im Jahr 1950 redeten die evangelischen Kirchenführer auf einer eigens anberaumten Sitzung in Berlin-Spandau zwölf Stunden lang auf Niemöller ein. Endlich einigte man sich auf eine von Dibelius entworfene Kompromiß-Resolution, in der es hieß, die Frage der Wiederbewaffnung müsse mit größter Umsicht angegangen werden. Die Kirche bedauere, so die Resolution weiter, die „Schärfe" vieler Äußerungen Niemöllers. Niemöller seinerseits äußerte sein Bedauern über den Stil der Kritik, die der Bundeskanzler an ihm geübt hatte. Niemöller von seinem Amt abzulösen, stand jedoch nicht zur Diskussion. Wie der unabhängige *Tagesspiegel* kommentierte, war es auch durchaus zweifelhaft, ob Niemöller mit einer solchen Maßregelung zum Schweigen hätte gebracht werden können. Da eher das Gegenteil zu vermuten sei, wäre es töricht, ihm einen Maulkorb verpassen zu wollen.

Als nächstes mußte Niemöller einen Sturm überstehen, der sich bei der Synode seiner eigenen hessisch-nassauischen Kirche gegen ihn erhob. Am Ende bekräftigten die Synodalen freilich mit 97 gegen 54 Stimmen das Recht der Kirche und ihrer Vertreter, sich politisch zu äußern; allerdings riet die Entschließung zu Zurückhaltung und Diskretion. „Es kam eine Zweidrittelmehrheit für mich heraus", berichtete Niemöller an Stansgate, „was gut genug war." (ZEKHN 62, Bd. 416/2446 a) Die ganzen 50er Jahre über wurde er mit viel und teilweise gehässiger Kritik eingedeckt. Die Kirchen waren es nicht gewohnt, in solcher Weise politische Verantwortung zu übernehmen. Und noch weniger waren die Politiker geneigt, die Kirche als politische Kritikerin zu akzeptieren. „Es wäre wirklich gut, wenn Herr Niemöller sich an die alte Mahnung erinnerte, daß der Schuster bei seinem Leisten bleiben soll", kommentierte das *Süderländer Tageblatt* 1957. „Seine Aufgabe ist es, das Evangelium zu predigen, nicht den Schmalspurpolitiker zu spielen." Ein Dr. Kreutzer aus Wiesbaden teilte brieflich mit, nach seiner Ansicht sei Niemöller als Kirchenpräsident in Hessen und Nassau nicht mehr tragbar. Niemöller empfahl dem Briefschreiber, sich mit seiner Kritik direkt an die Synode zu wenden. (ZEKHN 62, Bd. 935/3288 a) Gelegentlich, wenn ein gegen ihn erhobener Vorwurf nicht den Tatsachen entsprach, scheute Niemöller keine Mühe, den Sachverhalt richtigzustellen. Am 3. Oktober 1958 schrieb er an John F. C. Green aus McKeesport in Pennsylvanien: „Ihr

Brief vom 30. August kam vor wenigen Tagen an, versehen mit einer Briefmarke mit der Aufschrift ‚Pray for Peace'. Ich glaube, daß diese Aufschrift in der Tat ein gutes Resümee dessen ist, was ich bin und wofür ich stehe; mich als ‚den notorischen Linken' zu etikettieren, ist aber sicher eine Karikatur. Und ich wüßte wirklich gerne, wann und wo Sie mich je haben fordern hören, ‚daß die gläubigen Christen – in Deutschland – Verrat üben sollten, indem sie den Kommunisten Informationen über Verteidigungsstellungen liefern'." Man lebe, so kommentierte Niemöller, nicht in einer Zeit des Verrats, sondern in einer Zeit der großen Lüge. (ZEKHN 62, Bd. 510/2492 a)

Innerhalb der deutschen Kirche verbuchten die politischen Widersacher Niemöllers von Zeit zu Zeit einen Punktsieg. 1956 gelang es ihnen – in seiner Abwesenheit –, seine Ablösung vom Amt des Auslandsbeauftragten der evangelischen Kirche durchzusetzen. Niemöller nahm dies mit erstaunlicher Gelassenheit hin. Das Amt als solches war ihm mittlerweile nicht mehr wichtig. Sein weltweites persönliches Ansehen und seine Position im Weltkirchenrat machten es ihm möglich, nach wie vor mit seinen Forderungen Gehör zu finden. Verloren geben mußte er allerdings den Kampf, den er gegen eine kirchliche Absegnung der deutschen Wiederbewaffnung führte: 1957 unterschrieb Otto Dibelius im Namen des Rates der Evangelischen Kirche Deutschlands in Bonn zusammen mit Konrad Adenauer eine Vereinbarung über die Gestellung evangelischer Pfarrer für die Bundeswehr.

Im Zuge des Kampfes gegen die Wiederbewaffnung der Bundesrepublik in den frühen 50er Jahren fand Niemöller den Weg zum Pazifismus. Es war eine zwangsläufige Entwicklung, bei der die Atombombe als Katalysator wirkte. „Der Schreck über die Atomwaffen saß uns seit 1945 in den Knochen", kommentierte er. „In jenen Jahren kam ich zu der Überzeugung – und bin bis heute dabei geblieben – daß, nach Hitler, Truman [der den Abwurf der Atombomben auf Hiroschima und Nagasaki anordnete] der größte Massenmörder aller Zeiten war." (MN/jb) Es waren zwei Naturwissenschaftler, die Niemöller in den 50er Jahren mitten in den politischen Kampf gegen die atomare Rüstung hineinzogen. Der erste war Professor Otto Hahn.

Am 6. Juni 1954 besuchte Otto Hahn das Max-Planck-Institut in Wiesbaden. Niemöller, der in Wiesbaden wohnte, fragte Hahn, ob die von den Atomwaffen ausgehende Zerstörungsgefahr wirklich so groß sei, wie manche Leute behaupteten. Hahn erwiderte: „Herr Pastor, sie ist noch ein ganzes Stück größer." Hahn erklärte, daß es nunmehr möglich sei, eine Atomwaffe herzustellen, die nicht nur alles menschliche, sondern alles höhere organische Leben auf Erden vernichten könnte. Niemöller stellte die rhetorische Frage, was geschehen wäre, wenn Adolf Hitler im April 1945 im Bunker des Berliner Führerhauptquartiers die Verfügungsgewalt über eine solche Waffe besessen hätte. Er kehrte nach Hause zurück und las die Bergpredigt. Wenig später verkündete er – wobei er ausdrücklich deutlich machte, daß er nur für sich selbst sprach –, er könne die Anwendung von Waffengewalt jeder Art künftig nicht mehr rechtfertigen.

Von ebenso durchschlagender Wirkung auf Niemöller war die Aussage des berühmten Chemikers Linus Pauling, die Test-Explosion einer einzigen Wasserstoffbombe würde zum vorzeitigen Tod von 15000 Menschen und zu einer ähnlich großen Zahl von Fehl- und Totgeburten führen.

Diese beiden Männer beschleunigten bei Niemöller eine bereits im Gang befindliche Entwicklung. Im Februar 1954 hatte er in einem Geleitwort für eine japanische Veröffentlichung geschrieben: „Der Verzicht auf das Mittel des Krieges, wie er in der japanischen Verfassung verankert ist, hat einer in Finsternis und Verzweiflung versinkenden Welt einen ersten Strahl der Hoffnung beschert, und die Menschen von heute klammern sich leidenschaftlich an diese Hoffnung. Können wir wirklich etwas tun, oder sollen wir als untätige Zuschauer dabeistehen, unfähig, in den Lauf der Dinge einzugreifen?" Im April des gleichen Jahres ließ er der britischen Nationalen Bewegung gegen die Wasserstoffbombe eine Botschaft zukommen, die in der Londoner Royal Albert Hall öffentlich verlesen wurde. „Es ist meine Überzeugung", so begann diese Botschaft, „daß nur starker Druck von seiten der öffentlichen Meinung in der Lage sein wird, die Lawine zum Stillstand zu bringen, die in immer weiter zunehmendem Maß nicht nur die Zivilisation, sondern auch den Fortbestand der Menschheit bedroht." (ZEKHN 62, Bd. 35/2433 c und 416/2446 a)

Niemöller schloß sich der weltweiten Friedensbewegung an, die der Franzose Frédéric Joliot-Curie 1949 in Paris und Prag initiiert hatte. Joliot-Curie war in Frankreich Beamter, Politiker, gaullistischer Minister, Abgeordneter der Kommunistischen Partei und Hochkommissar für Atomenergie gewesen. Im Juli 1952 bot er

Abb. 7: Niemöller bei einer Flugblattaktion während einer Protestveranstaltung mit Kriegsdienstgegnern gegen die atomare Bewaffnung am 1. Oktober 1958

Niemöller einen Sitz im Weltfriedenskomitee und die Mitarbeit im Weltfriedensrat an. Im Jahr darauf nahm Niemöller drei Tage lang an der Sitzung des Rates in Budapest teil. Am 10. März 1955 bat Joliot-Curie ihn um seine Unterschrift unter einen Aufruf gegen die Atomrüstung. „Meiner Meinung nach", so schrieb Joliot-Curie, „wird Ihr öffentliches Eintreten für unseren Aufruf von großem Gewicht sein." (ZEKHN 62, Bd. 795/3179 und 797/3179 a)

Alle Aspekte der Friedensarbeit Niemöllers konvergierten in der Frage der deutschen Wiederbewaffnung. Das Weltfriedenskomitee sprach sich kompromißlos dagegen aus, und der Rat lobte bei seiner Sitzung in Paris am 15. Januar 1955 jene Deutschen, die dagegen kämpften. „Die Remilitarisierung Deutschlands", so erklärte der Rat, „wird zwangsläufig zu einem wahnwitzigen Rüstungswettlauf zwischen Ost und West [sowie] zwischen Frankreich und Deutschland führen." Wie Niemöller, sah auch das Weltfriedenskomitee die Probleme Deutschlands in globaler Perspektive. Als Niemöller der Tagung des Weltfriedensrates in Stockholm im November 1954 aus Termingründen nicht beiwohnen konnte, verband er seine Absage an Joliot-Curie mit dem Wunsch, daß die geteilten Völker – in Korea und Indochina sowie „auch bei uns in Deutschland" – durch die Arbeit des Komitees vielleicht friedlich wiedervereinigt werden könnten.

Ein dritter Aspekt seiner Zugehörigkeit zum Weltfriedenskomitee war die Faszination, die Rußland auf ihn ausübte. Ebenso wie an Franzosen, Tschechen, Amerikaner, Deutsche und Engländer, richtete das Komitee seine Bitten um Hilfe auch an Kommunisten, Atheisten und Christen in Rußland. Am 22. April 1955 schrieb der Metropolit Nikolai an Niemöller, er freue sich sehr auf ihr baldiges Wiedersehen beim bevorstehenden Kongreß des Weltfriedensrats in Helsinki. „Jede Begegnung mit Ihnen ist für mich ein Labsal", schrieb Nikolai. „Wie sehr ich mich freue, Sie am 22. Mai in Helsinki zu sehen! Wir werden dort eine christliche Front gegen den Krieg aufrichten." (Ebd.)

Niemöller nutzte seine Stellung im Weltkirchenrat, um seine Ansichten über Atomwaffen unter die Leute zu bringen. „Ich persönlich könnte mir keine Situation vorstellen, in der ich auf die Frage: ‚Herr, was willst du, daß ich tun soll?' von Gott die Antwort erhielte: ‚Wirf eine Atombombe!' ", erklärte Niemöller 1958 bei einer Präsidiumssitzung in Dänemark. Unterdessen kamen aus Großbritannien neue Anstöße und Anlässe für die Weiterarbeit in der Friedensbewegung. 1957 hatte dort L. J. Collins, Kanonikus der St. Pauls-Kathedrale, eine Kampagne gegen die Todesstrafe erfolgreich zu Ende geführt. Eine Gruppe von Gegnern der atomaren Rüstung bat ihn, seine Kraft jetzt für eine Kampagne gegen Atomwaffen einzusetzen. Der namhafte Philosoph Bertrand Russell wurde aufgefordert, als Schirmherr der Kampagne zu fungieren.

In dieser Situation wurde die Idee eines Protest-Ostermarsches von London zum britischen Atomwaffen-Forschungsinstitut in Aldermaston geboren. Martin Niemöller nahm Anfang April 1958 an diesem ersten Ostermarsch teil. „Ich marschierte in Regen und Wind von Windsor nach Aldermaston", erinnerte er sich später. „Ich stand bis zu den Knien im Wasser und hielt eine Ansprache." (MN/jb) Den aktuellen Anknüpfungspunkt für seine Ansprache hatte der in Deutschland diskutierte Vorschlag geliefert, die Bundeswehr mit Atomwaffen auszurüsten. Niemöller erklärte, man müsse nunmehr davon ausgehen, daß es technisch möglich sei, daß ein Zehntel der Weltbevölkerung die restlichen neun Zehntel vernichten könne. Unter diesen Voraussetzungen würden Verteidigungsmaßnahmen zu einer Kundgebung von Aggressivität, zu „einer stets wachsenden Provokation".

Damit hatte Niemöller sich bei den britischen Behörden wieder einmal unbeliebt gemacht. Als er im November 1958 erneut nach London kam und wie gewohnt durch die Zollkontrolle gehen wollte, wurde er von einem Einwanderungsbeamten zur Seite gebeten. Er machte auf der Stelle kehrt und flog mit dem nächsten Flugzeug nach Deutschland zurück; damit brachte er das britische Innenministerium sehr in Verlegenheit, das sich im Unterhaus mit bohrenden Fragen über den Zwischenfall konfrontiert und mit wütenden Briefen britischer Geistlicher eingedeckt sah.

Niemöller ließ sich durch den Vorwurf, sich mit Kommunisten und deren Mitläufern zusammengetan zu haben, nicht anfechten. Am 22. Mai 1959 schrieb er: „Ich bin überzeugt davon, daß der Weltfriedensrat in den 10 Jahren seines Bestehens Millionen von Menschen die Augen geöffnet hat für den Ernst und die Wichtigkeit der Bemühungen um einen stabilen Frieden, nicht nur als Ziel, sondern auch als Voraussetzung aller vernünftigen Politik im atomaren Zeitalter." (ZEKHN 52, Bd. 796/3179 a) Diese Gewißheit und seine eigene Integrität machten es ihm möglich, mit Leuten zusammenzuarbeiten, deren Anschauungen in anderen Fragen er nicht teilte. Wie er in einer Grußbotschaft für eine Großkundgebung der britischen Atomwaffengegner in der Free Trade Hall in Manchester am 13. Mai 1960 schrieb: „Wir sitzen alle im selben Boot; die atomare Abrüstung ist mehr als ein politisches Problem; wir müssen sie um der Menschheit willen herbeiführen und im Namen des Rechts und der Menschlichkeit, ja im Namen Gottes um sie kämpfen." (ZEKHN 62, Bd. 415/2446)

Aber es war *auch* ein politisches Problem, und ein sehr heikles noch dazu, insbesondere in Deutschland. Manchen konservativen deutschen Politikern waren die Reden und Aktivitäten Niemöllers längst ein Dorn im Auge. Nach seiner Rückkehr vom ersten Aldermaston-Ostermarsch hatte er erklärt: „Diejenigen, die für die Herstellung, Lagerung und den Einsatz atomarer Massenvernichtungsmittel sind, handeln wissend oder unwissend als Materialisten, Nihilisten und Atheisten, auch wenn sie selbst sich aus politischen Gründen als Christen bezeichnen." Das Ergebnis war, daß er im August nicht, wie vorgesehen, in einer bayerischen Kirche predigen durfte. Es war dies nicht die einzige evangelische Kanzel in Deutschland, von der er aus politischen Gründen verbannt wurde. Aber am 28. Januar drohte ihm Ungemach aus einer weit gefährlicheren Ecke: Der bundesdeutsche Verteidigungsminister Franz-Josef Strauß strengte eine Verleumdungsklage gegen ihn an, nachdem er Berichte gelesen hatte, denen zufolge Niemöller bei einer pazifistischen Kundgebung erklärt hatte, die militärische Ausbildung für hohe Kommandopositionen müsse „heute als eine Hochschule für Verbrecher" angesehen werden. Die bundesdeutschen Gesetze erlaubten es, jemanden wegen allgemeiner Verunglimpfung der Streitkräfte anzuklagen. Gleichwohl nahm Strauß nach einiger Zeit auf Anraten seiner Anwälte die Klage zurück. Immerhin, es war eine ernstzunehmende Drohgebärde. Viel später sagte Niemöller einmal – nur halb im Scherz –, wenn Franz-Josef Strauß jemals auf Bundesebene die politische Macht erobern würde, werde er, Niemöller, das Land verlassen und in die Schweiz umsiedeln. (MN/jb)

Niemöller bestritt, die Bundeswehr verunglimpft zu haben. Gleichwohl ließ es sich die Synode der evangelischen Kirche von Hessen und Nassau auf ihrer Tagung im April 1959 nicht nehmen, eine Resolution zu verabschieden, in der es hieß, der Soldat trage „eine besonders schwere Verantwortung vor Gott. Er hat daher besonderen Anspruch auf das wohlwollende Verständnis und die beständige Fürsprache der Kirche. Je mehr die Kirche seine Last mitträgt, desto eher werden die Warnungen der Kirche, die durch die Entwicklung der modernen Waffen und durch die internationale Lage notwendig geworden sind, Gehör finden." Niemöller meinte dazu, diese Entschließung werde als eine Ehrenerklärung für die Streitkräfte interpretiert werden.

Er lehnte es entschieden ab, zum Kalten Krieg beizutragen, erst recht wenn er den Eindruck gewinnen mußte, daß Männer wie Otto Dibelius diesen Krieg schürten. Mitte 1961 entschloß er sich nach längerem Zögern, einem Kirchentag, der nach dem Willen von Dibelius und anderen in Berlin stattfand, fernzubleiben. Tausende westdeutscher Christen auf diese Weise ihren Glauben an diese freie Stadt mitten im DDR-Territorium demonstrieren zu lassen, schien Niemöller eine ungebührliche Provokation zu sein. Wie er Mark Gibbs vom ökumenischen Ausschuß des Kirchentags erklärte, wäre er sehr froh gewesen, wenn er sich in der Lage gesehen hätte, teilzunehmen. „Ich habe diesen Termin abgesagt, nicht weil ich mich vor der Begegnung mit entgegengesetzten Anschauungen und Tendenzen ... fürchte, sondern weil dieser Kirchentag im Zeichen der politischen Spannungen, wie sie im Augenblick bestehen, in Berlin abgehalten wird. Der Kirchentag in Berlin wird einen großen Nachschub an Munition für den Kalten Krieg liefern." (ZEKHN 62, Bd. 410/2445 a)

Für August hatte Niemöller eine Ferienreise geplant. Im Verlauf der verflossenen sechs Monate hatte er etliche Schläge einstecken müssen und einige Male an Angstzuständen gelitten, aber im Vergleich zu dem, was nun bevorstand, war dies harmlos gewesen.

Else hatte die Parkinsonsche Krankheit und wurde zunehmend von der Hilfe Doras abhängig – wie Dora überhaupt für die ganze Familie in mehrerlei Hinsicht unersetzlich geworden war. Am 7. August fuhren Martin, Dora und Else aus Büdingen ab. Niemöller wollte, während die beiden Frauen schon in Dänemark Ferien machten, eine internationale Tagung der Methodisten besuchen. (MN/jb) Um halb drei Uhr nachmittags, in der Nähe der dänischen Stadt Aabenraa nördlich von Flensburg, kam der Wagen in einer abschüssigen Kurve von der Straße ab und prallte gegen einen Baum. Niemöller wurde schwer verletzt. Er war zwei Tage lang bewußtlos. Als er im Krankenhaus zu sich kam, mußte er erfahren, daß die Frau, mit der er so viele Leiden und Freuden, Niederlagen und Siege geteilt, und die treue Gefährtin, die seit den Berliner Jahren zur Familie gehört hatte, tot waren.

Ach Elslein, liebes Elslein, wollt Gott, ich wär bei Dir!
So fließen tiefe Wasser wohl zwischen Dir und mir!

14. Friedlich zu provozieren

Während Martin Niemöller noch im Krankenhaus lag, wurden seine Frau und Dora in Wiesbaden beerdigt. (MN/jb) Bis an sein Lebensende bewahrte er in seinem Arbeitszimmer das letzte Foto von sich und Else auf, das beide zusammen auf dem Rücksitz des Unglücksautos zeigte. Die Arbeit aufzugeben, der sie beide ihr Leben verschrieben hatten, kam für ihn nicht in Frage. Aber es fiel ihm von jetzt an schwerer. Am 12. Oktober schrieb er einen Dankesbrief an einen Amerikaner aus St. Louis in Missouri, der ihm ein Beileidsschreiben geschickt hatte. „Das Leben ist ziemlich schwierig geworden", schrieb er, „da ich nicht weiß, wie ich ohne meine Frau arbeiten und leben soll, die 44 Jahre lang meine Gefährtin gewesen ist; und ich weiß auch nicht, ob ich mich noch auf die Tüchtigkeit meines Körpers verlassen kann, die mir von Jugend auf gestattet hat, alles zu tun, was ich tun wollte oder wovon ich glaubte, daß es getan werden mußte." (ZEKHN 62, Bd. 449/2485 a)

Ende 1961 nahm er an der Konferenz des Weltkirchenrates in Neu-Delhi teil. Es war eine in zweifacher Hinsicht bedeutsame Konferenz. Zum einen, weil die Russen teilnahmen. Und vielleicht noch wichtiger war, daß, wie Niemöller danach seinen deutschen Mit-Christen erklärte, „Neu-Delhi 1961 . . . die erste Weltkirchenversammlung [war], die in einem nichtchristlichen Lande stattfand". Seine Ansichten über die notwendige Solidarität auch zwischen Menschen unterschiedlicher Religion entwickelten sich weiter. Indien hatte er erstmals 1953 mit Else zusammen besucht und dabei gelernt, daß es zwischen dem Christentum und den Lehren Mahatma Gandhis viele potentielle, möglicherweise entwicklungsfähige Gemeinsamkeiten gab. Wenn es ein Christentum ohne Christus geben konnte, dann waren die Lehren, die Gandhi verkündete, christliche Lehren. So war es eigentlich nur natürlich, daß Niemöller später die von Gandhi entwickelten Techniken des gewaltlosen Widerstandes aufgriff.

In dem Maße, wie Niemöller eine über Deutschland hinausreichende Zuhörerschaft fand, erweiterte sich das Feld für seine Kritik an Rassendiskriminierung und Rassismus. Das Mißtrauen, das viele Juden zeitweise gegen ihn gehegt hatten, war mittlerweile geschwunden. Schon 1949 hatte Dr. W. S. Matsdorf vom *Australian Jewish Herald* (nachdem Niemöller selbst ihm versichert hatte, daß das Stuttgarter Schuldbekenntnis auch eine Selbstanklage wegen der Ermordung der Juden beinhaltete und sich nicht nur auf die Übel des Krieges im allgemeinen bezog) Niemöller mit detaillierten Angaben über Vorfälle wie die Schändung jüdischer Friedhöfe in Deutschland versorgt, und Niemöller war diesen Dingen bereitwillig nachgegangen. (ZEKHN 62, Bd. 3/3236) Er trat für eine bewußte und sorgfältige Pflege der Freundschaft zwischen Christen und Juden ein. (MN/jb) Er stellte fest, daß diese Freundschaft seinen eigenen Glauben beflügelte. Wie er 1964 in einem Vortrag vor der Frankfurter Gesellschaft für christlich-jüdische Zusammenarbeit sagte, war er mittlerweile dahingekommen, Christentum und Judentum gleichermaßen als Glaubensbekenntnisse radikaler Minderheiten in der Gesellschaft zu betrachten. (ZEKHN 62, Bd. 128/3560)

Er verabscheute den Rassismus auch deswegen, weil er darin eine Gefahr für den Weltfrieden sah. 1957 unterschrieb er, auf Ersuchen eines von Frau Eleanor Roosevelt (die ihm einst am liebsten die Einreise in die USA verboten hätte) geleiteten Komitees, eine „Gewissenserklärung", mit der Südafrika aufgerufen wurde, die Menschenrechte zu achten und die Politik der Apartheid zu beenden. Niemöller gab seinen Namen nicht leichten Herzens her, so positiv das jeweilige Anliegen, für das man ihn zu gewinnen suchte, sich auch ausnahm. Wie er dem Sekretär des Roosevelt-Komitees schrieb: „Nur nach weidlichem Zögern kann ich meine Zustimmung geben. Die Gewissenserklärung entspricht voll und ganz meiner eigenen Überzeugung; gleichwohl hätte ich es vorgezogen, persönlich nach Südafrika zu fahren und den verantwortlichen Leuten dieses Landes zu sagen, was die Welt und insbesondere die christliche Kirche von dieser Haltung und dieser Politik hält." Wie er einem anderen Briefpartner am 27. Dezember 1963 erklärte, setzte er seine Unterschrift deswegen unter Erklärungen dieser Art, weil es seiner Überzeugung nach „unsere dringlichste Pflicht ist, gegen alle Arten des Rassismus anzukämpfen, sonst werden wir einer Katastrophe der Unmenschlichkeit nicht entgehen können, und unsere Kindeskinder werden dafür bezahlen müssen". (ZEKHN 62, Bd. 499/2485 a und 416/2446 a)

Aus diesem Grunde erklärte er sich bereit, einen weiteren Appell an die südafrikanische Regierung zu unterschreiben, diesmal zugunsten politischer Gefangener; und im September 1966 konnte er selbst das Land besuchen. Er traf dort mit dem Friedensnobelpreisträger Albert Luthuli zusammen, dem geistigen Kopf der verbotenen African National Party. Unerschrocken erklärte er öffentlich, wenn die Südafrikaner begriffen, daß Rassismus etwas Unchristliches sei und daß sie selbst ein Teil der menschlichen Gemeinschaft seien, werde ihnen gar nichts anderes übrig bleiben, als die Mauern einzureißen, die sie selbst zwischen sich und der übrigen Welt aufgerichtet hätten. „Ich glaube, daß wir in Europa und die Menschen in den Vereinigten Staaten heute sehr viel besser wissen, daß die ganze Welt zusammengehört und daß das Schicksal des weißen Mannes in Südafrika nicht zu trennen ist vom Schicksal des weißen Mannes anderswo", sagte er. „Was mich, der ich als Fremder in dieses Land gekommen bin, am meisten befremdet hat, ist, daß es hier Weiße gibt, die glauben, ihr Schicksal sei ihre eigene Angelegenheit – die übrige Welt würde darauf keinen Einfluß nehmen." Niemöller wandte sich allerdings gegen eine Politik der Isolierung Südafrikas. Deutschland hatte nach dem Krieg die Sympathie der anderen Völker gebraucht, und er hatte darum gekämpft, sie zu erringen. Jetzt, so erklärte er, sei das Wichtigste für ihn, daß die Menschen in den anderen Ländern den Südafrikanern hülfen, sich als Teil der gesamten Menschheit begreifen zu lernen.

In seinem Verständnis hing Rassismus mit Ohnmacht und Armut zusammen. Als in den USA Martin Luther King, der gewaltlos für die Rechte der Schwarzen gekämpft hatte, ermordet wurde, mußte Niemöller sogleich an die Ermordung Gandhis zwanzig Jahre zuvor denken. Der Tod beider Männer sagte, so glaubte er, etwas über das Verhältnis zwischen Christen und Juden wie auch zwischen Weißen und Schwarzen aus.

Ein Motiv, das die Predigten Niemöllers zunehmend beherrschte, war der Gedanke, daß wir entweder in *einer* Welt leben oder aber in einer Welt ohne Zukunft. 1964 gab er einer Sammlung ausgewählter Reden und Rundfunkbeiträge den Titel *Eine Welt oder keine Welt.* Schon auf dem Hamburger Kirchentag zehn Jahre zuvor hatte er erklärt, ein einzig an den Interessen der eigenen Nation orientiertes Handeln sei fragwürdig geworden. Diese Erkenntnis sei, so meinte er, besonders wichtig und wertvoll für die „Deutschen an der Grenze zwischen Ost und West", die den zu beiden Seiten dieser Grenze lebenden Völkern möglicherweise etwas Wichtiges zu geben hatten. Deutschland, so sagte er, gehöre zweifellos „zum Abendland, und tatsächlich haben wir als Volk wenig Neigung, wenig Vertrauen, wenig Beziehung zum ‚Osten' hin. Aber dieser Osten ist für uns – anders als für das westliche Abendland – eben Nachbar; und loswerden können wir ihn nicht, und wir ‚können nicht in Frieden leben, wenn es dem bösen Nachbarn nicht gefällt' ... Wir haben also, vor den anderen und als erste, den Versuch zu machen, ob eine friedliche Nachbarschaft möglich ist; und es wäre nicht nur Torheit, sondern Ungehorsam, wenn wir diesen Versuch nicht mit allem Ernst und mit aller Geduld machen wollten."

In diesem Geist bereiste Martin Niemöller auch nach Elses Tod weiterhin die Welt; eines seiner bevorzugten Reiseziele war weiterhin die Sowjetunion. 1964 trat er als Kirchenpräsident von Hessen und Nassau zurück. An seinen Aktivitäten änderte dies wenig. (Wie er einem Briefpartner vorrechnete, hatte er im ersten Jahr nach seinem „Rücktritt" von 365 Tagen mehr als 200 im Ausland verbracht.) (ZEKHN 62, Bd. 396/2442 c)

1964 besuchte er Rußland, um an den Feiern zum 50. Jahrestag der Verleihung der Bischofswürde an den Patriarchen Alexej teilzunehmen. Während sein Nachfolger auf dem Stuhl des Kirchenpräsidenten von Hessen und Nassau in „amtlicher" Eigenschaft reiste, war Niemöller in „persönlicher Eigenschaft" zugegen. Dieser Besuch brachte für ihn ein gänzlich unerwartetes seelisches Erfolgserlebnis.

Die beiden deutschen Besucher in Rußland mußten sich einen Übersetzer teilen, den Niemöller seit vielen Jahren kannte. „Ich war damals schon ziemlich schwerhörig und bat daher um einen zweiten", erinnerte sich Niemöller. „Ich bekam einen. Es war eine Dolmetscherin für chinesisch und russisch. Sie konnte nicht deutsch, hatte aber genug englisch gelernt, um aus dem Russischen ins Englische übersetzen zu können. Sie arbeitete für das sowjetische Außenministerium." Niemöller hatte zwei Jahre lang um Else getrauert. „In dieser ganzen Zeit", erzählte er, „hielt ich mich nie für einen alten Mann. (Ich war bei Elses Tod 68 oder so.) Mein ganzes Leben lang war ich in jemanden verliebt gewesen." Zwischen ihm und der Dolmetscherin entwickelte sich eine intime Freundschaft. „Ich wollte sie nach Deutschland holen", erzählte er. „Es gab keine Möglichkeit. Alle meine Bemühungen ... schlugen fehl. Nach kurzer Zeit mußten wir diese Idee begraben." Aber sie schrieben einander. Später veranlaßte er seinen Chauffeur, diese Briefe aus seinen gesammelten Korrespondenzen auszusortieren. „Wer würde sie schon gern im Archiv finden?" meinte er mit einem Lächeln. (MN/jb)

Ein Brief, den er an den Metropoliten Nikodim schrieb, zeigte die Veränderung, die mit ihm vorgegangen war. „Wenn ich heute zurückblicke auf die wunderschönen Tage in Moskau, Odessa und Sotschi", schrieb er, „dann muß ich sagen: Seitdem ich Witwer bin, ist mir ein so schöner Urlaub noch nicht beschieden gewesen; und ich bin Gott dankbar dafür, daß ich diesen Urlaub in Rußland und am Schwarzen Meer habe verbringen dürfen." (ZEKHN 62, Bd. 497/2484 a) Er bewahrte die Eintrittskarten, die er während dieses Aufenthalts für den Moskauer Zirkus und für andere Veranstaltungen gekauft hatte, als Erinnerungsstücke auf.

In einem weiteren Brief an Nikodim berichtete er: „Ich bete weiterhin für die Einheit der Christen." (Ebd.) Auch für die Einheit seines Vaterlandes betete und arbeitete er weiterhin. Auf einer Sitzung des Präsidiums des Weltkirchenrats im August 1962 in Paris hatte er erklärt: „Ich bin kein Nationalist und habe 1945 keinerlei Rechte für mein Land beansprucht." Allerdings wies er darauf hin, daß Deutschland damals bedingungslos kapituliert hatte und nun, siebzehn Jahre später, noch immer auf eine Antwort der Siegermächte auf diese Kapitulation warte. Es sei, so meinte er, nunmehr höchste Zeit, daß die Sowjetunion und die USA sich gemeinsam eine vernünftige Lösung für die Probleme der Deutschen einfallen ließen. Die westliche Demokratie betrachtete er nach wie vor als in vieler Hinsicht unzulänglich; 1964 ging er so weit, den Deutschen einen Boykott der nächsten Bundestagswahl vorzuschlagen, da sie ohnehin nur die Freiheit hätten, für ein diktatorisches Regime zu stimmen, das darauf versessen sei, Atomwaffen zu bekommen, während der Rest der Welt sich nach Frieden sehne. Die anerkennenden Worte, die viele bei seinem „Rücktritt" für ihn gefunden hatten, zählten jetzt nicht mehr. Herbert Wehner, der Fraktionsvorsitzende der SPD, bezeichnete Niemöllers Vorschlag als „abwegig, falsch und bösartig". Niemöller habe, so erklärte er, „die Demokratie noch nicht begriffen". Niemöller stand nicht an, sich zu wehren. „Natürlich", schrieb er, „interessiert mich der ganze politische Weg des deutschen Volkes, aber ich erhebe meine Stimme in politischen Fragen nur dann, wenn eine wesentliche Frage auftaucht, die von den Politikern nicht erörtert wird. Gewiß verletzte ich hin und wieder ein Tabu, aber ich habe es nicht nötig, zu fragen, was ich sagen darf. Ich sage vielmehr das, was mein Gewissen mir zu sagen befiehlt.“ Immer noch war sein Verhältnis zu Politikern von Mißtrauen geprägt, und er sagte einmal halb im Scherz: „Ich bezweifle, ob Ärzte ebensoviel lügen wie Politiker. Für Politiker sind Wahrheit und Lüge unwichtige Begriffe. Deswegen konnte ich nie Politiker werden – nicht einmal Kirchenpolitiker.“ Am Parlamentarismus europäischer Spielart fand er mit zunehmendem Alter immer weniger Geschmack. Als Neunzigjähriger sagte er: „Am Anfang meines politisch bewußten Denkens war ich ein Ultrakonservativer. Ich wollte den Kaiser wiederhaben. Heute bin ich Revolutionär. Ich meine das wirklich. Falls ich hundert Jahre alt werde, werde ich vielleicht Anarchist, denn ein Anarchist will ganz ohne Staat auskommen.“ (MN/jb) Er blieb auch bei seiner Überzeugung, daß geistige Bindungen in der Lage sind, politische Grenzen zu überspannen. Im geteilten Deutschland war dies eine wichtige „Arbeitshypothese“. Wie Niemöller 1964 erklärt hatte: „Ich fahre nach Ostdeutschland, um zu zeigen, daß wir in Westdeutschland uns als Christen nicht durch politische Ideen auseinanderbringen lassen.“ Seine ganze Arbeit in den 60er Jahren beruhte auf einer Überzeugung, die er gegenüber Gustav Turs, dem Erzbischof der lutherischen Kirche in Lettland (in einer Reminiszenz an die 1961 in Riga gemeinsam verbrachten Tage) so formulierte: „Jesus Christus erkennt keine Grenzen oder Fronten an.“ (ZEKHN 62, Bd. 407/2444 c)

Niemöllers Engagement für Frieden und Abrüstung in einem geteilten Deutschland und sodann auch in einer geteilten Welt hatte sich nach Beendigung des Zweiten Weltkriegs aus einer religiösen Überzeugung heraus entwickelt und war in den 60er Jahren noch überaus vital. Die neu formierte evangelische Kirche hatte erklärt, es sei undenkbar und müsse undenkbar bleiben, daß Deutsche auf Deutsche schössen. Niemöller war sehr beunruhigt nicht nur darüber, daß dieses Postulat nicht mehr mit Entschiedenheit verteidigt wurde, sondern vor allem darüber, daß auf beiden Seiten eine politische Erziehung dominierte, die dieser Forderung geradezu zuwiderlief. „Wir sind jetzt dazu gebracht worden, in der ‚anderen Seite‘ den Feind zu sehen. Beide Seiten gebrauchen die gleichen Parolen. Seit mehr als zwanzig Jahren wird uns insbesondere diese Parole eingebleut: ‚Der Feind steht im Osten/Westen.‘ “ (MN/jb)

In seiner Entschlossenheit, diesen Prozeß, wenn es möglich war, umzukehren und den „Feind“ wieder als Freund begreifen zu lernen, ging Niemöller zwangsläufig das Risiko ein, vor fremde Karren gespannt zu werden. Das konnte, um ein eher harmlos-alltägliches Beispiel anzuführen, bedeuten, daß er in einem DDR-Blättchen wie der *Neuen Deutschen Bauernzeitung* als „Ein aufrechter Mann“ gefeiert wurde, wenn er etwas gesagt hatte, was der SED gefiel. Solche Dinge irritierten ihn nicht besonders, zumal sich darin lediglich der Opportunismus spiegelte, der sich auch in den Urteilen der westlichen Presse über diesen unbequemen Mahner manifestierte.

Niemöller achtete freilich sorgsam darauf, daß sein Name nicht für Zwecke, die er mißbilligte, oder von Leuten mißbraucht wurde, denen es mehr auf propagandistische Wirkung als auf Tatsachen ankam. Im Juli 1965 reiste er als Vertreter des Kirchlichen Notkomitees für Vietnam in dieses vom Krieg heimgesuchte Land. Auf den Vietnamkrieg konzentrierten sich um diese Zeit in wachsendem Maße die Befürchtungen und Schreckensvisionen der westlichen Öffentlichkeit. Als Lyndon B. Johnson Präsident der Vereinigten Staaten von Amerika wurde, waren 16000 US-Berater in Vietnam stationiert. Am Ende seiner Präsidentschaft kämpften dort 536000 US-Soldaten, und 30000 waren bereits gefallen. Niemöller wünschte sehnlichst das Ende dieses Krieges, aber gleichwohl war er zutiefst verstimmt, als er feststellen mußte, daß der Sekretär des Komitees, Alfred J. Hassler, einen Bericht verfaßt hatte, in dem behauptet wurde, Mitglieder der Delegation seien mit beiden an dem Konflikt beteiligten Parteien zusammengekommen. Auf Niemöller traf dies nicht zu, und seines Wissens auch nicht auf die anderen. Er erteilte Hassler einen scharfen schriftlichen Verweis. „Ich muß gestehen, daß ich im Laufe meines Aufenthalts in den Ländern Indochinas mit niemandem von der ‚anderen Seite‘ zusammengetroffen bin oder gesprochen habe“, stellte er richtig. Hassler rechtfertigte sich in seiner Antwort damit, daß einige Delegationsmitglieder bei einer Gelegenheit, als Niemöller nicht zugegen war, mit „Anhängern“ Nordvietnams zusammengetroffen seien. (ZEKHN 62, Bd. 506/2491) Niemöller und Hassler lagen ansonsten, was ihre politischen Anschauungen betraf, durchaus auf einer Linie; Niemöller war jedoch nicht bereit, nur um der Erzielung eines besseren Eindrucks willen Abstriche von der Wahrheit zu machen oder seine Integrität aufs Spiel zu setzen.

Abb. 8: Martin Niemöller mit einer 12-jährigen Süd-Vietnamesin, die mit vier anderen das amerikanische Massaker in dem vietnamesischen Dorf My Lai überlebt hatte. Das Kind war von der „Initiative Internationale Vietnam-Solidarität" in die Bundesrepublik eingeladen worden, um auf einer Pressekonferenz am 5. Februar 1970 von ihren Erlebnissen zu berichten

Im Jahr darauf besuchte Niemöller zusammen mit dem anglikanischen Bischof Ambrose Reeves, dem amerikanischen Presbyterianer A. J. Muster und dem kanadischen Rabbi Abraham Feinberg als Gast der Regierung in Hanoi Nordvietnam, um sich ein eigenes Bild von der dortigen Lage zu machen. In Hanoi stieß Monsignore Georg Hässler, der Generalsekretär der Deutschen Caritas, zu der Gruppe. Diese durfte sich, wie Niemöller berichtete, im Lande ziemlich frei bewegen, soweit das Kriegsgeschehen dies erlaubte. Eineinhalb Stunden lang sprachen die Kirchenvertreter mit Ho Tschi Minh.

„Die Unterredung verlief in vollkommener Offenheit", erklärte Niemöller auf dem Flughafen von Rom, wo er auf dem Rückweg Station machte. „Eines ist klar", fügte er hinzu: „Der Präsident von Nordvietnam ist kein Fanatiker. Er ist ein sehr starker und entschlossener Mann, aber fähig, zuzuhören, etwas, das bei einem Menschen in seiner Stellung sehr ungewöhnlich ist." Ho Tschi Minh vertrete, so berichtete Niemöller, eine ganz klare Position: „Die Amerikaner müssen Vietnam verlassen. Wenn sie weg sind, wird alles übrige sehr einfach sein. Die erste Vorbedingung für Verhandlungen ist, daß die Bombenangriffe aufhören." Daß Ho Tschi Minh und alle anderen, die er in Nordvietnam kennengelernt hatte, den Frieden wollten, war für Niemöller offenkundig geworden, ebenso aber auch ihre Entschlossenheit, so lange weiterzukämpfen, wie die Amerikaner fortfuhren, ihr Land zu bombardieren. Weiter berichtete Niemöller, er habe überprüft, wie eine Spende der Evangelischen Kirche Deutschlands in Höhe von 300 000 DM verwendet worden war. Er habe festgestellt, daß es weiterer Hilfen bedurfte. Und er habe die Auswirkungen der Bombenangriffe besichtigt. Die Gruppe sei, so erzählte er, nach Phu Ly unweit der chinesischen Grenze gefahren und habe die kleine Stadt „fast völlig zerstört von amerikanischen Bomben und von ihren Bewohnern verlassen" vorgefunden.

Solche Berichte und Kommentare wurden zu jener Zeit im Westen in den meisten politischen Lagern nicht gern gehört. Indes, die Stärken Niemöllers waren seine Vorliebe für Tatsachen und sein unerschrockenes Eintreten für das, was er als wahr und richtig erkannt hatte. Er, dem seine Kritiker oft politische Naivität vorwarfen, war ein eminent fleißiger Sammler von Zeitungsausschnitten, die er sorgfältig mit Anmerkungen und Querverweisen versah und systematisch ablegte. Was in seinen Augen eine dokumentierbare

Wahrheit war, vertrat er ohne Furcht, auch wenn es seiner eigenen Regierung oder seiner Kirchenführung noch so unbequem war.

Nach seiner Wandlung zum überzeugten Pazifisten erwies er sich als kompromißloser und entschiedener Bundesgenosse der bundesdeutschen Friedensbewegung. Er war aber auch unermüdlich in seiner Bereitschaft, ins Ausland zu reisen, wann immer er zu einer Friedensveranstaltung als Redner eingeladen wurde. Als 1961 eine Kundgebung in London, bei der er auf Wunsch von L.J. Collins sprechen sollte, auf einen ungünstigen Tag fiel, schrieb Niemöller dem Kanonikus: „Falls es Ihnen durch irgendeinen Zufall wirklich an Theologen ermangelt, lassen Sie es mich bitte wissen; ich werde dann doch noch versuchen, mich meiner [anderen] Verpflichtungen zu entledigen." Am 17. April 1962 bat ihn Linus Pauling, unverzüglich an Präsident John F. Kennedy zu schreiben und ihn aufzufordern, die bevorstehenden Atombombentests in der Atmosphäre bis zum Abschluß der Genfer Konferenz zu verschieben. Niemöller tat sofort wie geheißen. Im Mai des gleichen Jahres besuchte er Budapest und verkündete im dortigen Rundfunk: „Das beste Mittel zur Sicherung der [friedlichen] Koexistenz ist der Abbau des Mißtrauens; dieser läßt sich am besten und schnellsten durch eine allgemeine und fortdauernde Abrüstung erreichen, wobei jede Seite gegenüber der anderen das Recht auf unbeschränkte Kontrollen erhalten muß." Im Juni nahm er an einem Anti-Atomwaffen-Kongreß der Gandhi-Friedensstiftung teil. (ZEKHN 62, Bd. 602/2444 c, 526/2501 a, 492/2483 und 821/3795)

Im Zuge aller dieser Aktivitäten vertiefte Niemöller sein Detailwissen über die einschlägigen technischen und politischen Probleme und sein Bewußtsein für die atemberaubende Größe der Probleme. Am 20. Mai 1963 schrieb ihm Bertrand Russell „aus tiefer Sorge und Angst wegen der rapiden Entwicklung eines Raketen- und Atomwaffen-Wettrüstens im Nahen Osten". Er bat Niemöller um die Unterschrift unter einen Appell, der eine Beendigung dieses Wettrüstens forderte. Martin antwortete ihm: „Ich schäme mich ziemlich dafür, daß ich bis heute nicht einmal auf den Gedanken gekommen war, daß die Lage im Nahen Osten nicht nur unsere besorgte Aufmerksamkeit erfordert, sondern auch unser aktives Handeln." (ZEKHN 62, Bd. 416/2444 a)

Neben allem anderen versah Niemöller bis zu seiner Pensionierung sein Pfarrersamt, und auch danach stand er vielen, die sich um Hilfe an ihn wandten, mit Rat und Tat zur Seite. Aber seine Hauptsorge galt der Gefahr der atomaren Zerstörung seines Vaterlandes. Er war überzeugt, daß diese Gefahr mit der Zeit nicht ab-, sondern zunahm. „Ich habe immer gesagt, wir seien zu einer amerikanischen Kolonie geworden", bemerkte er einmal. „Jetzt sind wir nur noch ein Munitionslager." (MN/jb) Daher schloß er sich, als zu Beginn der 80er Jahre die westdeutsche Friedensbewegung nach dem Vorbild der britischen Atomwaffengegner zu Ostermärschen aufrief, dieser Initiative freudig an und beflügelte sie durch seine Mitwirkung. In einer Bilanz, die er im Oktober 1981 zog, wertete er die Friedensaktivitäten dieses Jahres als äußerst erfolgreich und schmiedete Pläne für eine Verbreiterung der Basis der deutschen Friedensbewegung, mit dem Ziel, sie zu einer machtvollen außerparlamentarischen Friedenslobby zu machen. (ZEKHN 62, Bd. 821/3795) Wieder einmal stand Niemöller auf der Seite einer opponierenden Minderheit. In einer Predigt zu Ostern 1967 hatte er, nachdem er seine Zuhörer zunächst auf die wachsende Beteiligung an den Ostermärschen in den vergangenen neun Jahren aufmerksam gemacht hatte, die Gelegenheit dieses christlichen Festtages ergriffen und über Vietnam gesprochen. „Vietnam scheint – auch heute noch – ein fernes Land und ein kleines Land zu sein, dessen Schicksal uns wenig angehen mag. Aber die 32 Millionen, die dort seit Jahren und seit Jahrzehnten leiden müssen, sind Menschen wie wir selber, und sie leiden furchtbar und bitter, Männer und Frauen, Greise und Kinder: alles Menschen, die dies Leiden nicht verursacht haben, Menschen, wie wir Alten sie kennenlernten in Polen, in Holland, in Norwegen, in Dänemark, in Frankreich, in Rußland, Menschen, die keinen größeren Wunsch haben, als in Frieden gelassen zu werden und ihre eigenen Angelegenheiten selber zu besorgen." Wie lange, so fragte er, würde es dauern, bis die Menschen in Asien anfingen, die weiße Rasse – russische Sozialisten ebenso wie amerikanische Kapitalisten – als ihren Gegner und Feind zu betrachten? Beim Ostermarsch 1967 rief er zur Beendigung dieses Krieges auf, mit dem niemandem gedient sei und der beiden Seiten nur Unheil bringe.

Niemöller war nicht so übereifrig, zu glauben, daß Abrüstung allein und von sich aus die gefährlichen politischen Spannungen, die auf der Erde herrschten, beseitigen würde. Sie würde jedoch, davon war er überzeugt, das in diesen Spannungen steckende Gefahrenpotential außerordentlich verringern. Als er 1961 von einem

Briefschreiber gefragt wurde, ob er die Hochrüstung für die Hauptursache der politischen Probleme der Gegenwart halte, schrieb er zurück: „Wenn die Hochrüstung auch die gegenwärtigen politischen Probleme nicht erzeugt hat, so hat sie sie doch ganz gewiß vergrößert." Seiner Auffassung nach hätte ein konstruktiver Schritt in Richtung auf einen Abbau der Spannungen zwischen den Nationen in der Errichtung einer entmilitarisierten Zone in Mitteleuropa – die beiden deutschen Staaten eingeschlossen – bestanden. (ZEKHN 62, Bd. 509/2492) Zu Beginn der 80er Jahre machte dem inzwischen fast neunzigjährigen Niemöller die Tatsache große Freude, daß die der Friedensbewegung nahestehende Partei ‚Die Grünen' in Deutschland zunehmenden politischen Zulauf fand – wenngleich er nicht glaubte, daß die Grünen ein programmatisches Universalrezept gegen alle Übel der Gesellschaft finden würden. „Die Friedensbewegung muß sich um die Dinge kümmern, die zum nächsten Schritt gehören", sagte er: „die Neutronenbombe, die Mittelstreckenwaffen und die Raketen. Wenn dies alles in Westdeutschland stationiert wird, müssen wir eine Revolution machen." (MN/jb)

Die Methode, mit der Niemöller seit den 50er Jahren Politik machte, bestand, wie er es 1966 bei der Genfer Weltkonferenz für Kirche und Staat formulierte, darin, „friedlich zu provozieren". 1951, kurz nachdem er mit seinem offenen Brief an Konrad Adenauer diesen so wirkungsvoll provoziert hatte, hatte er seinem Freund Lord Stansgate stolz berichtet: „Im Bonner Parlament mag es auch jetzt noch eine knappe Mehrheit für die Wiederbewaffnung im Rahmen einer Beteiligung an einem westeuropäischen Verteidigungsprogramm geben; aber die Bevölkerung ist dagegen, mindestens zu drei Vierteln." (ZEKHN 62, Bd. 416/2446 a) Dreißig Jahre später, im gleichen Jahr, in dem Niemöller seinen 90. Geburtstag feierte, war es für den Jubilar ein erhebendes Erlebnis, zu sehen, wie 120 000 Demonstranten, zumeist junge Leute, anläßlich eines evangelischen Kirchentages in Hamburg in Anwesenheit von Bundeskanzler Helmut Schmidt und Verteidigungsminister Hans Apel gegen die Stationierung von NATO-Mittelstreckenraketen auf deutschem Boden protestierten.

Der neunzigjährige Niemöller dachte indes nicht daran, kontemplativ zurückzublicken. Im Gegenteil, er sagte: „Mich interessiert nur, was *morgen* passieren könnte und sollte. Ich möchte, daß meine ganze Generation und auch die nachfolgenden für ein besseres Morgen kämpfen, ohne den weiteren Blick dafür zu verlieren, daß nicht nur unser Schicksal auf dem Spiel steht, sondern das der ganzen Menschheit."

15. Porträt eines Menschen

Im Juni 1945 versuchte ein Offizier der US-Armee, für einen amtlichen Bericht eine Skizze der Persönlichkeit Martin Niemöllers anzufertigen. Er kam zu einer Einschätzung, die sich außerordentlich schmeichelhaft anhörte. Nachdem Martin Niemöller den Bericht auf Ersuchen des Verfassers durchgelesen hatte, kommentierte er ihn mit den Worten: „Soweit in Ordnung".

Jeder Versuch, die Persönlichkeit eines Riesen unter den Menschen zu beurteilen, ist zum Scheitern verurteilt. Der besagte Bericht der US-Armee beschrieb Pastor Niemöller als einen „Mann mit hohem Organisationstalent und der Fähigkeit zur zielbewußten Ausführung seiner Vorhaben ... Physisch ist er eine dynamische und motorische Persönlichkeit, erfüllt von einer extremen nervösen Energie und imstande, sich zu einer Frage, so bohrend und bedeutungsvoll sie sein mag, kraftvoll und klar zu äußern. Er bezieht seine Frische und seinen Ansporn aus den Beziehungen zu anderen Menschen." (ZEKHN 62, Bd. 976/3027) Er konnte aber auch entspannt sein, und manchmal überkam ihn inmitten aller seiner Pflichten die Sehnsucht, allem zu entfliehen. „Hier ist alles in Butter, abgesehen von der zu erledigenden Arbeit, wovon mit Sicherheit viel zu viel vorhanden ist", schrieb er 1949 an seinen Freund Richard Stevens, „– wohlgemerkt: für jemanden, der jeden Tag von der glücklichen Faulheit der Hawaiianer träumt." (ZEKHN 62, Bd. 414/2445 e) Aber ohne seine ans Wunderbare grenzende Arbeitsfähigkeit hätte er niemals soviel schaffen können. Noch als 87jähriger funkelte er vor Energie und strahlte eine unwiderstehliche Autorität aus – wie er seine Zigarren rauchte, mir, wenn ich bei ihm zu Besuch war, immer wieder welche aufdrängte, wie er es ablehnte, sich von der BBC interviewen zu lassen, ehe er nicht den Interviewer gut genug kennengelernt hatte, wie er dann bestritt, daß das Ticken der Uhr die Tonaufnahme stören würde, wie er Zeitungen durchstudierte und im *Who's Who* nachschlug, um sich über ein nebensächliches biographisches Detail Gewißheit zu verschaffen. (MN/jb)

Ein offenbar unerschöpflicher Vorrat an Energie zeichnete ihn während seiner gesamten öffentlichen Laufbahn aus. In einen viertägigen Kurzbesuch bei den deutschen protestantischen Kirchen von Nordengland vom 17. bis 21. Oktober 1957 beispielsweise packte er: Predigten in Huddersfield und Wakefield, eine Diskussion mit den Pfarrern von Huddersfield beim Morgenkaffee, ein Mittagessen mit dem Bischof von Bradford, eine Predigt in der Kathedrale von Bradford, einen Besuch bei einer Konferenz der British and Foreign Bible Society in Ilkley, zwei Sonntagsgottesdienste in Bradford und schließlich eine Rede vor den Mitgliedern der Eastbrook Hall Methodist Mission. (ZEKHN 62, Bd. 404/2444)

Bei all dem blieb er stets darauf bedacht, sich auch für Einzelpersonen Zeit zu nehmen, die das Gespräch mit ihm suchten; immer erweckte er dabei den Eindruck, als tue er damit sich selbst den größten Gefallen. 1949 schrieb er dem deutschen Exil-Pfarrer Walter Kurtz, der in England eine Flüchtlingsgemeinde betreute, er würde sich sehr freuen, wenn er bei seinem nächsten England-Besuch mit Kurtz und dessen Pfarrerskollegen Julius Rieger eine Tasse Tee trinken könnte. Er fügte hinzu: „Bitte laden Sie keine fünfzehn Personen ein. Ich trinke meinen Tee viel lieber mit Ihrer lieben Frau, Rieger und Ihnen allein." (Ebd.)

Gefälligkeiten und Dienste, die andere ihm erwiesen hatten, vergaß Niemöller nicht. Ein Jahr, nachdem Richard und Moja Stevens kurz entschlossen in die Schweiz geflogen waren, um ihn aufzumuntern, lebten die Niemöllers noch immer in wenig beneidenswerten Verhältnissen. Aber trotz aller Sorgen vergaß Niemöller in seinen Briefen an Stevens nicht, die Angelrute zu erwähnen, die Richard und Moja damals aus England mitgebracht hatten. „Else befindet sich nicht in allzu guter Verfassung, und wir warten die ganze Zeit auf Jan; wir haben seit mehreren Monaten keine Nachricht von ihm, und ich fange an, daran zu zweifeln, ob wir ihn je wiedersehen werden. Herta und Hermann widmen sich weiterhin ihrem Studium, und wir bekommen alle beide wenig zu sehen; nur der kleine Martin ist ständig bei uns, aber die meiste Zeit unsichtbar als der in Büdingen und Umgebung umherstreifende Angler und Fischer." Wenn sich die Gelegenheit bot, revanchierte Niemöller sich gerne für solche Gefälligkeiten. Im Falle von Richard Stevens mußte er damit bis 1965 warten; in diesem Jahr wurde in Bonn der Beschluß gefaßt, Personen, denen während der Kriegsjahre in Deutschland schwerer Schaden an Leib und Seele zugefügt worden war, eine Entschädigung zu zahlen. Die deutschen Behörden versuchten, den Antrag, den Stevens daraufhin stellte, mit der spitzfindigen Begründung abzuschmettern, daß er nicht im eigentlichen Konzentrationslager inhaftiert gewesen sei, sondern in einem Sonderlager außerhalb des KZ-Geländes. Niemöller konnte zugunsten von Stevens den wahren Sachverhalt bestätigen. (ZEKHN 62, Bd. 414/2445 e)

Egal ob Menschen mit banalen oder gewichtigen Problemen zu ihm kamen, er setzte sich für sie ein. Im Dezember 1959 bat ihn eine Reiseleiterin brieflich, ob er nicht vielleicht für ihre ganze Reisegruppe Karten für das Oberammergauer Passionsspiel besorgen könne. Er versuchte es, aber es klappte nicht. Als ein englischer Bezirkskirchenrat ihn um die Abfassung einer Grußbotschaft für ein geplantes Fest bat, bei dem Geld für Flüchtlinge gesammelt werden sollte, erfüllte Niemöller diesen Wunsch mit der gleichen Bereitwilligkeit, mit der er sich dem Verleger und Chefredakteur der japanischen Zeitung *Iwanami Shoten*, Genzaburo Joshino, für ein Interview zur Verfügung stellte. Die Grußbotschaft für das englische Kirchenfest schrieb Niemöller, da seine Sekretärin an diesem Tag nicht da war, mit eigener Hand auf dem Nachhauseweg und gab sie selbst zur Post.

Unter den Bedingungen eines hektischen Lebens forderte diese Hilfsbereitschaft allerdings auch ihren Preis. Im Mai 1950 schrieb Else an einen Wissenschaftler, der sich darüber beschwert hatte, daß Niemöller seine Briefe nicht beantwortete: „Seit unserer Rückkehr aus England ist sein Leben eine fürchterliche Strapaze. Es fanden in dieser Zeit in Deutschland zwei große Synoden statt, bei denen er maßgeblich mitwirkte; am 2. Mai ist er nach Südamerika abgereist und wird nicht vor dem 3. Juni zurück sein." Sie fügte hinzu: „Ich freue mich sehr auf seine Heimkehr." Martin sei, so schrieb sie, nicht gerne ohne sie gefahren; er mache einen ziemlich ausgelaugten Eindruck und komme mit seiner Arbeit nicht weiter. (ZEKHN 62, Bd. 395/2442 b, 355/2433 c und 416/2446 a)

In seinem Umgang mit anderen, besonders auf der seelsorgerischen und persönlichen Ebene, war Niemöller von einer fast zwanghaften Bescheidenheit. In einem Punkt allerdings legte er eine gleichsam spitzbübische Eitelkeit an den Tag: Er wollte besser informiert sein als andere. „Mein Ehrgeiz ist nur allzu menschlich", sagte er einmal: „mehr zu wissen als die anderen. Es hat mir immer Spaß gemacht, ihnen zu zeigen, daß sie nicht alles wissen."

(MN/jb) Aber ebenso wie er es in der Schule nie nötig gehabt hatte, stets den Eindruck des alles Wissenden und alles Beherrschenden zu erwecken, lag ihm auch später wenig daran, in der Kirchenhierarchie nach irgendwelchen Würden zu streben. „Es gibt keine Würdenträger in der preußischen Kirche", erklärte er gern. „Einen Generalsuperintendenten, ja, aber keinen Erzbischof." Als er nach dem Zweiten Weltkrieg die evangelische Kirche von Hessen und Nassau wiederaufbauen half, strukturierte er sie so demokratisch wie möglich. Die Neigung zu „basisdemokratischen" Strukturen war ihm schon früh eingepflanzt worden. Auf dem Gymnasium hatte ein Klassenkamerad namens Herbert Loewen ihm erzählt, er sei letzten Sonntag von seinem eigenen Vater, einem Laien, getauft worden. „So eine Art von Kirche lag mir", sagte er später: „frei, aber an gewisse Regeln und Normen gebunden – wie es auch bei einer Familie sein muß." Er ging sogar noch weiter: „Wir brauchen im Christentum einen gesunden Antiklerikalismus, wenn die Christenheit intakt bleiben soll", meinte er. Quaker wie Fox und Penn, die sich aus Überzeugung weigerten, vor weltlichen Machthabern den Hut zu ziehen, hatten seiner Überzeugung nach etwas Wichtiges vollbracht: zwar „nicht die Erfüllung des Evangeliums, aber eine Korrektur an einem Evangelium, das hoffnungslos deformiert war". (MN/jb)

Es kostete Niemöller etliche Zeit, für sich selbst mit der Frage der legitimen Autorität in der Gesellschaft, im Staat und auch in der Kirche klarzukommen. „In uns Deutschen sitzt diese Vorstellung fest, daß die Gesellschaft hierarchisch geordnet sein muß", erläuterte er. „Gerade vor vier Wochen hatte ich eine Begegnung mit einem General. Er war halb so alt wie ich, aber als ich ihn erblickte, hatte ich augenblicklich das Gefühl, strammstehen zu müssen. Es ist ein tiefsitzendes Gefühl, keine rationale Reaktion, denn Autorität muß *gelebt* werden – sie fließt nicht aus einem Amt."

Niemöller wagte sogar die Vermutung, eins der Hauptprobleme im Umgang mit Hitler habe darin bestanden, das eingewurzelte Gefühl zu überwinden, daß der „Führer" als Inhaber eines so hohen Staatsamtes einfach auch persönliche Autorität besitzen müsse. „Ich war ein kleiner Subalterner unter 60 Millionen Deutschen", erklärte Niemöller. „Wer war ich, daß ich das Wort an einen richten durfte, der 60 Millionen Deutsche repräsentierte?" Er fügte hinzu: „Mit der Erfahrung von neunzig Lebensjahren auf dem Buckel würde ich, wenn ich den gleichen Kampf noch einmal durchfechten müßte, vielleicht wesentlich respektloser auftreten." (MN/jb)

Der Kampf gegen den Rassismus im Dritten Reich und danach führte Niemöller zu der Überzeugung, daß alle Menschen von Natur aus gleichwertig sind. Wie er es 1959 ausdrückte: „Die Rassen sind verschieden. Sie unterscheiden sich voneinander, aber in den Augen Gottes hat sicherlich jedes menschliche Wesen denselben Wert ... So etwas wie ein Ungeheuer oder einen Übermenschen gibt es nicht." (ZEKHN 62, Bd. 821/3795) Niemöller wäre es nie in den Sinn gekommen, sich selbst als einen Helden zu betrachten. Und er glaubte sicherlich keinen Augenblick daran, daß die vielen Auszeichnungen, die er erhielt – der Lenin-Friedenspreis, die begehrte Bronzemedaille der Universität von New York (verliehen an „Martin Niemöller, den unerschrockenen Kirchenmann") – auch nur annähernden Aufschluß darüber gaben, was für ein Mensch er war. Trotz aller Ehrendoktorhüte blieb ihm die Anrede „Pastor Niemöller" zeitlebens die liebste.

Auf seine Briefpartner und noch mehr auf seine Gesprächspartner machte er gleichwohl einen tiefen Eindruck. 1981 fragte ich in einem Würzburger Buchladen nach einigen seiner Schriften. Das Gesicht des Inhabers hellte sich auf, und er begann mir von einem Besuch zu erzählen, den Niemöller ihm 35 Jahre zuvor im Kriegsgefangenenlager Ripon gemacht hatte.

Die Wirkung, die Niemöller auf andere ausübte, beruhte sicherlich zum Teil auf seiner Überzeugungskraft und seiner Fähigkeit, sich der Nöte und Bedürfnisse der anderen anzunehmen. Daß er es verstand, stets die provozierendsten Worte zu finden, wenn er sich mit einem Widersacher auseinandersetzte, hatte auch einen – zumindest für den nichtbetroffenen Beobachter – positiven Aspekt: Seine Polemik war von beträchtlichem Witz. Dank seiner Sprachbegabung verstand er es, sowohl amerikanisches als auch britisches Englisch zu sprechen (so bereitete ihm beispielsweise die Unterscheidung zwischen „railroad" und „railway" keinerlei Schwierigkeiten). Wenn er im Gespräch einen gelungenen Scherz anbrachte, konnte man darauf warten, daß sogleich noch ein besserer nachkam. Er hatte Spaß daran, sich über sich selbst lustig zu machen – „Im Deutschen haben wir ein Sprichwort: ‚Kalter Kaffee macht schön.' Deshalb trinke ich immer die erste Hälfte einer Tasse Kaffee warm und lasse den Rest kalt werden.")

Ein Nebenprodukt seines Witzes war, daß er seine Zeitgenossen auf treffliche Weise zu charakterisieren wußte – besonders die, mit denen er hin und wieder aneinandergeriet. „Der größte Augenblick im Leben von Dibelius", sagte er einmal, „war, als er abgesetzt und zum Vikar von Jacobi degradiert wurde. Er ließ es sich einfach gefallen." Darin offenbarte sich nach Überzeugung Niemöllers ein grundlegender Unterschied zwischen den beiden Männern. „Ich hätte mir so etwas einfach nicht gefallen lassen, nicht einmal in meiner Zeit als Matrose. Ich konnte nicht anders, als jeden Befehl kritisch zu prüfen und nach seinem Sinn zu fragen – es gab allerdings auch Kapitäne, denen ich gehorchte, weil ihre Befehle völlig einleuchtend waren."

Um eine Charakterisierung Hanns Liljes gebeten, mit dem er besser auskam als mit Dibelius, sparte Niemöller auch nicht mit Selbstironie: „Hanns Lilje war zehn Jahre jünger als ich", erklärte er. „Wenn man einen anderen immer als einen jungen Mann betrachtet, neigt man dazu, zu denken: Wenn er nur deine Erfahrung hätte, wäre er anderer Ansicht! Als ich dreißig war, war Lilje in der christlichen Studentenbewegung tätig. Ich war schon Pfarrer, als er noch studierte, und hatte schon meine Marinelaufbahn hinter mir." Weiter erzählte Niemöller: „Lilje war der Nachfolger von Bischof Marahrens, dessen Ziehkind und Vikar er war; er teilte die Auffassungen von Marahrens überhaupt nicht, aber er verstand es die ganze Zeit über, Marahrens dies nicht merken zu lassen. Das war Liljes politische Begabung. Er konnte einen glauben machen, daß er mit einem übereinstimmte. Er konnte es so einrichten, daß Meinungsverschiedenheiten nicht zum Ausbruch kamen, solange es nicht absolut notwendig war." (MN/jb)

In dieser Beziehung unterschied Lilje sich deutlich von Niemöller, der niemals und vor niemandem seine abweichende Meinung für sich behielt, wenn er auch darauf achtete, Freundschaften, die ihm teuer waren, nicht an politischen Gegensätzen kaputtgehen zu lassen. (Als beispielsweise Richard Stevens einen Posten in der Eisenhower-Administration übernahm, bat Niemöller seinen alten Dachauer Freund, es ihm nicht persönlich übelzunehmen, wenn er sich mit dem US-Präsidenten anlegte. [ZEKHN 62, Bd. 414/2445 e]) Gleichwohl kam es häufig vor, daß Niemöller sich infolge politischer Differenzen mit Leuten entzweite, die bis dahin seine Freunde gewesen waren. Oft und von vielen wurde ihm geraten, sich zu entscheiden, ob er Pastor oder Politiker sein wollte; darauf pflegte er zu antworten: „Christus ist das Gewissen nicht nur der

Kirche, sondern auch der Nation." Er machte die Erfahrung, daß die Politiker nur zu gerne und zu rasch die Forderungen der Moral über Bord warfen. In den Nachkriegsjahren, als er, mit Else an seiner Seite, jahrelang um materielle Hilfen für ein hungerndes Deutschland kämpfte, hatte der stellvertretende Generalsekretär des im Aufbau begriffenen Weltkirchenrates, Oliver Tomkins, einmal eingeräumt, daß „politische Erwägungen vieles von dem, was wir gerne tun würden, behindern". (ZEKHN 62, Bd. 410/2443 b) In einer für die Zukunft der Menschheit so entscheidenden Epoche machte sich seiner Überzeugung nach eine Kirche, die sich politisch in Schweigen hüllte, eines schweren Pflichtversäumnisses schuldig. „Inmitten einer Welt voller Angst ist die Versuchung für uns groß, eine Kirche voller Angst zu werden, eine Kirche ohne wirklichen Glauben, eine Kirche, die zuerst an ihre eigene Sicherheit denkt." (ZEKHN 62, Bd. 407/2444 c) Dieser Versuchung gab Niemöller zu keiner Zeit nach, trotz der Angriffe, die er wegen seines Eintretens für seine Überzeugungen einstecken mußte. Wenn er anderen ihre Macht streitig zu machen suchte, so nie in der Absicht, sich selbst mehr Macht anzueignen. Er vertrat nach 1945 kontinuierlich den Standpunkt, daß die Großmächte auf einige der globalen Kompetenzen, die sie sich angemaßt hatten, verzichten müßten. Dahinter stand der Wunsch nach einer besseren „Weltregierung", als die Großmächte sie praktizierten. 1951 forderte er, die Besatzungsmächte sollten sich aus Deutschland zurückziehen, so daß das Land sich, unter Überwachung der Vereinten Nationen, wieder selbst regieren könne. So unzulänglich die UNO in vieler Beziehung auch sein mochte, als Vormund für Deutschland eignete sie sich seiner Ansicht nach immer noch besser als die sogenannten Großmächte, die ausschließlich an ihre eigenen Interessen dachten. 1966 äußerte er, getrieben von dem Wunsch, eine Lösung für die Probleme der leidgeprüften indochinesischen Völker zu finden, den Wunsch, die Vereinten Nationen sollten sich in die dortige Entwicklung einschalten, denn: „Mein bestimmter Eindruck ist der, daß keine staatliche Regierung und kein Volk in Indochina jemals in Verhandlungen mit den USA eintreten wird." Dies mochte unfreundlich gegenüber den Amerikanern klingen, aber es war Niemöllers wohlüberlegte Meinung zu einer Zeit, als er der Überzeugung war, daß „der Stundenzeiger der Geschichte viel weiter vorgerückt ist, als wir es bisher geglaubt haben". (ZEKHN 62, Bd. 506/2491)

Ebenso wie einzelne Menschen, konnten, so glaubte Niemöller, auch Völker und Staaten habgierig werden; die Deutschen unter Hitler hatten ein Beispiel dafür gegeben, und die von den USA verkörperte und nach Europa exportierte Lebensauffassung leistete in seinen Augen einer solchen Entwicklung Vorschub. Er wurde immer mehr zum Kritiker eines „Europa der Reichen", wie er es nannte. Er hielt zwar nach wie vor an der Hoffnung auf einen vereinigten europäischen Staatenbund vom Atlantik bis an den Ural fest, verlor jedoch den Glauben daran, daß eine solche Union jemals organisch aus der europäischen Wirtschaftsgemeinschaft in ihrer bestehenden Form hervorgehen könnte. (MN/jb)

Nachdem er einmal den engen Zusammenhang zwischen dem Rassismus und der Ausbeutung der Armen dieser Erde erkannt hatte, begann Niemöller in den 70er Jahren die Wirtschaftspolitik des Westens zu attackieren. „Die Front der Reichen muß zerbrochen werden", erklärte er 1977. „Eine brüderliche Menschheit ist zu bauen." Es war eine christliche Erkenntnis, aber, wie so viele politischen Einsichten Niemöllers, eine eher unbequeme.

Niemöller selbst machte eine lange und beschwerliche politische Bewußtseinsentwicklung durch, ehe er für sich endgültig festlegte, wo er vor Gott stand. Die Erfahrungen der Hitlerzeit, die Erfahrungen der Nachkriegszeit und schließlich die Einsicht in das, was den Völkern dieser Welt und der Menschheit als Ganzes nottat, all dies waren wichtige Etappen dieser seiner Entwicklung. Als er 1934 *Vom U-Boot zur Kanzel* schrieb, wußte er noch nichts über Urheberrechte, so daß in England 1936 praktisch ohne sein Zutun eine Übersetzung des Buches herauskam. (MN/jb) Er schrieb für diese Ausgabe dann allerdings ein Vorwort, in dem er von seinen Gebeten für die Erhaltung des Friedens zwischen Deutschland und Großbritannien berichtete. Hugh Machnaghten kaufte das Buch für seine bemerkenswerte Sammlung von Kriegsliteratur im Eton College. Es war Machnaghtens Gepflogenheit, jedes Buch, das er ankaufte, dem Autor zuzuschicken, mit der Bitte um Signierung und um eine kurze und prägnante Zusammenfassung der „Botschaft", die das Werk vermitteln sollte. Zu dem Zeitpunkt, als *From U-Boat to Pulpit* (So der Titel der englischen Ausgabe des Buches) nach Deutschland geschickt wurde (1937), saß der Verfasser in Haft. Das Buch kam nach Eton zurück und wurde dort mit dem Vermerk abgelegt: „Keine Signatur erhältlich."

1983 nahm ich das Eton-College-Exemplar von *From U-Boat to*

Abb. 9: Niemöller bei einem Vortrag auf dem Vereinigungskongreß der Deutschen Friedensgesellschaft-Internationale der Kriegsdienstgegner-Verband der Kriegsdienstverweigerer am 24. November 1974

Pulpit nach Deutschland mit, in der Hoffnung, nun endlich die Signatur und die „Botschaft" des Autors besorgen zu können. Am 2. Februar schrieb Martin Niemöller in seinem ungekünstelten Englisch diesen Text in das Buch ein: „With my kindest greetings and best wishes to Eton College, which I came to know from outside only, when I saw it from the height of Windsor Castle in 1908, a boy of 16. The next time was in the fifties when we members of the World Council of Churches were presented to the Queen and then – a last time – at the last day of the Aldermaston march! Martin Niemöller." (ECMN)

Diese Bemerkungen lassen ahnen, daß Niemöllers Weltkriegs-Memoiren aus dem Jahr 1934, für sich allein gelesen, ein völlig irreführendes Bild des Menschen vermitteln würden, zu dem er sich in der Folge entwickelte. 1938 gab A. S. Duncan-Jones der von ihm herausgegebenen erweiterten Fassung des Buches den Titel *From U-Boat to Concentration Camp.* Wollte man heute nochmals eine aktualisierte Fassung herausbringen, müßte man sie wohl *Vom U-Boot-Kämpfer zum Pazifisten* nennen.

Rudimentär fand sich der spätere Niemöller allerdings auch schon in dem Buch aus dem Jahr 1934, vor allem dort, wo er über die Einflüsse schrieb, die ihn in seiner Kindheit und Jugend geprägt hatten. „Es wird mir zunehmend klarer", schrieb er an einer Stelle, „wie stark die ersten Eindrücke aus meiner frühen Kindheit im elterlichen Pfarrhaus in Lippstadt sich meinem Gedächtnis eingeprägt haben und wie sehr ihr Einfluß auf mich im Laufe der Jahre zunimmt." Sein Arbeitszimmer zierten, neben einem Schiffsmobile, einigen Fotografien, die ihn in Kadetten- und Offiziersuniform zeigten, und jenem letzten Bild von Else und ihm, ein Porträt seines Vaters und ein Foto, das Martin als Schuljungen zeigte. Er, der sich der wichtigen prägenden Funktion einer intakten christlichen Familie bewußt war, versuchte, so gut es unter den äußerst ungünstigen Bedingungen der Hitlerjahre eben ging, seine eigenen Kinder in den Genuß dieser Erfahrung kommen zu lassen.

Nathaniel Micklem, der von 1932 bis 1953 dem Oxforder Mansfield College vorstand, schrieb einmal: „Wenn Martin Niemöller uns in Oxford besuchen kam und ich unabkömmlich war, konnte ich sicher sein, daß er sich, mit unseren Kindern alleingelassen, bestens unterhielt. ‚Denn ihrer ist das Himmelreich.' " Wie sehr Martin Niemöller an seinen sieben Kindern hing, läßt sich an den Briefen ermessen, die er aus dem Zuchthaus Moabit an die Familie schrieb. Am 4. Januar 1938 sandte er aus seiner Zelle „einen herzlichen Kuß" an Else „und sieben zum Weitergeben an die junge Niemöller-Generation: *vivat, crescat, floreat*!" Bevor er wieder ein freier Mann wurde, starben zwei der sieben. Else und Martin entschlossen sich, an ihrer Stelle noch zwei Kinder anzunehmen. „Mein jüngster Sohn war erst zehn, als ich zurückkam", erinnerte sich Niemöller. „Er und unser Adoptivsohn wuchsen zusammen auf. Wir nahmen dann noch eine Pflegetochter, das Kind einer Berliner Witwe, deren Mann in Rußland verschollen war. So gibt es in unserer Familie doch wieder sieben Kinder." (MN/jb)

Er genoß das Familienleben, und 1971 heiratete er wieder. Sybil von Sell kannte Martin Niemöller schon seit ihrer Schulzeit. Sie teilte seinen Glauben. Sie teilte auch seine Vorliebe für guten Wein („Ich mag französisches Essen und deutschen Wein – früher hatten wir eine Vorliebe für französisches Essen und englische Hygiene", bramarbasierte er, „und ich kriege meinen Kaffee nicht hinunter, bevor ich mir nicht mit einem Schluck Sekt die Kehle geöffnet habe"), und sie teilte auch seine Liebe zum amerikanischen Musical. Seine erste Operette – *Frau Luna* – sah Niemöller im Jahr 1909. Bei keinem seiner Besuche in New York versäumte er es, sich ein

Musical anzusehen, am liebsten *My Fair Lady.* („Ich habe es, ich weiß nicht wie oft, gesehen", erzählte er fröhlich, „und kriege nie genug davon.") Als ich ihn fragte, weshalb er das Amt eines Auslandsbeauftragten der Kirche übernommen habe, wo dies doch nach seinem eigenen Bekunden von vornherein ein großer Fehler gewesen sei, antwortete er mit einem gesungenen Zitat aus dem Musical *Oklahoma*: „I'm just a girl who can't say no." (MN/jb)

Was seinen christlichen Glauben betrifft, so bekam er ihn zwar sozusagen in die Wiege gelegt, aber ganz zweifellos entwickelte dieser Glaube sich unter dem Einfluß Karl Barths weiter. Barth schärfte sein Bewußtsein für die feinen Unterschiede zwischen den verschiedenen protestantischen Bekenntnissen – wobei Niemöller allerdings diese Unterschiede nie für allzu bedeutsam hielt und einmal sogar erzählte, daß er in den frühen Jahren ihrer Zusammenarbeit nicht gewußt habe, daß er ein Lutheraner, Barth aber ein Calvinist war. Er und Barth machten oft Witze übereinander, ungeachtet dessen, daß sie sich in den meisten Grundsatzfragen einig waren. An Niemöllers 60. Geburtstag erzählte Barth: „Vor nicht allzu langer Zeit verliefen Gespräche zwischen Martin Niemöller und mir wie folgt. Barth: ‚Martin, ich wundere mich, daß du trotz der wenig systematischen Theologie, die du getrieben hast, doch fast immer das Richtige triffst!' Niemöller: ‚Karl, ich wundere mich, daß du trotz der vielen systematischen Theologie, die du getrieben hast, fast immer das Richtige triffst!' "

Was Niemöller nach eigener Aussage von Barth lernte, war, „die einfache Formel zu finden". (MN/jb) Ein britischer Schulrektor schrieb Niemöller 1948, um ihm zu berichten, wie sehr seine Schüler ihn wegen seines Widerstandes gegen Hitler bewunderten; er bat ihn, „uns in einer Zeile mitzuteilen, wie Sie die Kraft zu diesem Widerstand gefunden haben". Niemöller zitierte in seiner Antwort ein im 6. Kapitel, Vers 34, des Matthäus-Evangeliums berichtetes Jesus-Wort („Darum sorget nicht für den andern Morgen; denn der morgende Tag wird für das Seine sorgen. Es ist genug, daß ein jeglicher Tag seine eigene Plage habe.") Er habe versucht, die Angst vor dem, was kommen mochte, zu verdrängen, und einfach gebetet, daß Gott ihm die Kraft verleihen möge, jeden neuen Tag zu überstehen, und dieses Gebet sei stets erhört worden. Er fügte hinzu: „Es ist eine ganz einfache Wahrheit ... wie überhaupt im christlichen Leben im Grunde alles sehr einfach ist." (ZEKHN 62, Bd. 419/2447) Er war zu der Einsicht gekommen, daß die „Deutschen Christen“, die er in den 30er Jahren bekämpft hatte, gerade das zentrale und dabei so schlichte Element, das ihm am wichtigsten war, aus dem Christentum hatten eliminieren wollen. Ihre Lehren und Hitlers eigenes „positives Christentum“ hätten sich, wie er 1953 einem amerikanischen Briefpartner erklärte, „zu etwas entwickelt, worin nur noch sehr wenig Platz für Jesus Christus übrig war, und in der Folge zu einer Bewegung, aus der Christus ausgeschlossen und verbannt wurde“. Am Ende dieser Entwicklung sei die nackte Vergötterung eines Volkes anstelle von Jesus Christus gestanden. (ZEKHN 62, Bd. 505/2488) Karl Barth hatte ihm klargemacht, daß es auf die Frage: „Was hältst du von den Nationalsozialisten?“ nur eine Antwort gab: „Es gibt nur einen, auf den wir hören.“ (MN/jb)

Niemöller blieb ein Mann des Gebets. Als er sich 1968 aus der Synode von Hessen und Nassau zurückzog (deren einfaches Mitglied er nach seinem Rücktritt als Kirchenpräsident geworden war), erklärte er, diese Synode sei eine Versammlung von Christen gewesen, weil in ihr „die Leute miteinander gesprochen – und auch miteinander gebetet – haben“. Er behauptete allerdings nie, nennenswerte mystische Erfahrungen gemacht zu haben (ungeachtet seiner Empfänglichkeit für die „orientalische“ Religiosität der Russisch-Orthodoxen), und ebensowenig beanspruchte er, irgendwelche esoterischen christlichen Erkenntnisse zu besitzen. Seine Überzeugung von einem Leben nach dem Tode nährte sich ausschließlich aus seinem Glauben. 1959 schrieb die Witwe von Captain A. Hunter, einem der britischen Widersacher Niemöllers im Ersten Weltkrieg, dem Ex-U-Boot-Kapitän einen Brief. Er antwortete ihr: „Wir sehen uns hoffentlich in einer besseren Welt wieder, in der unser Heiland als Friedensfürst regiert.“ (ZEKHN 62, Bd. 410/2445 a)

Captain Hunters Witwe machte keinerlei Anstalten, zu suggerieren, daß sie mit ihrem verstorbenen Mann in Kontakt getreten sei; aber andere, die an Niemöller schrieben, berichteten von derartigen Erlebnissen. Im April 1953 erläuterte er in seiner Antwort an eine dieser Briefschreiberinnen ausführlich, wie er über diese Dinge dachte. „Leider muß ich sagen, daß ich spirituelle Erfahrungen dieser Art nie gehabt habe und nicht kenne“, schrieb er. „Daher vermag ich Ihren Gedanken und Ausführungen nicht zu folgen.“

„Ich muß mich, wie viele schlichtere Geister, einfach mit der Bibel und der Botschaft Jesu Christi begnügen, und ich habe auch nicht das Gefühl, daß es mir deswegen an irgend etwas fehlt. Ich bin auch durchaus willens, mich in diesem Leben weiterzuplagen und mit Zuversicht darauf zu warten, daß man mir Augen gibt, zu sehen, solange mir Ohren gegeben sind, in diesem jetzigen Leben zu hören, so daß ich erkennen kann, wie Christus mich in Gestalt meiner Mitmenschen besucht und mich fragt, ob ich ihn erkenne. Wo immer das geschieht, vermisse ich wirklich nichts und habe ein volles Tagewerk vor mir." (ZEKHN 62, Bd. 420/2447 a)

Am 6. März 1984 ist Martin Niemöller in seinem Wiesbadener Haus gestorben.

Auswahlbibliographie

Artikel, Aufsätze, Broschüren:

Anonymus (Hanns Lilje): Suspendierung-Aufhebung-Suspendierung-Aufhebung, in: Junge Kirche (Göttingen), 1. Jg., 1. Dez. 1933, 348–64

Bentley, James: British and German High Churchmen in the Struggle against Hitler, in: Journal of Ecclesiastical History, 23, 1972, 233–49

– The most irresistible temptation, in: The Listener, Bd. 100, Nr. 2586 v. 16. Nov. 1978, 635–7

Church of England Council on Foreign Relations: Survey on the Affairs of the Continental Churches, Mai 1934

– Second Survey on the Affairs of the Continental Churches, Nov. 1935

– Third Survey on the Affairs of the Continental Churches, März 1936

– Fourth Survey on the Affairs of the Continental Churches, Juni 1937

Conway, John S.: The Struggle for Peace Between the Wars, in: The Ecumenical Review (Genf), 35, 1983, 25–40

Lilje, Hanns: Laßt uns Kirche sein!, in: Junge Kirche, 1. Jg., 19. Okt. 1933, 224–6

Meier, Kurt: Kirchenkampfgeschichtsschreibung, in: Theologische Rundschau, N.F. 46. Jg., H. 1, März 1981, 19–57; H. 2, Mai 1981, 101–48; H. 3, Sept. 1983, 237–78

Niemöller, Martin: Auch „Deutsche Christen" wählen „Evangelium und Kirche", in: Junge Kirche, 1. Jg., 20. Juli 1933, 67

– Die Jungreformatorische Bewegung und die Kirchenpolitik. 16 Thesen, in: Junge Kirche, 1. Jg., 24. August 1933, 99–101

– Eine zweite Antwort, in: Junge Kirche, 1. Jg., 12. Juli 1933, 57–58

– mit Karl Lücking: Eingabe westfälischer Pfarrer, in: Junge Kirche, 1. Jg., 17. Juli 1933, 51–52

– Gott der Herr über Kirche und Volk, in: Stimme der Gemeinde (Berlin-Steglitz) Nr. 16, 1936, 157–65

– Kirche? – Kirche! Ein Wort zur Stunde ernster Entscheidung, in: Junge Kirche, 2. Jg., 20. Feb. 1934, 39–143

– mit Walter Künneth und Hanns Lilje: Kundgebung der Jungreformatorischen Bewegung, in: Junge Kirche, 1. Jg., 17. Juli 1933, 45–7

– Missionierende Kirche, in: Stimme der Gemeinde, Nr. 16, 1936, 6–15

– Predigt über Lucas 12, 15–21, in: Junge Kirche, 1. Jg., 19. Okt. 1933, 221–4

– Sätze zu Arierfrage in der Kirche, in: Junge Kirche, 1. Jg., 2. Nov. 1933, 269–71

– Zur grundsätzlichen Beurteilung der kirchlichen Lage, in: Junge Kirche, 1. Jg., 1. Dez. 1933, 344–6

Niemöller, Wilhelm: Martin Niemöller, in: Junge Kirche, Dez. 1981, 573–8

Robbins, K.: Martin Niemöller, the German Church Struggle, and English Opinion, in: Journal of Ecclesiastical History, 21, 1970, 149–70

Bücher

Abosch, Heinz: L'Allemagne sans miracle. D'Hitler à Adenauer, Paris 1960
Barth, Karl und Kittel, Gerhard: Ein theologischer Briefwechsel, Stuttgart 1934
Batten, J.R.: The Bible in Dachau, 1951
Beckmann, J., Mochalsky, H. u.a. (Hg.): Bekennende Kirche. Martin Niemöller zum 60. Geburtstag, München 1952
Bentley, James: Between Marx and Christ, London 1982
Berger, Claus und Neureuther, Karl (Hg.): U-Boat stories, übers. v. E. Sutton, 1931
Bethge, Eberhard: Dietrich Bonhoeffer, München 1967
Bloch, Ernst: Gesamtausgabe, Bd. 11: Politische Messungen, Pestzeit, Vormärz, Frankfurt a.M. 1976
Bonhoeffer, Dietrich: Gesammelte Schriften, München 1958
– Widerstand und Ergebung. Briefe und Aufzeichnungen aus der Haft, hg. v. Eberhard Bethge, Neuausg. München 1970
Bosanquet, Mary: The Life and Death of Dietrich Bonhoeffer, 2. Aufl. London 1969
Brüninghaus, Willi: Die politische Zersetzung und die Tragödie der deutschen Flotte, Berlin 1926
Busch, Eberhard: Karl Barths Lebenslauf. Nach seinen Briefen und autobiographischen Texten, 3. Aufl. München 1978
Carr, W.G.: By Guess and By God, 1930
Cochrane, Arthur C.: The Church's Confession under Hitler, 2. Aufl. Pittsburgh 1976
Conway, John S.: Die nationalsozialistische Kirchenpolitik 1933–1945. Ihre Ziele, Widersprüche und Fehlschläge. Dt. Übers. v. Carsten Nicolaisen, München 1969
Cornelissen, Peter: Die Hochseeflotte ist ausgelaufen, München 1930
Dibelius, Otto: Ein Christ ist immer im Dienst. Erlebnisse und Erfahrungen in einer Zeitenwende, Stuttgart 1961
Duncan-Jones, Arthur Stuart: The Struggle for Religious Freedom in Germany, London 1938
Ehrenberg, Hans P.: Autobiography of a German Pastor, London 1943
Freiwald, Ludwig: Die verratene Flotte. Aus den letzten Tagen der deutschen Kriegsmarine, München 1931
– U-Boots-Maschinist Fritz Kaster, München 1933
Glenthoj, Jorgen (Hg.): Dokumente zur Bonhoeffer-Forschung 1928–1945 (Die Mündige Welt V), München 1969
Gordon, Harald J. Jr.: Hitlerputsch 1923. Machtkampf in Bayern, 1923–24, dt. Übers. v. Hans Jürgen Baron v. Koskull, 2. Aufl. München 1978
Greschat, Martin (Hg.): Die Schuld der Kirche, München 1982

Gutteridge, Richard: Open Thy Mouth for the Dumb! The German Evangelical Church and the Jews, Oxford 1976
von Hase, Georg: Der deutsche Sieg vor dem Skagerrak, Berlin/Leipzig 1926
– Kiel and Jutland, übers. v. A. Chamber und F. A. Holt, 1928
von Hassel, Ulrich: Vom anderen Deutschland. Aus den nachgelassenen Tagebüchern 1938–1944, 2. Aufl. Zürich/Freiburg i. Br. 1946
Haushagen, Ernst: U-Boote Westwärts. Meine Fahrten um England 1914–1918, Berlin 1931
Hebly, J. A.: The Russians and the World Council of Churches, Belfast 1978
Henderson, Nevile: Fehlschlag einer Mission. Berlin 1937–1939, Zürich 1940
Herbert, Karl und Lembeck, Otto (Hg.): Christliche Freiheit im Dienst am Menschen. Zum 80. Geburtstag von Martin Niemöller, Frankfurt a. M. 1972
Herman, Stewart W.: The Rebirth of the German Church, mit e. Einl. v. Martin Niemöller, London 1946
von Herwarth, Hans: Zwischen Hitler und Stalin. Erlebte Zeitgeschichte, 1931–45, Frankfurt a. M. 1982
Hildebrandt, Franz: Pastor Niemöller and his Creed, 1939
Hitler, Adolf: Mein Kampf, 5. Aufl. München 1930
Hopman, Albert: Das Kriegstagebuch eines deutschen Seeoffiziers, Berlin 1925
Kagelmann, Paul: Unterseeboots-Minenleger im Weltkrieg, Berlin 1934
Kittel, Gerhard: Die Judenfrage, Stuttgart 1933
Kloppenburg, Heinz u. a. (Hg.): Martin Niemöller. Festschrift zum 90. Geburtstag, Köln 1982
Koch, Diether: Heinemann und die Deutschlandfrage, München 1972
Köppen, Paul: Die Überwasserstreitkräfte und ihre Technik, Berlin 1930
Lauterbach, Julius: 1000£ Kopfpreis – tot oder lebendig, Berlin 1918
Marder, Arthur J.: From the Dreadnought to Scapa Flow, Bd. 5: 1918–1919, London 1970
Meier, Kurt: Der evangelische Kirchenkampf, Bd. 1, Göttingen 1976
– Die deutschen Christen, Göttingen 1964
– Kirche und Judentum, Halle 1968
Micklem, Nathaniel: The Box and the Puppets, 1957
Mochalski, Herbert u. a. (Hg.): Der Mann in der Brandung. Ein Bildbuch um Martin Niemöller, Frankfurt a. M. 1962
Neu, Heinrich: Die revolutionäre Bewegung auf der deutschen Flotte 1918–1919, Stuttgart 1930
Neumann, Peter: Die Jungreformatorische Bewegung, Göttingen 1971
Niemöller, Martin: Ansprache an die Vertreter der Bekennenden Kirche in Frankfurt am Main am 6. Jan. 1946, Zürich 1946
– Briefe aus der Gefangenschaft Moabit, hg. v. Wilhelm Niemöller, Frankfurt a. M. 1975
– Das Bekenntnis der Väter und die bekennende Gemeinde, München 1934
– Dennoch getrost. Die letzten 28 Predigten des Pfarrers Martin Niemöl-

ler vor seiner Verhaftung, gehalten 1936/37 in Berlin-Dahlem, Zürich 1939
– Die Staatskirche ist da!, Wuppertal-Barmen 1936
– Ein Briefwechsel statt einer Antwort, Ein Wort zur kirchlichen Lage, Berlin 1936
– Eine Welt oder keine Welt. Reden 1961–1963, Frankfurt a. M. 1964
– Facing Jesus Christ, hg. v. M. Maertens, London 1966
– First Commandments, mit e. Vorw. v. James Moffart, London 1937
– Martin Niemöller und sein Bekenntnis. Hg. v. Schweizerischen Evangelischen Hilfswerk für die Bekennende Kirche in Deutschland, o. O. 1938
– Not und Aufgabe der Kirche in Deutschland, Stuttgart 1946
– Pfarrer Niemöller D. D. an die Göttinger Studenten, Göttingen 1946
– Reden 1945–1954, Darmstadt 1958
– Reden 1958–1961, Frankfurt a. M. 1961
– Reden, Predigten, Denkanstöße, 1964–1976, Köln 1977
– Vom U-Boot zur Kanzel, Berlin 1934
– Was will die Bekennende Kirche?, Berlin 1934
– Was würde Jesus dazu sagen? Reden-Predigten-Aufsätze 1937 bis 1980, Berlin 1982
– mit Otto Dibelius: Wir rufen Deutschland zu Gott, Berlin 1937
– ... zu verkündigen ein gnädiges Jahr des Herrn!, München 1946
Niemöller, Wilhelm: Bekennende Kirche in Westfalen, Bielefeld 1952
– Die dritte Bekenntnissynode der Deutschen Evangelischen Kirche zu Augsburg, Göttingen 1969
– Die Preußensynode zu Dahlem, Göttingen 1975
– Kampf und Zeugnis der Bekennenden Kirche, Bielefeld 1948
– Kirchenkampf im Dritten Reich, Bielefeld 1946
– Macht geht vor Recht. Der Prozeß Martin Niemöllers, München 1952
– Martin Niemöller. Ein Lebensbild, München 1952
Nygren, Anders: The Church Controversy in Germany, London 1934
Payne Best, Sigismond: The Venlo Incident, 1950
von und zu Peckelsheim, Freiherr: Kriegstagebuch „U 202“, Berlin 1918
Reimers, Karl Friedrich: Lübeck im Kirchenkampf des Dritten Reiches, Göttingen 1965
von Reuter, Ludwig: Scapa Flow. Das Grab der deutschen Flotte, 2. Aufl. Berlin/Leipzig 1921
Rupp, E. Gordon: I seek my brethren, London 1975
Scheer, Reinhold: Deutschlands Hochseeflotte im Weltkrieg, Berlin 1920
Schmidt, Dietmar: Martin Niemöller, Hamburg 1959
Schmidt, Jürgen: Martin Niemöller im Kirchenkampf, Hamburg 1971
Schneider, H.: Die letzte Fahrt des kleinen Kreuzers „Dresden“, Berlin/Leipzig 1926
Scholder, Klaus: Die Kirche und das Dritte Reich, Bd. 1, Frankfurt a. M. 1977
Schultz, Paul: Im U-Boot durch die Weltmeere, Berlin/Leipzig 1926
Smith-von-Osten, Annemarie: Von Treysa 1945 bis Eisenach 1948, Göttingen 1980

Speer, Albert: Spandauer Tagebücher, 3. Aufl. Frankfurt a. M. 1975
Spiess, Johann: Six Ans de Croisieres en sous-marin, Paris 1927
Spotts, Frederic: Kirchen und Politik in Deutschland, Stuttgart 1976
Stählin, Wilhelm: Via Vitae. Lebenserinnerungen, Kassel 1968
Stein, Leo W.: I was in Hell with Niemoeller, New York 1942
Svärd, Arvid: Martin Niemöller, Stockholm 1967
Thielicke, Helmut: ... Gespräche über Himmel und Erde. Begegnungen in Amerika, Stuttgart 1964
Thomas, Lowell: Ritter der Tiefe, aus d. Engl. v. Edgar Freiherr von Spiegel, Berlin 1937
Valentiner, Max: Der Schrecken der Meere. Meine U-Boot-Abenteuer, München 1934
Vat, Dan van der: The Grand Scuttle: the Sinking of the German Fleet at Scapa Flow in 1919, 1982
Wright, Jonathan R. C.: „Über den Parteien". Die politische Haltung der evangelischen Kirchenführer 1918–1933, Göttingen 1977
Zipfel, Friedrich: Kirchenkampf in Deutschland 1933–1945, Bd. II, Berlin 1965

Personenregister